東南亞國家研究引論

區域、國家、族群與跨界

楊聰榮　著

■ 國家圖書館出版品預行編目（CIP）資料

東南亞國家研究引論：區域、國家、族群與跨界／楊聰
榮 著--初版. --高雄市：巨流圖書股份有限公司, 2021.08
　　面；　　公分
ISBN　978-957-732-629-4（平裝）

1.區域研究　2.東南亞

578.1938　　　　　　　　　　　　　　　　110013628

東南亞國家研究引論

區域、國家、族群與跨界

作　　者	楊聰榮
編　　輯	盧秀鳳
封面設計	方筱文
發 行 人	楊曉華
總 編 輯	蔡國彬
出 版 者	巨流圖書股份有限公司
地　　址	80252 高雄市苓雅區五福一路 57 號 2 樓之 2
電　　話	07-2265267　　　　傳　　真　07-2264697
網　　址	www.liwen.com.tw　電子信箱　liwen@liwen.com.tw
劃撥帳號	41423894　　　　購書專線　07-2265267 轉 236
臺北分公司	100003 台北市中正區重慶南路一段 57 號 10 樓之 12
電　　話	02-29222396　　　傳　　真　02-29220464
法律顧問	林廷隆律師　　　　電　　話　02-29658212

行政院新聞局出版事業登記證局版台業字第 1045 號

巨流

ISBN：978-957-732-629-4
初版一刷‧2021 年 8 月

定價 500 元

目錄

推薦序

　　楊聰榮博士來函希望我幫他的新書寫序，看著來信的說明，一下子把我的心思拉回到五年前與他初次接觸的場景。那是我剛剛進入內閣的時刻，蔡英文總統一上任，點出以往台灣未曾特別著墨的新南向。我在教育部負責新南向人才鏈結的重責，招募學生並廣建立學術合作是那時的重點。規劃工作細節過程中，我要求教育部同仁廣邀國內專家共商推動方式。這才認識楊博士是國內少數有關東南亞國家的專家學者之一，他的研究主題包含移民研究族群研究及國際研究等議題，也經常接受國內電子與平面媒體的訪問，暢談東南亞國家的各項問題。也經常到東南亞及環太平洋國家研究與訪問，尤其他回國任教之前有豐富的國際研究經驗，曾在海外不同的研究中心工作，主要有香港大學亞洲研究中心研究員、泰國(曼谷)台灣教育中心、澳大利亞 Asia Link…等等，是個具有國際視野的學者。在教育部的規劃會議中他都費心參與，並且提出精闢的論述，令我甚為佩服及感動。

　　政府這些年來，持續著力於南向發展政策，東協 10 國區域內超過 6 億 2500 萬人口，2.6 兆美元 GDP 的貿易實力，是我們重要的近鄰，東協透過區域組織的運作，發揮區域整合的效果，更是亞洲新興市場的主要動力。現在進一步又帶動南亞國家及澳洲紐西蘭，成為亞洲地區經濟與社會交流整合的新平台，政府的新南向政策，確實精準掌握到這個發生在台灣週邊的趨勢。台灣要參與這場盛典，知彼知此非常關鍵，不僅要全力發掘及借助長期研究這方面領域的重要人才，更要特別鼓勵長期在這個領域努力的學者。

　　楊聰榮博士在東南亞研究議題上，勤於筆耕有數本的相關著作，包括談論印太聯合戰線的「太平洋國家研究新論」、論述東協國家教育政策的「東南亞國家華語文教育專論」等重要著作。現在這本「東南亞國家研究引論」，有東南亞區域整體的研究，也有個別國家的研究，每個主題都不相同，都有作者獨特的見解。每本專書都代表楊聰榮博士數十年兢兢業業在專業領域的成功表現，可以做為東南亞相關領域研究的參考著作，並且有助於激勵國內正在興起的南向政策的推展工作，我非常樂見國內學者對於這方面的研究成果公諸於世，並且希望也可以帶動更多後起之秀的研究熱情與興趣。

陳良基教授(現任國立台灣大學特聘教授，前行政院科技部部長)

陳良基

自序

「森林中有兩條路，我選擇了人煙稀少的那條路，於是一切都不同了。」這是美國詩人羅勃·佛洛斯特（Robert Lee Frost，1874－1963）著名的詩句。回首 1990 年代初，我從台大化工系、清大社會人類學所畢業，進入職場成為社會新鮮人，我的第一份工作是聯合報系統的民生報科技環保記者，那時台灣股市飆漲、房地產蓬勃發展，台灣到處充斥著追逐金錢遊戲的氛圍，可以說是當年的「台灣錢淹腳目」的年代，我卻做了一個不同於一般的選擇，遠走國外從不同的角度尋找台灣未定位的研究。如今 30 年過去了，我大致是沿著當年設想的目標，成為大學教師，但是青春不老，理想猶存，只是換了一種不同形式的呈現。

我在 1990 年波斯灣戰爭爆發的同時，申請到美國東西方中心的獎學金，來到夏威夷做研究實習，研究人員都是各國區域研究的學術精英，同一個時期國際議題是社會主義制度解體及東歐及阿拉伯世界的民主化，我有幸參與了與各國學術精英的討論、對話與爭辯，同一個時間心繫台灣，思索如何讓台灣孤立的命運與世界連結，決定選擇當時相對而言極為冷門的研究領域，東南亞研究與太平洋區域研究。

　　當我決定投入東南亞研究的時候，東南亞議題在台灣的學術研究當中仍是不被看好的沙漠屯墾區，沒有人特別關注。當時台灣還沒有開放東南亞外籍移工，也還沒有開放東南亞婚姻配偶有管道來台灣居留的年代。簡言之，在還沒有外配外勞及南向政策的時候，就決定投入東南亞研究。同一個時間，東南亞的區域主義也還沒有成型，東南亞各國還是一盤散沙，東南亞各國的差異讓國際關係學者認定是世界上區域整合最落後的地區。那麼我為什麼就決定投入這個區域的研究呢？

　　這個問題從我出國念書時候開始，風塵僕僕在國外遊走一圈十數年回到台灣投入教育工作，直至如今還是經常有人好奇又疑惑地詢問我答案，其實我當時的想法主要還是和台灣的未來連結。當時人在夏威夷的東西方中心考慮台灣的命運，台灣還是要和周遭地區的國家有較好的連帶關係，才能擺脫孤立的命運。而回顧當時台灣既有的學術架構所建立起來的世界觀，東方有美國，北方有日本，西方有中國，這幾乎就建立起台灣整個知識界觀照的範圍，台灣的南方關係卻十分貧乏，因此，南方關係、南島連結與南向國家，就成了我立志發展的學術領域。到了最近幾年有新南向政策後，才應證了我當年孤獨又冒險的思考。

　　接下來的十多年，我曾經先後在美國、日本、香港、澳洲、紐西蘭…等地求學或研究，可以算是立足環太平洋而從事東南亞研究，因而有機會再回來台灣工作以前，東南亞國協中的每一個國家，都曾單獨造訪該國停留並從事當地國研究的經驗。每個人的學術歷程各有不同，有時候一個不同的思想意念做為學術研究的動機，就走出截然不同的路。當初最早是希望為台灣擴大世界觀所觀照到'的範圍，因此能夠支持我不斷地去探究東南亞國家不同的研究議題。這個漫長的過程中，前面的階段都是在相對比較孤寂的狀態下進行的，沒有想到有一天，東南亞研究伴隨著局勢的發展，由冷門變熱門，社會氣氛也隨之改變。

　　這本書的論文是長時間累積的成果，核心的架構是區域研究及國家研究。論文題目的選取有不同的脈絡，主要的核心思想還是在於如何去了解在東南亞世界生活的人們，現代國家的發展與族群事物各不相同，因此區域、國家、族群等不同視角，是本書了解東南亞世界的主要架構。這本書也可以和作者的前一本書太平洋國家研究新論一起來看，其中所論述的區域研究的方法與精神，都是共通的，也希望能夠讓鼓勵台灣的研究者，多多關照我們台灣周邊的區域、國家與族群。

　　東南亞國家做為一個區域，可以說是國際社會中歧異性最大的區域，不像歐洲有共同歷史、南美洲有共同語言、中東地區有共同宗教、非洲有共同的經驗等等，東南亞國家的語言、宗教以及國家的型態都大不相同，是最複雜的區域。本書從東南亞國家與台灣的關係出發，然後討論政黨政治的型態，是複雜的型態還可以觀察到的特性。東南亞的華人也有某些特別的特性，在東南亞的華人社群所發展出來的文化分離主義，在東南亞地區是比較突出，在其他的區域並沒有同樣明顯的傾向發展出來。

　　以國家研究來討論東南亞國家，雖然各個章節主題都不同，主要都是希望透過特定的主題來呈現個別國家的特性。其中特別關注的是在地知識，以革命歷史觀來討論菲律賓，做為貫穿菲律賓歷史的主要史觀，這種自主史觀是東南亞各國希望發展的史觀，我們一方面考察這種自主史觀，明白其來龍去脈，我們另一方面也要理解國際學者的批評。同理可以看到越南的族群分類觀念，越南希望發展自己的族群分類觀念，也有其發展脈絡，我們要瞭解這個脈絡，同時也要知道國際學者提出來的批評。然而對於在地知識的理解，仍然是我們理解東南亞國家的重要面向。

　　另外，在本書中，也特別選擇泰國的皇室繼承、越南的家族歷史以及馬來西亞的性政治文化來做為認識這個國家的獨特性的一個面向。同時也分別討論印尼的族群政治、緬甸的族群政策以及越南的移民與族群問題，族群問題是本書的一個重點，族群問題一方面反應東南亞國家各國內部族群的多樣，另一方面也可以看出各國對於族群觀念的差別，從這些多樣與差別的討論中，我們同樣可以來認識各國在族群事務的特殊所在。

除了區域、國家與族群的研究以外，這本書特意選擇了幾個跨越邊界的課題，有跨越邊界的族群，也有散居世界的移民，有跨越文化與政治的範疇，也有變換身分的歷史英雄。通常區域研究的專家在進行國家研究，很容易被既定的範疇及架構所引導，使得我們多數的情況下會在一定的框架中思考。東南亞複雜的歷史文化中，有許多事務是超越既定的框架，在討論國家與族群等相對固定的框架之外，也有許多有意義的事物不斷產生，就是要研究者有不同的眼光將意義發掘出來。當我們選取不同的架構而主題，就會看到不同的面貌。也許這就是區域研究及國家研究的魅力所在。

人的青春年華會流逝，但是理想的種子永遠不滅。我們選擇黃樹林分岔的另一條路，我們仍然會持續前進。感謝許多關心這些研究的朋友，也感謝一路上提供協助的朋友。本人自從 2003 年返台任教迄今，一共指導了四十幾位碩士班博士班的研究生，其中多位是來自東南亞各國，他們都是我亦徒亦友的研究夥伴，東南亞的研究不能閉門造車，必須和東南亞人互相交流討論，才能有比較準確的瞭解與研究成果。感謝這些夥伴，不但讓東南亞的研究更深入，也讓學術交流的友誼長存，並且激發更多在這條道路上的同好與後起之秀的研究熱誠，未來我們在這個領域持續耕耘灌溉，也希望因為這樣的努力可以滋潤這片土地的芬芳。

第一章

從文化外交看台灣與東南亞國家的關係

　　台灣與東南亞國家發展友好關係，從 1990 年代起即是國家外交、經濟政策方針的主要方向，直到 2016 年後更是台灣政府特意推行的主要政策之一。前者稱為「南向政策」，後者稱之為「新南向政策」，東南亞國家都是政策推動的主要目標。就東南亞國家而言，傳統上東南亞區域即是各種國際勢力活躍的地區，東南亞國家被認為是夾在亞洲幾個強權中間的緩衝區，個別國家本身的力量在地緣政治來說並不是強大的國家。在昔日大國外交各有所長的時代，國際間觀察東南亞國際政治，最重要是看國際強權的態度。後來東南亞國家組織起來，以東南亞國協(ASEAN)為核心，在強調區域主義的時代，反而成為各方拉攏的對象，成為區域主義的主要角色，現在東南亞國家居於亞洲國際事務的有利位置。這是台灣應強化與東南亞關係的重要背景，因此台灣與東南亞的關係，不僅涉及雙邊關係或與各別區域組織的關係，也涉及台灣與亞洲區域整合的關係，如果發展良好，會有各種關係的加乘效果，如果關係不好，則相對可能會被邊緣化，目前台灣有的「南向政策」到「新南向政策」，就算是台灣對於東南亞的政策方向是採取正向。本章將從總體的角度來討論台灣與東南亞的關係，回顧雙方發展的歷史，並提出未來應著重的方向。

區域主義的發展與鄰國關係

這種發展趨勢在 1990 年代已經態勢明顯，由東南亞國協 (ASEAN，下文簡稱東協)所涉及的各種區域關係，都在 1991 年蘇聯解體冷戰結束以後，就有快速的發展，其發展前景早就設定了時間表。台灣雖然在 1990 年代也有南向政策提出，但是南向政策只有幾個重點的計劃，缺乏全面性的整體視野。到目前為此，台灣與東南亞國家的關係，主要強調仍然是經貿外交，在此區域的台灣代表處，主要的任務仍是以服務台商及服務僑民為主，並未打入這些國家的核心。這雖然有因為缺乏正式外交關係的因素所致，也和台灣社會長期沒有投入研究量能，設法好好理解這個區域有關。如果我們考慮過去 30 年的發展趨勢，台灣在東南亞區域主義一開始發展時，就有注意到東南亞的發展，因此才有「南向政策」的提出。但是很可惜的是，當時台灣雖然有注意到東南亞的發展，但是當時更多的目光是被西進政策所吸引，沒有將東南亞國家提昇到策略交往對象的地位，有一段時間並沒有將資源及心力放在與東南亞的關係上，停滯了一段時間後，才有「新南向政策」的提出。

其實這段時間的發展，從國際區域主義（Regionalism）的發展來說，是亞洲地區區域發展最快速的一段時間。[1]國際區域主義是一種國際間對於區域內國家的交往模式，透過政府間的協商，將地理上相近的國家，安排政治經濟社會文化等各方面的連結，來發展共同的目標。在過去亞洲國家之間是很困難互相合作，因為歷史恩怨情仇太深重，是世界上國際區域主義最不發達的區域之一，但是自從冷戰結束以後，亞洲地區以東協為核心，反而成為世界上國際區域主義發展最快速的國家。從 1990 年代開始，東協就扮演國際區域主義的火車頭，帶動區域內的各種合作與互動。我們對於台灣與東南亞的關係，也要放到這個國際區域主義的脈絡來看。

目前亞洲的東亞到東南亞的國際區域主義，以東協為核心的發展，這種情況一直延續到現在。區域鄰近的國家，都有感受到這樣的發展，我們就此分別討論。以中華人民共和國(PRC，下文簡稱中國)來說，早在 1990 年代初期，就將東協視為重要交往對象。1991 年就提出要與東南亞各國充分合作與對話，1996 年成為東協的全面對話夥伴國，一步步建構了各種對話合作機制。除了

---

[1] Andrew Hurrell, "Regionalism in Theoretical Perspective", Louise Fawcett & Andrew Hurrell, eds., *Regionalism in World Politics: Regional Organization and International Order.* Oxford: Oxford University Press, 1995, pp. 39-45.

參與東協所建置的對話合作機制，中國也提出了幾個比較大規模的合作事項，例如簽訂全面性加強經貿合作的方案，簽訂自由貿易區等等，以及向東協表示友好的大動作，例如守住人民幣的匯率使金融危機的影響不要進一步擴大，以及推動經濟發展比較落後的大湄公河次區域的基礎建設等等，終於改變了在冷戰時期與東南亞國家的不友好關係。[2]更進一步搶在日本及南韓之前，建立與東南亞更緊密的關係。這無疑地與中國當局對於東南亞整體區域發展趨勢及對各別國家情況的掌握有關，同時也都需要有長期的耕耘和努力。[3]我們檢討台灣與東南亞關係時，與鄰國的相關努力進行比較，是調整改善的關鍵。

其實不論是中國、日本、或是南韓，都長期在東南亞國家部署，出錢出力，用心與東南亞國家發展關係。而其在東南亞各國所投注的心力，並不限於短期的經濟利益，而是全面性的交往關係，除了經貿合作計劃以外，人員的往來、經費的投入、資訊的收集、人才的培訓等等，都是大規模地進行。也就是說，對待東南亞各國，中國、日本或是南韓都是以長期關係進行規劃，將東南亞視為長期交往的夥伴。這種情況與台灣的情況做比較，以往台灣主要以經貿關係進行交流，對於這樣的差異應該做出檢討。

---

[2] David Shambaugh, "China Engages Asia: Reshaping the Regional Order", International Security, 29(3) 77-78, 2004.

[3] Evan S. Medeiros and M. Taylor Fravel, "China's New Diplomacy", *Foreign Affairs*, 82(6): 22-24, 2003.

其實過去台灣與東南亞各國，曾經有過長時間良好的交流歷史，我們不應該著重短期利益，我們應該如同我們的鄰邦，對於東南亞地區有個長期的經營策略。

筆者認為台灣與東南亞的關係，應該提昇到長期交往對象的層次，並且是具有策略性優先順位的鄰邦。在這種情況下，台灣應改變以邦交國為第一順位的外交體制，讓東南亞國家也以鄰邦的角度，得以在沒有正式外交關係的情況下，因為民間社會的深遠關係，也能享有優先的關係層級。同時也應改變只以經貿關係為重點的對東南亞外交政策，應以發展各種不同層面的關係為要務。而其中，又以文化外交的層面最為重要，因為文教的交流，在沒有邦交關係的情況下也相當受到觀迎，同時也被認為是台灣對於亞洲區域整合參與的決心，更是台灣尋求與東南亞發展更進一步關係的必經之路。

國際化由認識近鄰開始

　　台灣討論國際化已經一段時間了，政府施政到民間言論，都認為「與國際接軌」是重要的價值。然而國際化的內涵為何，則向來有不同的討論。有人認為國際化不應該以英語的提昇為限，也有人認為國際化不應以經濟事務為限等等。以英語及非英語的外語能力，思考這個問題還是要理解國際現實，因為國際社會何其之大，雖然說英語是國際通用的語言，但是畢竟以英語為本地語言的國家有限，還是要發展非英語的溝通能力才能與更多的人群接觸。此外，將對外關係只集中在經貿等經濟事務，有時候是台灣社會在政治關係上受到挫折的一種反應，然而台灣在學習與國際社會打交道時，也要注意國際關係有各種不同的層面，與國際接軌，不能只在特定領域的關係為滿足，廣泛地與鄰國深交，應該是可以長期致力的方向。

　　2005 年高雄捷運泰勞事件發生後，正好提供一個機會讓我們反省。[4]筆者以國際及亞太研究者的身份，觀察到一些現象，認為國際化可以由小處做起，就從認識我們的近鄰開始。泰勞事件發生後，筆者每日查看泰國英文報紙的報導，事件發生後，泰國報

---

[4] 此一事件，又稱高雄捷運泰勞抗暴事件，是指 2005 年 8 月 21 日高雄捷運公司位於高雄縣岡山鎮移工宿舍的泰國籍外籍勞工暴動事件後，所揭露的外勞管理問題，疑似有台灣民意代表及政府官員向外勞仲介公司收取佣金及官商勾結等弊案。參考行政院勞工委員會，高雄捷運泰勞人權查察專案小組調查報告。台北市：行政院勞工委員會，2005 年。

紙立即大篇幅報導這一事件，第二天泰國勞工部長即開口發言，對事件本身發表評論，認為台灣政府要查明泰籍勞工所受到的不公平待遇，第三天開始，泰國首相即開始對此事發言，認為台灣政府應查明暴動背後的真正原因，國際媒體從美聯社、法新社、聯合早報到半島電台也都報導這個事件，因此很清楚，這是一個國際事件，泰國政府已經高規格提出意見。反觀國內的政治人物，包括政府官員到國會議員，發言的內容始終只針對台灣本地的發展發言，並沒有出現對國外媒體，或是對泰方人士發言的言論出現，直到前副總統呂秀蓮接見泰國國會議員來訪，才發表了對泰方的言論。

呂前副總統言論的披露在泰勞事件發生超過一週之後，而且是接待訪客的情況下發言，算是在此情境下被動發言。即便如此，泰國報紙與國際媒體還是對呂副總統的言論加以大篇幅報導。筆者的泰國友人也證實，泰國國內報紙也報導了呂副總統的意見。由於呂副總統的發言，立場清楚，強調人權立國的態度，從泰國的角度來看，總體的印象仍然是不錯的。筆者想提出檢討的地方是，國內的其他政府首長以及政治人物，並沒有意識到，這個事件本身也是國際事件，應該可以及早有對國際社會發言的表態。

缺乏國際意識，其實是台灣社會的通病，並不單單只是政府首長或是政治人物的問題，長期以來，台灣並不重視國際新聞，台灣報紙每天厚厚幾十頁，國際新聞長期以來都只佔 1~2 頁版面，只能說是勉強充數，而其中災難新聞或花邊新聞又佔了不少篇幅，想要由此來理解國際主要關心議題，幾乎是不可能，當然更不用說是培養國際意識。就台灣的報紙而言，實際上在國際議題上倒退，以前在報禁之下，雖然只有三張報紙，然而報紙頭版翻開後即是半版國際新聞，也極重視國際時事評論，報禁開放多年，許多進步不可同日而語，只有國際新聞，篇幅比例到版面重要性都大不如前，對國際議題的重視，反而是大大地退步了。

　　缺乏國際意識，對於我們在推動國際化而言，是惡性循環。因為缺乏國際意識，我們的媒體上缺乏瞭解國際新聞的管道，而缺乏相關的新聞，又使國人缺乏國際意識，久而久之，就習以為常，只以國內事務為主。這次泰勞事件，國內媒體的反應，充分顯示了平時對國際事務的忽略。如果仔細觀看台灣的電視新聞報導，可以很清楚的看到，沒有一家電視新聞記者，找了泰語翻譯共同前往，因此沒有聽到他們自己的聲音，也沒有辦法讓他們暢所欲言，同時也沒有訪問到具有代表性的泰方人士。

　　國際化是什麼呢？有沒有國際意識，差別很大。國際化應該是一種願意與國際社會交往的能力與心靈狀態。過去我們想像的國際社會，主要是以歐美為主，實際上我們的近鄰更是我們息息相關的國際社會，在今日的台灣社會，已經有越來越多由東南亞國家，來到我們社會定居或工作的人。國際社會在哪裡？國際人士已經悄悄地進入到我們社會，成為慨我們社會的一部分。如果我們強調國際化，或許應該從關心近鄰開始做起。

從這個角度來看，我們社會所提供的，是大大的不足。前述所談的新聞是一例，台灣自製的亞洲新聞，其實相當有限，許多都只是外電報導翻譯而已，觀點角度都和台灣自己的需求不同，亟待改善。學校教育知識體系也有問題，我們並沒有課程教導東南亞國家的歷史，在台灣的大專院校，也不容易學習到東南亞各國的語言或社會文化等內容。這些國家與台灣的交往日益更為深遠廣泛，實在沒有道理不提供相關的資訊。這是台灣現在討論國際化時，很容易被忽略的一環。

資訊與知識，是培養國人關心國際事務的基礎條件，而國際事務有其層次與重點的，應該加重認識與台灣切身相關的部分，這是國人日常生活就能接觸得到的地方。不論是外籍配偶、新住民，或是移工，即然都在我們社會出現，更應該加強認識，促進雙向溝通。至少提供更多不同的機會，讓彼此更有機會接觸瞭解，增加跨文化交流的經驗。如果能夠在台灣本地的媒體出現更多東南亞近鄰相關資訊，由生活中促進國際化，應該是比較合理且可行的作法。

筆者建議，我們應該引進泰國、菲律賓、越南及印尼等東南亞國家的電視節目，在台灣的電視頻道中播放。這種作法，已在幾個國際化程度較高的國家實施，例如日本、澳洲、香港及新加坡等，都可以收看到幾種主要亞洲國家語言的節目。這樣的安排，能夠使得各國人士，可以輕易收看到他們自己國家的節目，以解鄉愁，而對本地社會而言，也提供一個更深入的接觸管道，才不至於有因為無知而產生的歧視出現。

利用大眾傳媒來提供東南亞文化的能見度，應該是很快可以做得到，同時又能夠產生效果的做法。台灣社會接受了韓國戲劇節目之後，連帶的越來越多人喜歡韓國事務，進一步去接觸，因而產生更多的交流與互動。而前述東南亞各國，也都有自己的戲劇節目、新聞節目、電影及流行歌曲等，平時在台灣難得一見，這是十分不平衡的情況。大眾文化與新聞節目，是可以由日常生活具體知識的接觸，促進彼此的瞭解。國際化由瞭解近鄰做起，正是時候。

台灣與東南亞關係的回顧

在這裏首先對台灣與東南亞關係做個簡單的回顧，在這個回顧之中，將突顯兩個重點，一是台灣過去與東南亞其實有很深厚的關係，直到最近 20 年才出現失衡現象，二是台灣與東南亞關係受到中國與東南亞關係的影響，在外交及僑務工作上，的確有一定的消長關係。然而如果體察區域發展趨勢，文化外交的空間很大,而且不一定是零和關係,仍然可以在目前的情況上積極開展,前景也是有很大的發展空間。

　　台灣與東南亞的關係,無論是政府之間或是民間的關係,都是由 1949 年開始討論比較有意義。在第二次世界大戰結束前,東南亞各地除了泰國之外,曾經都是歐美列強的殖民地,所以當時的對外關係並不具有代表人民意志的意義。而本文所說的台灣,指的是 1949 年以後的中華民國政府。在 1949 年之前中華民國政府也與東南亞新政府有所接觸,如與泰國建立了外交關係,並且在新獨立的國家如印尼、緬甸及菲律賓設有大使館或領事館,也協助同盟國接收越南北部,即使當時尚未獨立的地區如英屬馬來亞的新加坡也有領事館。但是 1949 年後移轉來到台灣的中華民國政權,開始又重新與東南亞國家發展關係,因此本文是以 1949 年以後的中華民國政府為對象,為求前後論述的一致性,皆以台灣稱之。

　　1950 年代的東南亞國家處於民族主義風起雲湧的時代,新獨立的國家正各自為其國家統一目標而奮鬥。印尼與緬甸等國很快就承認了中國,而台灣與菲律賓、泰國、南越以及馬來西亞仍有外交關係,當時旅居海外的華人分為左(中國)右(台灣)兩派而進行鬥爭。1953 年台灣在緬甸與泰北採取軍事行動,遭緬甸政府到聯合國提案控訴。中國在 1955 年獲邀參加亞非會議,在會議上周恩來為得到印尼的支持,宣佈中國採取單一國籍制度,鼓勵華僑加入當地國籍。1955 年南越政府宣佈實行新國籍法，使在本地出生的越南華僑取得越南國籍。1958 年印尼政府指控台灣政府涉入當地地區性叛亂活動，因而沒收所有右派學校。綜合各國情況，簡單的說，台灣對於東南亞國家對內要求民族統一及對外要求去除殖民主義的情緒理解不足，以致多數是站在其對立面。

　　1960 年代台灣與東南亞關係基本上仍然延續先前模式，不過藉著反共意識形態的共識，得以改善與東南亞各別政府的關係，與東南亞主要國家透過美國而有聯盟的關係。1967 年由東南亞五國(印尼、馬來西亞、新加坡、菲律賓、泰國)成立的東南亞國協，以防止區域內共產主義勢力擴張為主要任務之一，因此當時台灣政府與東南亞的政府領袖建立都良好的友誼。只可惜當時台灣當局尚未放棄反攻大陸的想法，在 1966 年倡議成立「世界反共聯盟」，仍然將重點放在反共大業，並沒有規畫以台灣為主體與東南亞建立長期關係，因此未把握當時關係良好的契機，建立合作機制。所幸台灣在民間關係中卻大有收獲，印尼與緬甸兩國都有不少海外僑民來到台灣定居。而且與東南亞華人間也建立了良好的來台升學管道。

　　台灣與東南亞的外交則在 1970 年代遭逢重大挫敗，在美國改變政策之後，原與台灣建交的國家，紛紛與台灣斷交。1971 年季辛吉訪問大陸，為尼克森訪華鋪路，1972 年尼克森密訪中國大陸，原與台灣有邦交的馬來西亞於 1974 年斷交，1975 年菲律賓、泰國與我國斷交，這段期間可以說是台灣與東南亞關係最黯淡的時刻。不過在此同時，台灣經濟開始起飛，因而與東協國家，發展經貿外交的關係。相對於外交上的挫敗，在民間關係卻有長足的進步。在當時有大批台灣人前往泰國與菲律賓移民定居。

1980 年代是台灣與東南亞各國建立穩固經貿關係的時候，當時台灣與東南亞有極好的關係，當時台灣採取透過經貿外交，與東南亞政府高層有頻繁來往。在這個階段，東南亞的政府人員，似乎不會在意中國的反應，無論是國家元首或是部長級官員，都會以私人名義訪問台灣。可以說 1980 年代是以經貿外交帶動其他全面關係發展成效最好的時期。

1990 年代是台灣與東南亞關係發展出現轉折的時期，隨著1991 年蘇聯解體冷戰結束，新加坡、汶萊是東南亞最後二個未與中國建交的國家，都在 1990 年代初期與中國締交，這段時間正好是亞洲區域整合趨勢發展得最快的時候，中國充分掌握趨勢，積極建立與東南亞國家的合作關係，並且以國家的力量提出了幾項重大的計劃與外交行動，如參與大湄公河開發計劃，宣佈用共同開發來與因南海問題有爭議的國家對話。同一時期，台灣也提出了南向政策，鼓勵廠商前往東南亞投資，關於南向政策的成敗，未來理應有更好的研究評估。但就成果簡要論述，1990 年的南向政策不能算成功，有多項當時承諾的投資，後來並沒有實現，而且相關努力，最後似乎只達成了元首互訪，未能轉換為更長久的制度性安排。

2000 年開始台灣與東南亞關係出現失衡的現象，台灣與東南亞國家沒有正式的外交關係，即沒有邦交國，而有實質來往的國家有七個國家，也就是說在東南亞十國之中，有三個國家是和台灣沒有正式的管道交流，分別是緬甸、柬埔寨及寮國。其中柬埔寨在 1990 年代與台灣還有互設辦事處，後來被柬埔寨裁撤。同時由於台灣無法參加以東協為名義的國際組織，在日益發展進步的亞洲區域整合，被完全排除在外。由於，台灣缺乏與亞洲整合相關機構的正式管道，被描述為邊緣化已經是客氣的說法，在多數的東協區域合作會議，台灣連邊緣都摸不到。在此同時，台灣仍維持過去以經貿外交領軍的方式，來應付所有的變化與挑戰，而中國早就以國家漢辦、孔子學院，[5]進行大規模的文化外交。雖然這些活動不是只針對東南亞，但因為東南亞各國是全球海外華人分布最多的地區，也是長時間有頻繁互動的國家，中國大規模資源的投入，造成的效果仍是十分可觀。

---

[5] 國家漢辦是中華人民共和國教育部下屬正司局級國家漢語國際推廣領導小組辦公室，為孔子學院的管理單位。孔子學院總部設在中國北京，名義上為推廣漢語、中國文化的非營利機構，在各國開辦之初即多所爭議，2020 年 4 月瑞典關閉其境內所有相關機構。

從新亞洲區域主義看台灣的機會

　　亞洲區域主義(Asian regionalism)的發展已經有相當長的時間，國際關係中對於在第二次世界大戰後興起的一種區域合作的理論和實踐的總稱。是由一定地理區域內的若干國家為維護本國與該區域的利益而進行國際合作與交往的總和。就思潮而言，這是伴隨著區域組織的大量形成和區域合作實踐的發展而產生出的一種意識形態或思潮。就具體作為而言，其國際合作與交流的項目包含政治、經濟、文化和社會各層面，是以總和性的角度來討論，稱之為「區域整合」。但是在台灣仍有不少國人對之略顯陌生。亞洲區域主義若以 1989 年成立的亞洲太平洋經濟合作組織（Asia-Pacific Economic Cooperation，APEC，簡稱亞太經合組織)做為整合的起點，1990 年代開始已經有了亞太區域間每年一度的首長會議，至今已經超過 30 年，區域整合的工作進展積極迅速，有一日千里的態勢，並非最近出現的新事務。以「地域統合」的觀念對亞洲區域主義的發展過程，主張台灣應該重新思考台灣與「東亞共同體」關係，提出以「文化資源」的角度來論述台灣在東南亞發展的優勢，鼓勵台灣年輕一代應以此區域為發展範圍，並以東南亞的華語市場為例，論述實際應用的情況。最後認為我們在政策面的配合，應該以鼓勵國民或民間機構到東亞或東南亞發展，非僅考慮到國家外交的層次，因應地區特色加以規劃，更能獲得深耕發展的優異成果。

要理解亞洲區域主義，必先討論區域主義（Regionalism）。區域主義是國際關係中，對於在第二次世界大戰後興起的區域合作理論和實踐的總稱。是由一定地理區域內的若干國家為維護本國與該區域的利益，從而進行國際合作與交往的總和。就思潮而言，這是伴隨著區域組織的大量形成和區域合作實踐的發展而出現的一種意識形態或思潮。就具體作為而言，其國際合作與交流的項目包含政治、經濟及社會文化等，是以總和性的角度來討論，稱之為「區域整合」，在日本，將之稱為「地域統合」，為了更清晰地強調這種區域主義的統整趨勢，在本文中將以「區域整合」來稱呼。

東亞地區甫進入新世紀時，許多人仍然未脫舊時代的思唯方式，冷戰時期留下來的權力對抗仍然深深影響我們。然而如果從地域統合的角度來看，從 1967 年印尼、馬來西亞、新加坡、菲律賓、泰國五國創始的東南亞國家協會(Association of Southeast Asian Nations，簡稱東協 ASEAN)，從成立開始到 1980 年代，還處於東西冷戰對峙的東亞地區，東協比較像是美國的盟邦組合，在這段時間，印尼、馬來西亞、新加坡、菲律賓、泰國已經開始培養自己的合作默契，等到 1990 年代開始，東西冷戰對峙已經結束。東協開始接納東南亞區域內的其他國家，逐一將汶萊、越南、緬甸、寮國與柬埔寨都合括進來,這些原來相對比較弱勢及孤立國家,也樂意在國際關係改變的環境下,致力於區域國家間的國際合作與發展。從原來的五國到東協十國的基本組織,由於涉及民主與人權的議題,當時一度還受到歐美國家的抵制,現在看起來具有區域的完整性,成為理所當然的組合。

中日韓由於歷史因素,整合大不容易,2005 年開始談判的「東協十加三」卻形成中日韓都滿意的操作平台。2004 年開始推動,2010 年成立,被稱為「東協十加一」的東協-中國自由貿易區,則在一片驚訝聲中得到認可,現在則已累積許多具體計劃與成果。許多過去不可能想像的地域統合計劃,如東亞共同體的觀念,在過去幾年早已紛紛推出,也訂立具體的運作時間表。這個趨勢十分明顯,地域統合已是大勢所趨,權力對抗早成為階段性舊思唯。

追溯歷史,其實以個別地域為範圍而進行合作的現象很早就已存在,許多研究歷史的學者對於東亞地區的討論,多半會將以中華帝國為中心的朝貢體系,做為本區域在歷史上出現過的地域統合,也可以算是古代史中的區域主義。然而古代的區域合作與現在的區域主義意涵相去甚遠。當時的政權與現代民族國家或主權國家的內涵與概念有截然不同的定義,對於領上疆界及人民的界定模糊,因此國際性區域合作就顯得意義不夠清楚,同時,古代缺乏全球化的格局,當時所謂的國際性區域合作並非清楚掌握區域特性的自發性行為。因此近代以前的區域合作與現代國際社會所討論的區域主義是意義不相同，區域主義是近代民族國家之間的特殊行為，在區域主義興起之前，民族國家是國際社會最高主權的單位，各國的行為都是以自己國家的情況做考慮，不必特別以區域集團的角色來做為國家行為思考的準則。但是自從人類世界進入全球化的年代，各種公共事務都要與國際社會合作，在國際社會的行為以區域集體的方式來進行，卻慢慢變成了常態化，因為以國際社會有兩佰多國的情況，缺乏區域集團的協助，單獨一個國家要採取行動，除非是超級強權，否則是很難能夠有效推動，因此區域集團的運作就成為最容易進行的方式。從這個角度來說，近代的區域主義與過去歷史中各民族與鄰國的往來，就各方面來說，意義都是大不相同。

　　東亞地區到了十九世紀末至二十世紀初期，當面對歐美帝國主義勢力入侵亞洲時，也一度有倡議亞洲各民族團結的想法。日本在明治維新以後，日本的東京一度曾經成為亞洲各地民族主義分子的集散地，也有一段時間，中國的廣州集結了亞洲民族主義的倡議者。隨著日本走向軍國主義及中國共產黨的發展，意欲團結亞洲各民族的理念都沒有能夠持續發展。到了第二次世界大戰結束後，世界發生了重大變化。一方面，如火如荼的民族獨立運動使得大批新興主權國家宣告成立；另一方面，世界各國以美蘇為首形成的兩大陣營，讓東西冷戰正式開始，在兩大敵對陣營對峙的情況下，除了美蘇兩個國家之外，任何一個國家都不可能單獨依靠本國的力量在國際舞臺上發揮作用。雖然除了上述兩大陣營之外，本區域還有不結盟運動的發展。但是這些發展反而使得東亞地區的統合變得完全不可能，因為各種勢力及意識型態的發展而更加分裂，完全與區域主義的發展背道而馳。

東南亞區域主義的發展，主要是先由世界其他區域推動發展後，才逐漸影響到本區域。第二次世界大戰結束以後，許多新興的獨立國家，為了擺脫冷戰時期兩極世界格局的控制，希望國家更健全地發展，並爭取更多資源，便主動與鄰近國家加強團結，由此逐漸形成了區域合作。從 20 世紀的 1950 年代開始，由不同國家組成的區域組織先後在西歐、中東、非洲及南美洲等地區建立。這其中尤以歐盟的前身歐洲經濟共同體（European Economic Community，EEC）的建立和發展，對歐洲和世界政治經濟產生了重要影響，區域主義自此開始出現並得到進一步地發展。

區域主義的概念出現時，有幾個面向的發展值得注意。首先是區域主義重視區域內部社會與文化統一性的程度，對外所持的共同態度或共同行動的程度，政治和經濟的相互依賴程度等，無疑地這是以西歐為主要考察對象的區域主義，同一區域的發展，通常有一定程度的統一性。再者，區域主義也會考慮到事務統合的發展，即事務統合存在著一種向外擴展的邏輯，推動一個部門的統合發展會延伸到另一個部門的統合發展，這種延伸過程會使各國的合作及共同利益升級，由此也就促進了區域統合的整體發展。區域統合的發展動力表現在區域核心的形成以及通訊設施的充足，前者的形成可以鼓勵區域其他部分？緊密圍繞核心加強聯合，後者能夠促進區域內部在各個層次和各個級別上的交流。

區域主義在現行的國際體系中，因為各國之間往來頻繁，因此會產生新的政治領域，這種政治領域，消極面來說，由於各國之間的事務可經由協商來解決，各國之間的爭端鮮少使用武力來解決，在傳統的軍事聯盟失去吸引力的情況下，通過政治結盟來尋求區域安全，並且利用區域組織的力量來抗衡外部大國，都是可能的發展。從積極面來說，這種政治領域可能會有前所未有的發展，例如政治領袖會試圖通過支持區域主義，參與區域合作來提高本國的地位甚或是個人的聲望，進而謀求區域領導人的角色，作為該國實力的象徵。

而這種新領域的出現，使得政治領袖有可能直接向他國民眾提出訴求，影響他國決策，這種新領域對地區的發展至為重要，可能繼續創造出新的事務與議題，以區域合作的高度來處理相關事務。而現代國際社會所面臨的共同問題，也更需要區域間的集團先產生各自區域的共同看法，這樣在未來的討論上比較容易取得共識。冷戰終結以後，全球化浪潮興起，區域主義獲得了前所未有的發展，現在區域主義在實踐中從西歐擴展到了全球，世界經濟越來越趨向以地區為中心進行聚合發展，區域化和區域主義現象越來越突出。

　　全球化與區域統合相伴發生，是國際社會中同時並行的兩個主要趨勢。而推動全球化與區域統合的主要動力，是當前世界經濟變遷的經濟整合。就統合而言，是由經濟的整合，包括貨品、服務、資本和人員等四大因素的移動自由度提升，無論是對稱或不對稱，皆以相互依存的形式，影響著各個領域，包括經濟、政治、外交、安全、社會、文化等，各方面的來往，並且由這些來往產生新的安排來確保這些來往的發展。就各大洲的地域統合而言，由於地理位置或歷史過程殊異等成因，加上經貿特質與發展階段不同，區域整合的程度與形式自然也有所差別。環顧全球，歐盟是區域整合的典範，非洲與拉美的國際組合行之有年，中東與南亞雖然衝突不斷，區域內各地的共通性仍然很高。

　　就各大洲的地域統合而言，由於地理位置或歷史過程殊異等成因，加上經貿特質與發展階段不同，區域整合的程度與形式自然也有所差別。環顧全球，歐盟是區域整合典範，非洲與拉美的國際組合行之有年，中東與南亞雖然衝突不斷，區域內各地的共通性仍然很高。其中以歐盟（EU）的整合層次最高，不僅「國境因素」日益消亡，政策的協調與擬定也高度制度化，甚至連國家主權象徵的貨幣也逐步統一，而成為國家深度整合的代表典範，可說不僅將屆經濟整合的極限而日趨政治整合的境界，更在 2004 年完成東擴計劃，由 15 個成員國增加到 25 國。到了 2020 年英國脫歐時成員國已經達到 27 國，被視為世界上最具有多層次整合的國際組織。

區域統合的概念，在冷戰時期結束以後，就成為國際政治的主流。各個區域會發展不同意義的區域統合模式。美洲方面，目前北美自由貿易區（NAFTA）已經成熟，近來在美國的主導下，陸續完成「中美洲自由貿易區」的貿易談判，開展美洲自由貿易區（FTAA）的構想。非洲方面，目前「建立非洲大陸自由貿易區協定」（Agreement Establishing the African Continental Free Trade Area, AfCFTA）係為非洲最新、且規模最大之自由貿易協定。各個區域有不同的國際整合架構，區域整合其實是行之有年，其中經濟整合的架構最相對而言比較有驅動力，通常是經濟整合先行而取得成果，再進行進一步的整合。

從地域統合的角度來看，東亞地區其實是過去國際社會中最分崩離析的一個區塊。一般而言，歐洲的地域統合是由政治信念先行，美洲則大致是政治與經濟影響各佔一半。至於東亞則多由經濟或市場所驅動，制度面統合的腳步可說相當緩慢蹣跚。從東南亞到東北亞，向來是一片散沙，各吹各的調，彼此之間的交流很有限。東南亞方面主要是各國基本情況差異太大，信仰方面有半島東南亞的佛教圈，有馬來穆斯林勢力，也有天主教徒主導區，加上語言的區隔，地域統合的困難度很高。而東北亞雖然各國文化背景較接近，然而歷史恩怨記憶猶新，民族自尊心很強，加上分離國家的問題，多年來一直是各自為政，地域統合不易。

　　過去研究國際關係的學者談地域統合問題時，主要是討論何以這一區域沒有出現地域統合的機制。現在就亞洲的地域統合發展迅速，問題的方向轉為討論本區何以能在九十年代開始迅速展開地域統合。就時間點來看，冷戰結束是一大契機，因冷戰而成立的東協開始擴充，形成自己的風格，走出一條自己的道路來。九十年代末，東協日漸成熟，沒想到卻碰上金融危機，東協在國際舞台上變得黯淡，人們開始懷疑東協所能發揮的實際功能。

　　但現在看來，金融危機反而成為東南亞與東北亞整合的一大刺激因素。首先，東協發現自己未能在危機發生時產生作用，仍然是整合不足，沒有機制來應付危機。成立亞元及亞洲貨幣基金的構想，雖然未有實現，卻反映了克服整合不足的主觀意願。此外，中國在金融危機中力挺人民幣，很到東協國家的好感，迅速地改善了彼此關係。金融危機使得東協意識到要與東北亞強大的經濟體結盟，開創出「東協十加三」，以及後來的「東協十加一」的新契機。

　　在東亞地區目前脆弱的合作體質下，東協發揮了極佳的黏合作用，若非以東協為操作平台，要讓中日韓三國產生共識，可能性極小。這種運作機制一旦建立，未來的區域關係可能會產生質變。這種發展趨勢讓不少觀察家感到興奮，東亞共同體、東亞社區以及東亞認同等說法都慢慢出現了。

從歷史的角度來看，這種發展趨勢須有長期的眼光。自航海時代開始，中日相續鎖國，而後受西力東漸挑戰，東亞地區即缺少地域統合機制。日本在第二次世界大戰中的表現，可說是以日本一己之力試圖整合全區，卻是最不良的錯誤示範。東亞地區在二戰後又回到分崩離析的局面，直到最近地域統合的趨勢才又出現。有些人將地域統合的優勢著眼於短期的經濟利益上，若是因此小看了地域統合大勢，可能會跟不上世界趨勢而吃虧。這個難得的整合趨勢，很容易被人忽視。東協自由貿易區開始部分實施時，各國都是靜悄悄地，沒有什麼慶祝活動，因為各國經濟情勢嚴峻，實非推行自由貿易區的好時機。政治上的對峙與分裂國家的存在，在東亞地區都非一日之寒，增加地域統合的困難度。而區內貿易所佔的比率很小，也難有美好的憧憬。

這個難得的整合趨勢，很容易被人忽視。東協自由貿易區開始部分實施時，各國都是靜悄悄地，沒有什麼慶祝活動，因為各國經濟情勢嚴峻，實非推行自由貿易區的好時機。政治上的對峙與分裂國家的存在，在東亞地區都非一日之寒，增加地域統合的困難度。而區內貿易所佔的比率很小，也難有美好的憧憬。

其實在後冷戰的全球化時代，進行地域統合，整合本身即是目的，而非經濟利益或是政治利益的工具。東亞的地域統合趨勢來得太晚，因此力量十足，未來的發展空間很大。而且整合趨勢不可逆轉，人們逐漸發現國界的障礙是人為的，貨幣、勞務、物流都可輕易地跨越國界。也許用不了多久，現在看來還像是虛擬存在的東亞社群就有可能實現。

文化外交的面向

臺灣的對外關係受限於國際政治現實，長期以來採取「務實外交」、「彈性外交」等策略，在與各國正式政治關係受限的情況下，文化應是最靈活、最有利於建立雙邊關係的著力點。

文 化 外 交 (cultural diplomacy) 被 視 為 公 共 外 交 (public diplomacy)的一種，雖然英國外交學者 Mitchell 定義文化外交為政府事務，具有(一)兩國正式文化條約的協商，促進或簽署同意文化交流。(二)官方協議的執行。[6]但一般認為是「國家和人民之間理念、資訊、藝術和其他文化層面的交流，可促進雙邊的認識」，[7]並不一定具有官方的意涵，甚至因不具官方身份而更能達成國際溝通交流的目的。

---

[6] J. M. Mitchell, *International Cultural Relations*. London: Allen & Unwin, 1986, pp. 2-5.
[7] Milton Cummings, *Cultural Diplomacy and the United States Government: A Survey*. Washington D.C.: Center for arts and culture, 2009, p. 1.

　　筆者認為，根據過往的參與經驗，發現台灣如果不能發展出雙向交流，那麼其文化外交的層次是很表面的。在多數的情況下，台灣所考慮的文化活動多半是單向的，這樣這種文化文流關係也是單向的，無法產生相加相乘的效果。

　　筆者曾於2008年帶領台師大學生到越南河內地區辦理遊學課程，為期三週，由河內國家大學人文社會科學大學提供。該校表示，其對外越語系是越南全國歷史最悠久的對外越語課程，那麼其地位應該是與師大國語中心相當。可是該系主任表示，我們是該系成立以來，長達半世紀，第一個來該系學習的台灣團體。這樣的情況令人感嘆，台商在越南的投資名列第一，有三萬台商住在越南，台商是越南改革開放後最早去投資的一批人，但是台商並沒有習慣利用當地主流的機制來運作，也沒有經過有系統地去理解當地的文化語言系統，反觀日本及韓國的商人，只要他們派駐當地，都會先到這樣的對外越語中心接受一年或半年的語言訓練。如果能以政府帶頭，以雙向交流為要務，才能改變台灣目前這種只在乎短期利益的作法。

　　如果要發揮雙向文教交流的事務，筆者早期即認為應設法與伊斯蘭的高等教育系統做聯結，1990年代蘇哈托政權倒台之後，筆者曾經協助印尼伊斯蘭大學建立第一個中文課程，一直到現在，這個大學系統對於與台灣大學進行文教交流仍然有很大的興趣。印尼是全世界穆斯林人口最多的國家，伊斯蘭大學系統中有一百多間大學，數千所各級學校，學生人數總共超過五十萬，這種文教交流雖然在開始時要花比較多力氣去洽談，但是未來前景可期。

這樣的設想經過 2016 年台灣政府新南向政策的推動，配合全台各界不斷努力，在 2018 年 4 月得到豐碩成果，由台灣教育部與印尼最大的印尼伊斯蘭教士覺醒會(Nahdlatul Ulama, NU)[8]聯合簽署 722 份合作協議，參與教育單位含括台灣 40 所大學與印尼 25 所大學，此外更加進行醫療合作等項目。

關於泰國的雙向交流的文教合作，即將提及的華語市場之外，筆者認為泰國施行的國際教育很值得交流與借鏡，泰國在曼谷地區，已經有上百所國際學校，這是泰國在國際教育上採取開放政策的結果。而泰國著名的大學，也以附設單獨學院的方式來開設國際課程，並且接受世界各國學生赴泰國就學。目前赴泰國的外國留學生，來自中國的學生人數已經是第一名了，顯然是看到了從事文教交流的潛力。

就台灣與馬來西亞合作方面，馬來西亞有幾個方面的優勢。語言的優勢是最明顯，語言的優勢配合多元的種族，正好可以和世界各人口大國產生語言與文化的聯帶關係，例如世界的穆斯林

---

[8] 印尼伊斯蘭教士覺醒會成立於 1926 年，會員約有 4000-9000 萬人，是全球最大的獨立伊斯蘭信仰組織，也屬於慈善機構，為學校和醫院提供資金，並組織社區活動來減輕貧困。

人口以及印度南亞人口。筆者建議最好的領域是在伊斯蘭金融、伊斯蘭食品等項目，如果能善用馬來西亞的優勢，則是台灣通往其他穆斯林人群的良好機會。

越南與台灣在文化背景上有許多相似之處，在文教項目的合作，最重要的應該是大學教育，越南目前的大學設施不足，只有不到四分之一的高中畢業生有機會讀大學，而台灣目前大學教育資源過剩，互相的合作，前景可期。

菲律賓人口眾多，而且教育素質相當高，不過台灣與菲律賓的文教交流十分有限，幾乎很少有機會做深入的交流，如果菲律賓的大學能與台灣充分合作，雙方應該都會有很大的幫助。

新亞洲區域主義的挑戰與機會

從事東南亞文化研究及文教交流事務，最常接觸到的問題就是中國崛起。這些問題不僅台灣關心，世界各個重要關心區域發展的國家都同樣關心。[9]中國能順利參與東南亞各國事務，很重要的原因是中國掌握了亞洲區域主義的趨勢，中國，針對東南亞各國的相關發言，很刻意地使用亞洲區域主義的語言，強調負責任的行動，誓言要為增進地區的和平與安寧作出自己的貢獻，一改過去冷戰時代對立的姿態及語言。中國在亞洲安全的議題上，強

---

[9] Nicholas D. Kristof, "The Rise of China", *Foreign Affairs*, 72(5): 59-61, 1993.

調以互信、互利、平等、協作為核心的新安全觀，以做為後冷戰時代國際安全問題的新特點。

中國提出的新安全觀是綜合性的安全觀，當今的安全問題不再限於傳統的政治、軍事領域，已日益滲入到人類生活的各個方面，表現出很強的綜合性和跨國性，既涉及國與國之間，也涉及到人類社會與自然界間的關係。因此中國宣稱既要繼續努力解決過去尚未解決好的傳統安全問題，也要重視解決日漸增多的非傳統安全問題。

在新安全觀的原則下，中國近年來與東南亞內外國家合作，積極參與解決各類安全問題的努力，在具體的做法上，改採以務實的態度推動地區多邊安全合作。注意與區域外有關大國發展和保持建設性關係，不尋求排他性的戰略利益，不排斥其他有關大國在地區內的戰略存在和戰略利益，以合作、協調和避免對抗的原則，追求和平，宣稱要堅守不稱霸、不擴張、不侵略的政策。中國在亞太地區安全議題上使用的語言，總是強調亞洲安全，與亞太各國間關係保持健康發展的態勢，爭取不斷擴大區域合作領域，這種外交語彙的使用，也使中國在區域內的發展受到接納及歡迎。

面對中國這種情勢的發展，新加坡採取的立場，是將中國的崛起放在亞洲區域主義的角度來看待，新加坡經常使用稱讚的口吻，但重點是將中國放在亞洲區域統合的角度，使其順應局勢，比如說，新加坡總理李顯龍會表示，中國的崛起有利於亞洲的發展，中國正在承擔起與其日益增長的力量相符合的責任，同時也表示，應當很好地利用中國和印度的崛起，有效掌控潛在的地區熱點，確保亞洲的未來成功發展。

不過，在取得加入東南亞國協的同時，中國在 2014 透過「一帶一路」更深化與東協十國的關係，包括交通基礎建設、能源、工業園區與金融貨幣等，除了航運物流、港口合作圈外，更擴及旅遊合作圈和人文合作圈，也特別為缺乏建設資金的東協十國設立亞洲區域合作轉向資金、中國-東盟海上基金、中國-東盟合作基金+周邊友好交流專業基金等，加深中國與東協十國發展的全面聯繫與羈絆。

過去討論兩岸關係時，經常將兩岸關係視為兩者的關係，為雙邊關係。其實兩岸關係向來都是國際問題，如果我們，將之放在亞洲新區域主義的脈絡來看，則為一種多邊關係。如果將之放在疫情之後的「新世界化」的格局中，那彼此間的合縱連橫就更加有彈性，台灣可以爭取到更大更有利的國際支持與空間。

中國在亞洲新區域主義發展的新局面，我們也應該以新的思維來看待。目前在討論兩岸關係時，經常將兩岸關係視為兩者的關係，為雙邊關係。如果我們擴大來看，兩岸關係可以放在亞洲新區域主義的脈絡，則為多邊關係。在亞洲地域統合的大趨勢下，人與貨物都是一直在互相流動，共同加入世界貿易組織之後，即是將過去因為政治界線而限制的人員與貨物流動進一步活絡起來。從這個角度看，人們可以因為其在經濟生產活動找到其最有利的位置而遷移到不同的地方去居住，如果一個地區的成本過高，而使一部分的人必須到另一個地方工作生活也是極其自然的事。人員及貨物的流動，在一個區域內的發展，應該從這個角度來看。歷史上原來就不斷地有人來來往往，相信降低各地之間的障礙，人們會找尋自己最可以發揮的位置。如果人才能夠自由流動，這樣不論是經濟結構的調整，與人力素質的提昇，可以讓短期效應的痛苦減低。在這個範疇內，政府應該放棄本位主義，讓人民自己選擇，成功不必在我，但是讓人才流動至合適的位置上去，是各方皆贏的作法。

從這個角度來看，兩岸關係的人員貨物流動，未來不會只是兩個地方之間的關係，隨著亞洲地域統合的趨勢，未來會流到其他鄰近的地方去。亞洲地域統合是以經貿為出發點，我們應主張減低政治的人為干擾，達到提高生產力，促進人民福祉的目的，鼓勵國人往多目標及多元文化去發展。地域統合的過程雖然要進行較多的調整，但是在經濟成長的時代進行調整，仍是最佳的選擇。對台灣而言，這是提振經濟低迷的契機，也是讓兩岸經貿關係進行正常化，即讓市場的機制促使生產運銷的過程呈現多元化。我們相信，過去兩岸關係的緊張關係，如果放在亞洲統合的架構中，長久來看，各種生產運銷的分工組合，必然會將使得敏感性降低，可能有更多的企業家會多元來應用亞洲各地的關係。政府在這個亞洲區域主義的發展趨勢中，也要調整心態掌握新機運。如果要使國人能掌握亞洲地緣統合的趨勢，我們仍然有許多要進行的工作，如何掌握其精神，放寬視野來發展，才能開創未來台灣在亞洲崛起的新機會。

在 1980 年代開始的全球化大趨勢下，人與貨物都在互相流動，1995 年成立世界貿易組織之後，即是將過去因為政治而限制的人員與貨物流動進一步活絡起來。從這個角度看，人們可以因在經濟生產活動找到其最有利的位置，進而遷移到不同的地方去居住，如果一個地區的成本過高，而使一部分人必須到另一個地方工作生活也極其自然。人員及貨物的流動，在一個區域內的發展，應該從這個角度來看。歷史上原來就不斷有人往來移動，相信如減低各地之間的障礙，人們會找尋自己最可以發揮的位置。如果人才能夠自由流動，無論是經濟結構的調整，與人力素質的提昇，可以讓短期效應的痛苦減低。而政府宜放棄本位主義，讓人民自己選擇，成就不必在我，但是讓人才流動至合適的位置，形成各方皆贏的結果，這是全球化自由經濟的初衷與理想，也因此造就中國成為世界工廠，擁有能夠影響世界局勢。

不過，經過將近 20 多年的實踐，產業空洞化、勞工權益受損和過度全球化等弊端一一浮現，從 2019 年的中美貿易戰後，掀起新一波新全球化的改革。

全球化的趨勢

亞洲地域統合最初以經貿為出發點，吾人宜主張以促進人民福只的目的，鼓勵多往文化面向去發展。地域統合的過程雖然要進行較多的調整，但是在經濟成長的時代進行調整，仍是最佳的選擇。對台灣而言，這是提振經濟低迷的契機，也是讓兩岸經貿關係進行正常化，即讓市場的機制促使生產運銷的過程呈現多元化。我們相信，過去兩岸關係的緊張關係，如果放在亞洲統合的架構中，長久來看，必然會將使得敏感性降低，可能有更多的企業家會多元來應用亞洲各地的關係。政府在這個亞洲區域主義的發展趨勢中，也要調整心態掌握新機運。如果要使國人能掌握亞洲地域統合的趨勢，我們仍然有許多要進行的工作，如何掌握其精神，並放寬視野來發展，才能開創未來台灣在亞洲崛起中的新機會。

從新亞洲區域主義看台灣的機會

筆者在過去的十年時間，由於親自在東亞或東南亞從事研究的關係，對於這個亞洲區域主義的發展，有一親身的體驗與近距離的觀察。基於這樣的體驗與觀察，在此將提出以「文化資源」角度，認為台灣在東南亞的發展，有相當的優勢。這種文化資源的優勢,配合台灣與東南亞在經濟合作上的關係,可以在這個地域統合的趨勢。而我們目前的問題是在於對這種亞洲區域主義的認識不足,而當今的情勢,即是善體這種地域統合的趨勢,調整腳步來配合這種發展。

如果從台灣的「文化資源」的角度來談,國人到東南亞各地去工作,相對來說是擁有較大的資源,就人員的交流而言,台灣人有幾種層次的人員交流,分別是台商、華人、留台生、新移民及來台外勞等,這些人員要不是曾經來過台灣,就是與台灣共享文化資源,溝通上比較容易互相明白,也有互相協助扶持的互動模式。從另一個角度說,東南亞原來是世界上文化、種族、語言、宗教等最複雜的地區,但是對台灣的人而言,東南亞反而是台商、華人、留台生、新移民及來台外勞等主要往來的對象。

「文化資源」是過去再論述台灣與東南亞關係時比較忽略的因素,過去的討論重點是在經濟的驅力,不過當東南亞成為台商與華人主要的分布地區,與東南亞就有了較多的連接點,成為未來的文化資源。而台灣即有的文化資源,如中華文化的資源、華語教育的資源、閩南語與客家語的資源、南島文化的資源,也正好與東南亞建立連接關係,是族群文化的資源。此外因為產業型態與東南亞的互補而形成的產業文化及企業文化,還有因為消費文化資源,如電視與流行歌曲等等,都是台灣社會相對於東南亞的文化資源。

　　文化資源配合經濟的合作關係可以發揮很大的動力，到目前為此，台灣與東南亞的經濟合作關係應該還可以因為互補關係而維持一段很長的關係。以資本的流動而言，台幣的購買力仍然很強，與幾個東南亞的人口大國的幣值相較，匯兌價值較高，影響所及，台灣人到東南亞旅遊的相對支出仍是較低，台灣人到東南亞投資已經大於過去獎勵投資條例時期，東南亞華僑對台灣的投資。就投資的趨勢而言，台商在東南亞主要的六個國家（包括泰國、馬來西亞、菲律賓、印尼、新加坡及越南），投資的總金額是相當可觀的，在亞洲四小龍之中，經常是名列第一，在某些國家，台灣的投資甚至超越美、日等國，成為東南亞國家最重要的外資來源國。一般估計，台商投資東南亞，會以不同的企業型態進入，所以如果以實質投資而言，實際上還比帳面上的數目要高。

　　就東南亞各國的情況來說，要談到文化資源與經濟合作的關係，首先重視印尼，台灣對印尼的投資金額最大，但是占印尼所有外人投資而言並不是最突出的。印尼擁有人數眾多的華人，其中華商在印尼的經濟扮演重要的角色。而在台灣與印尼的關係來說，不同的人員流動始終保持著，文化資源的聯繫最為明顯。台灣的中小企業對印尼的投資十分積極，大企業投資則十分謹慎，自1994年印尼採取投資自由化政策後，台灣大企業才開始對印尼產生興趣，尤其是內銷市場。印尼擁有東協最大的國內市場，但台商的投資仍以外銷為主。這顯示台灣與印尼的合作關係仍有許多可以開拓的空間。印尼本地華商仍然是掌握印尼的經濟命脈，印尼的自然資源及勞動力充沛，台商要進入印尼本地市場仍是很容易的。

其次，泰國在文化資源與經濟合作的配合來說也是相當突出的，台商在泰國投資的時間較長，同時為數眾多，在當地形成特殊的台灣人社群。泰國由於文化及宗教與台灣相近，人民篤信佛教，性情溫和，沒有潛在的種族衝突危機，因此很早就吸引台商前往投資，形成台商的聚落及產業聚落。泰國也有為數眾多的華人，是僅次於印尼，第二大的海外華人聚落，因此要找到合作對象相對而言是較容易。目前台商的投資內容也產生變化，泰國的產業發展政策已明顯的由勞力密集加工業轉向資本較密集的重化工業發展，包括石化及汽車產業，也反應在台商投資的情況。以目前來說，泰國的台商聚落仍是規模最大的東南亞國家。

在東南亞各國的投資中，馬來西亞的條件也很容易吸引台商，馬來西亞以其良好的基礎建設及透明的投資法規為本錢，大力吸引外資。就人力資源而言，馬來西亞的華人語文能力良好，最易溝通，同時馬來西亞擁有人數眾多的留台生，文化資源的優勢顯而易見。台灣在 1989 年起亦大舉對馬來西亞投資，尤其以電子資訊產業最為積極，目前中小企業仍然是台灣對馬來西亞投資的主流。馬來西亞政府近來已調整其產業政策，希望朝高科技的產業發展，勞力密集產業的投資已不再受歡迎。就馬來西亞而言，台灣長期與之合作發展的空間仍然很大。

越南對台灣來說是最近發展的投資對象，一般看好越南與台灣長期的經濟合作關係。越南雖然自 1989 年起才開放外國人投資，但台灣廠商對越南投資十分積極，至 1996 年止我國一直居越南外人投資的首位。台商投資越南最主要的原因是因為當地工資便宜，工人工作勤奮及易於管理。台商對越南勞工的品質有甚高的評價，因此對勞力密集產業有很高的吸引力。越南目前在台灣，是外籍配偶及外國留學生人數最多的，其產業結構與生產模式，一般估計，與台灣仍有可能與越南保持一段長期合作關係。

菲律賓也是值得特別提到的國家，首先菲律賓距離台灣最近，各種文化資源都可以互相利用，菲律賓華人多為福建人，與台灣最容易發展溝通關係。菲律賓人英語使用普遍，菲律賓的外傭就是以英語見長而得到台灣人士的歡迎。菲律賓以前與台灣的關係就很深，人種上台灣的南島民族與菲律賓的某些族群有血緣關係。菲律賓為吸引台灣投資特別在蘇比克灣設置工業區，也有一些台灣廠商進駐，但與東南亞其他國家相比，我國在菲律賓的投資仍相形遜色，因此菲律賓未來的發展仍有很多努力的空間。

以上列舉了東南亞的五個主要國家，這些都是人口大國，天然資源充足，而且人力資源也很豐富，以目前台灣的產業結構與東南亞各地的互補關係，預計未來要發展合作關係的可能性很高。過去將向東南亞的發展，稱之為南向政策。筆者認為，過去南向政策太偏重台商的投資，其他方面的交流沒有得到應有的注目，現在應該以亞洲為範圍，提倡對區域統合趨勢認識，讓台灣的民間社會自覺地在亞洲不同地區的發展，應該就不會有被邊緣化的疑慮。

參考文獻：

Cummings, Milton, *Cultural Diplomacy and the United States Government: A Survey*. Washington D.C.: Center for arts and culture, 2009.

Kristof, Nicholas D., "The Rise of China", *Foreign Affairs*, 72(5): 59-61, 1993.

Medeiros, Evan S., and M. Taylor Fravel, "China's New Diplomacy", *Foreign Affairs*, 2003, 82(6): 22-24.

Mitchell, J. M., *International Cultural Relations*. London: Allen & Unwin, 1986, pp.2-5.

第二章

從一黨專政看東南亞國家的政黨發展與財富壟斷

　　2018 年馬來西亞舉行大選，自 1957 年馬來西亞建國就開始執政的巫統（PEKEMBAR；UMNO）[10]下台，結束了長逾 60 年的一黨專政，而首相納吉及其家人在執政期間斂財的情況也受到矚目，很多報導集中在財富累積造成的奢華現象。在報導相關新聞時，也會討論到鄰近國家過去所發生的類似狀況，媒體會將納吉夫人與菲律賓總統馬可仕夫人伊美黛拿出來兩相比較。這些相關報導提醒世人，因為權力集中而形成的財富聚集，並非單一現象，世界上很多國家都有類似的例子，這些案例不須遠求，台灣的鄰近國家就有不少。如果我們將目光放在東南亞這塊區域，幾乎所有的國家都曾經在特定的歷史時期出現過類似的場景，權力造成腐化，形式或有不同，本質俱皆相同。

---

[10] 巫統是馬來西亞政黨，為「馬來民族統一機構」的簡稱，馬來文是 Pertubuhan Kebangsaan Melayu Bersatu，舊譯為「巫來由人統一組織」，故稱「巫統」，英語是 United Malays National Organization，縮寫為 UMNO）。

本章將分別討論幾個東南亞國家在特定的歷史時期，由於長期一黨專政，導致出現財富不當累積的現象。這些各別國家的案例中，有些已經是過去式，有些則還在長期一黨專政的過程中。我們先從整體的角度來看東南亞國家，幾乎所有的國家都曾經有過因一黨專政所形成的財富壟斷現象。然後分別討論各國的不同情況，分析這些國家具體的政黨壟斷形成的原因，以及財富壟斷所造成的後果。最後再總結、分析這些東南亞國家一黨專政、財富壟斷等可供相互評比的現象，並討論各國日後處理的情況。

東南亞整體情況

東南亞國家多數是新興國家，是從殖民地轉變成為獨立國家，實施政黨政治，有些並非新國家，但也在第二次世界大戰前後，進行政治及權力結構的重整。從這個角度來說，東南亞國家與台灣，情況並沒有很大的差別，現今存在的政治範疇與基本的國際政治結構，大抵是在第二次世界大戰之後所形成。國家獨立運作後，當權的政黨多半以民族主義或者反共意識為號召。在這種情況下產生的政黨集團，常常實行一黨專政，以黨政集團壟斷權利，靠民族主義或者反共意識的意識形態壓抑反對勢力。[11]從這

---

[11] Julio Teehankee, "Party System in South and Southeast Asia", Varieties of Democracy Thematic Report Series, No. 2, October 2013.

個角度來說，雖然東南亞各國有不同的國情與歷史發展，卻有共同發展的形態，或多或少都經歷一段政黨長期壟斷政權的過程。

這種政黨壟斷的形式，很容易就形成獨裁統治，往往造成黨、政不分，將政黨當成是掌握國家資源的工具。同時為了壟斷資源，會發展不當的權力關係，用來壓制或清除反對勢力，掌握長期執政的政治權力。長期一黨專政的結果，很容易形成獨裁政權，或是寡頭領導，權力只集中在少數人手中。長期一黨專政的結果，會發展出不同的政治形態，最常見到的情況是政黨掌握權力，並發展出掌握軍警系統的權力結構，並且靠著掌握軍方，鞏固獨裁統治的模式。不論是文人的一黨專政或者是軍人掌政，都是利用建立政權時的黨政組織，壟斷政治權力，形成威權統治，及政治權力被少數集團及所屬政黨所把持，並且立意鞏固其政治權力，這類在建國時期所形成的政黨，在壟斷的政治權力之後，在國家追求工業化及現代化的過程之中，會要求建立穩定的社會秩序，以利經濟民生的發展，以利繼續鞏固政權，發展成穩定及特定集團的統治壟斷。

許多國家長期處於一黨專政之下，長期一黨專政很容易造成權力的腐化，而權力的腐化與濫用，最顯而易見的判別標準，可以從是否形成財富的壟斷與累積加以確認。如同人們常說的，權力使人腐化，絕對的權力造成絕對腐化，長期的政治權力壟斷最容易形成政黨腐化，形式或許不同，本質是一樣的，政黨長期壟斷政治權力因而便利特定集團或組織不當利用政治權力來累積財富，我們在這裡就稱之為不當財富或是不當財產。東亞及東南亞地區很多國家，在第二次世界大戰之後，由於許多國家滋生民族主義意識，因而推翻了殖民主義政府，或是因為國家陷入強權冷戰的環境中，形成執政者的意識形態。以民族主義或是反共意識來執政的政黨，很容易以此意識形態來剷除異己，發展出長期一黨專政的政治體制。這也是為什麼東亞及東南亞地區，曾經有過這麼多長期一黨獨大政治結構的主要原因。

最後要終結一黨專政，最主要還需要經過一個民主化的過程。大多數的東南亞國家，都是在民主化的過程中，突破了一黨專政的政治結構，觀察整個東南亞地區，有些國家已經跨出這一步，一黨專政或政黨獨裁已經成為過去式。[12]但是仍然還有一些國家至今還處在一黨專政的情況下，執政黨使用各種手段，不讓挑戰者有公平的機會，形成政治結構不易改變的情況。估計在這樣的情況下，一黨專政的情況，應該還是會持續一段時間。[13]觀察東南亞各國的過去歷史，要終結政黨專政或獨裁的政治結構，民主化仍然是最有效的途徑。[14]

---

[12] Benjamin Smith, "Life of the Party: The Origins of Regime Breakdown and Persistence Under Single-Party Rule", *World Politics* 57(3): 421-451, April 2005.

[13] William Case, *Politics in Southeast Asia: Democracy or Less*. London: Curzon Press, 2002.

[14] Arend Lijphart, *Democracy in Plural Societies: A Comparative Exploration*, New Haven, Conn: Yale University Press, 1977.

在一黨專政結構下，政黨或者是掌握政黨的少數領導，藉由利用權勢所累積的財富，我們可以稱為不當財富或是不當財產。不當黨產只是不當財產或是不當財富中的一種形式，考察東南亞各國的實例，不當財富的解決通常需要很長的時間，以剛剛下台的馬來西亞前首相納吉的例子，方才開始處理，而菲律賓的馬可仕家族，不當財富一直無法處理完畢，經過 30 多年還是有大批的財富集中在馬可仕家族手中，直到 2018 年才傳出來訊息，馬可仕家族有意歸還一部分不當財富，主要是為了讓馬可仕的兒子漂白，以便有利於他競選下屆總統。以東南亞的例子來看，處理不當財富，還是要在民主化的政治結構中，才有機會做比較公平的處理。

東南亞一黨專政的案例：過去式

東南亞戰後有許多國家發展成一黨專政的政治形態，也形成許多令人咋舌的財富聚集現象，隨著時代的推移與演進，有些已經成了昨日黃花，有些還在清理過程中。有三個東南亞國家，被認為是已經終結一黨專政的情況。這三個例子都在歷史上留下輝煌的紀錄，因此值得做更進一步詳細的探討，這三個案例分別是菲律賓的國民黨—馬可仕政權、印尼專業集團黨（Golkar）—蘇哈托政權，以及現在馬來西亞剛剛下台的巫統—-納吉政權。即使這些現象在當地國家已經不復存在，但曾經創造的歷史紀錄並不會消失。

　　另外有幾個東南亞國家也有同樣的情況，目前沒有適當的條件，留待未來討論。例如緬甸，這也是一個過去長期由軍人執政的國家，也算是政權集中在特定集團，而後來在民主化的過程中，終結了專政的局面。但是緬甸現在軍方仍然利用憲法參與政治，[15]緬甸過去受到軍方控制的政黨，尚未受到清算，相關資訊外界的瞭解很少，暫時無法討論。目前也沒有很好的條件來討論泰國的情況，因為泰國也曾有過一黨獨大的現象，但是後來卻是由軍方以政變的方式結束政黨的競爭，[16]也有用法律判決的方式要求解散政黨，表示泰國的政黨受到非政黨力量的干擾，政黨相關的資訊呈現兩極化的現象，我們在此也是無法討論。

---

[15] 緬甸過去的選舉並不符合現代國家的常規，當時就是軍人政權，甚至發生軍人政權拒絕承認選舉結果，而由翁山蘇姬領導的全國民主聯盟（အမျိုးသား ဒီမိုကရေစီ အဖွဲ့ချုပ်），早在 1990 年的選舉就已經勝出，當時卻沒有機會執政。

而現在全民盟雖然已在 2015 年的選舉再次得到壓倒性的勝利，但依據憲法必須要和軍方共同執政，因此緬甸還無法因為軍方所掌控的政黨下台，就認為專政已經結束。

[16] Allen Hicken, "Party Fabrication: Constitutional Reform and the Rise of Thai Rak Thai", Journal of East Asian Studies, 6(3):381-408. 2006.

菲律賓：國民黨—馬可仕政權

　　菲律賓的國民黨—馬可仕政權，是東南亞國家中相當著名的例子。馬可仕總統執政期間，從 1966 年到 1986 年，長達 20 年的時間。在馬可仕總統一黨專政的期間，經常利用各種手段對付反對黨人士，來消除挑戰者的勢力。最有名的挑戰者是艾奎諾議員，1983 年就在機場的停機坪被暗殺了。馬可仕政權最後被菲律賓的人民革命所推翻，是一個以民主化解決一黨專政的著名案例。[17]

　　值得注意的是這裡所提及的是菲律賓國民黨—馬可仕政權，因為國民黨在菲律賓是個歷史悠久的政黨，而僅僅在馬可仕總統執政期間，才被視為一黨專政的時期。在馬可仕總統執政的前後，菲律賓國民黨都是菲律賓的重要政黨，由於馬可仕總統的作為才使得這個政黨成為一黨專政的政權。[18]一直到現在，菲律賓國民黨仍然是在菲律賓具有政治影響力的政黨，目前也是當今執政聯盟的一員。

　　馬可仕家族積極累積財富名聞世界，利用權勢累積了很多的財富，總統夫人伊美黛的奢華作風甚至成為新聞的焦點。最有名

---

[17] Paul Hutchcroft and Joel Rocamora,"Strong Demands and Weak Institutions: The Origins and Evolution of the Democratic Deficit in the Philippines", *Journal of East Asian Studies* 3(2): 259-292, May-August 2003.

[18] Andreas Ufen, "Political Party and Party System Institutionalisation in Southeast Asia: A Comparison of Indonesia, the Philippines, and Thailand." Giga Working Papers, German Institute of Global and Area Studies, 2007.

的例子就是伊美黛夫人的 3000 雙鞋子，十分形象化地說明了利用
權勢斂財的結果。馬可仕總統最後是在美國的庇護下，流亡到夏
威夷生活，最後死在夏威夷首府檀香山。終其一生，馬可仕專政
及獨裁的事實，並沒有得到制裁，馬可仕執政時期所累積的大量
財富，到目前為止也並未善加解決，許多財富還掌握在馬可仕家
族成員的手中。

國際透明組織（Transparency International）曾經估計過，馬可
仕總統在菲律賓 1972 年到 1986 年的執政期間，搜刮的財富差不
多是 100 億美金。[19]有報導認為是低估，曾經有家族成員透露，當
年家族擁有的財產價值相當於 7000 噸的金條。截至目前為止，馬
可仕家族的成員，到現在還是靠著當年搜刮到的財產，繼續活躍
在菲律賓政壇上，馬可仕總統夫人伊美黛現在是北依諾克斯省
(Ilocos Norte Province)的眾議員。馬可仕總統的女兒 lmee Marcos
則是北依諾克斯省省長，馬可仕總統的兒子 Ferdinand Marcos JR.
在 2016 年還曾經參選過副總統，只以些微的差距落敗。

馬可仕政權的不當財產，成為馬可仕家族維持其在政治上地
位不可或缺的資源。目前菲律賓政壇傳出新的消息，馬可仕家族
放出風聲，表示願意歸還不當財產的一部分，交還給政府。一般
預料是為了小馬可仕重返中央執政而鋪路。從這個消息就可以知

---

[19] C. Hartmann, G, Hassall, and S. Santos, "Philippines", in D. Nohlen, F. Grotz and
C. Hartmann, eds., *Elections in Asia and the Pacific: A Data Handbook*, Oxford:
Oxford University Press, 2001, pp. 195-238.

道，馬可仕家族成員承認這些財富是不義之財，但是在過去長達數十多年的時間裡卻默不作聲。從這個案例可以知道不當財富在這些國家還是不容易處理的問題。

印尼：專業集團黨—蘇哈托政權

接下來討論印尼專業集團黨（Partai Golkar）—蘇哈托政權，情況也相類似，印尼的專業集團黨是印尼的重要政黨，直到現在還在政壇上扮演一定的角色，但只有在蘇哈托執政期間，被認為是一黨專政的代表。從歷史的角度來看，專業集團黨成立於1964年，正好是蘇哈托上台之前，而專業集團黨的全盛時期，就是從1966年開始擔任執政黨，直到1999年，到目前為止還是家大業大的全國性政黨，仍然被視為印尼的重要政黨，近年來在印尼政壇上崛起的華人雅加達省長鍾萬學，就是代表專業集團黨參選。

蘇哈托從掌握政權開始，就是以軍事強人的身份開始，在1965年9月的一場失敗的軍事政變「930事件」，將除了蘇哈托以外的其他將領都殺害了，唯一倖免的蘇哈托將軍即利用反共及復仇之名，掌握軍隊，進一步掌握政權。到了1966年就要求原來的總統蘇卡諾，將總統的職位交給他。因此在蘇哈托就任總統之後，就成為最有權勢的總統。印尼蘇哈托掌權期間自1966年到1998年，長達32年之久。這段期間不只是一黨專政，也是十足的強人政治，由於蘇哈托本身是軍人出身，掌權的時候是印尼唯一的將軍，被認為是軍事強人。專業集團黨執政期間都是經過選舉取得執政的權利，而從 1971 年到 1997 年連續六次贏得選舉勝利，而且每次都是取得絕對的優勢，六次選舉專業集團黨的得票率都超過六成以上，因為在當時，沒有任何其他的政黨具有與專業集團黨匹敵的實力。[20]直到 1998 年的一場動亂凸顯長期執政後的弊端叢生、動亂四起，蘇哈托才讓位給他的副總統哈比比，結束了長期的強人政治。

蘇哈托在印尼執政期間一般稱為新秩序時期（Orde Baru），適逢碰上印尼經濟成長，外資大量湧入印尼，國家經濟因此得到比較顯著的發展，蘇哈托就利用這個機會把重心放在基礎建設上，在這個過程之中，蘇哈托得到了印尼建設之父的美名，因此一度印尼政府還發行印有蘇哈托頭像的紙鈔作為經濟繁榮的象徵。然而這些基礎建設，許多是由蘇哈托的家族成員和親信所開設的公司來承包。由於蘇哈托的強人政治，在這個時期利用職權來斂財是明目張膽的事。30 多年來，專業集團黨—蘇哈托政權—形成一個龐大的利益共生團體，這個團體利用裙帶關係組成，以蘇哈托六個子女的家族企業為核心，與專業集團黨的成員全部都有關連，控制了印尼的各種重要產業，諸如金融、汽車、電力、建築、

---

[20] R. William Liddle and Saiful Mujani, "Indonesia's Approaching Elections: Politics, Islam, and Public Opinion", *Journal of Democracy* 15(1): 109-123, January 2004.

礦產、媒體等。到了新秩序後期，蘇哈托的家族成員跟親信所開設的公司，幾乎控制著所有印尼大大小小的經濟項目，透過高度集中的政治勢力，造就了一個龐大的商業王國。

蘇哈托將特許項目都變成聚集財富的工具，特別是特定項目的買賣與進出口，都是由政府指定由特定的機構來經營。比較出名的項目如丁香，因為印尼是丁香生產大國，但是農民不能直接將丁香出售給政府，必須要賣給政府指定的收購機構，而後再由此機構以更高的價格賣給政府，或是出口到國外去，美其名是為了穩定物價，實際上都有蘇哈托親信從中間取得巨大利益的影子。另外幾個有名的例子如木材的砍伐以及中醫藥材、西藥和汽車的進口等等，都有類似的情況。

這些特定的機構，有不少由特定的富商所控制，長期與蘇哈托總統合作，賺取穩定且大量的利潤。除了利用富商大家族的企業來進行財富累積，蘇哈托利用其家屬來經營事業。根據 1999 年美國時代雜誌的報導說，蘇哈托的家族利用權力聚集了數百億美元的資產，其中 150 億美元存放在海外。蘇哈托總統通過不同的行政命令，要求企業每年必須向特定基金會繳納費用，基金會要求國家公開向其捐款，後來這些基金會都變成蘇哈托家族的私人資產，有一部分則成為專業集團黨的活動經費。

蘇哈托本人曾經在富比士雜誌全球富豪排行榜上位居第四名，據估計其家族資產高達 160 億美元。美國中央情報局 CIA 的秘密調查資料顯示，蘇哈托家族的不同資產膨脹到 400 億美元，是世界上最富有的家族之一。蘇哈托家族的財富很難準確的估計，到底這些財富是怎麼來的呢？斂財的方法是利用手中掌權的政治權力，由其子女跟親友利用商業機構在經商中獲取暴利。根據調查，他們的做法相當現代化，並沒有直接把國庫放入私人口袋。蘇哈托的三個兒子跟三個女兒和他們的配偶，以及與他們有關的人，在印尼大部分的重要企業中都佔有股份。一般來講，這些家族成員只會佔有公司股份的 20%，避免太引人注目。有人就戲稱這個家族為百分之二十家族。蘇哈托家族還有掌控重要的基金，有人估計蘇哈托家族所掌控的基金總資產高達 5.8 億美元，與蘇哈托家族有關的企業總資產不低於 2 萬億盾，在當時約合 20 億美金。

由於蘇哈托家族成員全部涉入不當財富中，以下進行簡要回顧：第一夫人 Siti Hartinah，利用各種名目控制重要基金會，這些基金會募捐的金錢都需提撥 10%的回扣，因此被稱為 10%夫人，Ibu Tien 或稱為回扣夫人。長女 Siti Harjijani Pukmana（Tutut）也曾經擔任國家重要職務，例如連續幾屆當選為國會議員，並曾擔任內閣社會事務部長。2007 年蘇哈托任命她為國家社會事務部長。長女長期掌管印尼主要的收費公路公司馬爾加（Marja）公司，擁有一家交通運輸公司和一個火力發電廠，同時擁有中亞銀行（BCA）的股份。長子 Sigit Harjojudanto（Sigit）為印尼最大汽車

集團－阿斯特拉國際公司的最大股東。次子 Bambang Trihatmadjo
（Bambang）擔任印尼比蔓塔拉聯合大企業的主席，他的控股公司
經營範圍涉及印尼的電視業、房地產業、建築業、酒店服務業、
石油化工、運輸和電信業等。該公司還擁有多家銀行、發電公司。
此外，他還擁有一些能直接控制政府交易的公司股權。次女 Siti
Hedijanti（Titiek）擁有多家銀行和建築公司的股份，還取得建造
蘇門答臘通往馬來西亞的大橋合約，同時擁有印尼工業銀行 8%的
股份。她的丈夫普拉博沃(Prabowo Subianto)被任命為印尼陸軍戰
略後備部隊司令。幼女 Siti Hutami Endang Adiningsih（Mamiek）
也有參與建設公司，該公司負責雅加達海岸填海工程，壟斷了印
尼海濱浴場開發公司的大部分業務。幼子 Hutomo Mandala Putra
（Tommy）最得到寵愛，曾是印尼國會議員。他壟斷了印尼的石
化業和天然氣開發等，也是一位備受爭議的汽車製造商。印尼自
1997 年開始發展汽車計劃，小兒子 Tommy 從韓國堤亞汽車（Kia）
進口汽車，享用終生免稅的優惠待遇。Tommy 還擔任安德羅美達
銀行的董事會主席。他掌管著印尼的丁香供應公司。丁香是印尼
製造香煙的主要原料。外國投資者都知道，要想在印尼獲得投資
利益，必須尋求有勢力的合夥人，最理想的合夥人就是蘇哈托家
族成員，最低限度也須是蘇哈托最親密的朋友。

　　綜觀現在的印尼富商，許多人過去都有和專業集團黨或是蘇
哈托子女互相合作的經驗。例如現在在印尼富豪排行榜排名第六

的 Peter Sondskh，他的企業是 Rajawali ，他的事業範圍包含電信、
煙草、水泥、飯店、零售業等。據說他與蘇哈托的兒子過從甚密，
許多業務都是在蘇哈托主政的情形下取得經營權。一直到目前為
止，專業集團黨的成員仍然擁有大量的財富，例如專業集團黨
2009-2014 年的黨主席 Aburizal Bakrie，在 2007 年曾是印尼的首
富，其公司是 Bakrie & Brothers，公司業務涉及礦業、能源及通訊。
另一個在印尼較為知名的三林集團（Salim）的林紹良，三林集團
擁有食品業、電信業、基礎設施、汽車、水泥、電視台等。林紹
良在過去長期是蘇哈托的合作伙伴。這種合作關係在學術研究上
還被特別提出來討論，黨政高層提供政治權利的保障，和林紹良
這樣的華人富商提供資金的角色，叫做主公關係(Cukong)。

　　蘇哈托斂財的方式，有以上所述的各種方式。最後終於導致
人民的憤怒，在 1998 年引起暴亂，蘇哈托因此下台，由哈比比
（Baharuddin Jusuf Habibie）繼任總統。在抗議群眾的強烈要求
下，哈比比總統在 1998 年 9 月成立特別小組，調查蘇哈托的國內
外財產。由於哈比比與舊政府有著千絲萬縷的關係，調查工作蜻
蜓點水，最後以查無證據而宣佈停止。這引起民眾的極大不滿，
成為哈比比在 1999 年競選中敗北的原因之一。儘管如此，最後法
院仍然無法讓蘇哈托總統受到法律的制裁，以蘇哈托的健康為
由，停止相關案件的調查，一直到蘇哈托過世以前，都無法將蘇

哈托繩之以法。因此印尼蘇哈托政權因壟斷政治的不當財產，最後也沒有機會有好的機制來處理。[21]

馬來西亞：巫統-納吉政權

馬來西亞的巫統也是長期執政的一黨專政，巫統最後一任執政的首相納吉（Najib Razak），就是在貪污的疑雲中選舉失利而下台，現在有關納吉與其妻子羅斯瑪（Rosmah Mansor）的案件正在接受調查。因為事件尚在調查中，過去有些理不清楚的政商關係，可能會隨著調查資訊的揭露而有新的發展，我們在此將討論比較重要的基本事實。

由於納吉是選舉敗選而下台的黨魁，也是尋求連任失敗的首相候選人，因此目前會將所有的焦點放在納吉一人身上，然而造成這種亂象的原因，不僅是納吉一人，其實是與巫統長期執政有關。首先討論納吉本人的問題。納吉是馬來西亞第二任首相敦拉薩（Abdul Razak Hussein）的兒子，是巫統長期執政下所培養出來的政治人物，他 1978 年在年僅 25 歲時就進入內閣，成為馬來西亞史上最年輕的副部長。納吉一直是巫統的核心人物，先後就任國防部長、教育部長，並在 2004 年成為副首相，2008 年前首相兼

---

[21] Dwight King, Half-Hearted Reform: Electoral Institutions and the Struggle for Democracy in Indonesia. Westport, Conn.: Praeger Publishers, 2003.

巫統主席阿布都拉(Abdul Latiff bin Ahmad)指名納吉做為接班人，2009 年納吉接任巫統主席，成為馬來西亞首相。可以說納吉一直是巫統要重點培養的政治菁英之一，因此納吉的問題，巫統所有的政治領袖也難辭其咎。

納吉是在巫統長期執政後政府出現疲態的時候上台，上任後致力發展經濟，鼓勵外商投資，並就政府津貼進行改革，重新調配政府資源協助經濟發展。他在就任期間最受注目的，是提出名為「一個馬來西亞」（1Malaysia）的發展計劃，簡稱一馬計劃，一馬計劃的重點包括扶貧及房屋政策，向社會貧民發放援助金。納吉 2009 年成立馬來西亞的國家主權財富基金「一馬發展公司」（1MDB），協助一馬計劃營運籌集資金。納吉就任首相時承諾會針對貧窮問題加以解決，2013 年大選以巫統為首的國民陣線雖然失利，但仍保有國會過半數席次繼續成為執政黨，納吉則成功連任。於是這個計劃就從納吉就任首相開始提出，隨著納吉下台接受調查，可以說一馬計劃是納吉就任總理後最受矚目的計劃，而納吉也是在這個計劃中出現貪污事件後名聲敗壞，終致選舉失利，可以說是成也一馬敗也一馬，最後是敗在這個計劃上。

一馬公司成立後至 2013 年之間，政府官員與內部人員多次利用一馬公司轉移資金，盜用資產。在國會內首次針對一馬公司議題提出質詢的，是反對黨實權領袖安華（Anwar Ibrahim），在 2010 年 10 月的會期內，安華質疑一馬公司進行黑箱作業，隨後，反對黨國會議員多次針對一馬公司提出質詢，但內閣不是選擇拒絕回答，就是只給予簡短回覆，外界能掌握的資料非常有限。直到美國司法部採取法律行動，充公一馬公司在美國總值 10 億美元的資產，這是美國有史以來處理過最大宗的資產充公案。在司法部公開的 136 頁民事訴訟書中，披露了許多驚人內幕，包括納吉的繼子里扎（Riza Aziz）和年輕富豪劉特佐（Jho Low）在案件中的關鍵角色，充公的資產包括豪宅、飛機、梵谷和莫內的名畫等，以及投資好萊塢電影《華爾街之狼》（The Wolf of Wall Street）的利潤。更重要的是，報導中爆出一筆七億美元的款項，直接匯入納吉的個人戶口。這個消息震驚各界，納吉的首相地位開始受到馬來西亞各界的挑戰與質疑。[22]

其實巫統內部並非沒有聲音，只是最後還是被納吉壓下來。原來副首相慕尤丁（Muhyiddin Yassin）曾直接質問納吉，何以巨款會匯入他的私人戶口。為了調查一馬公司的財務與管理運作，警方、國家銀行、總檢察署和反貪會成立跨部門特別調查組（Special Task Force），對一馬公司展開調查，凍結了六個與案件有關的賬戶，並到公司總部查封文件。根據獨立網路媒體砂拉越報告（Sarawak Report）的報導，特別調查組當時已掌握足夠的證

---

[22] 關於馬來西亞史上最嚴重的一馬公司貪瀆醜聞，如何重創前執政黨，參考莊迪澎，《互聯網媒體治理術：馬來西亞與新加坡的比較研究》。世新大學新聞傳播學院博士學位論文，2018 年。

據起訴納吉，訴訟狀已出爐，並準備遞交給法庭，但就在這關鍵時刻，納吉進行本屆任內首次的內閣改組。過去曾質疑他的副首相慕尤丁，和在沙巴擁有扎實基層支持的鄉村發展部部長莎菲益阿達(Mohd Shafie bin Hj. Apdal)首先被開除。而後特別調查組的負責人總檢察長突然因健康理由而提早退休，而調查組的其他成員也相繼被撤換。而有關一馬公司的調查報告，被政府列為國家機密文件不能公開。經過大換血，新任的總檢察長莫哈末阿班迪（Mohamed Apandi）發表文告，指沒有證據證明一馬公司的錢被挪用，納吉似乎穩住了陣腳，一直拖到大選後，納吉下台了，才能進行新一波的調查。

其實在巫統長期執政的過程中，一直都有一些貪污的傳言，只是當時在巫統長期一黨專政的情況下，有很多貪污醜聞不了了之，例如巴生港口自由貿易區（PKFZ），涉及金額 125 億令吉(約新台幣 875 億元)。「養牛案」涉及金額 2.5 億令吉(約新台幣 17.5 億)。[23]如果先前發生很多弊案最後都是沒有下文的話，弊案還是會繼續發生。國際透明組織分析，馬來西亞貪污問題嚴重，與缺乏政策規管政治獻金有直接關係。當首相納吉被揭發有 7 億美金匯入他的私人戶口時，納吉一再強調這筆款項不是用作他的私人

---

[23]「養牛案」是指國家養牛中心私人有限公司（NFC），是由巫統高層的家屬成立的私人公司，卻是為了政府肉品政策而創立，也因此得到了大筆的公家銀行貸款，這些款項卻用來購買豪宅及私人旅行花費。

用途，辯稱那是一筆來自中東的「捐款」，巫統的地方領袖紛紛出來「澄清」，指他們曾收受納吉巨額款項作競選之用，以此證明巨款不是為了納吉私用，而是為了確保國民陣線能在大選勝出、再次順利執政。這件事情證明了納吉的問題是個結構性的問題，而不僅僅是個人操守的問題。[24]

這段期間也是馬來西亞民主倒退的時期，納吉為求自保，急推國安法，法案提出成立國家安全理事會，並由首相為首領導，理事會能在不需要法庭的同意下，直接行使逮捕、搜查、用武、充公產業、起訴等權力。人權工作都指出，國安理事會法令與一馬公司是直接有關連的，就是一旦首相面對下台壓力時，就可以援引法例來鞏固他的權力。其實納吉很早就做了這些準備，如同之前通過的反恐法令，這些法案的共同點是允許警察進行無審訊扣留。甚至修改刑事法典，把「破壞議會民主」列為刑事罪行。這段時期出現的法案，有不少是納吉意圖保護權力而產生的方案，也是巫統領袖共同協商出來的方案。

隨著一馬公司的弊案再啟調查，現在查到更多的不法資金，有超過 1000 億令吉（約新台幣 7000 億元）的資金藏在納吉或其家人的海外帳戶內。目前這個案件本身還在發展中，雖可預估案件本身牽涉廣泛，但還是要看案情的發展，以及馬來西亞新的經

---

[24] Meredith L. Weiss, "Coalitions and Competition in Malaysia - Incremental Transformation of a Strong-party System", *Journal of Current Southeast Asian Affairs*, 32(2):19-37, 2013.

商關係，才能知道這個案件的牽連程度。這個馬來西亞的案例，是最近提供我們分析長期執政而導致貪污腐敗的一個案例。

東南亞一黨專政的案例：現在式

目前的東南亞國家中，還有幾個國家，仍然存在一黨專政的情況，而且政權至今仍然穩固，更設法利用權勢，讓執政優勢持續下去。東南亞國家的政治型態各自不同，各國的情況差別很大。但是這裡所討論的幾個例子，一黨專政的歷史都相當長。分別是寮國的人民革命黨、柬埔寨的柬埔寨人民黨、越南的越南共產黨以及新加坡的人民行動黨。

寮國

寮國位於中南半島，[25]曾經是法國殖民地印支三邦 (Indochina) 的一部分，獨立之後曾經實施君主立憲制，現在為社會主義國家，目前的執政黨是寮國人民革命黨(LPRP)，寮國人民革命黨是寮國唯一的政黨，從 1975 年取得政權至今始終是執政黨，確實為典型的長期執政一黨獨大的專制國家·

---

[25] 中南半島是中文的地理名詞，印度支那(Indochina)。

　　這個政黨的前身在 1934 年印度支那共產黨成立寮國地方委員會，指導寮國人民進行對抗法國人的反殖民主義鬥爭，後來還加上對抗日本人的鬥爭任務。1951 年印度支那共產黨第二次代表大會，印度支那三邦的代表，決定各自建立本國的政黨。從此越南、寮國和柬埔寨就分別建立自己的共產黨組織。1955 年寮國共產黨籍黨員集合成立政黨，定名為寮國人民黨。實際上就是以共產黨組織的宗旨成立的政黨。

　　寮國人民革命黨應該被視為整合共產黨及民族主義的政黨，這個情況與越南共產黨、柬埔寨共產黨相同。1972 年改稱寮國人民革命黨，通過黨章跟黨綱，確定民族主義革命及向社會主義過渡的政治目標。這個政黨自從 1975 年取得政權之後，就是一黨專政。在政治上是不容許任何其他政黨的共同存在。

　　由於長期的一黨專政，使得寮國的財富壟斷變得十分明顯。財富壟斷的主要形式仍然是以寮國人民革命黨的高官個人為對象，將財富累積到個人名下。因為長期的執政，寮國社會因政治壟斷而造成的貪污現象，已經到了失控的狀態。[26]根據 2019 年 1 月國際透明組織公布的全球貪腐報告(Global Corruption Report)，寮國在全球 180 個國家之中，清廉指數是排 130 名，與緬甸同為

---

[26] Lukas Frohofer, "People's Participation in the One-Party State The Role of Civil Society in the Lao People's Democratic Republic", Essay on Development Policy, 2014.

29 分。有消息報導寮國在 2017 年單是因為貪污國家損失一年約五千萬美元。[27]

在寮國投資公司就會發現貪污讓經營具有高度風險，根據寮國貪污報告，貪污已經形成一種文化，幾乎所有的外國投資者都被告知要和寮國人民革命黨的高官合作，以便投資項目得到足夠的政治支持。這種所謂的合作，通常是指利益的交換，外國投資者必須付出一定的代價，利用法律來對抗貪污的可能性極其微弱。

不僅如此，國家的建設與經濟也因而蒙受重大損失，例如 2014 年政府為了支持北部省份 Oudomxay 舉行第十次全國運動大會，批准一家私人公司建設運動場附近的道路。這家私人公司把這個項目變成集資項目，發行債券。最後道路也沒有建成，總共損失了國家 3,600 億美元的預算。2019 年東北部的省份 Xiengkhouang 以同樣的手法想要如法炮製，最後情況難以收拾，就後由總理 Thongloun Sisolith 出面，使得該次運動會不得不延遲舉行。

柬埔寨

柬埔寨也是另一個共產黨長期一黨專政的東南亞國家，柬埔寨人民黨（CPP）洪森主席（Hun Sen）長期掌握政權，從 1985

---

[27] Radio Free Asia, "Corruption 'Worse' in Laos Last Year, Sources in Country Say", Radio Free Asia Lao Service, 2018.

年至今依然擔任該國總理，也是典型單一政黨長期壟斷政治權力
的案例。如果從 1979 算起，洪森掌握政權已經有很長的時間，洪
森掌握政權已經超過四十年。如果以洪森出任總理算起，從 1985
年到現在，已經長達 35 年，打破蘇哈托一人在位執政最長的時間
記錄。洪森長期壟斷政治權力，原本近期受到反對黨強烈的挑戰，
但是洪森長期掌握政權，也掌握軍隊，現在已經動用權力把反對
的政黨解散了，目前在柬埔寨境內已經完全沒有任何政治勢力，
有能力來挑戰柬埔寨人民黨的一黨專政，洪森目前也開始賣力培
養自己的兒子接班，是一個現存強而有力且長期壟斷的政權。[28]

　　柬埔寨的洪森政權雖然已經執政很長的時間，不過洪森政權
的專斷獨裁近期更加變本加厲，且相關的財富壟斷的情況也越來
越嚴重，可以說兩者的互動關係是很明顯，洪森依靠政權累積財
富越來越明目張膽，為了要保護其家族的利益，洪森政權也就不
顧一切，採取比較激烈的手段鞏固其政治權力。洪森在 2017 年強
力掃蕩國內反對勢力，包括政黨、民權組織和獨立媒體。柬埔寨
救國黨因而遭到最高法院解散，全部 118 名黨員被禁止政治活動 5
年。黨魁根索卡（Kem Sokha）因叛國罪名入獄，關在柬越邊境的
監獄。反對黨及民權組織斥為「民主之死」。因此 2017 年柬埔寨
國會大選形成一黨競選，總理洪森高調地宣佈，他所領導的柬埔

---

[28] Chum Chandarin, "The Opposition Party and Democracy in Cambodia", *International Journal of Education and Research*, 5(10), October 2017.

寨人民黨（CPP）囊括全部 125 個國會席位，因為主要反對黨柬埔寨救國黨（CNRP）遭到解散，所以大選形成一黨選舉的局面。

洪森於 1952 年出生在一個農家，幼年在金邊當小沙彌。1960 年代後期他加入共產黨，1970 年代他先是成為赤柬（Khmer Rouge）的指揮官，後來逃到越南，加入反赤柬的軍隊。1979 年，越南在柬埔寨扶植新政府，洪森回國擔任副總理兼外交部部長，並在 1985 年升任總理，時年僅 33 歲。洪森執政以後，剛開始為了鞏固政權，花了一段力氣對付不同的政治勢力。等到位子坐穩之後，這幾年致力經濟成長。由於人民已經開始享受經濟成長的好處，所以得到民眾的支持。但是他作風強勢而專斷，打壓政治反對勢力毫不手軟，形成強人政治。近年來由於歐美成衣品牌 GAP 及 H&M 都大舉進駐柬埔寨，將柬埔寨當成是生產基地，柬埔寨經濟情勢很好，更讓洪森的政權越發穩固。

洪森政權累積財富的方式是由洪森家族成員成立公司，這些公司成為柬埔寨最富裕的家族。一般預估家族所擁有的公司資產高達 10 億美元。由於洪森家族的成員壟斷財富的情況太顯眼，專門從事全球各國政商關係研究的國際組織全球見證（Global Witness），還因此特別設計了柬埔寨專頁，發布報告揭露柬埔寨洪森家族成員的政商關係。從這些資料來看，洪森家族成員巧妙地利用其家族地位擁有各類企業，或是用股東的方式操縱各類企業。這些企業涵蓋柬埔寨經濟的絕大多數領域，並與蘋果、諾基亞、維薩(VISA)、聯合利華、寶潔(P&G)、雀巢、杜蕾斯和本田等國際品牌有所關聯。

在這個束埔寨專頁，特別清查洪森家族成員所控制柬埔寨政治、軍隊、員警、媒體、慈善等領域的關鍵職位，並將這些職位一一列出來，一方面掌握這些職位有助鞏固洪森的權位，另一方面，洪森家族的 21 名成員，包括子女、兄弟姐妹、侄子姪女和他們的配偶擁有至少 114 家企業的股份，涉及能源、電信、礦業和貿易企業，利用權勢讓他們的公司賺錢，這就是洪森家族成員累積財富的方法。全球見證聯合創始人派翠克‧艾利（Patrick Alley）表示：「洪森的家族牢牢地掌控著束埔寨經濟。」束埔寨是東南亞貪腐情況最嚴重的國家，2019 年的世界排名順位為 162 名/180 名。

越南

越南是社會主義國家，現在執政的是越南共產黨，這個政黨自 1951 年至 1976 年稱為越南勞動黨。1976 年，越南勞動黨改稱越南共產黨。該黨是目前越南境內唯一合法政黨，越南人簡稱之為「黨」（Đảng）。現行憲法規定越南共產黨是越南唯一合法政黨，在這種社會主義國家的體制之下，國家一切權力屬於人民，實行人民代表制度，是由越南共產黨來代表人民。在這樣運作之下，自然不會出現如西方民主政治的反對黨，也不會有西方的政黨政治運作的方式。

如果與其他社會主義國家相比，越南最大的特色是共產黨的集體領導。集體領導（Collective Leadership），通常存在於共產黨管理的社會主義國家裡，是指將重要的決策從個人分配到一個集體中，由多人共同決策的意思。越南的集體領導制度，會讓共產黨的總書記變得地位、影響力比較低，所以在大部分的情況下，越南共產黨的總書記沒有連任的情況，每屆就更換一位。有時候因為換屆大會爭議不下，而有留任的情況，但是次年問題解決後就下台。在這種體制下，權力有更多人來分擔，比較不會因為權力集中而發生專權及腐化的現象。[29]

與所有長期一黨執政的國家一樣，長期執政後形成一個特殊的統治集團。當然時間久了以後，這個統治集團會互相發展成利益共生關係。越南共產黨領導的官僚體制內部，存在著非常普遍的家族關係。根據筆者的觀察，這是很容易會自然發生的狀況，因為越南的官員都住在同一個地區，他們的子女在同樣的區域成長，彼此之間十分熟悉。有時候互相拉拔就成為很自然的事。如果以有報導的事件來說，政治局委員蘇輝若(Tô Huy Rứa)的女兒蘇

---

[29] Carlyle A. Thayer, "One-Party Rule and the Challenge of Political Civil Society in Vietnam", Seminar of the Like-Minded Donor Countries, Royal Norwegian Embassy, Hanoi, December 3, 2008.

靈香是一家國有建築公司的負責人，時任這個職位年僅 24 歲，[30]如果沒有特別的安排，並不太可能。前總理阮晉勇(Nguyễn Tấn Dũng)的長子阮清誼，成為越共中央委員會的候補委員，同時成為建設部副部長，一路上都是最年輕的政府官員。阮晉勇的女兒阮芳清(Nguyễn Thanh Phượng)執掌著越南資本管理投資基金公司(Viet Capital Asset Management)和越南資本證券公司(Viet Capital Securities)。越共總書記農德孟(Nong Duc Manh)的兒子是越共中央委員。這些人的經歷類似於中共的太子黨，在越南被稱為「王孫公子」(con ông cháu cha)，即當權者的子女。有這樣的現象，意味著即使越南共產黨相當重視反貪腐的問題，也利用制度來防止權力集中。但是這些現象並不會因為制度上特別的注意就會消滅，還是在各處出現。

任何注意越南情勢的人都會注意到，越南常常過一段時間就發起打擊貪污的活動，可以說對越南共產黨政權而言，這是越南共產黨設立之初就特別注意的問題，越南共產黨戒慎恐懼，不希望發生貪污腐化的現象危及其政權。在這種體制之下，貪污腐化很容易發生，必須要不斷進行政治改革。[31]越南共產黨的領導班子還特別強調反貪工作的重要性，越共中央總書記阮富仲(Nguyễn

---

[30] 托馬斯·富勒(Thomas Fuller)，〈越南政界精英裙帶關係曝光引來眾怒〉。《紐約時報》中文網，2012 年 9 月 3 日。

[31] 鄒剛，〈越南的政治經濟改革及其對中國的啟示〉。《二十一世紀》，雙月刊，香港中文大學，1990 年，十月號，頁 125-130。

Phú Trọng)自從 2016 年上台後，越南一再擴大反貪腐行動，許多官員落馬或被捕。到了 2018 年還特別宣示反貪工作將堅持到底，從基層做起，是長期行動，呼籲社會萬眾一心投入與支持。

2017 年 9 月，國營油氣公司董事會前主席兼海洋銀行（Ocean Bank）前總經理阮春山(Nguyen Xuan Son)遭控盜用公款、濫權和經濟管理不善等罪名，而判處死刑。海洋銀行創辦人何文深(Ha Van Tham)因涉及盜用公款和濫權等罪而被法院判決終身監禁，。其他數十名銀行和能源官員被控貪污和瀆職而被判處有期徒刑。2017 年 12 月，另一批省級現任官員和前官員因觸犯公務紀律，包括違反人事任命和調派規定以及土地管理缺失等，而被革職或撤銷所有黨內相關職務。

越南共產黨政府十分重視反貪污的措施，自從越南改革開放以來，幾乎是每過一段時間，就會發動反貪污活動與舉措。但是千萬不要以為越南共產黨政府不斷推出反貪腐的活動，貪腐的事蹟就會比其他地方少。正好相反的是，這些反貪腐的舉措越多，意味著相關的情況是相當嚴重。根據國際透明組織（Transparency International）在 2016 年針對「貪腐」問題進行調查，發現貪污的問題在越南已經「無處不在」（pervasive），尤其在建築業、土地使用合同和政府採購項目，嚴重到會影響外國人的投資意願。從對台商的訪談中得知，很多人可以從許多親身經歷的例子來說明這嚴重的情況。在國際透明組織 2019 年的排名中，越南的廉潔程度在 180 個國家裡排名第 96 名，屬於中後段班。

新加坡

新加坡已經形成東南亞國家單一政黨執政最長的例子。人民行動黨在新加坡贏得選舉，可以回溯到新加坡尚未獨立之前，當時新加坡還被馬來西亞所管轄。李光耀在 1959 年就成為人民行動黨的領袖，從 1965 年新加坡脫離馬來西亞聯邦，成為一個獨立的國家開始，新加坡一直都是由人民行動黨執政，始終維持一黨獨大的狀態。如果從領導人的角度來說，則新加坡一直是由李光耀家族掌控政權的國家，從李光耀在位，到現在則是由李光耀的兒子李顯龍擔任國家的領導人。如果從國家獨立開始算起，人民行動黨已經連續執政長達 53 年，未來極可能打破馬來西亞巫統的記錄，成為執政最久的政黨。

新加坡的一黨專政，有其特殊性，必須加以解說。首先新加坡自建國以來就有定期選舉，是屬於內閣制的政府，如果要執政就必須要在國會議員選舉中贏得多數，總理是由國會多數黨中產生，而總理再從國會議員中選出內閣部長。從這個角度來說，執政黨必須在每一次選舉中取得多數民眾的支持才有可能執政，因此長期執政也是人民選舉出來的結果。

　　從實際的結果來看，自新加坡建國後，人民行動黨一直是唯一的執政黨，一黨獨大狀態一直持續著，在議會中也鮮少有能夠形成監督力量的反對黨。而人民行動黨也和其他一黨專政的國家一樣，會使用不同的手段來對付可能出現威脅的反對勢力。新加坡的人民行動黨尤其擅長用合法的方法來對付反對黨。早年常見的手法是利用訴訟，將反對黨政治人物告到他們破產，使對方沒有辦法再從事政治。新加坡反對黨活動空間一直遭到壓縮，例如新加坡的媒體很少報導反對黨活動，在選舉期間也受到執政黨各種打壓與威脅。不少反對黨的成員都已經離開新加坡，移居澳大利亞或美國。

　　新加坡另一個合法來鞏固政權的方式是選舉的選區劃分，新加坡自 1991 年起創造了一套獨特的選區劃分制度，叫做集選區，每個選區產生 4 到 6 名議員。這種選舉制度對人民行動黨比較有利，使得人民行動黨能夠以 60%的得票率拿下議會 90%以上席位。長期執政的結果使得執政黨也很容易利用行政資源去影響選舉結果，政策買票或是威脅要懲罰投票給反對黨票數較多的地區。因此新加坡長期都是由一黨執政，短期內看不到有任何勢力可以改變這樣的狀況。

　　新加坡這樣的特殊情況，即形式上一直保有民主制度的外衣，但卻是長期一黨專政的情況。這種情況讓新加坡不被國際認定為民主國家，李氏父子長期掌握政黨權力以及國家領導人的地位，也會在國際上引起側目。同時，新加坡的言論自由與新聞自由一直被認為受到嚴重的壓制，執政黨通過政府持股的方式，間接控制了新加坡兩大媒體集團，因此在新加坡是不容易聽到不同的聲音。新加坡最令人垢病的地方，即是利用國家權力管控個人行為，諸如嚼口香糖、任意穿越馬路、在地鐵上喝水甚或是馬桶沒有沖水，都是會被處罰的行為，這些都是新加坡長期遭受到批評的事項。

雖然新加坡在政治權力集中這個部分，因為長期一黨獨大有引人側目之處，但是新加坡若要討論藉政治權勢來壟斷財富一節，則因為特殊的國情，有與眾不同的情況，需要特別加以解說。首先，在累積財富方面，新加坡與大部分的東南亞國家正好相反，其他各國很容易在貪污的項目中找到資料，意即東南亞各國在政治貪污的記錄上都比較糟糕，而新加坡早年卻是以反貪污有成效而聞名於世，成為東亞及東南亞地區反貪污效率最好的代表國家。

新加坡的貪污調查局（Corrupt Practices Investigation Bureau，縮寫為 CPIB）成立時間最早，早在獨立前就有，其前身是新加坡警察部隊反貪污科，直接向總理負責，負責調查和檢控公共和私營部門貪污行為，由英國殖民政府於 1952 年設立，是亞洲區首家反貪機構，與香港的廉政公署（ICAC）并列為亞洲著名的反貪污機構。[32]貪污調查局既是行政機構，又是執法部門，雖然主要職能是調查貪污，但有權利調查其他可能涉及貪污的刑事案件，當然有時候反貪污調查不免成為執政當局用來對付反對人士的工具。[33]

　　既然新加坡的反貪污是新加坡執政當局追求廉能政府的主要訴求之一，由此新加坡的執政集團在財富累積上，也特別的謹慎，不會像其他國家這樣，用明目張瞻的方式來進行。新加坡的執政集體的財富累積方式，有其特別的安排，最重要的是要採用合法的方式，而且還必須要是能夠符合目前執政統治的方式。新加坡的方式首先是提出高薪養廉的政策，認為要使公務人員不貪，最好的方法就讓他們有很好的收入。這是新加坡長期灌輸人民的說法，長期以來，大家也視之為新加坡廉潔政治的配套措施。不過如果將實際的數字拿來計算一下，就可以知道其中的差距。一般公務員中的管理執行類，錄用標準是大學學士學位，起點月薪為2250 至 2850 新元，而同類全國平均薪金為 2670 新元，與全國的標準並沒有差別很大，轉換成台幣約五萬到六萬五的月薪，是很容易理解的範圍。但如以 2012 年為例，新加坡的部長的起步年薪約 110 萬新元，差不多是月薪兩百多萬台幣，約是基層公務人員

---

[32]　呂啟元，〈香港與新加坡廉政制度之借鑑〉。《國政分析》。國家政策研究基金會，2009。

[33]　周永勤，〈威權統治下的發達社會—新加坡〉。《眾新聞》，2017 年 08 月 30 日。

的三十倍到五十倍的薪水，總理的年薪則是部長的兩倍。[34]這是新加坡長期執政下，核心的高級公務人員所領的薪水的層級。

　　另外一個財富累積方式，是讓李氏家族的人以及人民行動黨的親信，確保他們能夠進入重要的政府職位。李光耀本人的兩個兒子都在政府部門中擔任重要職務，大兒子李顯龍是總理，小兒子李顯揚曾任最大國營企業新加坡電信的總裁兼 CEO。李顯龍的老婆擔任財政部資金管理局淡馬錫控股(Temasek Holdings Private Limited)的董事，這些都是比較著名的例子。這樣的安排，一方面是符合法令的規範，另一方面，李光耀本人十分在意外界的說法，經常利用提告要求他國媒體不得用這樣的角度來報導。李光耀的兒子李顯龍接任總理以後，英國《經濟學人》雜誌發表文章，對新加坡這種世襲式的傳承痛罵了一番，李光耀威脅訴諸法律，後來《經濟學人》就發表道歉，因為《經濟學人》在新加坡設有地區總部，新加坡的法律對此案有司法管轄權，西方的媒體也是會因此就範。

---

[34] 鉅亨網新聞中心，〈新加坡模式的誤區：高薪政策并不能催生廉潔政治〉。《和訊網》，2014 年 12 月 09 日。

以上我們討論了不同類型國家政治體制，他們都是長期一黨獨大的現象，有各自不同的前因後果。不過，我們並沒有討論所有的國家，例如汶萊也是少數人壟斷政治權力，但是因為汶萊是絕對王權的制度，內閣部長都是由蘇丹指定而出任，實在談不上是政黨政治，我們就沒有辦法將汶萊放在這個議題上來討論。

整體與個別的分析

第二次世界大戰以後，東南亞各國才陸續取得獨立的地位。不同的國家開始實驗不同的政治制度，這些政治制度包含殖民政府所遺留下來的政治體質，現在國家所流行的國家體制與政治思想，民族主義建國精英對於現代社會現在國家的設想等。但是東南亞的國家相較於西方國家，幾乎所有的國家都出現長期一黨專政的現象，並且伴隨著獨裁、濫權以及貪污腐化，利用政治權力累積財富的現象。[35] 長期一黨獨大的政治體制，很容易導致濫權，用來累積財富，從這個角度說，東南亞各國發生的情況，在世界各國來說，也是一種普遍的現象。

為什麼東南亞國家會有許多長期一黨專政的情況呢？從政治理論而言，威權統治形態在特殊的政治環境中特別容易出現，例

---

[35] Giovani Sartori, *Parties and Party Systems: A Framework for Analysis.* Cambridge: Cambridge University Press, 1976.

如許多要對付殖民主義的新興國家，或是面對世界政治結構兩極對抗的冷戰結構中，威權統治很容易產生。最主要的原因是因為黨國一體或軍政府專政，很多情況下，這兩者是同一種狀況，因為這種一黨長期專政的核心意識形態都是民族主義，利用民族主義的意識形態所實行的一黨專政，通常是穩固且難以撼動。[36]這是東南亞國家在第二次世界大戰後所面臨的共同歷史課題。因此民族主義以及反共意識最常成為這些國家威權統治的意識型態，而這種威權體制也很容易產生將軍警特務等體制納入政權的結構中，成為鞏固權力的工具，當國家的軍警特務系統都被收編成為打擊政治異己的工具，想要打破這個一黨專政的局面必定很不容易，也就是為何這些國家的一黨專政的時間特別長。[37]

另外一個東南亞國家共同經歷的事，即是面對全球資本主義市場的快速發展，國家及新政權建立以後，適逢全球資本主義市場經濟的快速發展，只要政治權力能夠回應這個快速發展趨勢，就能夠集結資源加以利用，並且進一步削弱政治上反對勢力的支持基礎，這是東南亞以至整個東亞工業化及資本經濟的發展特徵，因而讓威權統治得到民眾的支持。東南亞國家為了要回應全球資本主義市場的快速發展，國家必須要對經濟發展作出強大而

---

[36] Barbara Geddes, "What Do We Know About Democratization After Twenty Years?", *Annual Review of Political Science* 2, 1999, pp. 115-144.

[37] Jason Brownlee, "Ruling Parties and Durable Authoritarianism", CDDRL Working Paper, 2004.

有效的介入和控制。[38]在經濟發展的前提之下，由於國家要對市場進行有效的控制，要維持穩定的政治環境及有效的集權統治，以及推行長遠的規劃與連貫的政策，威權政府及一黨獨大在這種條件下是最容易維持自己的權力，要打破這種情況是相當不容易的。一黨獨大的威權體制藉累積資源來鞏固自己，同時也創造出權力可以用來累積財富的空間。

這是東南亞國家所面臨的共同問題，許多國家的一黨專政是在有定期的選舉的條件下產生，也就是說政黨的輪替是靠著選舉產生的，但是瞭解這些國家的情況就會明白，民主形式的改選並不保證能帶來民主，民主形式的選舉如果在各政黨資源不相同的情況下，並不能說是在公平競爭的情況下進行，雖然存在競爭性的選舉，但是在某些方面反而比專制壟斷的國家更為專制。如果不能打破威權體制下的不公平競爭，長期一黨專政的可能性仍然很高。

對於東南亞國家，長期面對外來的威脅，不論是殖民主義、軍國主義還是冷戰強權，民眾經常會為了追求政治的穩定、經濟的成長，給予原來的執政者持續領導的機會。因此在東亞及東南亞地區，一黨獨大的威權體制預估會持續一段較長的時間。要打破這種循環，真正的民主化才是最好的道路，如前所述，在東南

---

[38]　Arend Lijphart, *Electoral Systems and Party Systems: A Study of Twenty-Seven Democracies, 1945-1990*, Oxford: Oxford University Press, 1994.

亞地區，現在已經有不少的例子，透過人民的覺醒以及真正的民主化運動，打破了一黨專政長期持續的魔咒。[39]

有人認為在東南亞的社會與傳統條件下，威權政府及執政黨寡頭統治是不能避免的。東南亞地區的前例其實會互相影響，例如菲律賓的人民革命與台灣的寧靜革命的民主化，都是在區域間長期互相流傳而參考的資訊。而印尼的民主化與馬來西亞的烈火莫熄也是互相影響的歷史事件，證明一黨專政的統治循理並非不能打破，還是要看合適的歷史條件。

其實在現代國家的複雜的社會背景中，要維持單一政治集團的長期統治並不容易，多數的政權都是在長期執政的後期，出現問題叢生的社會現象。應該說過去的環境提供了一黨專政的溫床，但現代社會環境中如果沒有建立制度，進而建立穩定的政治環境，實施有效的管治及促進社會、經濟的成長和發展，將會是非常不容易的事。台灣與東南亞地區的國家如果能夠彼此協力，互相參考如何建立長期公平而穩定的民主社會。將會是目前彼此發展雙邊關係，另一個可以互相提攜的重點。

---

[39] Scott Mainwaring and Mariano Torcal, "Party System Institutionalization and Party System Theory after the Third Wave of Democratisation", in R. S. Katz and W. Crotty, eds., *Handbook of Political Parties*, London: Sage Publications, 2006, pp. 204-27.

參考文獻：

Brownlee, Jason, "Ruling Parties and Durable Authoritarianism", CDDRL Working Paper, 2004.

Case, William, Politics in Southeast Asia: Democracy or Less, London: Curzon Press, 2002.

Chum Chandarin, "The Opposition Party and Democracy in Cambodia", International Journal of Education and Research, 5(10), October 2017.

Frohofer, Lukas, "People's Participation in the One-Party State The Role of Civil Society in the Lao People's Democratic Republic", Essay on Development Policy, 2014.

Geddes, Barbara, "What Do We Know About Democratization After Twenty Years?", Annual Review of Political Science 2, 1999, pp. 115-144.

Hartmann, C., G. Hassall, and S. Santos, "Philippines", in D. Nohlen, F. Grotz and C. Hartmann, eds., Elections in Asia and the Pacific: A Data Handbook. Oxford: Oxford University Press, 2001, pp. 195-238.

Hicken, Allen, "Party Fabrication: Constitutional Reform and the Rise of Thai Rak Thai", Journal of East Asian Studies 6(3), pp. 381-408. 2006.

Hutchcroft, Paul, and Joel Rocamora,"Strong Demands and Weak Institutions: The Origins and Evolution of the Democratic

Deficit in the Philippines", Journal of East Asian Studies 3(2): 259-292, May-August 2003.

King, Dwight, Half-Hearted Reform: Electoral Institutions and the Struggle for Democracy in Indonesia. Westport, Conn.: Praeger Publishers, 2003.

Liddle, R. William, and Saiful Mujani, "Indonesia's Approaching Elections: Politics, Islam, and Public Opinion", Journal of Democracy 15(1), January 2004, pp. 109-123.

Lijphart, Arend, Democracy in Plural Societies: A Comparative Exploration, New Haven, Conn: Yale University Press, 1997.

Lijphart, Arend, Electoral Systems and Party Systems: A Study of Twenty-Seven Democracies, 1945-1990, Oxford: Oxford University Press, 1994.

Mainwaring, Scott, and Mariano Torcal, "Party System Institutionalization and Party System Theory after the Third Wave of Democratisation", in R. S. Katz and W. Crotty, eds., Handbook of Political Parties, London: Sage Publications, 2006, pp. 204-27.

Sartori, Giovani, Parties and Party Systems: A Framework for Analysis, Cambridge: Cambridge University Press, 1976.

Smith, Benjamin, "Life of the Party: The Origins of Regime Breakdown and Persistence Under Single-Party Rule", World Politics 57(3), April 2005, pp. 421-451.

Teehankee, Julio, "Party System in South and Southeast Asia",

Varieties of Democracy Thematic Report Series, No. 2, October 2013.

Thayer, Carlyle A., "One-Party Rule and the Challenge of Political Civil Society in Vietnam", Seminar of the Like-Minded Donor Countries, Royal Norwegian Embassy, Hanoi, December 3, 2008.

Ufen, Andreas, "Political Party and Party System Institutionalisation in Southeast Asia: A Comparison of Indonesia, the Philippines, and Thailand." Giga Working Papers, German Institute of Global and Area Studies, 2007.

Weiss, Meredith L., "Coalitions and Competition in Malaysia – Incremental Transformation of a Strong-party System", Journal of Current Southeast Asian Affairs, 32(2), pp. 19-37. 2013.

托馬斯‧富勒(Thomas Fuller),〈越南政界精英裙帶關係曝光引來眾怒〉。《紐約時報》中文網,2012 年 9 月 3 日。

呂啟元,〈香港與新加坡廉政制度之借鑑〉。《國政分析》,國家政策研究基金會,2009。

周永勤,〈威權統治下的發達社會—新加坡〉。《眾新聞》,2017 年 8 月 30 日。

莊迪澎,《互聯網媒體治理術:馬來西亞與新加坡的比較研究》。世新大學新聞傳播學院博士學位論文,2018 年。

鄒剛,〈越南的政治經濟改革及其對中國的啟示〉。《二十一世紀》,雙月刊,香港中文大學,1990 年,十月號,頁 125-130。

第三章

從文化分離主義看東南亞的華人社群的
本地化

　　本章從移民的角度討論移民社群與移民母國的關係，並且以東南亞的華人社群做為分析的對象。在移民問題的分析討論中，經常是在兩個方向上討論，一個是移民社群與移民地的關係，如果移民願意參加本地事務，經過一段時間的融合可以成為本地族群，另一個方向就是與母國文化的關係，也有移民社群與母國文化保持互動，努力保存母國的文化。而在東南亞的華人社群卻有特別的發展，他們發展出第三個概念，即移民的華人社群自成一格，即一方面強調與母國文化有所不同，另一方面也無法以當地原有的文化概念來涵蓋。同時，在保存母國文化的過程中，雖然也強調華人文化的保存，卻同時強調在地華人文化的獨特性，與母國文化並不相同，因而形成的馬華、緬華、新加坡人、印尼華人等等的概念。其中特別是強調移民群體的本地化而形成與母國文化不同的思想，在認同上產生歧異，尤其特殊。這種發展在移民歷史上有其特殊性，我們將在本文中討論這個特殊性。

東南亞華人社群趨向本地化

　　我們在本章中，將移民社群創造自成一格的族群認同現象，稱之為文化分離主義。這種文化分離主義可以用「中國人」與「華人」的區別來說明。兩個名詞在英語世界中都是以 Chinese 稱之，但是在中國以外的人喜歡用華人稱之，不喜歡用中國人稱之。各地的華人獨樹一格，與文化母國的中國做出區隔，這種情況在其他各國的全球族裔移民中並不多見，這是華人獨有的現象，而且以東南亞為中心，從歷史的角度來看，這種移民社群的文化分離主義現象，是以東南亞地區為主要傳播範圍，慢慢地才將這種思想傳到其他地方去。強調華人移民社群與母國文化不同，是東南亞華人的主流思想，這種創造自成一格的族群認同現象，值得做深一層的思考與討論。

　　「文化分離主義」是指在文化上，要脫離與其母國文化的關連性。東南亞華人移民到東南亞的歷史源遠流長，經過幾個世紀以上，在各地都留下文化的影響，獨獨到了最近的數十年，即二次世界大戰之後，脫離中國人身份，成為本地社群的一分子，成為東南亞各地華人社會的主流思想，名稱也由中國人到華僑，而華僑到華人，要與中國做出區隔來，文化範疇也希望重新定位，同樣是華人文化，但因而成為自成一格的華人文化。

文化分離主義的界定

分離主義（separatism)通常是指在政治上的主張，是指某個地區或是某個群體在政治範疇中的脫離，要求自成一格，與原來的母體分離出來。這裡的政治範疇指的是由政治界定的事務範圍，比如說是國家或是政治組織。[40]文化分離主義(cultural separatism)是一種對文化範疇的主張，主張從原有文化根源的文化身份或文化範疇中分離出來，或是主張與之有所區別。這裡所說的文化範疇，指的是由文化來界定的事務範圍，比如說是中華文化或是南島文化等等。文化的範疇在人類文明歷程的發展中，物換星移，其實是不停地產生新的文化範疇，然而文化分離主義，是一種有意識的行動方向，希望能主張有所區別的文化範疇。文化分離主義是產生在原有的文化範疇無法涵蓋新的文化身份，因而要求由原有的文化範疇中區分出來其分離主義的方向，是由其情境中來定義的。

文化分離主義可能有不同的情況，如在一個文化範圍區中，要在其中另外分出不同的文化區塊，例如著名的印度學家 Amartya Sen 即以文化分離主義來討論印度文化地區所產生的，不能為印度

---

[40] John R. Wood, "Separatism in India and Canada: A Comparative Overview". *The Indian Journal of Political Science,* 42(3):1-34, July - September 1981.

主流的印度教文化所涵蓋的範圍。[41]文化分離主義的討論，也經常
與移民的討論聯繫在一起。英國 Bristol 大學社會學家 Tariq Modood
在論述移民與文化分離主義時，認為穆斯林移民對於歐洲國家而
言是最大的挑戰，因為歐洲國家對於什麼人才可以成為當地公
民，存在先入為主的觀念，因此對德國而言，土耳其人不能成為
德國人；對法國而言，雖然包容性大一些，但是阿拉伯人難以成
為法國公民，各有各的罩門。因此他認為在歐洲各國的移民政策
和多元文化主義，必須改弦更張，在具體的文化範疇中去容納移
民的不同文化，否則會產生文化分離主義。[42]

　　有幾個容易混淆的概念，應該在此分辨清楚。文化民族主義
(cultural nationalism)是現在比較流行的討論，雖然不同的討論者有
不同的定義及討論重點，但是討論的重點著重在以歷史、文化為
榮。但是 nationalism(國族主義，民族主義)一詞易生混淆，英文
nationalism 有兩種含義，一種是追求國族的榮譽，一種是追求政
治上的獨立。前者經常與國族的歷史文化有關，致力追求國族榮
譽的精神表現，未必表現在追求政治上的獨立，故 cultural
nationalism(文化民族主義)的討論多著墨於此，另一種用法是追求
政治上的獨立，這是因為在二十世紀後半葉，亞非各國在追求民
族獨立的過程中，多是以政治上的獨立為主要的目標， nationalism

---

[41] Amartya Sen, *The Argumentative Indian*. London: Allen Lane/Penguin, 2005, p.7.
[42] Tariq Modood, *Muslims and the Politics of Difference*. Sarah Spencer ed., *The Politics of Migration*. Oxford, 2003, p.139.

一詞因此富含民族獨立運動的意涵,甚至就像是民族獨立運動的同義詞。然而 cultural nationalism(文化民族主義)的討論,卻缺乏獨立運動的意涵,本文的討論為了避免與 nationalism 一詞的不同意義混淆,故以更為清楚的分離主義來稱呼。

　　文化分離主義的討論或使用上,經常與分離主義有關連,但是特別在一般的分離主義的討論之外,另外以文化分離主義稱之,即表示文化分離主義問題與政治上的分離主義有所不同。有時候文化分離主義運動僅在一個社會中的少數族裔中發生,如英國的穆斯林社群,或是澳洲的原住民社群,本身不具備政治獨立的條件。有時候文化分離主義運動雖然有明確的政治界線或地理界線,卻未必追求政治上的獨立,如美國治下的夏威夷。也有政治上獨立的群體,文化上並不以建立獨立範疇為目標,例如世界各地都有法語區,在法語區的社群以法語文化而自豪,雖然有瑞士的法語區、比利時的法語區以及加拿大的法語區,其實各地所說的法語已經有所差異,但很少人強調這樣的法語區要自成一格,與法國的法語文化做區別。

考察世界史，我們對於系出同源而遷移到世界各地的移民，一般通稱 Diaspora，翻譯做離散族裔(Diaspora)，或是簡稱族裔。[43] 目前的發展，族裔研究已經成為一個專門的研究領域，因此世界上各類全球移民的群體，都用族裔來討論，如非洲族裔（African Diaspora）、愛爾蘭族裔（Irish Diaspora）等等，各種族商的研究都有很多不同的討論。從各種族裔研究的討論中，我們可以看到，文化分離主義的情況比較少，通常不一定會發生，實際上，更多的情況是朝著相反的方向發展，許多社會或是族群，雖然離開文化母體多時，反而有更強烈的情緒想要保存古老的文化傳統，或是重新恢復失去的古老傳統，即文化保守主義(Cultural Conservatism)或是文化復古主義(Cultural Revivalism)，而不致出現意圖脫離文化母體的文化分離主義。換言之，世界史中，文化分離主義是少數，文化的保守與復古才是主流的歷史現象，因此文化分離主義需在特定的歷史時空條件下才會產生。[44]

以移民來說，許多移民社會是以捍衛傳統文化著稱，且在捍衛傳統文化的同時，也不會特別要求要和原來的傳統文化做出區

---

[43] Brent Hayes Edwards, The Practice of Diaspora: Literature, Translation, and the Rise of Black Internationalism. Cambridge, Mass.: Harvard University Press, 2003.

[44] 相關的討論在其他的案例比較少，以下的討論是關放印度族裔的例子。J. Paul Pennington, "cultural separatism", Christian Barriers to Jesus: Conversations and Questions from the Indian Context. CA: William Carey Library 2017. John Solomon, The Decline of Pan-Indian Identity and the Development of Tamil Cultural Separatism in Singapore, 1856–1965. South Asia: Journal of South Asian Studies, 35(2), 2012.

別。有時候文化分離主義與文化傳統主義相伴發生，即文化上要求與現存的文化範疇做出區分來，實際上卻是要回復歷史上的文化傳統，因此文化分離主義的發生及運動方向，仍須在具體的歷史時空中進行考察。以猶太文化為例，猶太人流亡世界各地二千年，漫長的歲月中，多數不斷受到外界的壓迫，但期間猶太人仍然保存其文化傳統，並沒有要求與原來的文化傳統做出區別。在實證的研究上，各地的猶太人因為居住國的關係，語言各有差異，在猶太復國運動中，來自俄國、波蘭、德國、法國等地的猶太人，各自說著居住國的語言，卻完全無礙其重建「單一的」猶太文化傳統，一度被認為將失傳的希伯來語文化，也在積極地努力下恢復。更有甚者，猶太人遷徙到各地，因為通婚、同化及長期居住的關係，當全球各地的猶太人聚集時，發現出現人種各異的情況，來自各國的猶太人在膚色、髮色，眼睛顏色、身材、臉型等生理特徵都不盡相同，猶太人及猶太文化在悠長的時光中流傳各地，即使最後連基因、人種都有所改變了，卻仍然沒有出現猶太文化的文化分離主義。[45]

在這種情況下，以下東南亞華人移民的相關討論，就成為值得特別注意的問題。本文所討論的東南亞各國，在第二次世界大

---

[45] 關於猶太族裔的歷史與離散的歷史，參考 William David Davies; Louis Finkelstein; William Horbury eds., *The Cambridge History of Judaism: The Early Roman Period*, Volume 3. Cambridge University Press, 2000. Howard Wettstein ed. *Diasporas and Exiles: Varieties of Jewish Identity*, University of California Press 2002.

戰之後,各地的華人社會或早或遲,都發生不同性質的本土化運動,要求將其移民原有的中華文化,添加本地色彩,特別是有別於傳統中國人形象的文化類屬。當然每個國家或地區有其各自的歷史脈絡,有時候難以相提並論。然而以文化分離主義觀之,彼此的共同性都是指因為本土化運動而產生文化分離主義,在同樣以中華文化為背景的情況下,兩者是相伴而發生。

文化分離主義在東南亞

東南亞國家對台灣而言,是很好的參考座標,有許多可以對比處,也有許多可以相互參考的地方,移居到東南亞的華人與到台灣的華人,[46]主要都是以廣東及福建兩地過來者居多,細究由唐山過台灣及唐山過南洋的移民史,雖然年代上有所交錯、重疊之處,地理分布上各國的重點也有不同,但若以大範圍的角度來看,台灣的華人與東南亞的華人在祖先移出地來說,可以說是背景最接近的地方。

以年代來說,華人到東南亞,年代久遠,早期的記錄顯示,華人在東南亞各地定居,比起華人到台灣的歷史要早得多。舉一個最明顯的例子,由鄭和下西洋的相關記錄來看,今天的東南亞各國,早在鄭和船隊到達以前,多數就有華人社群在南洋各地定

---

[46] 一般說法是漢人,為求論述的一致性,故以華人稱之。

居的記錄，台灣比較起來算是後起之秀。然而從十七世紀到十九世紀，由廣東及福建地區出海移民，則台灣及南洋各地都有。現在由華南地區的僑鄉，不乏有同一家族在同一時代，分別移往台灣及南洋各地的例子，要說數百年前是一家，的確不難找到這樣的例子。

兩處的移民趨勢到了二十世紀前半葉又有明顯區隔，移民到南洋各地，一直到二十世紀三十年代，移民人口達到高峰，同一時期到台灣者人數則不多，這是兩地移民史的差別所在。當時少數移入台灣的華人因為日本的管制，並無法立即歸化，只能以「華僑」的身份暫居台灣，這種情況，則又與獨立後的東南亞各地情況類似，華人因為法律身份的取得，分為「華僑」與本地身份。

東南亞各國在第二次世界大戰後的發展，各有不同，華人在各地的情況也不相同，所經歷的「中華文化本土化」歷程也不一樣，將在以下的篇章做詳細討論。然而東南亞各地也有一些共同的情況發生，可以在此先做個簡短描述:東南亞各國的華人移民可以說在第二次世界大戰之後，都先後經歷了一場「中華文化本土化」的歷程，希望將他們的文化遺產與文化身份，與中國人分開。

我們必須注意，並非有移民的地方就會有文化分離主義運動出現。因為文化分離主義運動是一個有意識的行動，同樣處在東南亞地區，未必每一個華人社會都會出現文化分離主義。舉例而言，汶萊的華文作家王昭英就認為「沒有本土文學個性可以說是汶華文學的個性。沒有汶萊特色可以說是汶華文學的特色。」[47]證明了汶萊的華人沒有經過本土化的歷程，也自然沒有文化分離主義的出現。

文化分離主義在新加坡

以文化分離主義的角度來看待新加坡的中華文化，其中歷史的轉折與變化是十分突出的。[48]新加坡的主要移民是華人，華人在新加坡的人口比例高達 75%以上，按理來說，新加坡相當有機會保存原汁原味的中華文化。同時，比較起同地區其他國家，新加坡的獨立較晚，直到 1965 年才獨立，成為一個單獨的政治體，至今不過五十多年時間。然而新加坡在獨立後，除了迅速建立一個以新加坡為主體的政治認同，也十分強調新加坡自成一格的文化認同。這種認同非常成功，新加坡的國民很快接受了新的認同。

---

[47] 王昭英，〈汶萊華文文學初探〉。《香港文學》月刊，第 163 期，1998 年 7 月 1 日。頁 18。其在文中表示：「當馬華文學、新華文學、泰華、菲華乃至於印華文學開始以"此時此地"為背景，反映當地各族人民的生活時，就開始具有本土文學的個性，並逐漸形成自己獨特的文學傳統，而汶萊的華文文學，基於上述原因，鮮少本土特色。」

[48] 這裡所討論的新加坡，以 1965 年獨立的新加坡為主體，以及由這個主體往前延伸的新加坡歷史。然而新加坡在脫離馬來西亞聯邦以前，一直是參與在馬來西亞的範圍內，而在英國殖民體制下，則為馬來西的一部分。故有許多與馬來西亞有關的歷史事件，是在新加坡境內發生。本文將這些部分放在馬來西亞的部分來討論，歷史事件做時間與空間上的切割，僅是為了論述上的方便，其實星馬早期歷史，互相錯縱交涉，將在適當場合交代。

這一課題，學術界的關注最多，不少學術專書及論文都以此為主題，[49]在此不再累述，只是選取相關的議題來進行以下的討論。

新加坡的中華文化本土化特色，是以國家為主要的執行單位，以有效的方式達成其目的。李威宜認為新加坡政府為了管理國內複雜的族群，發展觀光事業，並形塑其國家認同，新加坡政府透過語言、教育、族群、觀光等政策面的執行，繼承了英國殖民管理方式，將各式族群劃分為「四大族群」—華人、馬來人、印度人及其他，華人為其中之一。[50]此一華人文化為新加坡文化下的華人文化，在許多方面都有意無意與中國的華人文化區別，因此新加坡的華人對於其文化身份認同，有清楚與中國文化區分的意識。

我們經常聽到以下的對話：「你是中國人嗎？」「不是，我是新加坡人。」「是華僑嗎？」「不是，我是華人。」「你中國話講得不錯嘛!」「我講的是華語。」這樣的對話，不單是反映政府施政的結果，也反映新加坡社會的主流思想。政府的施政，固然有其強勢的一面，然而李元謹卻認為，新加坡華人身份認同意識的轉變，

---

[49] 例如崔貴強，《新馬華人國家認同的轉向，1945-1959》。廈門，廈門大學出版社，1989 年。李威宜，《新加坡華人游移變異的我群觀--語群、國家社群與族群》。台北：唐山出版社，1999。這兩本專書都是以此為主題，其他單篇論文也有不少，例如李元謹，〈新加坡華人身份認同意識的轉變〉。《新馬華人傳統與現代的對話》。新加坡:南洋理工大學中華語言文化中心，1999 年。

[50] 李威宜，《新加坡華人游移變異的我群觀--語群、國家社群與族群》。台北：唐山出版社，1999，頁 68。

是個長期的歷史過程，兩百多年來，隨著各種因素而轉變。[51]因此絕非只因政府政策因素所能單方面改變，而是此轉變反應新加坡戰後的主要認同思唯的傾向，政府施政只是加快這種轉變。

以文化分離主義的角度來考察，新加坡的確是東南亞華人有意識地形成與中國區別的文化身份的核心地點。一個最明顯的例子，是有關「華人與中國人的區別」的用法，這個說法在第二次世界大戰之前，在南洋各地的華文報紙基本上看不到。到了戰後，強調要將東南亞華人與中國人的身份分開的說法，即以新加坡為中心，擴散到東南亞的其他地區。[52]當時論述的主軸，是由新加坡到馬來西亞，由馬來西亞到南洋，從而擴及其他各地。當時新加坡的華文報紙是以馬來亞華人為論述主題，有時也以南洋華人自居，這種華人論述，即是現在將華人與中國人分離論述的開始，我們將在馬來西亞的討論中詳述。

---

[51] 李元謹，〈新加坡華人身份認同意識的轉變〉。《新馬華人傳統與現代的對話》。新加坡：南洋理工大學中華語言文化中心，1999 年，頁 75。

[52] Tsung-Rong Edwin Yang, "Hometown as Fatherland: Nanyang Chinese Under Japanese Pan-Asianism and Pribumi Nationalism in Malaya and Indonesia,1937-1955." PhD Thesis, Research School of Pacific and Asian Studies,Australian National University, 2001, pp. 225.

文化分離主義在馬來西亞

　　馬來西亞華人的文化分離主義，也具有十分清楚的歷史過程。馬來西亞華人現在多半使用「馬華文化」來描述自己的華人文化，其實，「馬華文化」這一範疇的存在，本身就是文化分離主義的最佳範例。「馬華文化」論述的歷史形成，是從馬華文學獨特性的論辯中形成，由強調與以中國觀點的僑民文化心態分離。也就是同樣是中華文化，但是必須強調馬華特色，來與中國的中華文化區別，這是東南亞地區「中華文化本土化」運動中，意識及目的最清楚的運動。這一個運動，日後影響到東南亞其他各地，值得仔細研究。

　　我們可以由馬來西亞的其他族群類別，來呈現出這個文化分離主義的特色。馬來西亞有馬來人、印度人與華人三大種族，而其他兩大種族，並沒有相同的文化分離主義運動的發展。以馬來人為例，即使馬來人的發源地是在蘇門答臘，另外一個具有馬來文化特色的國家是汶萊，馬來西亞的馬來人文化與汶萊的馬來文化，即使有所不同，但是強調兩者的不同與差異並非重點，強調馬來文化的自豪感才是討論到馬來文化的重點。同樣的，在馬來西亞的印度人，也沒有強調有個與其他印度文化區不同的馬來西亞印度文化的文化態度。三大民族的文化態度，真的是很不相同。

馬華文化則不然，有關馬華文化的討論很多，雖然立場各有不同，但是討論的基本前提，都是承認有馬華文化這一範疇存在，馬華文化的討論，很多是假托在馬華文學的討論中進行。這是因為馬華做為一個文化與身份認同的範疇，的確是由馬華文學論爭所開始引發的。[53]由另一個角度來看這個問題，我們也不難得到這樣的觀察，其實馬華文學的論爭，一開始就並非是單純的文學論戰，而是由社會、政治現象所引發的文化認同辯論，故稱是假托在文學的討論中進行。

關於這一場辯論，馬來西亞南方學院許文榮教授認為：四十年代末期的一場沸沸揚揚的「僑民文藝與馬華文藝的論爭」是催化這種變革的激素，這場論爭指引了馬華文學走向自立自主的建構，擺脫了她與中國文學的直接牽連。[54]

---

[53] 許文榮，〈僑馬論爭——馬華文藝獨特性的形成與發展〉。許文榮、孫彥莊主編，《馬華文學十四講》，文學研究，馬大中文系畢業生協會，2019年。

[54] 許文榮，〈召喚民族文化與政治抵抗資本--馬華文學的個案〉。《南方喧嘩——馬華文學的政治抵抗詩學》。馬來西亞柔佛州：南方學院出版社，八方文化創作室，2004年。

即很清楚地點出了論爭的方向。也就是說,文化分離主義的意識在馬華文學開頭的時候已經存在,因此後來討論到馬華文學的時候,馬華文化的獨特性總是會被標示出來。[55]

文化分離主義在印尼

印尼華人的文化分離主義,比較起新加坡及馬來西亞是有過之而無不及,然而陳述印尼華人的文化分離主義,經常是呈現在印尼語文之中,是展現於轉換成另外一種語言的使用,因為印尼華人同化於當地社會,認為印尼華人的文化與中國的華人文化不相同,直接表現在印尼語的使用上,與其他慣常使用華文的群體就自然比較疏遠。對於華文世界的人來說,所得到有關印尼華人的相關論述及資訊都比較少,所知也較為有限。同時,印尼華人是個高度不整合的族群世界,不同文化傳承的華人各自保有自己的方式,有時要總合起來討論,並不容易,然而如果考慮華人之中,不同的群體的文化分離主義,有不少是具有領先指標的意涵。

---

[55] 因為是華文文學,與其他地區的華文文學不會沒有關係,但是「無論如何,作為一種華文文學她無法完全不參照中國文學(包括傳統意義的中國古典文學與現當代大陸、港臺文學)。有時她與中國文學的關係顯得異常地曖昧,似有藕斷絲連。有時她又豎起鮮明的自我旗幟,展現其作為世界華文文學家族的獨立成員。」許文榮,〈召喚民族文化與政治抵抗資本--馬華文學的個案〉,2004。

　　過去一般討論到印尼華人，總是會將印尼華人加以分類，這是該地華人不整合的表現。一般分成兩種，一是華僑，通常是華人移民的第一代或是第二代，經常保持和中國方面的來往。另一是僑生，或稱土生華人(peranakan)，通常是指在印尼出生，或是華人與當地人混血，具有兩種不同的文化傳承。土生華人因為人數眾多，自成一格，後來在族群內部通婚者多，因此形成自己的群體·這種不能由原來的中國移民或是本地人的範疇來指稱，而必須自成一類而存在的類別，是同時得到印尼本地人以及印尼華人的認知。土生華人也有自己的文化與政治運動，也有不少學術研究針對土生華人。[56]從文化分離主義的角度來說，土生華人的存在，可說就是長期文化分離的產物。

　　從文化分離主義看土生華人，與新加坡或馬來西亞的文化分離主義在本質上有所不同。新加坡或馬來西亞的文化分離主義運動·基本上仍然都是純粹的華人，只是在對待文化事務的態度不同，要求要另外產生不同的文化範疇來承載其認同，進而將其中華文化本土化，而吸納本地特色，這時的本地特色仍然有許多限制。但是印尼土生華人的本地特色，則是存在家族傳承之中，包含血緣的傳承及文化的傳承，相對而言，這個過程也較為自然，peranakan 一詞，本身即有混血的意涵在其中。

---

[56] William Skinner, "Creolized Chinese Societies in Southeast Asia,"Anthony Reid, ed. *Sojourners and Settlers: Histories of Southeast Asia and the Chinese.* Sydney: Allen & Unwin, 1996, pp.51-93.

　　然而印尼華人社群的另一個特色雖然是高度不整合，卻因為歷史上不同的政治氛圍與政策，將大家的命運結合在一起。在第二次世界大戰以前，還是荷屬東印度的印尼地區，就有人撰文表示，當地華人可分為三種，一是效忠中國，以新僑為主；一是效忠荷蘭，以老僑為主；一是認同印尼。[57]這是一部分土生華人因為參與印尼民族主義運動，或是被其感召，這三派人在認同及效忠上的表現各不相同，到了日本佔領期間，日本軍政府將所有不同類型的華人視為一體，即將新僑及土生華人都當作是同一種人。

　　及至印尼獨立以後，上述兩種不同人士都被要求成為本地人，如要求取得本國國籍、廢除華文教育、放棄華人中式姓名以及解散華人社團等。歷經三十多年禁華文政策，時至今日，我們可以說，多數的印尼華人已經都本地化了，雖然在這個過程中，確實受到印尼強制性的同化政策所造成，然而其中也有土生華人的政治領袖，登高一呼，要求支持同化政策，經過兩代之後，已經難以恢復舊觀。以此觀之，印尼華人的確是富含本地色彩，與其他地區的華人是有所區別的。

---

[57] Leo Suryadinata, "Pre-War Indonesian Nationalism and the Peranakan Chinese", *Indonesia*, 11:83-94, April 1971.

文化分離主義在菲律賓

　　菲律賓華人的文化分離主義體現在認同本土運動，發生時間相對於東南亞其他國家而言較為晚近。與印尼、越南、泰國、新加坡、馬來西亞等地相較，菲律賓華人社會開始意識到中華文化本土化議題的時候，相同的議題早已在其他地區發酵而逐漸產生結果了。然而即使菲華社會的文化分離主義意識比較晚，但是所推展的文化本土化運動卻因此顯得更為集中，也清楚地留下推展的過程。

　　菲華人士的文化本土化運動，由於發展比較晚近，因此是由知識階層所組織的團體來領導、推動，即菲律賓華裔青年聯合會(Kaisa Para Sa Kaunlaran)，這是菲律賓華人新型態的社會團體組織，而非傳統的華人社團。菲華人士的本地化運動，大約起源於1970年代，主要領導人是人類學者施振民(Chinben, See,1932-1986)的菲律賓合一協進會，後來促成了菲律賓華裔青年聯合會的成立，現在菲華的本地化運動，可以說是由菲律賓華裔青年聯合會所領導，首任會長為施振民夫人洪玉華(Teresita Ang See)，組織直到1987年8月才正式成立。[58]

---

[58] Shen Hongfang, Overseas and Ethnic Chinese Studies in the Philippines: An Overview and Some Considerations. Southeast Asian Studies, 2009.

　　菲律賓華裔青年聯合會有很清楚的主張，在其宣言中載明:「視菲律賓為自己的國家;決心融合到菲律賓大社會中去，同菲律賓人民共同建設菲律賓;立足於菲律賓和菲華社會，以菲律賓民族和菲華社會的利益為最高利益。」這個清楚的努力目標，相對於過去傳統的華人社會，一切只以傳統為依歸的做法，當然有明顯區別，菲律賓華裔青年聯合會推動的方向與目標雖然起步較為晚近，也並沒有言詞激烈的口號，不過卻創造出一個自成一格的菲華文化身份，成果仍然十分清晰。從這個例子中，我們可以看出，文化分離主義與華人社會的「中華文化的本土化」是直接相關的，他們並不是要放棄中華文化，直接成為菲律賓人，但也不是要保留原來中國人的文化身份，而是主張一個具有本地特色的菲華，成為必然的選擇。

　　此外，菲律賓與印尼一樣，都是一個多島的國家，長期生長在非首都或是非主要島嶼呂宋島的華人，其情況又不一樣。一項研究討論民答那娥華人的論文發現，華人與當地人的文化交融，穆斯林文化及當地民族的文化與華人文化在日常生活中多有混合的現象，從飲食、服飾、節慶、儀式等都加入了本地文化的色彩，連帶地在年輕世代中華人的認同也產生模糊的現象，雖然還保持有華人文化的名義與範疇，但是當地人都知道，這是與華人傳統已經產生很大的變化，難以再用單純的華人文化來看待。[59]

菲華社會相對於其他國家，在主張與做法上都顯得比較和緩。其所推動的工作，有許多是社會性的活動，而對文化事務的看法，仍然充分與各地華人文化互動，同時也記錄在菲律賓華人社會的活動，希望在歷史的過程中漸漸形成自己的特色，但是不刻意標榜具體的特殊性。這是近世發展的「中華文化的本土化」運動，同時因為是知識階層領導的社會運動，協助菲華社會創造屬於自身文化或擁有自己特色的文化類屬。簡單地說，菲華社會已經清楚認知，菲華文化已經改變了，他們是菲律賓社會的一環，不再能夠單純以華人社群來看待自己。菲華社會雖然在當地還是被稱為華人，但是菲華已經深深地鑲嵌在菲律賓社會之中，與原來的母國社會是遠遠地脫離了。

文化分離主義與東南亞華人社群的本地化

文化分離主義，是指某一種文化源頭或文化範疇，發生要求與這一源頭或文化範疇有所區別的主張，是為文化分離主義，如果成為一群人的共同主張，進而採取行動，特別是有意識的行動，

---

[59] Melodinn S. Cruz, An Exploration of Chineseness in Mindanao, Philippines: The Case of Zamboanga City. *Contemporary Chinese Political Economy and Strategic Relations: An International Journal*, 3(3):1433-1451, 2017.

即成為文化分離主義運動。文化分離主義運動主要發生在兩種情境，一種是發生在某一特定文化在歷史上分布的地理範圍，另一種是在具有某一特定文化的移民之中產生。文化分離主義雖然過去缺乏如政治上的分離主義一樣的關注，卻也是歷史文化發展的重要趨勢。

由全球的格局來看，文化分離主義未必會發生，或是很有意識的展開，有時甚或會往相反的方向發展。例如以長遠的歷史事實來看，如阿拉伯文化、伊斯蘭文化，或是法語文化及西班牙語文化，雖然分布範圍很廣，各地的差異也存在，卻未必有文化分離主義運動產生，這可能是不同歷史時期特定的文化事務變遷方向。就移民來說，文化分離主義也未必會產生，雖然移民由本國遷到另一地方，當然會與原鄉發生差別，通常的情況是由移民變為本地人，或是保持外地人不同的身份，並未必會有產生文化分離主義現象出現。

文化分離主義卻是要求與原來的文化範疇有所區別而產生，觀察中華文化在亞洲，卻發現在最近一個世紀，與中華文化相關的地區，許多地方出現了文化分離主義。就第一種情境而言，中華文化分布的範圍，許多地方希望減少中華文化的影響，日本、韓國及越南都是如此。而本文主要針對華人移民在東南亞地區的發展，也發現文化分離主義是共同趨勢，在一個特定的歷史時空，東南亞各地的華人，十分有意識地發展了文化分離主義，將中華文化本土化，建立屬於自己的文化身份與文化類屬。

　　將台灣的文化分離主義與東南亞各國的分離主義比較，我們可以發現，在台灣因為文化的分離主義是相對應於在戒嚴時期的文化建構成果，最後形成中華文化與台灣文化對立存在的情況，換言之，文化分離主義中產生的新範疇(台灣文化)被放到中華文化的對立面·而東南亞各國的文化分離主義，主要是為了與中國的中華文化做出區別來，因此本地色彩與中華文化的結合，溶鑄成新的文化範疇。就理論與事實的層面而言，文化分離主義中所產生的新的文化範疇或文化身份，並不需要排除原來已經有的文化內涵，只要將本地色彩加上去，就可以清楚地界定自成一格的文化身份。

參考文獻：

Cruz, Melodinn S., An Exploration of Chineseness in Mindanao, Philippines: The Case of Zamboanga City. *Contemporary Chinese Political Economy and Strategic Relations: An International Journal*, 3(3):1433-1451, 2017.

Davies, William David; Louis Finkelstein; William Horbury eds., *The Cambridge History of Judaism: The Early Roman Period*, Volume 3. Cambridge University Press, 2000.

Edwards, Brent Hayes, *The Practice of Diaspora: Literature, Translation, and the Rise of Black Internationalism*. Cambridge, Mass.: Harvard University Press, 2003.

Modood, Tariq, *Muslims and the Politics of Difference*. Sarah Spencer ed., *The Politics of Migration*. Oxford, 2003, p.139.

Pennington, J. Paul, "cultural separatism", *Christian Barriers to Jesus: Conversations and Questions from the Indian Context*. CA: William Carey Library 2017.

Sen, Amartya, *The Argumentative Indian*. London: Allen Lane/Penguin, 2005, p.7.

Shen Hongfang, *Overseas and Ethnic Chinese Studies in the Philippines: An Overview and Some Considerations*. Southeast Asian Studies, 2009.

Skinner, William, "Creolized Chinese Societies in Southeast Asia,"Anthony Reid, ed. *Sojourners and Settlers: Histories of Southeast Asia and the Chinese*. Sydney: Allen & Unwin, 1996, pp.51-93.

Solomon, John, "The Decline of Pan-Indian Identity and the Development of Tamil Cultural Separatism in Singapore, 1856–1965". *South Asia: Journal of South Asian Studies*, 35(2), 2012.

Suryadinata, Leo, "Pre-War Indonesian Nationalism and the Peranakan Chinese", *Indonesia*, 11:83-94, April 1971.

Wettstein, Howard, ed. *Diasporas and Exiles: Varieties of Jewish Identity*, University of California Press 2002.

Yang, Tsung-Rong Edwin "Hometown as Fatherland: Nanyang
    Chinese Under Japanese Pan-Asianism and Pribumi Nationalism
    in Malaya and Indonesia,1937-1955." PhD Thesis, Research
    School of Pacific and Asian Studies,Australian National
    University, 2001, pp. 225.

王昭英,〈汶萊華文文學初探〉。《香港文學》月刊,第 163 期,1998
    年 7 月 1 日。頁 18。

李元謹,〈新加坡華人身份認同意識的轉變〉。《新馬華人傳統與現
    代的對話》,新加坡:南洋理工大學中華語言文化中心,1999
    年。

李威宜,《新加坡華人游移變異的我群觀--語群、國家社群與族群》。
    台北:唐山出版社,1999。

崔貴強,《新馬華人國家認同的轉向,1945-1959》。廈門:廈門大
    學出版社,1989 年。

許文榮,〈召喚民族文化與政治抵抗資本--馬華文學的個案〉。《南
    方喧嘩——馬華文學的政治抵抗詩學》,馬來西亞柔佛州:
    南方學院出版社,八方文化創作室,2004 年。

許文榮,〈僑馬論爭——馬華文藝獨特性的形成與發展〉。許文榮、
    孫彥莊主編,《馬華文學十四講》,文學研究,馬大中文系畢
    業生協會,2019 年。

第四章

從本土知識體系
看菲律賓革命史觀的建構

　　本章的討論由菲律賓一百周年國慶談起，支撐這個百年國慶的認識，是菲律賓對其獨立革命歷史觀的建構。本章將討論對菲律賓獨立革命歷史觀的建構過程，以及在東南亞歷史研究的影響，進行理解性的闡述與批評性的分析。菲律賓百年國慶建基於1898年革命的歷史論述，這種論述認為1898年菲律賓革命是未完成的革命，故菲律賓的建國歷史必須上溯到這個革命傳統。此革命論述為一種強調本土主體性的論述實踐，論述涉及東南亞史學的基本問題，即自主歷史的史觀在戰後的發展。自主歷史史觀主張用東南亞歷史自身的眼光，而非殖民者或外來者的眼光來看待東南亞歷史。本土論述與自主歷史史觀是理解東南亞國民意識與歷史認知的重要渠道，但在歷史研究的具體實踐也有其限制與危機。本章將以菲律賓革命論述為對象，排比革命研究的成果，展現其歷史意識在研究上與社會現實上的影響，同時舖陳在歷史研究的盲點，並且以世界史的角度提出西美戰爭的歷史脈絡，和菲律賓革命互相對應，以具體實例說明自主歷史史觀的成就與侷限。

菲律賓革命歷史觀的建構

在 1998 年 6 月 12 日，菲律賓宣佈慶祝建國一百周年，菲國各地舉行盛大慶祝活動，各國外交使節都被邀請參加這次百年國慶，國際媒體也廣泛報導了這次擴大舉行的國慶，儀式的進行規模盛大，當時的新聞報刊都有報導，共同慶祝這個號稱亞洲第一個立憲民主共和國。雖然這個百年國慶和一般外界所理解的東南亞歷史並不相同，一般對東南亞歷史的陳述，多半以為如同其他東南亞國家一樣，菲律賓是戰後才獨立的新興國家，但是這個百年國慶並沒有引發不同的意見或是質疑。就邦交各國而言，6 月 12 日被訂為菲律賓國慶日，已經行之有年，早已被視為是該國的基本常識，至於該如何去安頓美國殖民近半個世紀的歷史，則非關心所在。就菲律賓國內而言，百年國慶建基於 1898 年革命的歷史論述，透過教育系統廣泛教授，早已成為歷史研究的正典，彷彿這真的是個百年傳統。相信未來年年還是會以 6 月 12 日為國慶，把菲律賓建國的歷史自 1898 年獨立革命開始算起。

本土論述與自主歷史史觀是理解東南亞國民意識與歷史認知的重要渠道，戰後東南亞各國本土論述興起，本地知識份子試圖建立自己的歷史解釋，以擺脫戰前的東南亞研究以殖民者或是外來者的眼光看待其歷史的普遍情況，這種趨勢在多數東南亞國家都可以清楚見到。以這種角度來理解菲律賓的革命論述是必要的，也是理解東南亞各國國族歷史的重要法門。[60]

　　然而這種史觀也有其限制與危機，菲律賓革命論述近來受到嚴重的挑戰，本章將以菲律賓革命論述為對象，排比革命研究的成果，以及其歷史意識在研究與社會現實上所展現的力量，並且以世界史的角度提出西美戰爭的歷史脈絡，和菲律賓革命互相對應，以具體實例說明自主歷史史觀的成就與侷限。

新國家與國慶

　　國慶日(National Day) 的選取涉及建國歷程的國族歷史觀，依照現行世界各國的慣例，多半是選擇所謂開國紀念日，即具有國家誕生日象徵意義的日期。然而現代國家建國的過程多半經過一段時間，甚至經年累月始得完成，到底哪一個日子最具有象徵紀念價值，常會有不同的考量方式，通常未必是取得政權的日子，例如印尼是 1945 年 8 月 17 日宣佈獨立，實際上真正將荷蘭殖民政府打敗，控制主要地區，是到 1949 年年底，是在經過 4 年戰鬥

---

[60] 本文原發表在《新史學》，參見楊聰榮，〈菲律賓獨立革命與西美戰爭--論東南亞自主歷史史觀下國族歷史論述的成就與侷限〉《新史學》，第十二卷第一期，2001 年 3 月。現更新資料，重新改寫收錄本書。

之後。而位在紐幾內亞島的西部的西巴布亞（Pabua Barat），舊稱伊里安島(Irian Jaya)，要到 1963 年才成為印尼的版圖，經過了十八年的努力。

菲律賓的國慶日該是哪一天呢？這涉及對菲律賓史的歷史解釋問題。從官方說法的角度來看，6 月 12 日成為國慶顯然是後來才建構的。1946 年 7 月 4 日菲律賓共和國宣佈獨立，是眾所皆知的事，在馬尼拉國會大廈廣場前盛大慶祝獨立集會的情況，也不難從當時留下的大量記錄中得知。菲律賓在 1946 年到 1961 年，都在 7 月 4 日慶祝國慶，直到 1962 年馬嘉柏皋(Diosdado Macapagal)總統上台，才開始把革命分子在 1898 年 6 月 12 日宣佈菲律賓共和國獨立的日子訂為獨立紀念日，百年國慶由此而來。如果選擇 7 月 4 日做為國慶，正巧和美國國慶是同一天，是指 1946 年 7 月 4 日在美國的扶持下，宣佈成立菲律賓共和國，那麼人們必然會問，「獨立」到底是什麼意思呢？

1946 年 7 月 4 日菲律賓共和國宣佈獨立固然是一個「歷史事實」，問題是在此不到三年之前，菲律賓也曾在日軍的扶持下，在 1943 年 11 月宣佈成立菲律賓共和國，是大東亞共榮圈中第一個宣佈獨立的共和國，戰前自治政府的要員都加入這個共和國，包括後來成為 1946 年的第一任總統羅哈斯(Manuel Roxas)，即是該共和國的司法部長。[61]如果不承認 1898 年的共和國獨立，理由是因其受到日本扶持的關係，那麼戰後的獨立也好不到哪裡去，不僅政治體制是從美國移殖而來，新任總統還是由麥克阿瑟將軍挑選出來而加以支持。如果菲律賓年年在美國國慶同一天慶祝國慶，彷彿在提醒世人，菲律賓的獨立是由美國所賜予的。

選定 1898 年 6 月 12 日為開國紀念，主要是以亞基那度(Emilio Aguinaldo)在甲米地(Cavite)建立的短命共和國為紀念對象，其在 1898 年 6 月 12 日宣佈獨立，1899 年 1 月 13 日公布馬洛洛斯(Malolos)憲法，號稱是亞洲第一部憲法，此共和國也因此被稱為馬洛洛斯共和國。然而 1899 年 3 月亞基那度出任總統，第二年就失敗投降，唯零星的地區性戰鬥一直持續到 1902 年。就發生的時代、民變的性質、控制的地區和規模以及存活的時間而論，馬洛洛斯共和國和臺灣民主國及其後的武裝抗日運動可以相提並論，皆為早夭的反殖民運動。

如上所述，我們不能單單以宣佈獨立時的實力來判斷獨立運動的成就，因為建國歷程原本就有起伏，開國紀念日僅僅是代表性的日子，未必一定要是真正取得獨立的日子。這裡以另一個東

---

[61] 關於菲律賓領導階層在日據時代與日本方面的合作關係，見 David Joel Steinberg, *Philippine Collaboration in Would War II.* Ann Arbor: University of Michigan Press, 1967. 寺見元惠〈日本軍と共に戰ったフィリピン人〉。《フィリピン》。東京：河出書房，1994。關於日本在佔領菲律賓期間的政策，見リカルド・T・ホセ〈日本のフィリピン占領〉。《フィリピン》。東京：河出書房，1994。

南亞國家的開國紀念為例來討論，印度尼西亞的國慶日為 8 月 17
日，是紀念 1945 年 8 月 17 日印尼開國元首蘇卡諾宣佈印尼獨立
的日子，至於真正從荷蘭人手中接過政權則是 1949 以後的事，其
中歷經漫長的戰爭、談判及國際調停等過程，最後才實質地逐步
取得主要領土的實質控制權。至於 1945 年 8 月 17 日的真實歷史
場景，只不過是革命陣營中的一小群人在現場見證宣佈印尼獨立
的儀式；那是在第二次世界大戰日本宣佈投降的後兩天，原本和
日本人合作的蘇卡諾並不打算宣佈印尼獨立，一群左派青年挾持
了蘇卡諾，要求立刻宣佈獨立，一天後蘇卡諾才勉為同意，最後
以最簡單的方式宣佈獨立。[62]現在印尼每年紀念的即是 1945 年 8
月 17 日宣佈獨立的日子，而不是經過幾年戰爭及談判取得實質控
制權的日子，[63]雖然就歷史場景來說，當時實力薄弱，離真正獨立

---

[62] 關於印尼獨立革命的歷史場景，最詳盡的當屬 Benedict R. O'G. Anderson,
Java In a Time of Revolution: Occupation and Resistance, 1944-1946. Ithaca:
Cornell University Press, 1972. 以及後藤乾一的一系列研究，見後藤乾一《昭
和期日本とインドネシア》勁草書局，1987 年。早稻田大學社會科學研究所
《インドネシアにおける日本書政の研究》紀伊國屋書店，1959。另參考
Sanusi Wirasoeminta, *Rengasdengklok, Tentara Peta, dan Proklamasi 17
Augustus 1945*, Yogyakarta: Yayasan Pustrka Nusatama, 1995. ［靳加斯登克勒、
革命軍與獨立宣言］.
[63] 關於印尼獨立革命的過程，見 Anthony Reid, *Indonesian National Revolution.*
Hawthorn: Longman, 1974. Lembaga Ilmu Pengetahuan Indonesia, *Denyut Nadi
Revolusi Indonesia.* Jakarta: Penerbit PT Gramedia, 1997. ［印尼革命的律動］J.
J. P. de Jong, *Diplomatie of Strijd: Een Analyse van het Nederlands Beleid
Tegenover de Indonesische Revolutie, 1945-1947.* Amsterdam: Boom Meppel,
1988. ［外交手段的鬥爭：對荷蘭政策與印尼革命的分析］研究資料請參考
Philip Dorling, *Diplomasi: Australia and Indonesia's Independence.* Canbrerra:
Government Publication Service, 1994.

還有一段距離，但就歷史意識而言，從此印尼展開獨立建國運動，還是最為可茲紀念的日子。

然而菲律賓之所以選定 1898 年 6 月 12 日為開國紀念日，不單純是因為英勇的革命志士在甲米地建立了菲律賓共和國，同時也在於菲律賓流傳著「未完成的革命」的國族論述。由於這個論述存在，日後菲律賓許多政治活動，不論是否相關，都一再回溯這個革命傳統。「未完成的革命」最早可說是革命參與者，因為擔心後世遺忘其未申之志，在回憶革命事蹟時所強調的說法，和孫中山的名言：「革命尚未成功，同志仍須努力」有異曲同工之妙。雖然後來的歷史發展，和當初的革命事蹟越來越遙遠，然而革命論述已經成為一種歷史觀點，也成為歷史學家解釋歷史的史觀。這種歷史觀可視為在二戰後普遍出現在東南亞各國的自主歷史的史觀的一環，從自主歷史史觀的角度來看待菲律賓革命的歷史觀，有助於瞭解國族歷史研究在東南亞乃至於在世界各新興國家的發展。

東南亞史學與自主歷史史觀

東南亞歷史研究領域成形的時間比較短，戰前雖然有個別的學者在具體的歷史研究上取得了成就，但是集結成為一個研究領域，主要還是在戰後推動興起。然而從戰前到戰後初期，多數的研究成果是由西方學者利用殖民地時期檔案所取得，戰前以殖民地眼光來看待東南亞的研究方式及議題，一直到戰後初期依然存在，因此其中包含著所謂歐洲中心主義的觀點。

至於東南亞的古代文明，主要則是利用中國和印度的文獻來進行研究。如何以東南亞本土的眼光來看待東南亞自身的歷史，幾乎是二戰結束後立即被提出的問題，唯當時是由各別的學者認知到傳統的殖民地研究必須改弦更張，但並未有系統地進行討論，直到六十年代初期，引發一場有關東南亞史學的論戰之後，才成為公開的意識，這場論戰即是以「自主的歷史」(Autonomous History)為題而被提出來的。

東南亞「自主歷史」的提出，與各國自身曾為殖民地且缺乏自己的歷史研究傳統有關，這和東北亞國家如中國、日本、韓國等原有本國歷史研究的傳統，並且始終持續進行歷史研究之情況有很大的差別。東南亞世界在戰前經歷了巨大的改變，這種改變與十八世紀中葉歐洲人將其科技及世界觀強加在東南亞人身上有關，在這個改變過程中，強烈的西方色彩掩蓋了東南亞歷史的本地成份，於是東南亞在外來研究者眼中，成為只能回應外來文明成就的區域，退出自己的舞台讓位給外來者扮演更重要的角色。

戰前的東南亞研究，基本上只是殖民政府統治政策的研究，而對於東南亞早期文明發展的研究，則受到西方學者以印度及中國為核心的東方研究傳統所影響，把東南亞視為中國或是印度的

延伸。這反映了西方觀察家長期以「我族中心主義」(ethnocentric)
的眼光來看待東南亞，而經過許多年形成根深蒂固的價值系統及
潛意識的偏見，使得歷史學家，不論是西方學者或是本地學者，
都很容易受到這個研究傳統的影響。[64]

的確，東南亞是長期和不同外來文化互動的區域，但這並不
表示不能從東南亞人的眼光來看待歷史。除了由外人加諸於其上
的「中國化」、「印度化」、「現代化」及「西方化」以外，本地人
如何回應外在環境變動而有不同的調適過程，也是同等重要。因
此，外來者為東南亞舞台主角的研究態度，必須加以調整，然而
最早從史學角度提出「自主歷史」觀點反省的，卻是從事殖民史
研究的西方學者。

涉入「自主的歷史」的學者，最早多半是從事荷屬東印度時
期研究的印度尼西亞史學者，問題的提出及所舉的例證多是以荷
屬時期為出發點，但皆著眼於整個東南亞史的歷史研究問題以及
東南亞史學問題。根據 John R. W. Smail 的說法，最早提出相關問
題的反省是荷蘭的社會史學家 J. C. van Leur，早在 1930 年代已經
提示了對「自主的東南亞世界」歷史觀的看法。[65]J. C. van Leur 對
於當時正統的殖民史研究中充斥著歐洲人的事蹟表示不滿，他抨

---

[64] David Joel Steinberg ed., *In Search of Southeast Asia: a Modern History.*
Honolulu: University of Hawaii Press. 1987, p. 1.

[65] John R.W. Smail, Autonomous Histories, Particular Truths : Essays in Honor of
John R.W. Smail.　University of Wisconsin, Center for Southeast Asian Studies.
1993, pp. 17.

擊那些殖民地史的學者，只是流連在殖民政府、貿易公司及軍事
指揮部來觀察當地人，然而當時這樣的意見並沒有被認真看待。

　　一直到 1948 年荷蘭學者 G. W. Locher 在其發表於《Indonesie
印度尼西亞》期刊上的文章，〈Inleidende Beschouwingen over the
Ontmoeting van Oost en West in Indonesie〉(對在印度尼西亞東方與
西方交會的基本觀察)，直接提出以「歐洲中心主義」
(Europe-centric)來檢討相關研究。此時正值印度尼西亞獨立革命期
間，荷蘭殖民政府正和印度尼西亞獨立共和軍爭奪統治權，當時
獨立共和軍十分脆弱，情況並不被看好，少有人看好印度尼西亞
共和國能在短期間內建立起來。G. W. Locher 在史學觀點上的調
整，雖可說是受到時代思潮衝擊的影響，但是學術界有自己的生
命，因此實由學術界的內部自我反省而成，並非因為受到政治現
實改變而調整方向。

　　戰後初期，從事東南亞歷史研究的學者人數雖然有限，但是
多半支持新取向的東南亞研究，至少純粹的殖民地史研究法已經
行不通，對於東南亞研究的新方向則引起不同的議論。比較有系
統的討論者，首先見於 D. G. E. Hall 獨力完成的《History of
Southeast Asia 東南亞通史》1955 年版序言。Hall 在這篇相當具有
影響力的序言中，明確提出區分「歐洲中心主義」及「亞洲中心
主義」的不同取向，認為過去的研究包含了「歐洲中心主義」的
觀點，而非立基於對亞洲的認識所做的研究。他說，「現在是對東

南亞歷史重新以其自身來考慮，而不只是考慮如何受到中國、印度或是西方的影響」。[66]

1960 年 John Bastin 出版有關現代東南亞史學研究的論文單行本，對此進行廣泛的討論：對於只用「歐洲中心主義」來指陳過去研究的缺失提出修正，他認為「歐洲中心主義」從深層的角度來說是無可避免，因為「不論西方的歷史學者多麼努力希望擺脫西方中心主義的觀點，也無法改變自己的過去」，既然學者接受的是西方的史學訓練，會接受西方文明的文化資產，以西方的眼光來看待事務實無可避免。[67]Bastin 認為承認西方中心主義沒有什麼不好。Bastin 雖然不否定歐洲中心主義，但是其論述仍有積極意義存在，也認可了歐洲世界和亞洲世界的不同，基本上他認為在歐洲中心主義的背後，有西方的思想世界與文化遺產，而亞洲中心主義的觀點也是因為存在一個自足的亞洲思想世界與文化遺產。

John Bastin 的觀點雖有較為濃重的歐洲中心論色彩，但是面對問題而承認差異，而不以西方傳統為唯一真理，仍是值得肯定。因此，最重要的問題並非是否為歐洲中心主義。因為既然西方人之所以持續研究東南亞，最主要是想探索亞洲世界的思想與文化遺產；承認西方和亞洲世界的不同，不會否定非亞洲人可以寫出

---

[66] D. G. E. Hall, *History of Southeast Asia.* Forward. 1955, p. vii.
[67] John Bastin, *The Western Element in Modern Southeast Asian History.* Southeast Asian Subjects, no 2.　Department of History, The University of Malaya in Kuala Lumpur, 1960, p. 15.

具有亞洲中心觀點歷史的可能性，也不會因此損害亞洲人所寫的東南亞歷史的價值，承認兩個世界的不同，可以使史學家就各自不同的專長來發揮。考慮實際情況，絕大多數亞洲的東南亞歷史學家是接受西方的史學訓練，既然亞洲的歷史學家可以接受歐洲的史學研究方法及歐洲觀點，相同地歐洲出身的東南亞歷史學者如果接受亞洲文化傳統的洗禮，同樣可以呈現出亞洲觀點。

John R. W. Smail 在其著名的文章中，將此一議題做了適當的總結。文章是在 1961 年的《東南亞歷史期刊》(Journal of Southeast Asian History)上發表的，題目為〈現代東南亞自主的歷史之可能性〉("On the Possibility of An Autonomous History of Modern Southeast Asia")，這篇文章即把問題做了轉向，其文雖然回顧過去對「歐洲中心主義」的討論，但是已把重心轉移到東南亞歷史做為「自主歷史」的可能性及如何成為可能的問題。[68]在該文中 John R. W. Smail 認為歐洲中心主義的偏見是系統性的偏見，其所包含的價值判斷也具系統性，自主的歷史觀必須要設法擺脫這種系統性的偏見，才有可能具體呈現。

John R. W. Smail 的文章正面地承認了「自主歷史」的價值，對於日後相關議題的確立有直接的影響。往後有關東南亞史學的討論，已把「自主歷史」的追求當成是研究的出發點，進而討論

---

[68] John R. W. Smail, "On the Possibility of an Autonomous History of Modern Southeast Asia" *Journal of Southeast Asian History*, 2(2): 72-102. 1961, p. 72.

如何在不同的具體問題中探討「自主歷史」。[69]相較於其他的地域研究，東南亞研究學者可說在東南亞歷史研究發展初期，就意識到西方中心主義的問題，同時由於東南亞歷經由殖民主義到戰後獨立的過程，反西方中心主義的色彩也很強烈，學者很容易感受到這種氣氛，於是研究重點轉移到如何以具體實踐來達成「自主歷史」的建立。

有關人文社會學術研究所含的歐洲中心主義，在 1978 年 Edward Said 出版了《東方論》之後，引起人文學科各界的熱烈討論。然而東南亞歷史學者早在六十年代初，因為東南亞歷史研究期刊 The Journal of Southeast Asian History 的出版，而在剛剛開始形成國際東南亞歷史社群時即已開始討論相關問題，由於討論時間不相同，討論問題的風格與事後的迴響也大異其趣。東南亞歷史學者很早就對這類問題格外敏感，「自主歷史」可說是東南亞史學入門課。對於東南亞歷史研究社群而言，對於西方中心主義的批評並非重點，如何直接建立「自主歷史」才是主要努力的目標。

雖然殖民主義在本區域所造成的影響深重，顯然地，後殖民論述的研究取向並沒有在東南亞歷史研究者中得到太大的迴響，原因似乎在於，戰後東南亞各國本土論述迅速興起，以本地學者

---

[69] 例如 Anthony Reid and David Marr edited, *Perceptions of the Past in Southeast Asia.* Singapore : Heinemann Educational Books (Asia) for the Asian Studies Association of Australia, Southeast Asia publications series ; no.4. 1979. 以及 C. D. Cowan and O. W. Wolters edited, *Southeast Asian History and Historiography : Essays Presented to D. G. E. Hall.* Ithaca, Ny : Cornell University Press, 1976.

為主體所構成的研究隊伍逐漸成形，自主歷史的建構取得了相當的成就，故學術研究的重點在於自主歷史研究的深化，而非一再回溯西方的研究傳統來檢討問題。

關於後殖民論述並未得到東南亞學者太大的迴響，不僅本地的歷史學者如此，甚至西方的東南亞學者也是如此，筆者曾請教過東南亞史家 Craig Reynolds，他認為主要原因有二，第一是東南亞各國與殖民地宗主國的關係，與印度或非洲並不相同，後殖民論述的談法未必能引起共鳴。第二是東南亞各地多少保留本地語言的完整性，本地學者必須與本地語言世界對話，包括後殖民理論在內的其他西方思潮，都要經過本地化的過濾與轉化，如果無法在其語言世界得到共鳴，自然也不會有太大的迴響。[70]這是就東南亞研究的一般情況而言。

雖然後殖民論述沒有得到當地研究社群的迴響，並不表示我們不能以後殖民論述中對國族主體的深刻反省與批判來從事菲律賓的研究，實際上，菲律賓在東南亞各國中，與殖民主義的關係最為複雜曖昧，殖民主的文化滲透到菲律賓各層面顯而易見，早期對東南亞的研究論述，經常將菲律賓當成東南亞的例外來討論。

---

[70] 這是得自筆者在 2000 年 8 月與東南亞史家 Craig Reynolds 的訪談，這是因為筆者並未發現在直接討論這一問題的文獻。Craig Reynolds 證實東南亞歷史研究者對後殖民論述興趣較低的傾向，並且認為這種傾向有其理由。

　　本文以下的討論，主要著重自主歷史的建構，並不表示筆者認為其所建構的國族主體是確鑿無疑的，不成問題的。如 Homi Bhabha 所強調的，移民、殖民、後殖民、少數民的相對各異的傳統，是難以包含在一個國族文化(national culture)之中，以及屬於這種國族文化的同調性論述(unisonant discourse)，[71]菲律賓有各種移民、殖民、後殖民、少數民的傳統，難以概括在同一個國族主體之中。如要討論相關問題，則應有進一步的研究，深入到菲律賓在不同歷史時期形塑國族主體的各種權力關係。在本文以下的論述中，並沒有打算討論這個形塑過程的權力關係，而只針對自主歷史意識下所發展的歷史書寫，雖然也討論到其歷史意識在現實世界發生作用的情況，但是主要仍想在自主歷史的脈絡中，評估菲律賓革命歷史研究的成就，也以同樣的脈絡用具體例證來呈現其侷限。

---

[71] Homi K.Bhabha. "DissemiNation: time, narrative, and the margins of the modern nation." Homi K. Bhabha ed. *Nation and Narration*. London: Routledge, 1990, pp. 291-322.

本土論述的興起與菲律賓革命論述的發展

　　東南亞史學界對自主歷史史觀的討論，主要是在六十年代逐漸成形，然而菲律賓歷史學家尋求自主歷史的實踐則時間略早，在第二次世界大戰結束後即已經開始。第二次世界大戰結束後菲律賓很快地取得政治上的獨立，促使這一代歷史學家開始構思，如何書寫合宜的歷史教科書給新共和國的下一代，讓史家必須考慮如何形成自己的史觀，至少戰前殖民研究傳統所遺留的觀念必須立刻調整。這種情況在戰後東南亞國家中普遍存在，特別是戰後獨立的國家，在政治上擺脫了殖民主義的管制，也進一步希望在歷史及思想意識上建立自主性。

　　菲律賓和其他東南亞國家有所不同，後者的歷史或多或少都可以溯及古代國家或文明，但菲律賓在西班牙殖民以前的歷史，無法溯及如滿者伯夷(Madjapahit)[72]或是馬六甲王國(Kesultanan Melayu Melaka)[73]等類似的古代王國，也沒有留下如吳哥窟或是婆羅浮屠[74]般的歷史古跡，經常可見菲律賓歷史學者中對於早期歷史荒蕪的感嘆。由於無法在古代文明上加以發揮，而被視為東南亞

---

[72] 滿者伯夷(1293-1527)是 13 世紀末建立在西爪哇泗水附近的印度教王國。

[73] 馬六甲王國(1402-1511)是建都於馬六甲的蘇丹王國。

[74] 婆羅浮屠是一座位於印尼中爪哇的大乘佛塔遺跡，大約建立於 842 年，2012 年被金氏世界記錄確認為世界最大的佛寺。

最早開始的現代反殖民鬥爭，菲律賓革命遂成為國族歷史論述的重點。

五十年代是菲律賓歷史研究開始有具體成就的時代，而其中代表性的歷史學家 Teodoro A. Agocillo，他開始將菲律賓革命當成歷史研究的課題，並且取得了前所未有的成就。[75]對於 Agocillo 的成就，Ruby R. Paredes 認為，其歷史著作除了是專業的研究著作以外，也有清楚的教育目標，即「塑造合適的民族英雄來啟發新國家的公民」("to create proper heroes to inspire the young citizens of a new nation")。[76]Agocillo 很明確地把革命定位為一個大眾運動，而領導革命的秘密社團則是平民的組織，然而在其研究中，Agocillo 是以幾位革命領袖的回憶錄或相關記錄寫成，革命的焦點是在這些英雄身上。[77]這可能是受限於當時的研究材料所致，然而以革命陣營中的歷史材料所寫成的革命事蹟，其所描述的事蹟多屬正面的敘述，無疑是理想化的革命運動。Agocillo 的歷史研究著

---

[75] Teodoro Andal Agoncillo (November 9, 1912 – January 14, 1985)，菲律賓歷史學家。Teodoro A. Agocillo 早在戰前即開始其歷史工作，並且在戰前即以出版關於菲律賓革命的書籍，如 Teodoro A. Agocillo, Ang Kasaysayan ng Pilipinas. Maynila, Pilipinas: M. Colcol & Co. 1941.［菲律賓史］但在當時未受到注意，其聲譽主要是在五十年代建立的。

[76] Ruby R. Paredes, "The Revolutionary as Historian" Introduction for Santiago V. Alvarez *The Katipunan and the Revolution*. Quezon City: Ateneo de Manila University Press, 1992, p. 11.

[77] Teodoro A. Agocillo, *The Revolt of the Masses: The Story of Bonifacio and the Katipunan*. Quezon City: University of The Philippines, 1956.

作已經成為菲國歷史的經典，同時也清楚地樹立了以革命研究為正統菲律賓史的研究領域。

到了七十年代，新一代的歷史學家繼續在革命論述中發揮，代表性的歷史學家是 Reynaldo C. Ileto 及 Milagros C. Guerrero。如果我們說五十年代及六十年代是菲律賓歷史塑造英雄的時代，那麼七十年代則是將革命的主角放到平民大眾身上，這是從底層而起的革命歷史，革命論述的焦點是在「民眾」(people)身上，社會史成為研究討論的重點。Reynaldo C. Ileto 的代表作是《Pasyon and Revolution: Popular Movements in the Philippines, 1840-1910.》，以與革命運動休戚相關的民間宗教運動為分析對象，以當時在民間流傳的塔加洛文書寫材料為主要材料，來撰寫平民運動和建國革命的關係。[78]這個時期也發掘了更多來自地方上的材料，而將革命運動的成就，深化到社會的不同層面，例如 Milagros C. Guerrero 將焦點放在地方性的組織及階層，以探討革命當時的社會階層與

---

[78] Reynaldo C. Ileto, *Pasyon and Revolution: Popular Movements in the Philippines, 1840-1910*. Quezon City: Ateneo de Manila University Press, 1979.

社會關係。[79]這種強調從本地脈絡來理解菲律賓革命的趨勢成為歷史研究的主流，一直持續到現在。[80]

由於革命論述引發歷史研究的強大動力，從而產生了大量的歷史研究與一般性歷史作品。革命英雄是革命論述的核心，關於英雄們的各種事蹟，包括革命期間的言行、早年生活、著作與周遭人事等等，都一再地被重述，成為革命論述的一部分。無疑地，在這些英雄論述之中，有關黎剎(Jose Rizal)的著作數量最多，[81]雖然黎剎本人並沒有直接涉入 1898 年革命，[82]但是作為革命的精神領袖，黎剎仍然是革命中最知名的英雄。[83]而與菲律賓革命相關的革命組織主要領導人，如宣傳運動(la propaganda, propaganda

---

[79] Milagros C. Guerrero, "The Provincial and Municipal Elites of Luzon During the Revolution, 1898-1902" in *Philippine Social History: Global Trade and Local Transformations.* Alfred W. McCoy and Ed C.de Jesus eds. Quezon City: Ateneo de Manila University Press, 1982.

[80] Lino L. Dizon, Tarlac and the Revolutionary Landscape: Essays on the Philippine Revolution From a Localized Perspective. Tarlac: Center for Tarlaqueno Studies, TSU Holy Cross Collage, 1997.

[81] José Barón Fernández, José Rizal, Filipino, Doctor and Patriot. Manila: San Juan Press, 1981. León Guerrero, The First Filipino. Manila: National Heroes Commission, 1963. Camilo Osias, José Rizal: His Life and Times. Manila: Oscol Educational Publishers, 1948. Gregorio Zayde, José Rizal: Life, Works, and Writings of a Genius, Writer, Scientist, and National Hero. Manila: National Book Store, 1957.

[82] 黎剎早在革命前幾年即被處死，因此並沒有直接涉入 1898 年的革命運動，然而許多菲律賓歷史著作卻樂於強調其他革命英雄和黎剎的關係，或是受黎剎著作或人格的感召。

[83] 如同其他的民族英雄的書寫一樣，許多有關黎剎的書寫都是以讚頌偉人為主調，例如以寫黎剎傳記聞名的 Dr. Pedro A. Gagelonia 所寫的一連串著作,"*Man of the Century*", "*Rizal's Moments of Truth*", "*Rizal: Our Noble Heritage*", "*The Wit and Wisdom of Rizal.*"等等。

movement)的皮歐德彼拉(Pio del Pilar)，[84]卡地布南(Katipunan)的創
始人博尼法秀(Bonifacio)，[85]Biak-na-Bato 的領導人亞基那度
(Aguinaldo)，[86]以及其他重要領導人如馬比尼(Apolinario Mabini)
等，[87]都出現大量的相關著作。其他各地區的革命英雄也都有相關
的記錄或著作出版，約有上百名革命英雄的事蹟成為研究討論的
對象。[88]

除了關於革命英雄的著作以外，與革命相關的不同主題，也
陸續出現相當數量的歷史著作，如革命時期的社會狀態、革命中
的女性角色、革命發生地區的地方史或者革命與文藝的關係等
等，都有專著出爐。相對於某些國家的國族歷史經常成為壓抑區

---

[84] 皮歐德彼拉（Pio del Pilar）的傳記及革命事蹟，重要著作如 Orlino A. Ochosa, *Pio Del Pilar and Other Heroes.* Quezon: New Day, 1997.以及 Philippine Historical Committee, *Pio del Pilar Historical Marker*, Makati: Philippine Historical Committee, 1976.

[85] 博尼法秀（Bonifacio）的傳記，最著名的是 Teodoro Agoncillo, *The Writings and Trial of Andres Bonifacio.* Manila: Manila Bonifacio Centennial Commission, 1963.

[86] 有關亞基那度（Aguinaldo）的傳記及事蹟，重要著作如 Carlos Quirino, *The Young Aguinaldo.* Manila: Regal Printing Co., 1969. Mauro Garcia, *Aguinaldo in Retrospect*, Manila: Philippine Historical Association, 1969.以及 Alfredo B. Saulo, *The Truth about Aguinaldo and Other Heros*, Quezon: Phoenix Publishing House, 1987.

[87] 馬比尼(Mabini)的傳記有 Apolinario Mabini, *Teodoro Manguiat Kalaw and Alfredo S. Veloso, Memiors of the Philppine Revolution.* Manila: Asvel Pub. Co. 1964.

[88] National Centennial Commission, *Ang mga Pilipino sa Ating Kasaysayan.* [我們歷史上的菲律賓人] Manila: National Centennial Commission and the Asian Institute of Journalism and Communication, 1998. 其中儘可能列舉有事蹟可考的革命英雄，即有超過百名的英雄榜。

域性、社會階級或是性別差異發聲的霸權論述,在過去殖民時代不重視差異論述的環境下,反而成為促成挖掘不同層面的研究動力。至於國族歷史是否因為過度強調革命論述的一致性與整體性,因而忽略許多不同的聲音,應該是無可避免的情況,特別是革命運動以呂宋島及塔加洛語為核心,革命研究的主要對象自然以此為核心,例如南方穆斯林社群的不同意見經常被忽略,就是較常被提及的例子。

　　革命論述導引了數量龐大的研究,革命的不同階段都有個別的研究,用以串聯這些研究,最突出的觀點無疑是「未完成的革命」,這種觀點把不同背景及不同時空的反殖民運動連接在一起。黎剎雖未直接參加在西班牙本土進行的「宣傳運動」,[89]但是研究者則認為「宣傳運動」宣揚了黎剎的主張。另一個經常為人所提到的革命傳統是卡地布南(Katipunan),[90]卻是主張用武力對抗西班牙的殖民統治。其實卡地布南的武力革命和黎剎的和平主張大異其趣,卻因為其創始人博尼法秀(Bonifacio)曾經派人向當時被流放的黎剎徵詢意見,被認為是繼承革命事業。而此後的不同革命陣

---

[89] 宣傳運動(Propaganda Movement),是一班定居歐洲的菲律賓流亡知識分子及旅歐留學生在 1872 年至 1892 年間於馬德里成立的一個改革組織,成員多是 1872 年留學歐洲的菲律賓自由派大學生。 組織旨在讓西班牙人關注他們的殖民地菲律賓的需求。

[90] 卡蒂普南(Katipunan),是菲律賓一支反西班牙的秘密革命社團,由博尼法西奧(Bonifacio)於 1892 年創立。此革命社團在 1896 年暴力起義,失敗後退守呂宋島北部地區,並最終於 1897 年因內部鬥爭而解散。

營，雖然一直有互相攻伐的情況，但是都想要爭取回溯到這個革命傳統，以成為革命事業的正統，於是將各種不同的反殖民鬥爭連繫在一起，因此有「博尼法秀未完成的革命」的說法。[91]

其次，隨著革命研究風氣的廣泛及深化，在研究材料上也有很大的進展與收穫。首先是原始材料的翻譯與重印，如黎剎的著作原來都是西班牙文的作品，現在已經有多種英文譯本及塔加洛文譯本；[92]其他的西班牙文材料，如 Jose Alejandrino 將軍的西班牙文回憶錄被譯成英文；[93]亞基那度(Aguinaldo)的塔加洛文回憶錄也重印出版，[94]而博尼法秀(Bonifacio)的書信以及 Santiago V. Alvarez 將軍的回憶錄則由塔加洛文譯成英文。[95]許多早期重要的

---

[91] 例如 Alejo L. Villanueva, *Bonifacio's Unfinished Revolution*. Quezon: New Day Publishers, 1989.

[92] 黎剎著作的英文譯本很多，以其小說 Noli Me Tangere[勿犯我]為例，有 Jose Rizal, *Noli Me Tangere, The Lost Eden*, trans. By L. Ma. Guerrero, Berlin, 1887. Jose Rizal, *Noli Me Tangere*, trans. By Jovita Ventura Castro, Quezon, 1989. Jose Rizal, *Noli Me Tangere*, trans. By Soledad Lacson, Honolulu: University of Hawaii Press, 1997. 而塔加洛文譯本，見 Jose Rizal, *Noli Me Tangere*, Tagalog, trans. By Antolina T. Antonio at Patricia Melendrez-Cruz, Manila : Komite ng Kultura at Kabatiran ng ASEAN, 1991. 西班牙文本見 Jose Rizal y Alonso, *Noli Me Tangere*, Manila: Jose Rizal National Centennial Commission, 1957.

[93] Jose Alejandrino *La Senda del Sacrificio*, [將軍的西班牙文回憶錄] 1933 之翻譯，見 Jose Alejandrino, *The Price of Freedom*, Manila: M. Colcol Press, 1949.

[94] Emilio Aguinaldo, *Mga Gunita ng Himagsikan*.[革命的回憶] Manila: Cristina Aguinaldo Suntay, 1964.

[95] 博尼法秀（Bonifacio）的書信之塔加洛文原文及英文翻譯，見 Teodoro Agoncillo. *The Writings and Trial of Andres Bonifacio*. Manila: Manila Bonifacio Centennial Commission, 1963. 而 Santiago V. Alvarez 將軍的回憶錄 *Ang Katipunan at ang Paghihimagsik*, 1927. [卡地布南與革命]之塔加洛文原文及英文翻譯，見 Santiago V. Alvarez, *The Katipunan and the Revolution*. Quezon City: Ateneo de Manila University Press, 1992.

研究成果也被重印或是由其他語文翻譯成英文。[96]就翻譯及重印的趨勢而言，如果原文是西班牙文，則英文翻譯取代原文，如果原文是塔加洛文，則保留塔加洛文，或者直接重印，或者採取英文及塔加洛文對照的方式出版。這種強調以塔加洛文獻進行革命研究的方式，已經成為歷史研究的主要趨勢。

在這種趨勢的影響下，另外有個發展值得觀察，即塔加洛文的歷史研究著作大幅增加，這種影響的成果在八十年代到九十年代逐漸明顯，在這些塔加洛文的歷史著作中，也有針對各種不同社會面向的主題所做的歷史研究，[97]或是採用不同的歷史材料做為研究題材，如歌謠與民俗文化等。[98]

---

[96] 重印如 Austin Craig, *Lineage, Life, and Labors of José Rizal*. Manila: Philippine Education Company, 1913.翻譯如 Henri Turot, *Aguinaldo et les Philippines*[亞基那度與菲律賓], Paris, 1900. 譯成英文 Renato Constantino, *Emilio Aguinaldo: First Filipino President, 1898 – 1901*. Translated by Pacifico A. Castro. Manila: Filipiniana Reprint Series Book 20, 1989.

[97] 例如 Dante G. Guevarra, *Manggagawa: Sa Kasaysayan*[歷史上的勞工]. Quezon City: Institute of Labor and Industrial Relations ng Politeknikong Unibersidad ng Pilipinas, 1988. Arriola, Fe Maria C., *Si Maria, Nena, Gabriela: Kuwentong Kasaysayan ng Kababaihan.* [女性歷史故事] Manila: Gabriela & Institute of Women's Studies, 1989. Rosalina M. Franco Calairo, *Ang Kasaysayan Ng Novaliches: Prehistori Hanggang Sa Panahon Ng Hapon*[Novalishes 的歷史：從史前史到日本佔領期]. Quezon: R. M. Franco-Calairo, E.F. Calairo, 1997.

[98] 例如 Teresita Gimenez-Maceda, *Mga Tinig Mula Sa Ibaba: Kasaysayan Ng Partido Komunista Ng Pilipinas At Partido Sosialista Ng Pilipinas Sa Awit, 1930-1955.* [來自社會底層的聲音：歌曲中的菲律賓共產黨與社會主義人黨的歷史] Quezon City: University of the Philippines Press and UP Center for Integrative and Development Studies, Peace, Conflict Resolution and Human Rights Program, 1996. Efren R. Abueg, *Talindaw, Kasaysayan Ng Panitikan Sa Pilipino Para Sa Kolehiyo At Unibersidad*. Manila: Regan, 1981.

　　總體而言，這類歷史研究無論在主題的選擇，或是題材的發揮上，都有多元化的趨勢，同時這類歷史研究的深化，也帶動了菲律賓史的史學和研究方法的探討。[99]有些是一般性的歷史書籍，多半是以前述革命論述的架構來撰寫。[100]以塔加洛文來寫歷史的趨勢過去極為少見。長期以來，菲律賓的學術語言是英文，雖然塔加洛文早在戰前自治政府時期就被訂為國語，戰後 1959 年更正式命名為 Pilipino（是塔加洛語中「菲律賓語」的意思），既是菲律賓語，以示其為超越塔加洛族群而非專屬某一族群的語言。

　　然而即使政府用不同的方式鼓勵使用塔加洛文，應用上也漸漸地廣泛起來，然而就學術語言而言，英文仍是十足強勢的語言，學術著作多數以英文書寫，只有在歷史研究方面，以本土的語言寫本土的歷史成為一種趨勢，展望未來，年輕一代的歷史學者，

---

[99] 例如 Ferdinand C. Llanes ed. , *Pagbabalik sa bayan : mga lektura sa kasaysayan ng historiyograpiya at pagkabansang Pilipino*. Manila: Rex Book Store, 1993. ［回歸國家：菲律賓史學史與民族主義的教訓］ Marcelino A. Foronda, *Kasaysayan: studies on local and oral history*. Manila : De La Salle, 1991. ［地方史與口傳史］ Violeta V. Bautista at Rogelia Pe-Pua, *Pilipinolohiya: Kasaysayan, Pilosopiya at Pananaliksik*. ［菲律賓學：歷史、哲學與研究］ Maynila: Kalikasan Press, 1991. 則包含了各個不同學科對菲律賓的研究。

[100] Teodoro A. Agoncillo, *Kasaysayan Ng Bayang Pilipino*. ［菲律賓國史］ Metro Manila: National Book Store, 1981. Gregorio F. Zaide, , *Kasaysayan Ng Republika Ng Pilipinas*. Metro Manila : National Book Store, 1989. ［菲律賓共和國史］ Teresa Ma. Custodio, *Kasaysayan: the Story of the Filipino People*. Manila: Asia Pub. Co., 1998. ［菲律賓人民史］

多數有希望加強以塔加洛文寫作的傾向。[101]這些現象都反映了一個戰後普遍存在東南亞各國的趨勢，即是本土論述的興起。本土論述強調本土事務的優先性，因此由本地人發展出來的歷史眼光優於外來者的眼光，而利用本土材料從事的歷史研究優於用殖民檔案的研究，尤其如果能用本土語言創作歷史論述則更為理想。

如前所述，本土論述與自主歷史史觀是理解東南亞國民意識與歷史認知的重要管道，戰後東南亞各國本土論述的興起，本地知識份子試圖建立自己的歷史解釋，甚至原本用國際語言或殖民者語言書寫的歷史著作，也逐漸轉換成用本地語言書寫，這種趨勢在多數東南亞國家都可以清楚見到，尤其在印度尼西亞、越南、馬來西亞都獲得豐碩的成就，新一代的歷史學家都漸漸採取以本土語言為主的歷史書寫傳統，對於在戰前未能取得優勢地位的本土語言而言，這種轉變的速度與本土語言書寫傳統的建立，成就相當可觀。以本土語言寫作而言，菲律賓的轉變在東南亞算是比較遲緩的例子。

關於國族歷史書寫與國族建構的關係，並非東南亞一地之現象，實為近現代國家興起後的普遍現象。Ernest Renan 認為，國族(nation)的構成並非可以由客觀的定義來論述，而是一種精神性原則的文化性建構，因此國族基礎需要建構，而且必須建構一個

---

[101] 這是得自筆者在 1999 年 10 月與菲律賓史家 Reynaldo C. Ileto 的訪談，Ileto 不但證實這種傾向，並且認為會成為未來之趨勢。

共同的基礎，這個基礎最重要的是要有個共同享有的過去。[102]

Ernest Gellner 論述現代國家的社會運作，特別強調文化做為國家統合社會的作用，必須經由現代國家為中介，提供一個大眾公共義務及標準化的教育系統，因此由知識階層所扮演的界定國族文化(national culture)的角色特別重要。[103]Anothony D. Smith 在其一系列討論現代民族國家的著作中，也特別強調了人文知識階層創造國族文化，對於民族主義形成、民族國家建立與國家認同的重要性。人文知識階層經由重新挖掘與詮釋歷史，將既存的文化要素轉化為國族認同所需的文化架構，因而建構一種歷史與命運共同體的認同概念。[104]因此菲律賓的國族歷史書寫現象，並非菲律

---

[102] Ernest Renan, "What is a Nation？" Nation and Narration. Homi Bhabha ed. London: Routledge., 1990, pp. 8-22. 這篇文章被視為研究現代民族國家與民族主義的早期經典著作，一再為後來研究者所引述，於確立現代民族國家的建構性有重要貢獻，但未特別著眼於由殖民地獨立而形成的國家。

[103] Ernest Gellner, Nations and Nationalism. Ithaca: Cornell University Press. 1983. 本書特別強調現代國家形成的文化構制，然而強調工業化與現代化在現代國家形成的背景因素，但未討論不同民族主義風潮的歷史因素。

[104] Anthony D. Smith, National Identity. (London: Penguin Books, 1991) The Ethnic Origins of Nations. (Oxford: Basil Blackwell, 1986). State and Nation in the Third World: The Western State and African Nationalism. (Sussex: Wheatsheaf Books, 1983). The Ethnic Revival. (London, 1981). Nationalism in the Twentieth Century. (Canberra: Australian National University, 1979).Smith, Anthony D. ed. Nationalist Movements. (London: The MacMillan Press, 1976). Theories of Nationalism. (London: Gerald Duckworth, 1971).Smith 將其民族主義理論推廣到適用於非西方國家的努力值得肯定，但是東南亞似為其論述中最弱的部分，多半只以非洲國家之後殖民國家模式套在東南亞國家。

賓或是東南亞獨有之現象，然而不同的時代歷史書寫與民族觀念
互為因果的特質，仍須放置在具體時空脈絡中討論。[105]

革命論述的遺產

1898 年革命論述對菲律賓的國族建構具有莫大的影響，許多
革命相關的不同事蹟，都一再回溯及引用此革命論述，其所形成
的革命精神，得以持續地在具體的歷史過程中發生作用。換而言
之，革命論述一方面是人為建構，另一方面又在歷史現實中發生
作用，成為生產菲律賓歷史知識的重要動力。前述已有不少例證，
說明革命論述在歷史研究的成就，為了更具體地說明革命論述的
作用，這裡以國家象徵的形成歷史為例，來理解革命論述的重要
性。革命論述與國族歷史研究在國家象徵的形塑上扮演極重大的
角色，戰後的國家建構就是一再地將國家象徵回溯到這個革命傳
統，而國家象徵的精神又在歷史中具體地發生作用。

最能彰顯革命論述在歷史中的作用是國歌的歷史，國歌如同
國旗等都被視為國家的象徵，因此國歌形成的歷史，也包含國家
建構的歷史，菲律賓國歌的歷史，也可看出革命論述做為菲律賓
歷史遺產的作用。詩、歌曲(Awit)與革命的關係，也是菲律賓革命

---

[105] 亦有在不同的時空脈絡討論菲律賓的智識階層在發展民族主義中角色的研
究，例如 Vicente L. Rafael, "Nationalism, Imagery, and the Filipino
Intelligentsia in the Nineteenth Century." Critical Inquiry, 16(3):591-611. (1990)

研究的成果之一，由於菲律賓早期的書寫記錄難尋，而革命時期傳唱的歌曲，就成為重要的研究材料。[106]而國歌作為國家的象徵之一，其意義來源甚為重要。現行的菲律賓國歌是在 1962 年定案的(即將國慶日改為從 7 月 4 日改為 6 月 12 日那一年)，由塔加洛語(當時已改稱菲律賓語)寫成，歌詞中富有革命精神。茲錄原文及翻譯(筆者所譯)如下：

Lupang Hinirang	神眷的大地
Bayang magiliw	親愛的國家
Perlas ng Silanganan,	東方的明珠
Alab ng puso,	熱情奔放
Sa dibdib mo'y buhay.	洋溢心靈
Lupang Hinirang,	神眷的大地
Duyan ka ng magiting,	孕育不屈的英雄
Sa manlulupig,	不再被侵犯
Di ka pasisiil.	不再被欺凌
Sa dagat at bundok,	如山海永存
Sa simoy at sa langit mong	如天地不渝
bughaw,	
May dilag ang tula	

---

[106] 參考 Reynaldo C. Ileto, "Tagalog Poetry and the Image of the Past during the War against during the War against Spain" In *Perceptions of the Past in Southeast Asia.* Anthony Reid and David Marr eds., Singapore: Heinemann, 1979, pp. 379-400. 以及 Reynaldo C. Ileto, "Bernardo Carpio: Awit and Revolution" In *Filipinos and their Revolution: Event, Discourse, and Historiography.* Quezon: Ateneo de Manila University, 1998, pp. 1-28.

At awit sa paglayang   富饒的史詩
minamahal.   自由的旋律
Ang kislap ng watawat mo'y   旗幟飛揚
Tagumpay na nagniningning,   綻放光芒
Ang bituin at araw niya   如同星星太陽
Kailan pa ma'y di magdidilim.   黑暗不能使之黯淡
Lupa ng araw, ng luwalhati't   願大地持續光明
pagsinta,
Buhay ay langit sa piling mo;
Aming ligaya, na pag may   擁抱在此生長的子民
mang-aapi   我們曾經犧牲受苦
Ang mamatay nang dahil sa iyo.   是我們永遠的榮耀

其實目前這個塔加洛文版的 Lupang Hinirang 是在 1956 年麥格塞塞(Ramon Magsaysay)總統任內，由 Julian Cruz Balmaceda、Ildefonso Santos 翻譯自原以英語傳唱多年的國歌。而這個英語國歌則是自菲律賓在 1946 年獨立以後即已選定，自從國家獨立以後，菲律賓政府施政總不忘在塑造國家象徵上工夫，取自自治政府時期所制定的國家象徵，並且能夠表現革命傳統的國家象徵，以示國家政權也是來自於這個革命傳統，國歌即由此而來。這當然是指象徵作用而言，至於戰後獨立的政權是否實質富於革命精神傳統，則是另外一個問題。

　　自治政府時期所制訂的國歌，也在同樣的考慮下制訂，自治政府雖是在美國的指導下，但為了表明是代表人民意願的正統政權，當然要設法和革命傳統取得直接連繫，自治政府在 1934 年找了一位菲律賓作家 Camilo Osias，以及一位美國作家 A. L. Lane，共同將曾經在 1899 年菲律賓革命時期制定的西班牙文國歌譯成英文。[107]可說自治政府在當時政權可容許發揮的範圍中，將自治政府的政權合法性與革命傳統接續起來，至於自治政府的成立與所作所為是否繼承革命精神傳統，則又是另一個問題。由於這樣一再回溯革命傳統，使得今日的菲律賓國歌富於革命色彩。

　　換而言之，雖然政權不斷地轉換，政權的性質各不相同，和革命組織也未有直接關係，政治理想與目標也不一致，甚至南轅北轍，但在國家象徵上，則努力溯及同一個革命傳統，即 1898 年的菲律賓革命。在國家象徵的形成歷史中一再強調其連續性，並且加強其象徵色彩。於是國歌由原來的西班牙文革命歌曲，轉變到現在的菲律賓語富於革命建國精神的國歌，革命論述創造了自身的延續性，在具體的歷史脈絡中不斷地發生作用，使得不同的政權得以用象徵方式取得繼承革命傳統的正朔，彷彿形成革命精神不斷持續傳承的歷史，菲律賓百年歷史的連續性因而形成。

---

[107] Sonia Magbanua Zaide and Modesta Grey Lugos, *The Philippine National Flag and Anthem*. Manila: All Nations Publishing Co. Inc, 1998.

　　革命論述在歷史上一再被回溯，是其能在歷史上發生作用的主要原因。1986 年人民力量革命(people's power) 是革命論述發生作用最具體而明顯的時候，[108]「未完成的革命」的說法在 1986 年的動員中發揮了極大的力量。[109]革命時期的歌曲在群眾中傳唱，革命英雄在群眾運動中被召喚，於是革命論述不單是歷史解釋的問題，而是以歷史意識深入政治公共領域，進而帶動社會行動。[110]

　　革命論述除了在人民革命時期被大量引用，即使在平時的選戰中也是重要遺產。在 1998 年總統選舉，埃斯沓拉(Joseph Estrada)一直被競選對手批評為出身草莽，埃斯沓拉則一再宣稱自己是革命英雄博尼法秀(Bonifacio)的化身，這種說法在當時極受到歡迎，也符合埃斯沓拉的形象，可說埃斯沓拉成功地利用革命論述塑造自己成為人民英雄的形象。

　　埃斯沓拉在 2001 年的群眾運動中被迫下台，領導反埃斯沓拉運動的政治菁英們，因為他們深諳群眾運動的語言，故一再以人民力量(people's power)來訴求。比較東南亞各國的政治文化，菲律賓民眾易於為革命的浪漫情懷所動員，至於在其他民主國家重視

---

[108] 人民力量革命(people's power)是發生在 1986 年菲律賓以人民大規模的示威抗議迫使長期在總統職位的馬可仕總統下台的民主運動。是少數沒有經過軍事力量而促成政權交接的民主運動。

[109] Bert Cacayan ed., *The Unfinished Revolution*. Quezon: Claretian Publication, 1986.

[110] Reynaldo C. Ileto, "The 'Unfinished Revolution' in Political Discourse" In *Filipinos and their Revolution: Event, Discourse, and Historiography*. Quezon: Ateneo de Manila University, 1998, pp. 177-202.

的憲政運作慣例及法律程序，則可在人民革命形式的群眾運動中
輕易被超越。由此可見革命論述的傳統已經深植在菲律賓歷史意
識中，革命情懷比較容易被召喚，並且在現實中一再產生具體的
力量。

革命論述的挑戰

　　菲律賓的革命論述，堪稱在自主歷史史觀的發展取向中，最
具有成就的歷史論述之一，如果從知識社會學的角度來說，菲律
賓的革命論述成功地創造了菲律賓歷史研究的典範，於是前仆後
繼、大量地關於菲律賓獨立革命的學術研究，以及一般性歷史著
作紛紛出現，而馬尼拉成為菲律賓現代史著作出版的大本營，甚
至西方學者的菲律賓歷史著作也會拿到馬尼拉出版。對比其他東
南亞國家的歷史研究，仍以境外學者在境外出版的著作較具有權
威性，[111]菲律賓學界對菲律賓革命歷史研究所取得的成就，無疑
非常突出。

---

[111] 到目前為止，多數的東南亞國家在自己的國度內，從事歷史學術研究的禁忌
仍然很多，而文件檔案的使用受到很大限制，即使是號稱民主自由的國家，
也都各有一串長長的禁書名單，政治上不能容忍異見，可以說是對學術研究
最大的殘害，因此境內出版的學術研究著作，公信力打了很大的折扣。

革命論述的研究取向獲得相當的成就，特別是一個有長期被殖民經驗的新興獨立國家，能夠找到開創自主歷史的研究路逕，不致於籠罩在殖民主視角下而致歷史面貌被扭曲，又不致於如非洲或太平洋島國的歷史研究，一直停留在對殖民者角度提出批判，卻難以建立實質歷史研究傳統。相較其他的後殖民社會，菲律賓革命論述在歷史研究上的成就，實足以宣稱掌握了自己歷史的文化解釋權。不過當這種研究取向成為歷史研究正典時，其研究格局的限制也同樣值得注意。

本章論文將針對這些限制，分為三大方向加以討論，第一是關於革命傳統的評價問題，第二是有關革命研究的可靠性問題，第三是在革命論述中被忽略的研究取向。這三個方向的限制，可以擴大來看，既是東南亞國家自主歷史中普遍遭遇的限制，也是現代國家的國族歷史書寫中經常會面臨的問題，然而本文並不擬將相關命題抽象地推廣到其他範圍，而將用具體例證來說明問題的性質，並僅與東南亞史學中的自主歷史史觀對話。

就第一個方向而言，涉及歷史評價的問題。主要是多數境外學者，未必認同菲律賓歷史學界對於菲律賓革命傳統的評價，許多有關菲律賓的研究，反而輕描淡寫地表示菲律賓缺乏革命的傳統，認為歷來都是以和平的議會爭取為途徑，這類的意見比比皆是，某些研究甚至不置一詞，實則根本漠視革命傳統在菲律賓研究的重要性。可以說菲律賓內外對於革命的評價是大不相同，總體而言，菲律賓本地研究認為菲律賓革命傳統很重要，在歷史上取得重大的成就，外界的研究卻不看重菲律賓革命傳統。雖然菲律賓本地汗牛充棟的革命研究出現，但要改變外界對於菲律賓的印象並不容易。

例如 Frances L. Starner 在其研究中如此寫道：「菲律賓缺乏革命傳統，雖然有資料指出，在整個殖民時期各別的叛亂不斷發生，西班牙殖民三百年總共約有兩百件叛亂，但是這些流血騷動少有能造成任何社會或政治上改變，少數較大規模的叛亂，如西班牙殖民結束前的叛變及1950 年代中呂宋的農民叛變，都是早在尚未取得革命目標之前就夭折了。」[112]

這只是其中一個例子，一般來說，東南亞歷史研究者在綜論東南亞歷史時，未必會給予菲律賓革命成就高度的評價，主要的原因，可能是戰後東南亞對於民族主義革命的歷史研究，主要以印尼與越南的獨立革命為重頭戲，與此相比較，菲律賓革命自然無法相提並論。然而對歷史評價有不同意見是正常現象，如果將菲律賓革命放在亞洲鄰近國家同一時期的反殖民地鬥爭中，評價自是大不相同。自主歷史雖然強調以自身的眼光來看待本國歷史，以避免外人扭曲的眼光，但是如何給予歷史研究對象公允的評價，仍是必須不斷斟酌討論的課題。

---

[112] Frances L. Starner, *The Rising Sun and Tangled Roots: A Philippine Profile.* Hong Kong: Christian Conference of Asia: International Affairs, 1986, pp. 22.

第二個方向主要是歷史研究的可靠性問題。菲律賓革命研究的成果，其可靠性受到挑戰與質疑，主要由於早期革命主力來自中下階層民眾，執筆者有限，革命時期出自革命陣營的記錄稀少，有關革命的書寫多數是事隔多年後的追記。同時革命之後緊接著將近五十年的美治時期，這段期間革命論述沒有受到重視，很多材料因此湮沒。要以有限的材料來充實革命的記述有時難免很困難，容易出現加油添醋、誇大甚至變造的情況出現。這一方向最嚴厲的挑戰無疑來自美國奧瑞崗大學歷史學家 Glenn Anthony May 的質疑，進而引發了許多相關的爭論。

Glenn May 首先在 1995 年於華盛頓舉行的亞洲研究學會 (Association for Asian Studies, AAS)年會上發表文章，題目為"Andres Bonifacio: Inventing a Hero"(博尼法秀：被創造的英雄)，質疑關於革命英雄博尼法秀記錄的正確性，認為許多記錄係為後人創造追加，必須存疑。[113]Glenn May 後來將該文及其多年對此問題的研究寫成一本書，在 1996 年出版，題目為《Inventing a Hero: The Posthumous Re-Creation of Andres Bonifacio》(創造英雄：身後重塑的博尼法秀)，詳細闡述他的質疑，甚至推斷有關博

---

[113] Glenn Anthony May, "Andres Bonifacio: Inventing a Hero", paper presented in the Annal Meeting of the Association for Asian Studies, AAS, Washington, D. C. April 7, 1995.

尼法秀最關鍵的歷史文件，係為偽造之作，也據此認定菲律賓的
歷史學家參與了這個創造英雄的過程。[114]

　　Glenn May 所提出的問題令菲律賓歷史學界坐立難安，在 1997
年素以倡導菲律賓研究著稱的馬尼拉研究學會(The Manila Studies
Association)在年會中還特別安排一個主題，專門討論 Glenn May
這本書及所提出的問題。另外 1996 年以後出版的幾本菲律賓歷史
著作，都直接或間接地對 Glenn May 所提的問題做出回應。[115]Glenn
May 所提出的質疑已經形成東南亞歷史研究上的一個公案，其問
題涉及歷史書寫、檔案真偽、民族英雄的塑造、民族主義與國族
歷史等諸多問題，限於篇幅無法個別仔細介紹，只能簡單歸納其
論點。

　　Glenn May 在書中對所有與出身草莽的革命英雄博尼法秀
(Bonifacio)相關的重要菲律賓歷史記錄一一加以檢驗，強烈質疑菲
律賓有關革命英雄的歷史書寫，他認為相關記錄幾乎都來自特定
的少數文件，於是挑出這些少數文件，再逐一對不同版本的文件
加以對比，並檢查歷史上這些文件的出現過程，最後對比文件的
語言及文字使用的情況，並且和其他比較可信的檔案交互檢查。

---

[114] Glenn Anthony May, *Inventing a Hero: The Posthumous Re-Creation of Andres Bonifacio*. University of Wisconsin, 1996.

[115] 例如 Rolando Geipaldo, "Bonifacio and Jacinto: A Critique of the Sources and Their Philosophies of Revolution" paper presented in the conference of "Philosophy and History", Philosophical Association of the Philippines, 4-6 April 1997.

他的結論可以歸納為以下幾點，第一，有關博尼法秀早年生活的記錄並不可信，可能涉及同時代支持革命的歷史學家的偽造，第二，與其在革命中的角色最重要的資料來源是博尼法秀書信，但是跡象顯示這些書信不可能由他撰寫。[116]第三，在革命中最重要的會議，即發生在 1897 年 3 月 22 日的 Tejeros Assembly 中，主要記錄來自博尼法秀手下瑞卡爾提(Artemio Ricarte)的回憶錄，但是瑞卡爾提是在事件過後 30 年以後才著手寫回憶錄，對博尼法秀的真實形象有相當大的扭曲。[117]第四，其後的歷史學家在日後寫博尼法秀有關的歷史，不但沒有對這些材料中不合理之處提出質疑，反而在這些材料的基礎上，進一步發揮，誇張並擴大博尼法秀在革命中扮演的角色。

Glenn May 挑選博尼法秀(Bonifacio)的記錄做為攻擊的重點，可以說是挑到了菲律賓革命論述的要害。博尼法秀在革命歷史中是承先啟後的最重要人物，但是其歷史記錄也最為模糊。一般的記錄雖然承認博尼法秀沒有受過什麼正式的教育，但是多半提到他好學不倦，自己學會了閱讀西班牙文及英文，同時以塔加洛文

---

[116] 見 Glenn Anthony May, "The Mysterious Letters of Andres Bonifacio" In *Inventing a Hero: The Posthumous Re-Creation of Andres Bonifacio.* University of Wisconsin, 1996, 53-82. 文中質疑博尼法秀的書信，即 Teodoro Agoncillo ed. *The Writings and Trial of Andres Bonifacio*. Manila: Manila Bonifacio Centennial Commission, 1963. 一書中文件的真實性。

[117] Glenn Anthony May, "Ricarte's Bonifacio" In *Inventing a Hero: The Posthumous Re-Creation of Andres Bonifacio*. University of Wisconsin, 1996, pp. 83-112.

創作，雄才大略，富於思想，長於組織等等，雖然有許多難以置信之處，但歷年來沒有人加以懷疑，英雄總有其特殊過人之處，不能以常人的標準看待。然而博尼法秀記錄的真偽將涉及對革命的解釋，如果博尼法秀真能閱讀西班牙文並且以塔加洛文創作，就成為將本土來自下層民眾的革命運動和在西班牙文世界奮鬥(如黎剎及宣傳運動等)的革命精英連繫在一起的重要關鍵。

我們必須注意的地方是，雖然 Glenn May 用了堅實的材料來說明其論點，但很顯然他的論點沒有被菲律賓的歷史學界接納，他的努力也沒有本地學者表示肯定。菲律賓國家歷史學會會長 Bernardita Reyes Churchill 曾經徵求菲國學界對 Glenn May 這本書做出正反兩面的回應，但是沒有人願意站在肯定 Glenn May 的立場上發言。[118]雖然辯論至今，誰是誰非尚未有公論，不過可以肯定的是，日後菲律賓歷史研究對資料的採信將會更加謹慎。

第三個方向的侷限，是在革命論述的研究取向中，因論題被排除所造成的侷限。在自主歷史的考慮下，特別選取足以彰顯主體性的題材，在特定的論題與範圍上發揮，自然會有其他的題材與論題會被排除。雖說任何研究都有其限制性，重點強調而忽略次要固然無可厚非，然而在歷史研究中，依不同歷史事件的性質，排除某些課題於外，將妨礙整體歷史的理解，從而造成為自主歷

---

[118] Bernardita Reyes Churchill ed., *Determining the Truth The Story of Andres Bonifacio.* Manila: The Philippine National Historical Society, 1997, Pp. 5.

史史觀的侷限。以下筆者以西美戰爭為具體實例，來討論其與菲律賓革命的關係，並指出革命論述的研究如何忽略其相關性，進而闡釋這種忽略與排除，在菲律賓歷史研究以及自主歷史研究中的可能意義。

西美戰爭與菲律賓革命

西美戰爭(Spanish-American War)[119]就戰爭而言是一場小戰役，真正的戰鬥只持續了幾個月，但就其影響而言卻是十分深遠。從現代世界史的角度來說，這是一場關鍵性的戰役，這場戰役給當時在國際舞台上還不是重要角色的美國莫大信心，從此開展了美國人主導國際政治的世紀。[120]戰爭的結果導致西班牙殖民帝國的瓦解，拉丁美洲、亞洲及太平洋地區的幾個地方控制權易手。對太平洋地區而言，是美國將勢力向太平洋地區伸展的開始，後來導致美國在夏威夷及關島設立軍事基地。對美洲而言，從此真正落實門羅主義，[121]確立美國在美洲地區霸主的地位，其後又導致巴拿馬運河的開鑿。對亞洲而言，這是美國在遠東建立深遠關

---

[119] 西美戰爭的相關研究數量龐大，詳細書目請參考 Anne Cipriano Venzon, *The Spanish-American War: An Annotated Bibliography.* New York: Garland Publishing Inc., 1990.

[120] David Traxel, *1898: The Birth of the American Century*, New York: A. A. Knopf, 1998.

[121] 門羅主義是指美國將拉丁美洲視為其勢力範圍的外交主張，其他地區的強權如果想對其勢力範圍國家發揮影響力，必須經過美國的同意。

係的開始,而其中最重要的是,美國從此在遠東有了基地,菲律賓成為美國的殖民地。對菲律賓而言,戰爭的結果由西治換成美治,是菲律賓歷史上最重要轉變之一,西美戰爭應該可以說是菲律賓歷史的轉捩點。

　　然而在前述菲律賓革命論述影響下,西美戰爭卻明顯地被排除在菲律賓革命研究之外。如果我們檢視菲律賓學者在馬尼拉出版的革命相關研究,可以發現絕大多數研究者,沒有把西美戰爭當成一個相關子題來討論,充其量只是當成背景因素而加以簡短地交代。菲律賓革命研究者始終將菲律賓革命當成是菲律賓人民的革命,取代西美戰爭的是所謂的菲美戰爭,將美國在菲律賓的軍事行動中與菲律賓革命勢力的衝突歸為菲美戰爭,繞著菲律賓的革命英雄與人民打轉,而與其他國家無關。西班牙和美國在此革命論述中都是革命的敵人,敵人之間的矛盾被認為無關宏旨而交代不清,更遑論西美戰爭中所涉及的拉丁美洲革命傳統與美國的關係,換言之,菲律賓革命被孤立地看待。

　　我們以新一代菲律賓歷史學家中公認對菲律賓革命研究最有成就的 Reynaldo C. Ileto 為例,他在 1998 年出版了《Filipinos and their Revolution: Event, Discourse, and Historiography》一書,是其關於菲律賓革命多年研究成果的論文集,這當然也是為配合菲律賓百年國慶的出版盛事，[122]然而在其書中，沒有直接提到西美戰爭的任何事件，沒有引用任何西美戰爭相關的研究文獻，在書後索引中也沒有西美戰爭這一條目。書中有的是大量菲律賓本地材料的挖掘與詮釋，以及基於塔加洛文文獻所建立起來的革命史觀。書中連西班牙文的文獻都極為有限，基本上只限於菲律賓國父黎剎本人的著作。同樣情況出現在前述絕大多數在菲律賓出版由菲人書寫的革命研究書籍，特別是新一代歷史學家的研究著作。

如果忽略了西美戰爭，無法真正瞭解 1898 年的菲律賓革命。例如建立馬洛洛斯(Malolos)共和國的亞基那度(Aguinaldo)之所以能在 1898 年 6 月 12 日宣佈菲律賓共和國獨立，是在 1898 年 5 月 19 日乘美軍艦艇從香港返回馬尼拉，在此之前亞基那度早因其所建立的 Biak-na-Bato 共和國失敗而被放逐到香港，若非 1898 年初美國向西班牙宣戰，亞基那度不可能得到再次起事的機會。而實際上亞基那度之所以得以全身而退放逐香港，乃因西班牙當局考慮古巴及波多黎各的局勢，極可能與美國一戰，為了全力對付拉丁美洲局勢，早日結束菲律賓問題而與亞基那度簽訂 Biak-na-Bato 條約，才使得亞基那度得以從容棄甲逃往香港。由此觀察，可以說沒有西美戰爭就不會有 1898 年菲律賓革命。

---

[122] Reynaldo C. Ileto, *Filipinos and their Revolution: Event, Discourse, and Historiography*. Quezon City: Ateneo de Manila University Press, 1998.

　　因此菲律賓革命絕不可能被獨立對待，從 1898 年往前追溯，當 1896 年西班牙當局發現秘密團體卡蒂普南(Katipunan)的存在，使得博尼法秀(Andres Bonifacio)提早在該年 8 月 26 日宣佈 the Grito de Balintawak，[123]開始了 Katipunan 菲律賓革命，其實古巴革命早在其一年半前爆發，不瞭解這個背景，實難明白西班牙當局為何急於處理菲律賓革命份子，如果沒有古巴革命，Katipunan 革命不會如此早開始，成為早夭的革命；再往前追溯，古巴革命運動的情勢也是使得西班牙急於處死革命精神領袖黎剎的理由，而黎剎本人的著作也感召了波多黎各的志士，這些跨越太平洋而連成一氣的發展對菲律賓革命都有直接影響。

　　從 1898 年往後探索，西美戰爭之後簽訂巴黎和約，西班牙將古巴、波多黎各、關島以及菲律賓的統治權交給美國，和約生效以後，美國讓古巴獨立，波多黎各成立自治政府，對菲律賓卻派遣總督治理。菲律賓革命軍在 1899 年底戰敗解散，殘餘游擊隊到 1902 年中被消滅。美國在當時被認為是古巴及波多黎各革命的盟友，有了美國出兵，古巴革命才得以成功，波多黎各才得以解放，這是美國師出有名的原因，也是美國對西班牙宣戰的理由，也因

---

[123] 這是一份革命宣言，關於這份宣言的分析，見 Soledad Borromeo Buehler, *The Cry of Balintawak: A Contrived Controversy: A Textual Analysis with Appended Docments.* Quezon City: Ateneo de Manila University Press, 1998.

此才有出兵菲律賓的行動，[124]古巴在美國從事革命的代表 Gonzalo de Quesada 當時還讚揚美國出兵馬尼拉的行動，[125]比較古巴及波多黎各這兩個同樣出現獨立革命的國家，才能明白菲律賓革命終結的前因後果。

因此，我們不能把西美戰爭僅僅當成菲律賓革命的背景因素來處理，如此則難以理解 1898 年跨越太平洋兩岸的歷史圖像。比較合理的說法是，菲律賓是西美戰爭兩個主戰場之一，另一個主戰場在古巴，而菲律賓革命是拉丁美洲獨立革命的一環，與古巴革命與波多黎各革命歸為同一波革命浪潮。儘管各地革命各有其特色與本地脈絡，且結果也各不相同，但是西美戰爭為這些地方帶來了重大的歷史變革。換言之，1898 年菲律賓革命不能單獨從菲律賓本身來理解，而是屬於更大的歷史事件的一環，這個歷史事件涉及歐洲史、美國史、拉丁美洲史、太平洋史和菲律賓史，因此，東南亞史中菲律賓的自主歷史觀有其不足之處，難以處理這個地理上跨越洲際、議題上超越殖民反殖民鬥爭的西美戰爭。

---

[124] 關於美國內部不同陣營對菲律賓問題的態度，參考 Jesse David Perez, *Fear of A Standing Army: Ideology and Civil-Military Relations During The Philippine Insurrection, 1898-1902*, Arlington: The University of Texas, 1996.

[125] Gonzalo de Quesada, *Cuba's Great Struggle for Freedom*, author, 1898.

被遺忘的傳統與國族歷史的架構

在討論西美戰爭與菲律賓革命論述的關係時，有幾個問題值得當成史學問題加以討論。首先是國族歷史如何處理殖民主義所留下的傳統？菲律賓當時因為西班牙長期殖民之故，有較明顯的西班牙／拉丁美洲傳統，對於革命的詮釋應該以這個傳統來理解。然而在二戰之後，這個西班牙／拉丁美洲傳統在菲律賓基本上已是個被遺忘的傳統，菲律賓新一代的歷史學家多半以後來建構的菲律賓傳統來理解菲律賓革命。第二個問題是國族歷史的研究架構問題，如果革命涉及的事件超出國族歷史的地理或人民的範圍，那麼對於歷史的理解也應該有超脫於國族之上的角度。

在菲律賓革命論述的研究之中，有一個明顯的趨勢是對西班牙文獻遺產的漠視。檢視這一代歷史學家對菲律賓革命的研究，只有極少數的例子引用到西班牙文獻，遑論有歷史學家願意仔細討論菲律賓革命中的西班牙／拉丁美洲傳統。在革命論述影響下的菲律賓歷史，有強烈的反殖民主義的成份，其中對美國殖民主義更是大加撻伐，雖然也有歷史學家承認美國殖民主義對菲律賓功過都有，但是歷史書寫中將美國定位為帝國主義與殖民主義，少有以肯定的語句來描述美國的影響。在這樣的對比下，西班牙留下的傳統就更少得到肯定，多數是以極為負面的評價來描述其遺產。

然而，以西班牙／拉丁美洲傳統的角度來理解菲律賓革命似乎是必要的，就發生時機上來說，菲律賓革命是十九世紀拉丁美洲獨立革命的最後一波，和古巴革命互相援引。就革命的型態來說，菲律賓當時的社會結構屬於拉丁美洲式，而非亞洲式，即大地主或貴族扮演重要角色，而菲律賓革命中的派閥內鬨，在拉丁美洲革命中司空見慣，甚至後來革命陣營分裂，亞基那度(Aguinaldo)不服從博尼法秀(Bonifacio)領導，而將博尼法秀處死，即是此一脈絡的歷史場景，亞基那度是地方貴族出身，根本看不起平民出身的博尼法秀，這是菲律賓革命力量在西班牙潰敗之際，未能取得成功的重要原因。

至於國族歷史的研究架構問題，更是亞洲各國國族歷史的普遍問題。在國族歷史研究中，通常是劃定了一個國族的範圍之後，所有的國族榮耀都在這個範圍中來討論。然而歷史事件就其性質而言有其不同範圍，如果不能依事件的不同性質加以調整視野，歷史理解的侷限性立刻產生。菲律賓革命論述對於西美戰爭的處理十分無力，無力的原因在於西美戰爭的本質已超越國族歷史的範圍，特別是美國參戰的原因更難以簡單以殖民主義視之。在菲律賓革命論述之中，由於強調菲律賓人自主史觀的歷史，將菲律賓革命只視為菲律賓人的革命，這固然有其強勢一面，其所產生的意義及驅動力可以釋出很大的能量，然而其侷限性也由此產生。

　　西美戰爭如果放在世界史的脈絡來討論，事件的輪廓也許清楚一些。從世界史的角度來說，菲律賓在十九世紀末是西班牙／拉丁美洲世界的一環，而非亞洲世界的一部分，菲律賓革命的歷史脈絡與當時東亞世界追求富國強兵以迎接西方列強，以及東南亞各地殖民主義深化對各地的控制大不相同。菲律賓革命的先行者先在西班牙本土進行宣傳運動，可以說是拉丁美洲十九世紀獨立革命的一部分，本身受到拉美獨立革命的刺激，而菲律賓人的宣傳運動以及黎剎的著作也給予拉丁美洲革命志士相當的啟發，而拉丁美洲革命影響了美國，促成美國出兵干預西班牙的鎮壓行動，後來引爆了西美戰爭，也引導美國走向帝國主義之路。

　　從西美戰爭的歷史脈絡來看，菲律賓的拉丁美洲革命脈絡與菲律賓革命之間關係錯綜複雜，菲律賓革命雖然在 1898 年之前和美國的關係不深，但是在西美戰爭的促成下，菲律賓革命在美國的協助下重新開始，革命雖然在部分地方的軍事上取得成就，卻疏於理解國際局勢，沒有及時採取外交行動，因缺乏外來奧援與支持而失敗。至於美國為何態度轉變，雖然原因很複雜，但其中關鍵在於美國當時對菲律賓革命陣營的評價，與美國當時對古巴革命的態度相比可說是天壤之別，不論這個評價是否受到操弄，卻因此扭轉局勢。

　　此外，革命陣營中對美國的態度有相當的分岐，因此直接導致革命陣營的瓦解，而分岐的原因又涉及革命陣營的內部組成與階級結構。軍事革命的失敗，使得菲律賓轉向議會鬥爭路線，改變了菲律賓建國路線的基調，而議會路線的發展，一方面是在美國所給予未來邁向獨立的保證下進行，反應美國基於對拉丁美洲革命與菲律賓情況的認知，另一方面也反應了菲律賓地主階級把持政治的結構，這正是菲律賓政壇的拉美風格。

　　菲律賓革命論述忽略西美戰爭的歷史脈絡，在 1998 年的百年慶祝活動中看得最清楚明白。1998 年世界各地舉行了無數的紀念活動，以彰顯這個重要的歷史事件百週年的歷史意義，在美國華盛頓以美國國會圖書館為主的西美戰爭紀念及展覽活動，特別以西班牙、古巴、波多黎各及菲律賓為四大主題，另闢專室以介紹戰爭在三個地方的情況及影響等；[126]在西班牙馬德里以皇家博物館為主的西美戰爭百年紀念也將菲律賓與古巴、波多黎各並列一起，在馬德里出版的有關西美戰爭的研究專書也是菲律賓與古巴、波多黎各共同討論。[127]在古巴、波多黎各的紀念活動中，也不忘將菲律賓這個當年的革命夥伴列為紀念重點。獨獨在菲律賓的紀念活動，紀念的不是西美戰爭，而是菲律賓革命，而且是菲律賓人的菲律賓革命，遠在拉丁美洲的昔日夥伴早被遺忘，連西班牙時代的歷史，如果與革命無關都很少提及，倒是革命紀念中

---

[126] 詳見 Library of Congress, *The World of 1898: The Spanish-American War*. Library of Congress, 1998.

[127] 例如 Demetrio Ramos Perez and Emiliode Diego, *Cuba, Puerto Rico y Filipinas en la Perspectiva del 98*. [1898 年取向中的古巴、波多黎各與菲律賓] Madrid: Complutense, 1997.

有很多和革命不直接相關的活動，主要是和日本與東南亞國協合辦的活動，十足證明了菲律賓已經成功地轉換成為亞洲國家，而拉美傳統已經不在其歷史意識當中。[128]

東南亞歷史的自主史觀

　　本文主要在討論以東南亞歷史所發展出來的自主史觀，與在自主史觀下所發展出來的菲律賓革命論述，以及其所引起的歷史研究相關問題。自主的歷史是東南亞史學的基本問題，特別是在曾經歷殖民主義的東南亞各國，如何以自身的眼光來建立自己的歷史，是本土知識份子念茲在茲的任務，也具體地促進各國的歷史研究與歷史解釋，甚至成為國民意識的一部分，因此要理解東南亞各國的國族歷史以及國民意識，討論自主史觀是重要的基礎。

　　菲律賓革命論述在菲律賓歷史研究及歷史現實的成就，足以反省國族歷史、民族主義與自主史觀的關係。在本文中對於菲律賓歷史學界致力於建立自主歷史的努力予以肯定，並且認為菲律賓革命論述對於建立菲律賓自主的歷史研究已有相當成就，革命論述創造了新的歷史研究的正典，確定革命研究的主題及論述方

---

[128] 這種傾向在菲律賓的百年國慶的慶祝活動的議程上可以清楚地看出，詳見 National Centennial Commission, *Ang mga Pilipino sa Ating Kasaysayan.* Manila: National Centennial Commission and the Asian Institute of Journalism and Communication, 1998.

式，發展及深化革命研究的相關問題，採用過去在殖民時代被忽略的本土材料，並且轉化歷史成為足以激勵國民自信的論述，且在後續的歷史現實中產生力量。這些成就應可視為戰後新興國家進行國家建構的一環，從這個角度來理解革命論述，對於理解這些國家的國族歷史與民族主義情緒的具體內涵是有其必要性。

然而自主歷史觀也有明顯的限制，本文藉由對菲律賓革命研究的具體挑戰為例，據以建立對國族歷史自主史觀的評價。自主史觀可能的限制來自幾個方面，首先是自主史觀的自我評價未必得到不同背景的學者的認同，特別是涉及國族歷史如革命等議題的評價，容易失之主觀。其次，自主史觀涉及建構歷史的問題，有建構自主歷史的意識固然有助於開創新局，但是如果過程草率則可能會出現作偽或是誇張扭曲等情況，一旦被指陳作假反而失去歷史研究的公信力。最後，國族歷史的範疇並非至高無上，許多歷史問題是超越國族範圍，過度強調國族歷史的面向反而會出現歷史失真的情況。

本文提出在地理上超越東南亞的西美戰爭作為具體實證，對菲律賓革命研究甚至東南亞史學而言實饒富意味。將西美戰爭做為菲律賓革命的另一面向，在歷史理解上有其必要，而西美戰爭在歷史上留下的影響相當廣泛，存在和西美戰爭相關的歷史記憶，可能會改變對菲律賓革命的歷史解釋，而對西美戰爭所進行的歷史探索，也將超越國族歷史及自主史觀的範圍，再再顯示自主歷史對不同性質的歷史議題有相當的局限。在目前以國族歷史為主要範疇的東南亞歷史研究而言，我們必須承認自主歷史觀的有限性，並且試圖發掘不同的題裁與議題可以超越國族歷史，或是彰顯國族歷史內在矛盾，以豐富吾人對歷史的理解。

參考文獻：

Abueg, Efren R., Talindaw, Kasaysayan Ng Panitikan Sa Pilipino Para Sa Kolehiyo At Unibersidad. Manila: Regan, 1981.

Agocillo, Teodoro A., Ang Kasaysayan ng Pilipinas. Maynila, Pilipinas: M. Colcol & Co. 1941.

Agocillo, Teodoro A., The Revolt of the Masses: The Story of Bonifacio and the Katipunan. Quezon City: University of The Philippines, 1956.

Agoncillo, Teodoro A., Kasaysayan Ng Bayang Pilipino. Metro Manila: National Book Store, 1981.

Aguinaldo, Emilio, Mga Gunita ng Himagsikan. Manila: Cristina Aguinaldo Suntay, 1964.

Alejandrino, Jose, The Price of Freedom, Manila: M. Colcol Press, 1949.

Alvarez, Santiago V., The Katipunan and the Revolution. Quezon City: Ateneo de Manila University Press, 1992.

Anderson, Benedict R. O'G., Java In a Time of Revolution: Occupation and Resistance, 1944-1946. Ithaca: Cornell University Press, 1972.

Arriola, Fe Maria C., Si Maria, Nena, Gabriela, Kuwentong Kasaysayan ng Kababaihan. Manila: Gabriela & Institute of Women's Studies, 1989.

Bastin, John, The Western Element in Modern Southeast Asian

History. Southeast Asian Subjects, no 2. Department of History, The University of Malaya in Kuala Lumpur. 1960.

Bautista, Violeta V., and Rogelia Pe-Pua, Pilipinolohiya: Kasaysayan, Pilosopiya at Pananaliksik. Maynila: Kalikasan Press, 1991.

Bhabha,Homi K. "DissemiNation: time, narrative, and the margins of the modern nation." Homi K. Bhabha ed. Nation and Narration. London: Routledge, 1990.

Buehler, Soledad Borromeo, The Cry of Balintawak: A Contrived Controversy: A Textual Analysis with Appended Docments. Quezon City: Ateneo de Manila University Press, 1998.

Cacayan, Bert ed., The Unfinished Revolution. Quezon: Claretian Publication, 1986.

Calairo, Rosalina M. Franco, Ang Kasaysayan Ng Novaliches: Prehistori Hanggang Sa Panahon Ng Hapon. Quezon: R. M. Franco-Calairo, E.F. Calairo, 1997.

Camilo Osias, José Rizal: His Life and Times. Manila: Oscol Educational Publishers, 1948.

Churchill, Bernardita Reyes ed., Determining the Truth The Story of Andres Bonifacio. Manila: The Philippine National Historical Society, 1997.

Constantino, Renato, Emilio Aguinaldo: First Filipino President, 1898 – 1901. Translated by Pacifico A. Castro. Manila: Filipiniana Reprint Series Book 20, 1989.

Cowan, C. D. and O. W. Wolters eds., Southeast Asian History and

Historiography : Essays Presented to D. G. E. Hall. Ithaca, Ny : Cornell University Press, 1976.

Craig, Austin, Lineage, Life, and Labors of José Rizal. Manila: Philippine Education Company, 1913.

Custodio, Teresa Ma., Kasaysayan: the Story of the Filipino People. Manila: Asia Pub. Co., 1998.

Dizon, Lino L., Tarlac and the Revolutionary Landscape: Essays on the Philippine Revolution From a Localized Perspective. Tarlac: Center for Tarlaqueno Studies, TSU Holy Cross Collage, 1997.

Dorling, Philip, Diplomasi: Australia and Indonesia's Independence. Canbrerra: Government Publication Service, 1994.

Fernández, José Barón, José Rizal, Filipino, Doctor and Patriot. Manila: San Juan Press, 1981.

Foronda, Marcelino A., Kasaysayan: Studies on Local and Oral history. Manila : De La Salle, 1991.

Garcia, Mauro, Aguinaldo in Retrospect, Manila: Philippine Historical Association, 1969.

Geipaldo, Rolando, "Bonifacio and Jacinto: A Critique of the Sources and Their Philosophies of Revolution" paper presented in the conference of "Philosophy and History", Philosophical Association of the Philippines, 4-6 April 1997.

Gellner, Ernest, Nations and Nationalism. Ithaca: Cornell University Press. 1983.

Gimenez-Maceda, Teresita, Mga Tinig Mula Sa Ibaba, Kasaysayan

Ng Partido Komunista Ng Pilipinas At Partido Sosialista Ng Pilipinas Sa Awit, 1930-1955. Quezon City: University of the Philippines Press and UP Center for Integrative and Development Studies, Peace, Conflict Resolution and Human Rights Program, 1996.

Guerrero, León, The First Filipino. Manila: National Heroes Commission, 1963.

Guerrero, Milagros C., "The Provincial and Municipal Elites of Luzon During the Revolution, 1898-1902" Philippine Social History: Global Trade and Local Transformations. Alfred W. McCoy and Ed C.de Jesus eds. Quezon City: Ateneo de Manila University Press, 1982.

Guevarra, Dante G., Manggagawa: Sa Kasaysayan. Quezon City: Institute of Labor and Industrial Relations ng Politeknikong Unibersidad ng Pilipinas, 1988.

Hall, D. G. E., History of Southeast Asia. Forward. 1955.

Ileto, Reynaldo C., "Tagalog Poetry and the Image of the Past during the War against during the War against Spain" In Perceptions of the Past in Southeast Asia. Anthony Reid and David Marr eds., Singapore: Heinemann, 1979.

Ileto, Reynaldo C., "The 'Unfinished Revolution' in Political Discourse" In Filipinos and their Revolution: Event, Discourse, and Historiography. Quezon: Ateneo de Manila University, 1998.

Ileto, Reynaldo C., "Bernardo Carpio: Awit and Revolution" In Filipinos and their Revolution: Event, Discourse, and Historiography. Quezon: Ateneo de Manila University, 1998.

Ileto, Reynaldo C., Filipinos and their Revolution: Event, Discourse, and Historiography. Quezon City: Ateneo de Manila University Press, 1998.

Ileto, Reynaldo C., Pasyon and Revolution: Popular Movements in the Philippines, 1840-1910. Quezon City: Ateneo de Manila University Press, 1979.

Jong, J. J. P. de, Diplomatie of Strijd: Een Analyse van het Nederlands Beleid Tegenover de Indonesische Revolutie, 1945-1947. Amsterdam: Boom Meppel, 1988.

Lembaga Ilmu Pengetahuan Indonesia, Denyut Nadi Revolusi Indonesia. Jakarta: Penerbit PT Gramedia, 1997.

Library of Congress, The World of 1898: The Spanish-American War. Library of Congress, 1998.

Llanes, Ferdinand C. ed. , Pagbabalik sa bayan : mga lektura sa kasaysayan ng historiyograpiya at pagkabansang Pilipino. Manila: Rex Book Store, 1993.

Mabini, Apolinario, Teodoro Manguiat Kalaw and Alfredo S. Veloso, Memiors of the Philppine Revolution. Manila: Asvel Pub. Co. 1964.

May, Glenn Anthony, "Ricarte's Bonifacio" Inventing a Hero: The Posthumous Re-Creation of Andres Bonifacio. University of

Wisconsin, 1996.

May, Glenn Anthony, "The Mysterious Letters of Andres Bonifacio" In Inventing a Hero: The Posthumous Re-Creation of Andres Bonifacio. University of Wisconsin, 1996.

May, Glenn Anthony, "Andres Bonifacio: Inventing a Hero", paper presented in the Annal Meeting of the Association for Asian Studies, AAS, Washington, D. C. April 7, 1995.

May, Glenn Anthony, Inventing a Hero: The Posthumous Re-Creation of Andres Bonifacio. University of Wisconsin, 1996.

National Centennial Commission, Ang mga Pilipino sa Ating Kasaysayan. Manila: National Centennial Commission and the Asian Institute of Journalism and Communication, 1998.

Ochosa, Orlino A., Pio Del Pilar and Other Heroes. Quezon: New Day, 1997.

Paredes, Ruby R., "The Revolutionary as Historian" Introduction for Santiago V. Alvarez The Katipunan and the Revolution. Quezon City: Ateneo de Manila University Press, 1992.

Perez, Demetrio Ramos and Emiliode Diego, Cuba, Puerto Rico y Filipinas en la Perspectiva del 98. Madrid: Complutense, 1997.

Perez, Jesse David, Fear of A Standing Army: Ideology and Civil-Military Relations During The Philippine Insurrection, 1898-1902, Arlington: The University of Texas, 1996.

Philippine Historical Committee, Pio del Pilar Historical Marker, Makati: Philippine Historical Committee, 1976.

Quesada, Gonzalo de, Cuba's Great Struggle for Freedom, author, 1898.

Quirino, Carlos, The Young Aguinaldo. Manila: Regal Printing Co., 1969.

Reid, Anthony and David Marr eds., Perceptions of the Past in Southeast Asia. Singapore : Heinemann Educational Books (Asia) for the Asian Studies Association of Australia, Southeast Asia publications series ; no.4. 1979.

Reid, Anthony, Indonesian National Revolution. Hawthorn: Longman, 1974.

Renan, Ernest "What is a Nation ？" Nation and Narration. Homi Bhabha ed. London: Routledge, 1990.

Rizal, Jose, Noli Me Tangere, Manila: Jose Rizal National Centennial Commission, 1957.

Rizal, Jose, Noli Me Tangere, Tagalog, trans. By Antolina T. Antonio at Patricia Melendrez-Cruz, Manila : Komite ng Kultura at Kabatiran ng ASEAN, 1991.

Rizal, Jose, Noli Me Tangere, The Lost Eden, trans. By L. Ma. Guerrero, Berlin, 1887.

Rizal, Jose, Noli Me Tangere, trans. By Jovita Ventura Castro, Quezon, 1989.

Rizal, Jose, Noli Me Tangere, trans. By Soledad Lacson, Honolulu: University of Hawaii Press, 1997.

Saulo, Alfredo B., The Truth about Aguinaldo and Other Heros.

Quezon: Phoenix Publishing House, 1987.

Smail, John R. W., "On the Possibility of an Autonomous History of Modern Southeast Asia", Journal of Southeast Asian History, 2(2): 72-102. 1961.

Smail, John R.W., Autonomous Histories, Particular Truths : Essays in Honor of John R.W. Smail. University of Wisconsin, Center for Southeast Asian Studies. 1993.

Smith, Anthony D. ed., Nationalist Movements. London: The MacMillan Press, 1976.

Smith, Anthony D. The Ethnic Revival. London, 1981.

Smith, Anthony D. Theories of Nationalism. London: Gerald Duckworth, 1971.

Smith, Anthony D., National Identity. London: Penguin Books, 1991.

Smith, Anthony D., Nationalism in the Twentieth Century. Canberra: Australian National University, 1979.

Smith, Anthony D., State and Nation in the Third World: The Western State and African Nationalism. Sussex: Wheatsheaf Books, 1983.

Smith, Anthony D., The Ethnic Origins of Nations. Oxford: Basil Blackwell, 1986.

Starner, Frances L., The Rising Sun and Tangled Roots: A Philippine Profile. Hong Kong: Christian Conference of Asia: International Affairs, 1986.

Steinberg, David Joel ed., In Search of Southeast Asia: a Modern

History. Honolulu: University of Hawaii Press. 1987.

Steinberg, David Joel, Philippine Collaboration in Would War II. Ann Arbor: University of Michigan Press, 1967.

Teodoro Agoncillo ed. The Writings and Trial of Andres Bonifacio. Manila: Manila Bonifacio Centennial Commission, 1963.

Traxel, David, 1898: The Birth of the American Century, New York: A. A. Knopf, 1998.

Turot, Henri, Aguinaldo et les Philippines. Paris, 1900.

Venzon, Anne Cipriano, The Spanish-American War: An Annotated Bibliography. New York: Garland Publishing Inc., 1990.

Villanueva, Alejo L., Bonifacio's Unfinished Revolution. Quezon: New Day Publishers, 1989.

Wirasoeminta, Sanusi, Rengasdengklok, Tentara Peta, dan Proklamasi 17 Augustus 1945. Yogyakarta: Yayasan Pustrka Nusatama, 1995.

Zaide, Gregorio F., , Kasaysayan Ng Republika Ng Pilipinas. Metro Manila : National Book Store, 1989.

Zaide, Sonia Magbanua and Modesta Grey Lugos, The Philippine National Flag and Anthem. Manila: All Nations Publishing Co. Inc, 1998.

Zayde, Gregorio, José Rizal: Life, Works, and Writings of a Genius, Writer, Scientist, and National Hero. Manila: National Book Store, 1957.

リカルド・Т・ホセ，〈日本のフィリピン占領〉。《フィリピン》。
　　東京：河出書房，1994。

寺見元惠，〈日本軍と共に戦ったフィリピン人〉。《フィリピン》。
　　東京：河出書房，1994。

早稻田大學社會科學研究所，《インドネシアにおける日本書政の
　　研究》。紀伊國屋書店，1959。

後藤乾一，《昭和期日本とインドネシア》。勁草書局，1987 年。

第五章

從政治結構與國家歷史
看泰國皇室繼承

  2016 年十月泰國九世國王蒲美蓬（Phumiphon）過世，泰國十世國王瓦集拉隆功（Vachiralongkon）在 2016 年 12 月 1 日正式即位。並於 2019 年 5 月 4 日於曼谷大皇宮舉行加冕儀式，正式完成了泰國皇室由九世到十世的過程。在這個過程中的諸多討論，使得泰國皇室繼承問題成為眾所矚目的焦點，一度被認為泰國皇室出現繼承危機。泰國皇室在泰國這一個現代國家的體制中一直是扮演微妙的角色，使得泰國的國家結構出現與其他國家炯然不同的特色，對於理解泰國的國家政治體制是個核心的角色。本章論文討論泰國皇室由九世皇到十世皇的繼承問題為核心，討論在繼承危機出現的同時，與泰國各部門的關係，以理解泰國做為一個現代國家，其運作方式及其特性。

  泰國皇室的繼承問題，早在 1970 年代已經被當成一個懸而未決的問題，這個在泰國長期存在而沒法公開討論的問題，與泰國的政經結構的不同基本部門都有關連性。過去因為有藐視皇室的罪罰，在泰國皇室繼承問題也是個不敢公開討論的話題，現在因為泰王蒲美蓬的過世，繼承問題正式浮上枱面，成為無可閃避的問題，是公眾議論的焦點。在眾目揆揆之下，泰國的皇室繼承問題原來被認為是出現危機，可能引發宮廷鬥爭或是政治集體鬥爭，最後終於順利解決，拉瑪十世順利登基，並沒有發生預期的危機。本研究將討論這個泰國皇室繼承危機從出現到落幕的過程，以歷史與法律的層面，整理拉瑪王朝過去的傳統，做綜合性的討論，以理解呈現皇室繼承危機與泰國政局有關的不同層面。

長期存在的皇室繼承危機

本章論文討論九世皇繼承危機，從一般的理解，這個皇室繼承問題，由九世皇的過世而引發，隨著十世皇的即位，順利的落幕了。整個過程經過，2016 年 10 月 13 日，國王拉瑪九世蒲美蓬·阿杜德過世，[129]十世皇瓦集拉隆功表示希望延遲即位，以緬懷先王。2016 年 11 月 29 日，泰國國會召開特別會議，主席蓬貝（Pornpech Wichitcholchai）宣佈國會正式確認瓦集拉隆功王儲接受邀請繼位，自德國回國後成為泰王拉瑪十世。2016 年 12 月 1 日，於曼谷律實宮正式接受國會的邀請，並進行繼位儀式，於先

---

[129] 蒲美蓬·阿杜德(Phumiphon Adunyadet)，生於 1927 年 12 月 5 日，卒於 2016 年 10 月 13 日。是泰國卻克里(Chakkri)王朝第九代國王，稱拉瑪九世(Rama IX)。

任國王拉瑪九世及王太后詩麗吉（Sirikit）的畫像前行拜謁禮，正式繼位為拉瑪十世，這是一般所討論的九世皇繼承危機。

本章論文所討論的九世皇繼承危機，則是從長時期的角度，說明這個問題如何在泰國政治局面中發生作用。在泰皇蒲美蓬過世發生後，繼承危機問題立刻浮上枱面，這個繼承危機問題約在半年內解決，泰國民眾對蒲美蓬極為敬重，許多人甚至將之視同神靈。其繼承人瓦集拉隆功遠不及其父受歡迎，由此大眾對於王權的聲望及影響力在其過世後的發展前景具普遍擔憂，是繼承危機問題搬上枱面。[130]大眾以為繼承危機問題是指因為泰皇蒲美蓬過世才會發生，但是如果要理解這個繼承危機問題必須源溯之前所發生的事情。我們將繼承危機問題從開頭的時候算起，並且加以各個時期以利討論。本論文以九世皇繼承問題的討論視為皇室繼承危機，而這個危機是具體存在而甚至是進一步影響政局，雖然這個危機隨著十世皇的繼位可以說是已經解除了，但是和任何政治上的具體事件一樣，只要發生過，就會留下痕跡，也是未來理解泰國政治發展的重要議題。

九世皇繼承的危機可以說是自從 1970 年代，早在九世皇蒲美蓬立太子的時候就出現，當時就指定了兩位繼承人。我們可以將九世皇繼承危機分成三個不同時期，第一個時期是從 1970 年代到

---

130 Prajak Kongkirati, "Thailand's Political Future Remains Uncertain", *Perspective*, 42: 2016.

2000 年，第二個時期是 2000 年到 2006 年，主要是泰國政壇上塔克辛崛起。第三個時期是 2006 年後到 2016 年，2006 年開始蒲美蓬健康狀況逐漸惡化，而塔克辛（Thaksin Shinawatra）在此時被軍事政變而流亡海外，標誌了一個不同的時代。九世皇自此長期居於詩里拉吉醫院。第四個時期是自 2016 年泰王蒲美蓬過世，到十世皇繼位為止。九世皇繼承危機到此落幕，泰國政局進入一個新的里程碑。

泰國拉瑪九世國王蒲美蓬•阿杜德於 2016 年 10 月 13 日逝世辭世，享壽 88 歲。他所遺留的皇室繼承問題有其特殊性。其皇室繼承問題在他過世後，成為大眾媒體的報導焦點，以致於在國際社會，一般人對於泰國皇室問題的基本矛盾也有所理解。然而在泰國本地，因為泰國有渺視皇室的罪名，所以在泰國本地多半不敢直接討論。目前海外媒體對於泰國局勢的觀察焦點在於王子是否可能順利接班，或者是說王子派與公主派何者比較在未來的局面中成為優勢，我們也以這個問題做為起點來討論。

泰國皇室在當今世界上有皇室的國家中，是最受矚目的國家之一。泰國皇室的消息每每成為國際新聞的焦點。其中泰國皇室的繼承問題又是核心問題，因為泰王蒲美蓬已經創造記錄，成為全球在位時間最長的君主。在他辭世之前，因為健康問題而成為新聞已經有數年之久，因此人們自然而然會去討論繼承問題，然而由於泰皇蒲美蓬在位時間太長，泰國距離上一次有王室繼承問題的時間太久了，泰國多數人缺乏上一次的經驗。[131]因此泰國的政治在一段很長的時間中，總是存在著皇室繼承危機的問題，而成為其中的一個重要因素。

關於泰國的政爭，向來有兩個截然不同的觀點，一個是泰國皇室是泰國政治中最後的安定力量，由於泰國皇室可以在兩派相爭中扮演最後的仲裁者的角色，是泰國政治的穩定力量。[132]另外一派則為相反的看法，認為泰國皇室的存在繼承危機，這個危機反而成為動盪的來源，認為近年來泰國的政爭，皇室繼承危機才是風暴的焦點，是造成泰國政局不穩定的主要原因。

問題的焦點是，泰王蒲美蓬年事高，健康狀況亮起紅燈，已經是一個公認的問題，這個問題的狀態持續很久的時間，自然會引起各方揣測，使王位繼承問題成為各界焦點。從法律的觀點來說，皇室繼承有很清楚的規範，太子瑪哈．瓦集拉隆功（Maha Vajiralongkorn）就是王位的當然繼承人，他在 1970 年代已經被封為王儲，這是清楚明白的一件事。但就實際的層面而言，太子本人的公眾形象很差，因為私生活不檢點，泰國民眾普遍不喜愛這位太子。甚至據傳連泰王自己，也不十分屬意太子繼任，但是皇后卻希望由太子繼承王位。不論實際上是否如外界揣測，這個情況已經存在很久，這是造成今日繼承問題的主要原因。

---

[131] 李旭光，〈泰國王室面臨繼承危機〉。《平頂山晚報》，2014 年 12 月 16 日。
[132] 韋樹仁，〈泰國民主轉型的關鍵岔路〉。《天下雜誌》，444 期，2011。

　　泰皇九世蒲美蓬的二女詩琳通公主（Sirindhorn）做為皇室繼承的另外一個選項，這也是存在已經很久的事實。詩琳通公主的個性與作風與泰皇蒲美蓬比較接近，在泰國各界及國際間的德望遠遠超過太子，泰王看來比較屬意詩琳通公主繼位登基，但是從來不曾公開表示過意見。早在詩琳通公主年輕的時候，大約二十多歲時，也被封為王儲，目前泰國僅有這兩位王儲。這兩位王儲是兄妹，而且兄妹的狀態存在高度的反差，這是在泰國長期存在的狀態，何以長期存在沒有解決，問題留存到現在呢？

　　這個皇室繼承問題就以一種十分獨特的姿態存在泰國，首先一般的皇室很少遇到公眾形象差別這麼大的情況，因此泰國皇室的繼承問題情況特殊，這個特殊性因為泰國法令限制又在泰國成為禁區，一方面皇室在泰國被奉若神明，另一方面泰國有藐視皇室罪刑，任何有關王位繼承的話題，在泰國討論都是忌諱，不可能公開談論，造成泰國社會很大的不安，說不出口的不安。這些問題所遺留延伸的問題包括女性可否擔任泰皇？已經指定皇位繼承人是否可以更改？更改是否須要經過何種程序？這些問題都是存在已經很久的問題，但是九世皇的繼承危機引發國際媒體界及學術界的討論，這些討論在蒲美蓬九世皇在位的後期一一浮現。以下的討論我們由蒲美蓬的生平談起，討論這些問題何以會發生，並且討論這些問題的最近發展。

泰國皇室的繼承傳統

當泰國出現繼承危機時，自然會引發各界重新回顧泰國皇室的傳統，在此這裡整理相關的討論。泰皇蒲美蓬 1927 年 12 月 5 日生於美國，出生地點是麻州。至於他為什麼會出生在美國，以及在國外出生的繼承人是否對其繼承的權利有所影響，都是值得進一步討論的問題。泰皇蒲美蓬是泰國宋卡親王與其妻詩納卡琳所生的第二個兒子。泰皇蒲美蓬 19 歲登基為王，22 歲和泰國駐法大使之女詩麗吉結為夫妻。[133]

泰國皇室是否有女皇的傳統，重新檢查泰國的歷史，在泰國的却克里王朝的歷史，是不曾有過女性皇帝的歷史。然而泰國傳統皇室的觀念不應只是在却克里王朝中考慮，以現在泰國人普遍接受的泰國傳統，應該將過往不同王朝的傳統一併考慮。[134]如果將泰國歷史上的不同王朝一併考慮進來，泰國確實是有女性領導人的例子。不過在這個例子中，這是因為皇后在泰皇有難之時挺身而出，並非因為繼承而取得皇位。因此泰國歷史上缺乏女性繼承皇位的例子，這是不爭的事實，也是各方公認這是目前公主派所遇到的困難。泰國皇室繼承法的規定，女性繼承人是法律允許

---

[133] Paul M. Handley, *The King Never Smiles: A Biography of Thailand's Bhumibol Adulyadej*. Yale University Press. 2006, pp. 103–104.

[134] Chamnan Rodhetbhai, "Role of Monarchy in Thai Political and Social development with Special Reference to King Bhumibol Adulyadej." Ph. D. Thesis, Jawaharlal Nehru University, 1991.

的，但是只有在男性繼承人出缺的情況下才能出現，這是目前的
難關，任何希望公主詩琳通出線的想法，必須設法找到方法。

　　泰國歷史上雖然沒有出現女皇，不過倒是出現過女王佛，五
佛之中就有女王佛。女性擔任領導人，並非有文化上的困難。一
般世界上的最主要的是政治上的文化傳統，通常有民族主義及意
識型態的成分，如果政局的發展有利於另外一方，要發展出別的
傳統也是有可能的。[135]也是有出現女攝政王的例子，是在泰皇過
世以後，皇后以王太后身份攝政。但是援引這樣的傳統對於現在
的皇室問題毫無幫助，因為蒲美蓬的皇后本身也是皇室問題的主
因之一，造成目前的僵局就是因為皇后支持王子，而泰皇支持公
主，而泰皇與皇后到後來感情不睦，很多事情相持不下，錯失處
理問題的良好時機。

　　如果單就泰國是否可以接受女性皇帝的問題，泰國人多半承
認泰國皇室缺乏女皇帝的經驗，或多或少構成一定的問題，但是
缺乏傳統未必會構成真正的問題，因為歷史上其他的國家都出現
過女皇，而向來與泰國皇室交好的國家之中，就不乏有女皇的案
例。例如泰國與英國的皇室關係極為良好，英國就是有女王的傳
統，泰國皇室一直跟英國女皇關係良好，與泰國的往來很多，看

---

[135] 關於文化傳統與意識型態關係的討論，參考 Tim Winter, "Heritage and
Nationalism: An Unbreachable Couple?", ICS Occasional Paper Series, 3(4):1-12, 2012.

在泰國人的心裡，對於女皇的議題並不陌生。一般估計，如果有一個好的轉換王儲順位的方式，泰國民眾應該沒有接受的困難。

泰國皇室發生繼承危機問題已經存在很久了。最主要的問題是具有王位繼承的兩個人在形象上的差異。泰國當時有兩位具有王儲的身份，一位是瓦集拉隆功王子，而另一位是公主詩琳通。這位王子在泰國民眾的聲望很低，這位王子年輕的時候行為乖張，常常做出一些很荒唐的事，讓一般民眾感覺瞠目結舌。

瓦集拉隆功王子一共娶了三任王妃，沒有一任不是以問題收場，造成公眾形象很差，並且一再發生在婚內出軌。泰國國王在1972年就指訂其獨子為王儲。但是這一位王子長期以來似乎對正經事的興趣不大，一直沒有認真地做過正式的工作。這種情況已經超過40幾年，現在瓦集拉隆功王子已經是60幾歲的人，要改變一個人的性格是很困難的事。但是瓦集拉隆功王子本身卻又對繼承王位感到高度的興趣，並沒有退卻的想法。

反觀二公主詩琳通，長期以來詩琳通公主熱心公眾活動，她所做的事十分符合一般人對於皇室的期待，因此得到民眾的愛戴。泰國憲法在1974年修訂以後，已經允許皇帝的女兒繼位，但是先決條件是在沒有男性繼位人選的時機，除了這些以外還有其他的規定。詩琳通公主在這個問題上的表態也十分得體，她認為王子是哥哥，如果哥哥能做就支持哥哥，但是也期勉王子能夠做好，因為泰皇是泰國人民的表率，必須要做好才能得到人民的支持。詩琳通處在受到人民愛戴的位置也有很久的時間，她長期關注慈善活動及藝文活動，詩琳通公主還精通中國語文及中國文化，在年幼時期就開始學習中國歷史跟中國文學，能夠說一口流利的中文。

這種兩難的困擾似乎才是最大的問題，設想如果泰國只有一位王儲，也許此時在泰國別無懸念，就準備接受唯一的選擇。現在這個兩難選擇長期存在，使得泰國的皇室繼承問題成為困難的選擇。這種情況令人感到困惑，難道這麼長的時間中，泰國皇室沒有辦法有更好的安排？只能放任情況一真陷在兩難之中嗎？這樣的問題不禁令人重新回顧泰國君主立憲的傳統。

泰國的君主立憲顯然和其他國家的君主立憲有相當大的差別。泰國的君主立憲要依賴泰國皇帝個人的條件有更多，不是明確的制度性保障，泰國君主立憲是相當模糊的政策，泰皇在運用其影響力的時候沒有受到任何的限制。[136]泰國皇帝就是對於君主權力的行使是相當的謹慎，然而繼任者會不會有同樣的精神，大家都不放心。要有要有更明確的君主立憲體制才能確保君主制的存續。這方面的討論，會在當出現一個不服眾望的君王，無可避免地被提出。

---

[136] Andrew Harding and Peter Leyland, "The Constitutional System of Thailand: A Contextual Analysis; Historical Analysis and Contemporary Issues in Thai Constitutionalism", Soas School of Legal Studies, Research Paper Series, Research Paper No. 07, 2011.

　　與其他君主有象徵意義的君主立憲國家比起來，泰國皇室現在擁有更大的權力和影響力。泰國蒲美蓬皇帝在位 70 年，成為多數泰國人認識的唯一一位泰王。但是如果我們追索泰國君主立憲的傳統，那麼可以說，泰國君主立憲是個未完成的革命。泰國的立憲革命發生在 1932 年拉瑪七世的時候，因此可以說泰國的君主繼承，上一次是正常的接班是在 1925 年拉瑪七世就任泰皇的時候，接下來拉瑪八世是幼年即位，甚至包括拉瑪九世繼位的時候，在那段紛亂的時間中，年輕的泰皇只是接受安排的國家象徵，並不清楚君主立憲中泰皇與政權的關係為何。[137]現在形成的泰國在泰皇與政權政權的關係，主要都是在泰皇蒲美蓬任內發生的事。

　　之前我們說，有兩個角度分析泰皇在泰國政權交替中的角色，一個是將泰國皇室視為泰國政治困擾最後的調停者，另一個是將泰國皇室視為權力紛亂的根源，泰國的政權不穩定，與泰國君主立憲並未真正建立一個穩定的政權，因此皇室的存在成為問題的一部分，甚至是問題的核心部分。泰國皇帝蒲美蓬在位期間歷經 19 次的政變，他經常被認為他是在關鍵的時刻出面更正幫助泰國民眾度過艱難。1973 年和 1992 年間，泰國政府利用軍隊對付反對獨裁政權的抗議人士，而蒲美蓬則兩度干預政府的行動，他也因此自此成為終結泰國政治動亂的調停者。但是從另外一個角

---

[137] Pavin Chachavalpongpun, "The Challenge to a Dhammaraja: The Twentieth Thai Coup and the Royal Succession." paper presented in CERI-Sciences Po, 6th March 2015.

度而言，泰國皇室成為問題的根源，很多人只用來解釋塔克辛堀起後的政治局勢，其實其基本問題的根源，早在 1970 年代就存在了。只是長壽的泰皇九世蒲美蓬將問題帶到二十世紀的今天。如果皇室繼承問題無法有效解決，連帶地那個從立憲革命開始帶來的問題就會浮現出來。

皇室與軍方的關係

皇室繼承問題在現在的泰國政權狀態，又存在另一個特殊的變數，因為現在泰國的政權是軍政府時期，現在的總理巴育，是原來的陸軍總司令。因此處理泰國皇室繼承問題必須考慮泰國皇室與軍方的關係。

泰國皇家與軍方，其實存在一個十分獨特的關係。泰國的立憲革命時期，挑戰泰國皇室的地位也是來自軍方，而在第二次世界大戰前後，控制政治權力的強人也是來自軍方，而例來發動政變的力量，也是由軍方發動。然而泰國的軍方又有將捍衛皇室當成是軍方的職責，即泰國的政變都是以護衛皇室為其正當性的理由。[138]因此泰國皇室與軍方的關係互相關連而處於動態，皇室繼承問題也要放在泰國皇室與軍方的關係來討論。

---

[138] Paul Chambers, "Civil-Military Relations in Thailand since the 2014 Coup", PRIF Report 138:1-45, 2015.

　　泰國九世皇在位期間，泰國從戰後一個倖存於戰爭的小國，泰國成為東南亞最富有的大國之一。其中泰國國王扮演極重要的角色，也是矛盾的來源。[139]泰王絕對都不會只是個中性的做仲裁者。泰國表現上平靜又有秩序，但表面之下極度分裂；也因為如此，軍隊帶來的平靜其實十分脆弱。

　　塔克辛即期之後的勢力是過去十多年裡泰國最重最重要的政治勢力，雖然受到曼谷傳統是政治菁英對強力抵制，但 2001 年至今，他的政黨贏下了每一場能參與的選舉。軍方自視為國家團結的捍衛者，在泰國的軍方傳統，還都是捍衛皇室。泰國軍方歷經多次的政變，是多數的政變並非針對君王本身，在軍方統治之下。

　　到底在這一場泰國皇室王位繼承危機中，軍方扮演使用的角色為何？其實軍方也被目前的局勢分化，其中有擁護公主以及擁護王子的兩個不同派別。一般的評估是，現任總理巴育是比較支持王子。一般認為，他的判斷是如果王子繼承皇帝，王子無能昏庸的狀況，要依賴軍方執政的協助。在這個情況下王子繼承王位對他比較有利。現任軍人集團現已明確支持哇集拉隆功王子。但是以攝政王為首的軍方勢力，可能對於公主較為推崇，估計在一段時間兩派的的勢力就會攤牌。

---

[139] Andreas Sturm, "The King's Nation: A Study of the Emergence s and Development of Nation and Nationalism in Thailand". PhD dissertation of London School of Economics and Political Science, 2006.

軍人集團對媒體展開了強力的審查,連批評憲法草案都遭到禁止。軍方的重要目標之一,即為徹底消除塔克辛(Thaksin Shinawatra)的殘餘影響力。已經對盈拉(Yingluck Shinawatra)所以高額的罰金。有一段時期曾經傳出來,如果權力階級認定新任泰王可能會傷害他們的利益,例如與塔克辛派交好等,有可能轉而支持公主派。從這裡可以看出來,軍方在鞏固皇室權力所扮演的角色。

皇室與政黨的關係

我們在這裡要回顧泰國近年來的政治發展,來討論泰國皇室繼承問題與泰國政治的密切關係。一般的觀察是將塔克辛的崛起當成一個新時代的里程,在塔克辛(Thaksin Shinawatra)崛起之前的泰國政治,少有在全國性大選中單獨過半的政黨,大部分的情況下要由聯合政府來執政,也就是政黨必須互相合作才能執政,因此當時的政壇是缺乏政治的忠誠,即然從事政治活動要合縱連橫,跳槽不同政黨時有所聞,政黨屬性是可變動的,政黨之間彼此的對峙並不明顯。

塔克辛的崛起之後的情況大為改變,塔克辛是典型的政客,擅長利用資源進行政治操作。他看出了一般人心中的不滿,利用簡單明瞭的政策,吸引成民眾,例如免費醫療、增加稻農補助等,是他的政黨得到廣泛的支持，各種選舉中獲得勝利，塔克辛的政黨通常可以單獨過半。塔克辛本人成為得票過半的實權，他的政黨在 2002 年之後的大小選舉都是贏家，首相也成為泰國第一位做滿任期的民選首相。這是一個強而有力的政治領袖，而因此形成了新的格局。塔克辛擔任首相之時擅長利用政策討好基層民意，所以得到基層選票的支持。塔克辛的政黨因此成為強大的政黨，從而改變了泰國政治的生態。塔克辛挑起曼谷權力階級與貧窮泰國人之間的對抗。

皇室對這樣的勢力是感到不安，環繞在王室身邊的企業和政治階級集結在一起，等於他信的勢力亦展開反擊。終於造成紅衫軍跟黃衫軍的對峙。在這個對峙中，那是並非是站在完全中立的立場，可能是暗中對黃衫軍有暗中幫助。黃衫軍主要以曼谷地區的傳統政治精英為主，民主黨及其他主流社會的政治勢力的結合，然而目前由前總理艾比希（Abhisit Vejjajiva）所領導的民主黨軟弱無力，無法在大選中取勝。

自從 2006 年前總理塔克辛（Thaksin Shinawatra）政權被軍事政變推翻後，泰國政 局就一直不得安寧，黃衫軍（反塔克辛／菁英階層）與紅衫軍（支持塔克辛／中下階層）輪流佔據曼谷街頭。這兩股勢力的背後，牽涉到王室、軍方、政府保皇派、塔克辛支持者等各個政治勢力的角力。最後的結局，加上王位的繼承，將決定泰國是否可以改變由少數菁英把持的政經結構，實現真正的民主，還是繼續走原來的老路。[140]

為什麼皇室對於塔克辛的勢力有所忌憚？塔克辛對於皇室而言，才是真正最大的危險。塔克辛設法與王子交好，但是皇室認為此舉非是想要輔佐王子，而是提供資助讓王子吃喝玩樂，使得的皇室對於塔克辛的野心十分具有危機感。

當皇室的繼承危機可以預想而知的情況下，塔克辛的崛起，將成為皇室很大的隱憂。如果塔克辛與王子結合，未來命運可能是對皇室相當不利的。王儲瓦集拉隆功不受民眾的喜愛，傳言他與塔克辛關係不錯，這種情況讓皇室以及曼谷菁英階級感到十分的不安，擔心他繼任後會選擇與塔克辛站在一起。這是黃衫軍無論如何要將塔克辛的勢力鬥倒的主要原因，也就是說，紛紛擾擾十多年的泰國政治對峙，與皇室繼承問題有關。[141]有不少人主張，就是說泰國過去一段時間的對立與動盪，皇室繼承問題才是核心的關鍵問題。

但是因為有藐視皇室的罪名，皇室繼承的議題在泰國無法自由的討論。泰國政府的政商勾結相當嚴重，許多都是與泰國皇室有關，政府特許、公共工程和特殊政策，與王室有關的企業創造

---

[140] Paul Chambers, "Civil-Military Relations in Thailand since the 2014 Coup", PRIF Report 138:1-45, 2015.
[141] Prajak Kongkirati, "Thailand's Political Future Remains Uncertain", Perspective, 42: 2016.

了巨額財富。皇室本身也在這個過程裡面取得巨大的財富，會引人側目。泰國皇帝拉瑪九世，儘管在權力的使用非常小心謹慎，但是仍然保持對於王世地位崇高的象徵。同時還維持相當威權是的崇拜禮，是的皇室保持一種本人半人半神的定位。[142]

從君主立憲的角度而言，日本皇室在第二次世界大戰結束以後，發表人間宣言放棄，聲明皇室及後人放棄參與政治，只扮演政治花瓶的角色，因此延長了皇室的壽命。同樣的情況英國皇室也把其權利放下，讓皇室變成單純象徵性的儀式功能，反而保持英國皇室長期的穩定成長。泰國皇室是有實權的，泰國是否能學習到維持皇室的智慧，還很難說，以過往泰國皇室的情況，泰國皇室介入政爭，反而使得泰國皇室陷入未來不確定的情況。

皇室與民間社會

如果我們從民間社會的角度來看，泰國的皇室繼承問題是個兩極的問題。泰國民間社會對於泰國皇室有兩個極端的態度，一個是接受泰國皇室的地位，一個是不滿而挑戰泰國皇室的地位。前者而言，泰國民眾於泰國皇室十分尊崇，從民眾在目前國殤期間的表現，可以知道泰皇九世受到民眾的愛戴，許多民眾真心誠

---

[142] Winyu Ardrugsa, "Bangkok Muslaims: Social Otherness and Territorial Conceptions". paper presented at the 12th International Conference on Thai Studies. University of Sydney, 22-24 April 2014.

意表達對泰皇九世的尊崇與不捨。另外一種極端的態度，是對泰國的體制不滿，這一種表現在 1970 年代學生運動表現最為清楚，但是最後以血腥鎮壓收場。這一個伏流一直在泰國存在，直到最近都有行動表現出來。

不過，民眾的態度一方面是皇室的有利支柱，一方面也是形成現在僵局的主因。當民眾普遍接受一個半人半神的泰國皇帝，民意對於目前的安排，即使讓王子即位的安排感到特別的不安，這是為什麼現在王子選擇先不即位，由攝政王來代表國家領袖。特別是現在的情況對王子不利，在目前網路資訊發達的情況下，王子一舉一動都在曝光在媒體的光環之下，從時間上來說，要重新塑造形象的可能性很低。另一位王儲可能對於這種情況瞭然於胸，長期以來，對於其公眾形象的塑造十分謹慎。

從民間社會的角度，泰國民間有所謂的鄭王的詛咒，也使得泰國的王位繼承問題增添了許多神秘的色彩。[143]主要是跟泰國卻克里王朝的前世，即所謂吞武里王朝有關。吞武里王朝的皇帝是鄭昭，是因為被拉瑪一世背叛而滅亡，因此民間傳說鄭王過世前詛咒卻克里王朝，不會超過第九代。這就是著名的鄭王詛咒。當泰國出現九世王繼承危機時，民間流行的鄭王詛咒又被翻出來。這是理解泰國社會對於王位繼承危機必須理解的重要因素之一。

---

[143] Karl Dahlfred, "Animism, Syncretism, and Christianity in Thailand", Syncretism, 10 May 2016.

結語

　　本文主要分析泰國九世皇皇室繼承危機問題。目前安排看起來很平常，一切還在正常運作的狀態中，原定要繼位的瓦集拉隆功王子在國殤期間至少是表現謹言慎行，原來打算一年後繼位，保留一段時間來考慮瓦集拉隆功王子是否適任泰皇的問題。瓦集拉隆功王子在三個月的時間內，克服這個問題，被接受成為泰國的十世王。然而，即使瓦集拉隆功順利登基成為泰皇，仍然可能存在危機，一個隨時可能出狀況的泰皇以一個隨時可以替代即位的王儲公主同時並存，還是會讓泰國皇室問題保持不穩定局面。

　　本文分析目前泰國皇室繼承問題，並且將這個問題放在泰國皇室的傳統來分析，認為泰國皇室繼承問題是個已經存在很久的問題，過去也許有較好安排的時機，但是最佳的時機過去之後，目前的僵局就存在，而且在結構上沒有太大的改變。從泰國皇室的傳統來看，泰國國王是否一定要具備某些特質，其實並沒有明確規定，但是由於兩位王儲在公眾形象的差別，使得問題始終處在兩難。現在雖然問題在十世王繼位後得到解決，但是這種局面仍然停留在人們心中。

　　本章論文認為泰國皇室繼承問題引發人們對於泰國君主立憲傳統發生質疑。而實際上泰國自君主立憲以來，如何成為一個穩定的君主立憲政權，其實並無共識。現在的運作傳統，其實是由長壽的泰皇九世蒲美蓬在實際的運作中發展出來的，泰國皇室繼承問題最終會對泰國君主立憲政體，產生衝擊。由於現階段泰國的政權是由軍政府掌握，因此泰國皇室繼承問題的發展，會與軍方的態度習習相關。以目前泰國軍方的動向來看，執政的軍政府，對於瓦集拉隆功王子繼位比較支持，但是位高權重的攝政王，則屬意詩琳通公主，到時候如果有戲劇性的變化，會與此有關。長期的軍方與泰國皇室的關係，軍方一直扮演捍衛皇室的角色，同時軍方權力強大時，挾著護衛皇室的理由，也會成為左右泰國的關鍵力量。

接下來回顧了泰國這些年的政爭與皇室的關係，認為最近的數十年的發展，泰國政壇的紛紛擾擾，其實是與泰國皇室繼承問題有關。其實如果泰國的政黨，以對待皇室的不同主張為訴求，會造成日後泰國政黨政治的危機，如果泰國政治要發展穩定的君主立憲，泰國政黨政治最好是能夠免除對皇室看法上的差異。最後從泰國民間社會的角度來看泰國皇室繼承問題，一方面來說，任何對於九世皇受到民眾愛戴的情況不理解的人，不應該隨便批評泰國人在國殤期間的表現，從泰國人的傳統來說，泰皇代表泰國，泰國人的泰國特性中，泰皇仍然扮演一定的地位。另一方面來說，泰國現在民智已開，泰國社會對於泰皇的態度，最終會是決定泰國皇室繼承的關鍵因素，泰國民間社會已經出現要求泰國政體調整改變的想法。未來泰國的局勢發展為何，泰國皇室在民間社會的地位，仍然是一個重要的因素。

參考文獻：

Ardrugsa, Winyu, "Bangkok Muslaims: Social Otherness and Territorial Conceptions". paper presented at the 12th International Conference on Thai Studies. University of Sydney, 22-24 April 2014.

Chachavalpongpun, Pavin, "The Challenge to a Dhammaraja: The Twentieth Thai Coup and the Royal Succession". paper presented in CERI-Sciences Po, 6th March 2015.

Chambers, Paul, "Civil-Military Relations in Thailand since the 2014 Coup", PRIF Report 138:1-45, 2015.

Dahlfred, Karl, "Animism, Syncretism, and Christianity in Thailand", Syncretism, 10 May 2016.

Harding, Andrew, and Peter Leyland, "The Constitutional System of Thailand: A Contextual Analysis; Historical Analysis and Contemporary Issues in Thai Constitutionalism", Soas School of Legal Studies, Research Paper Series, Research Paper No. 07, 2011.

Handley, Paul M., *The King Never Smiles: A Biography of Thailand's Bhumibol Adulyadej*. Yale University Press. 2006.

Kongkirati, Prajak, "Thailand's Political Future Remains Uncertain", Perspective, 42: 2016.

Prajak Kongkirati, "Thailand's Political Future Remains Uncertain", Perspective, 42: 2016.

Rodhetbhai, Chamnan, "Role of Monarchy in Thai Political and Social development with Special Reference to King Bhumibol Adulyadej." Ph. D. Thesis, Jawaharlal Nehru University, 1991.

Sturm, Andreas, "The King's Nation: A Study of the Emergence s and Development of Nation and Nationalism in Thailand". Ph. D. dissertation of London School of Economics and Political Science, 2006.

Winter, Tim, "Heritage and Nationalism: An Unbreachable Couple?", ICS Occasional Paper Series, 3(4):1-12, 2012.

李旭光,〈泰國王室面臨繼承危機〉。《平頂山晚報》,2014 年 12 月 16 日。

韋樹仁,〈泰國民主轉型的關鍵岔路〉。《天下雜誌》,444 期,2011 年。

第六章

從國家族群政策看
越南族群分類的特色與爭議

　　族群問題是國家治理的基本問題，特別是對於人口眾多而族群成分複雜的國家而言，要有一套特殊的族群政策才能因應相對的問題。東南亞國家多數是多族群的現代國家，但是各國在處理族群問題的基本原則卻有很大的差異，其基本方針甚至是南轅北轍，有些國家將所有人口的族群別加以明確標示，如越南及緬甸等，政府國家政策明定全國有多少族群。有些國家卻希望個人的族群別儘量模糊化，以利實施同化政策，如泰國，政府對於泰國境內到底有多少族群，始終是保持模糊的說法。甚至有些國家針對不同的族群適用不同的規定，如馬來西亞是馬來人適用伊斯蘭法庭而其他族群則適用一般法庭。其中越南的族群政策是有其特色，越南因應族群政策，建立了一套族群分類的知識體系，本文即是針對越南族群分類結構加以考察，綜合不同的說法加以分析討論。

越南族群問題與族群分類架構

　　對越南政府而言，族群問題是國家治理的核心問題之一，各種國家政策文書都會特別討論到族群議題。越南政府一方面對於其族群問題是小心翼翼，另一方面對其族群政策抱持相當自信的態度。小心翼翼是因為歷史上遺留下來的問題，越戰中各方利用山地少數族群從事戰爭，越戰結束後一部分族人因而到了美國及其他西方世界，使得越南的山地少數族群成為國際矚目的問題(語意不清楚)，因此越南政府對於少數族群分布山地區域，向來是採取比較嚴格管控，謹慎應對的態度。現在越南則採取開放政策，對於少數族群主要分布地區開放觀光事業的發展，以及在國家文化表徵中表現各種族群的文化，這些都顯示其對於族群政策自信的一面。本章論文擬就越南的族群研究的核心問題，有關族群分類的知識體系的建構，討論其主要內涵，以及外界的批評，並且根據本地發展的概念，以自己的語彙加以解說，以增進對當今越南族群情況的瞭解。[144]

　　2004 年一月，筆者訪問位在河內的人文社會科學院，主要是與民族所的學者接觸，民族所所長孔演(Khong Dien)博士致贈其新

---

[144] 本文原為發表在論文集，現更新改寫，補充新資料。參見楊聰榮，〈越南族群分類的反省————本土知識體系與現代性〉．《東南亞研究研討會論文集》，台北：淡江大學東南亞研究所，2004 年。

作，其中有最新版的越南官方版族群分類標準與人口統計，[145]赫
然發現了一個名為 "The Chinese Group" 的族類，而這個族類之
中，這個分類之下，則有 Hoa、Sán Diù 及 Ngái 三個族群。這是
筆者第一次注意到這個類屬，Hoa 是很容易明白，即為華族，是
越南對當地華人的通稱，那麼 Sán Diù 及 Ngái 是什麼呢？

　　筆者隨後訪問了數位越南的民族學者，在訪問中總不忘詢問
有關 Sán Diù 及 Ngái 的問題，得到大致的理解如下：Sán Diù 是分
布在越南東北的少數族群，他們自稱為 Sán Diù，他稱為 San Deo
Nhin，發音被認為可能是來自漢字的 "山傜人"，而被視為是傜
族，但是自覺與傜族不同，生活習慣上較接近傣族(Thái)，操廣東
土語，約三百年前由中國移居越南，主要在沿海省分的丘陵地。
而 Ngái 族則是分布在廣寧、海防、西貢外圍地區的河谷，其語言
似客家土語，由於自稱 Ngái，被稱為 Ngái 族。這兩個族群在早期
民族調查時就出現，當時人口較多，因為戰亂與社會變遷，現在
人口較少，因其語言為中國南方語言，故分類上視為 "The Chinese
Group"，越南文為 Cư Dân Hán。[146]

---

[145] Khong Dien, *Population and Ethno-Demography in Vietnam*. Hanoi: Silkworm
Books, 2002, pp. 171-174.

[146] Cư Dân Hán 的漢字對譯為「居民漢」，改為中文習慣為「漢居民」，關於 Cư
Dân Hán 的討論詳見 Đặng Nghiêm Vạn , Cộng Đồng Quốc Gia Dân Tộc Việt
Nam [State and Nation in Vietnam]. TPHCM: Đại Học Quốc Gia Nhà Xuất Bản,
2003, p.330.

筆者當時的反應是，由這一分類架構中顯示，越南的族群研究知識是富有本地色彩，相當有自己的看法，是根據越南內部的具體情況而發展形成，並且以越南語的思維，加以重新整理。如果越南的民族學者，沒有經過實地調查，即進行分類，不會得到這樣的結論。筆者後來查證越南的民族調查資料，發現在越南未統一以前，在 1959 年在北越所做的調查中，已經有 Sán Diù 及 Ngái 的資料，Sán Diù 在當時又被稱作 Trại(漢字對譯為「寨」)，因為被認為是華族的一支，也稱為 Trại Hoa(漢字對譯為「寨華」)，是北越當時人口第九大的族群，而 Ngái 在當時稱作客家(Hắc Cá)，又稱 Ngái，當時有 80,538 人。[147]不過這個數據與後來的正式統計資料公布，有相當大的差距，表示從原始的調查到後來的確認，族群的界定有產生變化。另外一種可能性是因為戰亂關係，這些少數族群的居住地受到較大的破壞或是滋擾。總之，這個原始的調查和後來正式統計資料人數相差很多，是個未解之謎。

我們可以根據 Sán Diù 及 Ngái 後來的人口統計數字來看其變化。以 Ngái 的情況來說，前面說到在 1959 年人口數統計有 80,538 人，應該是包含不同族群而使用客家語言的群體，等到正式成為國家族群分類標準上的成員時，Ngái 只有 1000 多人，其人口數分別為 1318 人(1979)、1154 人(1989) 、4881 人(1999) 、1035 人

---

[147] 這是越南第一次有系統的民族調查工作的成果，但地區只限於越南北部，由北越控制的地區，詳見 Institute of Anthropology, *Ethnic Minorities in Vietnam.* Hanoi: Culture Publishing House, 1959, pp. 241-248.

(2009) 、1649 人(2019)。人口數出現將近 5000 人的情況,估計就是因為族群界定的標準忽然改變所致,但是後來又修正回來,修正之後的人口數,始終保持 1000 多人。Sán Diù 的人口變化也很大,其人口數分別是 65,808 人(1979)、84,630 人(1989)、126,237 人(1999)、146,821 人(2009)、183,004 人(2019),從 1979 年 Sán Diù 只有 6 萬多人,到了 2019 年成為 18 萬多人。我們從這些資料可以看出,越南當局對這兩個少數群體的理解,已經有相當時日,即使族群的正式名稱改變,然而對其族群屬性的基本理解則沒有改變。人口統計數字的起伏變化,須要有更進一步的資訊才能理解,但是也顯示,越南政府對於這些少數群體的狀態是有所掌握,並且能夠定期更新理解的情況。

中國學者顯然是反對這種分類方式,曾經多次赴越南及中越邊境地區進行學術交流和田野調查的周建新博士,任職廣西民族學院民族學人類學研究所所長,並不同意越南的族群分類方式,認為越南的 Sán Diù 即為傜族的一支,名為山傜,應該劃在傜族的範圍內,而非在華族的範圍內。[148]除了這個例子之外,中國與越南對相同族群的分類在岐見的例子不在少數,顯示越南的族群分類知識,即使採用大量的漢字詞彙,仍然是保留很多自己的判斷,可以說越南的族群分類知識是有豐富的本地特色。

---

[148] 周建新,《中越中老跨國民族及其族群關係研究》。北京:民族出版社,2002年,頁 92-96。

同一個時間，筆者閱讀亞洲研究期刊，讀到美國亞洲研究學會的會長 Professor Charles Keyes，特別針對越南的族群分類問題提出討論，Charles Keyes 顯然認為，越南的族群分類工作是深受中國的影響，而中國和越南都是受到蘇聯時代的民族學者的影響，族群分類工作是為國家整合服務的。[149]Charles Keyes 口頭發表這篇文章的場合，是在美國亞洲研究學會的年會，以會長的身份做專題演講的方式提出，Journal of Asian Studies 刊出這篇文章，也在標題上特別註明是會長的專題論文，可見這一議題受到重視的程度。

由上述的討論可知，關於越南的族群分類問題，的確存在相當不同的理解。本文討論越南的族群分類的知識，以族群分類知識的具體內容為討論核心，呈現這個族群分類知識的主要特色，並加以消化整理，以深入理解越南對於其國族的自我認識，就族群分類架構及其涉及的知識與權力問題加以討論。隨後檢討以 Charles Keyes 為代表，西方學者對於越南族群分類知識的看法，最後並提出筆者自己的心得。

在此說明本文的詞彙使用方式，在以下的行文中，筆者儘可能用「族群」一詞來指稱 ethnic groups，以及其他有關 ethnicity 方面的討論，筆者必須表明，這是中文的使用習慣，而非越南當地

---

[149] Keyes, Charles, "The Peoples of Asia—Science and Politics in the Classification of Ethnic Groups in Thailand, China, and Vietnam", Journal of Asian Studies, 2002, 61(4): 1163-1204, 2002, p. 1183.

人的詞彙使用習慣。因為越南文本的詞彙中，dân tộc (漢字對譯為「民族」)仍是使用範圍最廣和時間最長的詞彙，在特指越南的相關事務，也會採用「民族」一詞，以利熟悉中文使用習慣的讀者，可以用中文的習慣用法來理解，其他可以對應中文字彙的名詞，也會採取同樣的方式。但是漢字的使用習慣，並不能即認為等同於對應漢字對譯的越南文詞彙，因此在須要特別註明越南文的用法時，會以越南文詞彙為主，漢字的對譯採取夾註的方式。

越南族群分類知識的歷史沿革

當胡志明在第二次世界大戰之後，在越南北部起家進行獨立革命，即接觸到山區各少數族群的成員，胡志明詢問山區少數族群的相關資訊，發現熟悉地方事務的幹部，提供的資訊各不相同，例如當地的省長與黨委書記，答案就不相同，一個回答當地有十六個族群，另一個回答有十個族群，無法說明越南北部山區到底有多少族群？他們是誰？有多少人？住在何處？文化習俗如何？胡志明因此下令成立民族調查隊伍，準備開始進行民族調查研究。[150]

---

[150] Đặng Nghiêm Vạn, *Ethnological and Religious Problems in Vietnam. Prolemes Ethnologiques et Religieux du Viet Nam.* Honoi: Social Sciences Publishing House, 1998, pp. 10-11.

　　這段說法，在越南人文社會科學院的民族學研究所，經常用來說明當代越南民族調查工作的起因與開端。

　　然而真正開始展開調查工作是在 1958 年以後，受限於當時的管轄範圍，只在越南北部進行調查，第一批參與調查的民族學家主要有 La Van Lo, Nguyen Huu Thau, Ngoc Anh, Mai Chi 等人，後來在 1959 年由社會科學院民族研究所出版了名為《越南的少數民族》一書，是越南首次的正式族群分類與族群統計工作。[151]這次公布的資料中，越南北部共有 63 個少數民族，加上主流族群 Kinh，共有 64 族。然而 1960 年北越所進行的人口普查，確定而公布的族群，共有 26 個，明顯係分類認知不一所造成的統計問題。

　　1960 年到 1973 年之間，雖然南越和北越仍處於軍事對峙的狀態，但是民族調查工作仍在越南北部展開，社會科學院民族研究所的研究人員進行廣泛的田野調查工作，收集了大量的有關資料，從而修正了過去分類不一致的問題。1974 年進行了人口普查，這次人口普查採用的族群分類，確定而公布的族群，共有 40 個，比起 1960 年所進行的人口普查，整整多了 14 個族群。

　　第一次完整的越南全國民族分類，是在 1979 年公布的，這是在 1978 年打敗南方政權後一年，這也是由越南社會科學院主導的調查工作，由其民族研究所組織研究人員，一共有 60 幾位學者分

---

[151] Institute of Anthropology, *Ethnic Minorities in Vietnam*. Hanoi: Culture Publishing House, 1959.

為五組分頭進行調查。這次的民族分類，確定而公布的族群，共有 54 個。

但這次的民族分類，越南學界並不滿意，因為在 1970 年代出版的著作，在使用的專有名詞詞彙即有很大的分歧，有同一族在不同著作中採用不同的名稱而被視為不同族群，也有用同一名稱去指稱不同的族群，同時對於概念的詞彙也很混亂，即使如此，這次的調查得到許多過去所不知道的少數族群資料，仍然是一次重要的學術成果，也使越南的民族分類首次有了正式的依據。

越南的族群分類工作，在 1979 年以後逐漸穩定下來，自 1979 年完成第一次全國性人口普查工作之後，越南大致能夠維持每十年一次的人口普查工作，因此在 1989 年、1999 年、2009 年及 2019 年，都各有一次人口普查資料，各族都有清楚確實的人口統計資料。因此我們可以說，現在越南政府採用的族群分類架構是穩定的，發展出來以後，就一直採用全越南五十四族的架構的架構，並沒有變動過。

由歷年的人口普查資料可以看出，越南的族群分類項目，在最近兩次的調查中，在分類項目的種類上幾乎沒有更動，但是在名稱上仍有更動，同時在人數的統計上有高低起伏，判斷應該是族群鑑識結果的不同導致結果，而非因為人口實際增長或減少所造成的高低起伏。換而言之，族群分類工作已經大體完成，只有族群鑑識工作仍在持續進行。

　　這裡所說的，越南的族群分類工作漸趨穩定，指的是有清楚族名界定的族群。我們不妨將越南的族群分類分為三個層次來討論，第一級的分類，是將幾個不同的族群歸在一類，第二級的分類是指有清楚族名界定的族群，而第三級的分類，則是在族群的內部，因為群體的不同而再進行分類。比較準確的說，越南的族群分類工作，是在第二級的分類工作已經漸趨穩定。但是將不同的族群分別放入不同的類屬，則仍有不同的看法，也就是第一級的分類仍有調整的空間，但是大項目也已經確定。而至於第三級的分類，只存在學者的研究報告之中，沒有正式的認定，看法也頗為分歧。

越南各主要族群

　　為了使對越南的族群分類有更清楚的認識，除了在附錄中以表格說明各族名稱，以及五次主要人口普查的資料，並且將各族群編號，以 1999 年人口普查人口數的多少，排名編號，由第一族群到第 54 族群，這個族群人口數編號的做法，越南的族群分類表，多半是以人口數編號，以此順序做說明。在這裡特別說明的地方是，族群名稱的編號，只是表示當年人口數字的排名，現在這個排名順序已經有所不同，1999 年是首次越南 54 個族群分類確定，到現在沒有任何更動。人口數排名前十名的族群，在此做個簡單地描述說明。在人口統計的前十大族群之外，各族群的人口都未超過 50 萬人。族群人口統計排名在第 15 名之後的族群，各族群的人口都在 20 萬人以下。顯示越南族群的人口數懸殊很大，其中有 20 個族群未超過 2 萬人，也做補充性的說明。

Kinh 是越南人口最多的族群，又稱為 Việt，漢字譯為「京族」，也稱為「越族」，是越南主要族群成分的構成，在人口 7500 萬的越南總人口中，京族獨佔 89%，其使用的語言為 Tiếng Việt，即現在成為國家語言的越南語，分布在越南各省，生活習俗方面很接近中國華南社會，以米食為主，祖先崇拜、佛教、儒教及道教是主要的宗教信仰。[152]

Tày 被列為越南第二大族群，也自稱 Thổ，Tày 在漢字有譯為岱族，也有譯為齊族，或譯為岱依族。分布於 Cao Bằn(高平)、Lào Cai(老街)、Hà giang(河江)、Tuyên Quang(宣光)、Yên Bái(安沛)、Lai Châu(萊州)、Bắc Thái(北太)等地，此外，諒山、北泮、太原、廣寧等省也有分布，以越南北部的高地及河谷地區最為集中。而 Thổ 則漢字譯為土，在中國史書及越南史書都記為「土人」，雖然

---

[152] 京族也是中國少數民族的一支，1949 年以後，一度被稱為「越族」，這應該是來自廣西當地族群的他稱，這些當地族群主要是當地的漢人、壯人及越僑，因其語言文化與越南主要族群相通而稱之。歷史上亦稱為「京人」或「安南」，1958 年正式定名為「京族」，這是根據該族群的自稱而來，京族人口約二萬，主要分布在廣西的特定區域，主要在廣西北部灣的「京族三島」──巫頭、滿尾、山心，也有一小部分京族人散居在北部灣陸地上。

Thổ 為自稱，越南民族學者認為「土人」可能包含歧視性的意味，在 1956 年改為 Tày，Tày 與中國西南的壯族有密切關係，根據越南社會科學院民族研究所的調查，Tày 是在南紹、大理等國被滅亡以後遷移到越南來的。

　　Thái 被列為越南第三大族群，也稱為 Táy，居住地集中在中部山區，主要分布在 Sơn La (山羅)、Lai Châu(萊州)、Nghệ An (義安)、Thanh Hoá(清化)、Lao Cai(老街)、Yên Bái(安沛)、Hoà Bình (和平)、Lâm Đồng (林同)等地。Thái 一詞應該是來自現代泰國的稱謂，而 Táy 則為中國傣族(Dai)的對音，都表明了 Thái 與泰國主流族群的密切關係，語言、文化和習俗與泰國和寮國的主流民族接近。

　　Mường 為越南第四大族群，也稱 Mọi，以北部和中部的山區為主，分布在 Hoà Bình (和平)、 Thanh Hoá(清化)、 Vĩnh Phú (永富)、 Yên Bái(安沛)、 Sơn La (山羅)、 Ninh Bình (寧平)等地，其中以 Hoà Bình 及 Thanh Hoá 最為集中。Mọi 一詞也用於泛稱少數山地族群，是包含貶意的稱呼，有蠻族或未開化民族之意。Mường 在語言上與越語相近，同屬於 Viet-Muong group，習俗也和 Kinh 相近，但是居住在山區，保有自己的祭典習俗，如雨祭及米祭等，擅長唱山歌，也有自己的族群樂器如弦、鼓及吹管等，此外如服飾等，都保留濃厚的民族色彩。

　　至於華人，在越南被視為一族群，名為 Hoa，漢字的對譯是「華族」。以華族的人口數來看，在開始人口普查時還有九十多萬人，每一次人口普查時人口數都減少，原是第五大族群，現在根據 2019 年的人口統計資料，人口數降到 75 萬人左右，在目前的越南族群中是排名第九名。華族人口數下降的意義，我們在後面會在討論。華人的分布也是集中在特定地區，與越南華人的遷移史有關，主要分布在 Kiên Giang (建江)、 Hải Phòng (海防)、 Vĩnh Long (永隆)、 Trà Vinh (茶榮)、 Quảng Ninh (廣寧)、 Đồng Nai (同奈)及 Tp. Hồ Chí Minh (胡志明市)等地，以越南北部及南部的平原為主。華人群體可再細分，以 Triều Châu（潮州），Quảng Đông（廣東），Phúc Kiến（福建），He（客家） Hải Nam（海南）為主。

　　其次的族群為 Khơ-me，我們譯作高棉族，這個族群就是柬埔寨的主要民族，這個族群名稱主要來自 Khmer，即英語對柬埔寨主要族群的稱呼 Khmer，而非傳統中文對該民族的稱呼 Cao Miên (高棉)。主要分布在 Vĩnh Long (永隆)、 Trà Vinh(茶榮)、 Kiên Giang(建江)、Tp. Hồ Chí Minh(胡志明市)、 An Giang (安江)等地，以越南南部平原為主，越南的 Khơ-me 與柬埔寨的主要族群在歷史上有較多的互動，因此語言與習俗都保持與柬埔寨的高棉族相似，特別的是，雖與京族及華族混居在越南南部平原，卻能保持自己的文化傳統。

再其次族群為 Nùng，漢字可譯為儂族，在語言分類上和第二大族群 Tày 十分接近，兩族有許多相似之處，例如共同的語言、文化及習俗等，而且常常居住在同一個村落中。居住地以北部及中部山區為主，主要分布在 Cao Bằng (高平)、 Lạng Sơn (諒山)、Bắc Thái (北太)、 Hà Giang (河江)、 Tuyên Quang (宣光)、 Hà Bắc (河北)、 Quảng Ninh (廣寧)、 tp Hồ Chí Minh (胡志明市)、 Lâm Đồng (林同)、 Đắc Lắc (大阽)以及 Lào Cai (老街)等地。在中國境內，Tày 和 Nùng 的語言文化特性都被視為壯族。

再來的族群為 H'mông，與中國境內的苗族系出同源，H'mông 為其自稱，在越南舊稱為 Mèo 或 Mẹo，即貓族之意，或者被稱為 Mán。這個名稱也是從英語稱呼 Hmong 而來，而非來自傳統的漢字，來自越南文中的漢越字，還保留以前漢字中由蠻族演變而來的意味，因此這些越南文中的舊稱被認為帶有歧視意味，現在由英語的名稱 Hmong 而來，已經去除了傳統名稱中可能包含的歧視性意義。據研究顯示，其由中國南遷的年代較晚，擅長狩獵及製造銀製珠寶、皮革、籃子及以傳統題材為圖案的刺繡，在服飾上保有較多的民族色彩，多信仰萬物有靈的原始宗教。分布以北部及中部的山區為多。這個族群人口增長較快，在 1979 年開始人口普查時，是排名第八的族群，現在已經成為第六大族群。

　　接下來討論 Dao，Dao 在 1979 年的人口普查為人數第九大族群，到了 2019 年人口普查為第八大族群。這個族群的名稱，漢字可以譯為傜族。我們必須注意，討論越南的族群分類問題，必須保留越南文的名稱，並且以越文名稱來討論為主，因為我們在此雖然可以用漢越詞對應的方式，找到在中文的對譯詞，但是在中國的族群分類中的傜族，與越南的 Dao 並不是相同的範圍。這個族群在越南舊稱 Mièn ，或者稱為 Mùn，都是在 Dao 的語言中指稱人的意思，因此得名。同時在越南，這個族群也被稱為 Mán，為蠻族之意，1979 年正式改稱為 Dao。Dao 是典型的跨境民族，在中國境內與越南境內都有分布，由其歷史分布的地區來看，歷史上應該是不同時期由中國向越南遷移而形成。遷移的時間很長，形成不同的分支，但是不同分支的 Dao，仍然保持自己的認同。Dao 是游耕民族，主要用砍伐及焚燒的方法來闢地耕種，擅長製造日常用的工具，及種類繁多的竹、籐製品，婦女則擅長刺繡。主要分布在越南北部及中部的山區。

　　再來是 Gia-rai，也就是西方文獻中的 Jarai ，中文譯作嘉萊，Gia-rai 在五次人口普查中人口數都是越南第十大族群，是中部高原的少數民族，主要分布在 Gia Lai (嘉萊), Kon Tum (昆嵩)及 Đắc Lắc(多樂)，屬於南島語中的馬來－玻里尼西亞語系(The Malayo-Polynesian Linguistic Family, ngữ hệ nam đảo)

的一支，也是越南的南島語言家族中，人數最多的一個
族群。大約在一世紀時由沿海地區遷移而來。

十大族群之外，其餘族群雖然人數較少，但各相關族群的具
體資訊，都是由越南學者經過實地考察、記錄、歸納而得。在此
無法盡述各族群的詳細情況，故僅順序列名，做為參考，關於各
族的基本人口統計表，請參考本文附錄。第 11 號到第 20 號族群，
依序分別是 E-đê、Ba-na、Sán Cháy、Chăm、Xơ-đăng、Sán Diù、
Hrê、Cơ-ho、Ra-glai 以及 Mnông，其中較值得注意的是，Chăm
即是占婆族，在 14 世紀曾一度主導越南中部地區的王國占城，現
在卻成為人數很少的族群。

第 21 號到第 30 號族群，依序分別 Thổ、Xtiêng、Khơmú、
Bru-Vân Kiều、Giáy、Cơ-tu、Gié-Triêng、Ta-ôi、Mạ 以及 Co。第
31 號到第 40 號族群，依序分別是 Chơ-ro、Hà Nhì、Xinh-mun、
Chu-ru、Lào、La-chí、Phù Lá、La Hủ、Kháng 以及 Lự。其中 Hà Nhì
即為中國境內的哈尼族，而 Lào 則為寮國的主流族群。第 41 號到
第 50 號族群，依序分別是 Pà Thẻn 、LôLô、Chứt、Mảng、Cờ lao、
Bố Y、La Ha、Cống、Ngái 以及 Si La。其中 LôLô 即是中國境內
舊稱倮倮的彝族，Cờ lao 來自中國的貴州、雲南及四川，最近一
兩百年才轉入越南。第 51 號到第 54 號族群，依序分別是 Pu Péo、
Brâu、Rơ-măm 以及 Ơ-đu。這四個人口數最少的四個族群，在 2019
年的人口普查中人口數都少於一千人。

　　以上所有族群的相關知識，皆出自越南學者的研究成果，隨著越南發展觀光事業，各種相關的學術研究成果，已經轉成各種政府出版品及旅遊書刊上的材料，如想瞭解越南各族群方面的具體知識，透過相關書籍已相當容易取得。越南社會也已經接受越南學者所發展出來的族群分類架構，並且在社會上普遍使用。然而對這套族群分類架構的知識體系，其實存在不同的看法，以下先提供西方學者的批評意見，然後提出筆者的理解與詮釋。

　　越南的族群分類工作，雖然經過 40 多年的努力已在 2000 年遂漸穩定，但是卻開始受到西方人類學者的挑戰。而提出這個挑戰的是著名的東南亞人類學家 Charles Keyes，他早在 1977 年就已經以其專著 The Golden Peninsula 一書享譽國際，是東南亞人類學界中大師級的人物。如前所述，Charles Keyes 是在美國亞洲研究學會的年會，以會長的身份做專題演講的方式提出文章，而後由 Journal of Asian Studies 刊出這篇文章，使得過去較為人所忽略的越南的族群分類工作成為矚目的焦點。

　　Charles Keyes 一開始，即詳細描述了關於胡志明垂詢有關越南北部少數民族的軼事，如前所述越南民族研究所成立時，已經確立了其主要任務之一，即是對於越南各族群的情況加以調查理解，而通常在介紹越南民族調查工作的歷史沿革，也多半會以胡志明垂詢少數民族的軼事，做為開頭介紹。然而 Charles Keyes 將這一軼事放在文章一開頭，藉以簡明而清楚地點出越南的民族學建構與國家認同的密切關係。[153]

Charles Keyes 表明對於人群的差異加以分類，並不是新鮮事，人類學過去的許多研究即是對不同的人群特質加以詳細的掌握，即所謂的文化，都會對差異進行分類。然而作者點明其研究題旨，認為其要討論的泰國、中國與越南的例子，與其他研究人群分類不同的地方，是這些地方進行大規模的民族學專案計劃(ethnological projects)，而且參加這些專案計劃的學者相信，人群的分類是可以用「科學」的研究而成就的。

而後 Charles Keyes 開始回溯對人群分類進行科學分類的學術根源，他首先提到十九世紀末到二十世紀初的種族分類(racial classifications)，是由生物學上的分類而來，由體質人類學家加以繼承。然而，由於種族分類具有本質主義(essentialism)的傾向，即將人群分類視為人類某些生理特徵視為關鍵性差別，而認為有所不同。體質人類學的分類方式，因為很容易為種族主義者提供材料做不恰當的發揮，後來研究上不再強調這些生理特徵差異的重要性，而同一時間語言學的分類漸漸佔了上風，由於音位學的發展，對於語言的分類有比較可靠的標準。

---

[153] Keyes, Charles, "The Peoples of Asia—Science and Politics in the Classification of Ethnic Groups in Thailand, China, and Vietnam", Journal of Asian Studies, 2002, 61(4): 1163-1204, 2002, p. 1163.

　　隨後，Charles Keyes 也追溯民族學(ethnology)的發展，有馬克思主義取向與非馬克思主義取向的兩種進路。其實這兩種民族學的研究取向有很多討論的題目，在這個討論的脈絡中，馬克思主義的民族學重點放在民族解放，而這不是美英的人類學者所關心的議題重點。美英的人類學者多屬非馬克思主義的取向，慢慢以 ethnic groups 來代替傳統的以 tribe 及 nation 為傾向的研究路向。

　　Charles Keyes 進一步闡明英美人類學者在族群研究上的成就，並且討論英國社會人類學者 E. R. Leach 的名著 Political Systems of Highland Burma，[154]Leach 以 Kachin（緬甸的克欽族）的對象，發現其並不符合 tribe 的文化定義，Kachin 在不同的時期，因為與不同族群的關係，以致呈現不同的族群特性，而被認知成不同的族群。因此認為族群的定義並非具有本質性，而是透過族群關係來定義。Charles Keyes 以其個人研究以及其他學者的研究，來討論這種非本質主義的研究取向。

　　當評介泰國、中國與越南的民族分類時，Charles Keyes 的論文雖然從標題來看是討論泰國、中國與越南的族群分類工作，然而其主要目標在討論以國家力量來進行族群屬性分類，所以討論焦點集中在中國與越南的個案上，雖然在該文中討論中國的研究

---

[154] Leach 的原著是 Leach, E., *Political System of Highland Burma*. London : London School of Economics and Political Science, 1954. 本書也有中文譯本，李區(E. R. Leach)著；張恭啓, 黃道琳譯，《上緬甸諸政治體制 : 克欽社會結構之研究》。台北市：唐山出版社，2003 年。

數量較多,不過主要引述他人研究的成果。相反的,在其論文中所提及的越南例子則較少為外界所知,具有學術獨特性,再加上 Charles Keyes 本是研究海外越南移民的專家,因此其論述重點所在,可以說是放在越南的族群分類問題。

Charles Keyes 特別指出,越南族群分類工作受到蘇聯民族學傳統及中國民族政策所影響。越南民族學知識確有繼承蘇聯民族學的傳統,在 1960 年代初期,實際從事民族調查工作的民族學家,都曾到蘇聯深造,因此越南民族學者承認,從民族分類工作一開始,越南學者即繼承了濃厚的蘇聯學風(Soviet scholarship)。而另外一個影響則來自中國,即使曾經和中國發生戰爭,但是越南民族學的詞彙,卻大量吸收中國的學術詞彙,而觀念思想也受到中國民族學知識的影響。[155]

Charles Keyes 指出越南族群分類工作有幾個特色,第一是有很強烈的國家意識,民族學者是為國家服務,所以需要以科學的方法建立一套族群分類準則,而這個族群分類準則必須有助於國家穩定。第二是民族學者「產出」各族群的「科學資料」,所以對族群事務有較高的影響力,反而會左右當地族群的自我認同。第三是認為越南的族群分類並無法有效地處理海外越南人的問題,即所謂的 Việt Kiều(越僑)問題,因為越南的族群分類工作是以越

---

[155] Keyes, Charles, "The Peoples of Asia—Science and Politics in the Classification of Ethnic Groups in Thailand, China, and Vietnam", Journal of Asian Studies, 2002, 61(4): 1163-1204, 2002, p. 1184.

南公民為對象。因為移民或者通婚所產生的文化特徵不符合典型特質者，變成無法處理的問題。

以這樣的意見來看，Charles Keyes 確實指出了越南族群分類工作的特色，而這些特色是很容易被外界認知。以越南的情況來說，越南族群分類工作的特色，和其他的東南亞國家比較，的確是十分突顯，其他鄰近國家並沒有同樣的民族學的研究部門，就民族學為國家服務的角度來看，其建置與其他社會主義國家的民族學研究的專門部門的情況是類似的。而民族學的重點，在於民族調查與民族識別工作，這些研究工作都有助於國家發展出一套民族管理系統，以維持國家穩定。而民族學的科學資料，透過調查及專責的民族事務機構，會影響當地族群的自我認同。從這些角度來說，都與民主國家的族群知識與族群認同大異其趣。Charles Keyes 所提到的海外越僑，這的確與越南民族學的知識要旨，沒有直接的關係，因此的確是無法處理的問題。

越南族群分類的標準與原則

如前所述，筆者認為，越南的族群分類工作，其實是經過本地學者考量實際情況而發展出來的。以下的討論將在設法以同情的理解，對其工作做出詮釋，提供不同的判斷。筆者認為，單單認為越南的族群分類工作，因為受限於蘇聯與中國的影響，因此呈現出類似的問題，對於理解越南的族群分類工作，尚有不足之處。這裡將提供資料進行更深一層的探究。

筆者認為，越南的族群分類工作有其困難的一面，主要是在山區的少數民族地區，有為數眾多的族群，族群的自稱與他稱加起來有數百個，而其語言繁多，幾乎華南到東南亞各語族都有相對應的語族可以在這個地區找得到，因此涉及的知識範圍很廣，越南的學者在很短的時間內，建立其體系，也有其不容易之處。對此看法的不同，則導源於對於知識學科傳統的不同看法所致。

越南民族學知識，固然有很深的蘇聯民族學的傳統，證之越南民族學的發展歷史，是無可厚非的狀況。舉例而言，tribe 與 nationality，一度是越南學者認真思索的範疇，tribe 的越南文對譯是 bộ lạc (以漢字直譯為「部落」)，而 nationality 的越南文對譯是 bộ tộc (以漢字直譯為「部族」)。但是如果只看到這一層，則只在表象層次。

因為受到中國少數民族調查工作的影響，越南民族學者所使用的詞彙，多半都是可以漢字相應的詞彙為主要概念，各個族群以 dân tộc (以漢字直譯為「民族」)稱之，dân tộc 成為正式的學術用語，如華族稱為 dân tộc hoa，然而 dân tộc 的觀念和中國民族調查工作使用「民族」一詞時所引起的岐異是一樣的，民族一方面是具有國族色彩，如中華民族或是日本民族，因此在提到越南民族全稱時，都是採用 dân tộc Viet Nam。如果同時採用 dân tộc 時，則全國國民也是 dân tộc，而各族群也是 dân tộc，不免易於混淆，如同中國在討論民族問題一樣，談民族精神時是全體國族，談民族學則專指少數民族。這種語彙的使用方式，很自然引起類似的批評。

　　越南對於少數民族的看法，也出現漢字詞彙的影響。受到中國少數民族政策的影響，越南學者也採用同樣的方式來區分，當專門指稱京族以外的族群時，採用 dân tộc thiểu số （以漢字直譯為「民族少數」，對譯為「少數民族」）來區分，如果同越式的講法，則為 dân tộc ít người (以漢字直譯為「民族少人」)，而多半只用 thiểu số 或是 ít người 稱之。然而稱族群研究工作為 thiểu số 或 ít người，反應出主流族群的優勢感，是主流族群以人口數的多數來看待少數民族，從字眼的選擇就可以看出這種態勢。

　　然而如果以此來論斷越南族群分類工作，則仍有所不足。其實越南的社會科學，已經是相當活潑，隨著接觸西方的研究之後，當 ethnicity 的研究由西方傳入，越來越多的越南學者接受多元文化主義，並非單單以科學主義與本質主義來從事研究。也許舊版官方文書仍然保留很陳舊的觀念，但是一般學者的論文書寫已經相當多元，現在越南的官方民族分類之中，已經不再特別指稱少數民族。以前述的例子而言，現在越來越多越南的論文及一般書函，刻意強調其研究對象為 thiểu số 或 ít người 可以說是越來越少。

　　儘管在越南的官方民族分類之中，已經不再特別指稱少數民族，而是以五十四族的姿態出現，越南的主體民族，京族在這個分類之中，只不過是其中一族而已。但是在日常生活之中，少數族群仍被視為一類，而被稱之為 Montagnards，這是法文稱呼山地族群的名詞，目前仍是老一輩受法文教育人士稱呼山地族群的名詞。而越南語則用 moi 來稱呼，是原來漢字中的蠻族的意思，儘管在現代的語彙已經避免使用，但有時仍然會有人使用。然而現在越南本地強調族裔平等，越共前總書記農德孟即為少數民族。

　　越南學者發展出新的概念，以之與西方 ethnicity 的研究相對應，越南文稱為 tộc người (以漢字直譯為「族人」)相當於族群的概念。越南學者 Đặng Nghiêm Vạn 特別指出，最近學者採用 tộc người 一詞主要是用以特別對應西方學者 ethnicity 的概念。[156]因此，各族群的名稱都以 tộc người 加上族名稱之，如 tộc người O Du 或 tộc người Rmam。我們可以看得到 tộc người 這個詞彙的使用有越來越普遍的趨勢。而 dân tộc 這個詞彙由於使用的習慣仍然保留，不只在民間的出版刊物中，仍是使用 dân tộc 一詞，官方的出版品也仍然使用 dân tộc，保留兩種岐意混用的情形。

　　越南學者還發展出新的概念，即以 nhóm dia phoung(以漢字直譯為「集地方」)，做為與「地方群」local group 相對應的越語概

---

[156] Đặng Nghiêm Vạn , *Cộng Đồng Quốc Gia Dân Tộc Việt Nam* [State and Nation in Vietnam]. TPHCM: Đại Học Quốc Gia Nhà Xuất Bản, 2003, p.13.

念。透過 nhóm dia phoung 的概念,可以將同一 tộc người 的分支,以及其語言文化的差異性加以定性。例如 Thai 是越南官方公布的族群分類的一個類別,但是其中又分為 White Thai, Black Thai, Moc Chau Thai, Tay Muong, Tay Muoi, Tay Thanh, Da Bac Tho 等等,同理,Yao(傜族)可以分為 Dai Ban, Red Yao, Coc Ngang, Yao Sung, Du Lay, Coc Mun, O Gang, Thanh Trang, Quan Chet, Son Dau, Tam Dao, Nga Hoang, and Ba Tieu 等等。

這些分類的出現都顯示了越南學者的努力成果,同時也展現了越南的知識體系的特色,在國家支持中央研究機構的努力下,研究越趨專業化,研究內容越仔細分化。不過這種知識體系,對於少數族群的細緻研究,配合社會主義國家體制,正好成為協助國家穩定少數族群情況的知識,國家擁有少數族群的知識,國家進一步利用知識,取得管理少數族群的優勢地位。單單就知識生產的結構和體系而言,我們也必須將之放入這個國家體制之內。

語言學主導的族群分類

另一個越南族群分類的特色,是個語言學主導的族群分類。我們必須注意,即使由學術脈絡而言,越南的族群分類是綜合性的標準,然而語言的分類是個重要的次級分類標準。也是值得特別加以重視的問題。

　　現行的越南族群分類，第一級的分類標準其實就是語言系譜的分類。綜合各種不同的資料，越南的族群分類，實分為三大類，分別是 The Austro-Asiatic Language Family（澳亞語系）(ngữ hệ lớn trong khu vực Đông Nam Á)、The Malayo-Polynesian Linguistic Family (南島語族 ngữ hệ Nam đảo)以及 The Sino-Tibetan Linguistic Family (漢藏語系 ngữ hệ Hán- Tạng))，然後在 The Austro-Asiatic Language Family 中又分為 The Viet-Muong Group (Nhóm Việt - Mường)、The Mon-Khmer Group (Nhóm Môn-Khmer)、The Hmong-Yao Group (Nhóm Mông - Dao)、The Tay-Thai Group (Nhóm Tày - Thái)及 The Ca Dai Group(Nhóm Kađai)五個類別。其次 The Sino-Tibetan Linguistic Family 則又細分為 The Chinese Group (Nhóm Hán)及 The Tibeto-Burma Group (Nhóm Tạng)，以語言學的分類標準為先導的色彩是很清楚的。

　　越南最主要的語系還是 The Austro-Asiatic Language Family（澳亞語系），由於越南語 Vietnamese，高棉語 Khmer 及孟語 Mon 都同屬這一語系，幾乎遍布東南亞半島地區的絕大部分地區。前述說到這一語系又分為五個小類，The Viet-Muong Group (Nhóm Việt - Mường)、The Mon-Khmer Group (Nhóm Môn-Khmer)、The Hmong-Yao Group (Nhóm Mông - Dao)、The Tay-Thai Group (Nhóm Tày - Thái)及 The Ca Dai Group(Nhóm Kađai)五個類別。其中如何將越南語分類，其實在語言學上仍是爭論不休的問題。雖然有較

多的學者接受將 Viet-Muong 放在 Austro-Asiatic family 之中，但是也有學者主張，越南語不應自成一類，而是應該在 Tai-Thai 之中，另外甚至有學者根據字源，追溯越南與南島語或是 Mon-Khmer group 的關聯，語言的屬性仍有很大的辯論空間。

在這樣的分類架構下，Thái（傣族）、Sán Cháy 與 Giáy 即被放在同一語族，可以知道其族群的關聯性很強，雖然兩者有相當的差異，一般估計其差異有不同的遷移史為背景。Thái（傣族）分布在越南西北部的紅河沿岸一帶，傣族婦女身穿黑色長布裙，頭上戴著鑲有銀鈕扣的短髮璒，她們擅長織布及刺繡，分為白傣和黑傣，一般估計在 600 年以前由中國遷移到越南。Giáy 也是屬於 Tày－Thái 語系，大約在 200 年前遷移，他們的村落和上述其他族很靠近。而 Sán Cháy 主要分布在河宣及北太二省，他們是在十九世紀初從中國南遷而來，屬於 Tày－Thái 語系。

Austronesian group，我們一般譯為南島語系，此一語系在半島東南亞地區是分布最廣的語系，由東南亞到印度的東部都是這個語系的分布的範圍。在越南有多個族群是南島語系，這一語族中最大的是 jaray，是越南人數排名第十的族群。其中最有名的是 cham 族，譯作占族，是歷史的占婆人之後。Austronesian group 在越南應該主要是指 Malayo-Polynesian，比較特別的地方是，南島語族在鄰近地區，有許多不同的語言分布，如菲律賓的 Ilokano,

Tagalog, Cebuano、馬來半島及蘇門達臘的 Malay, Acehnese, Toba Batak, Minangkabau、 印尼爪哇島的 Sundanese, Javanese 以及印尼東部島嶼的 Balinese, Buginese, Makasarese, and Malagasy，這些族群卻沒有分布在位於中南半島的越南，可見越南的南島民族與東南亞島國的南島民族歷史的淵源不深，互動較少。

Sino-Tibetan group 包含超過 300 種以上的語言，主要是漢語，藏語及緬甸語，以及在喜馬拉亞山區的不同語言。語言的分類固然有其專業性，不是可以任意為之，但是分類的標準仍有不同的歧見，如 Sino-Tibetan languages 經常被描述為單音節，有聲調不同等等特性，但是並非所有語具有所有共同特性，同時某些語彙有共同的字源，也經常是用來討論有共同來源的證據，但是字源可以經過傳播，由不同語系的語言吸收，因此也有不同解釋空間。

Mon-Khmer family (Nhóm Môn-Khmer)包含大約 130 種語言，主要分布在半島東南亞，但是北至中國雲南，南到馬來西亞，西到印度的 Assam state，包括 Vietnamese, Khmer, Muong, Mon, Khasi, Khmu, and Wa，這其中最大的問題是 Vietnamese 的屬性問題。

另外，西方語言學是建立在以語音為先導的前提上，因此對語言的討論，也是以口語為對象的分析，而非考慮書面語的因素。而語言學的分類，至今仍有不少爭議，增加了分類的困難度。例如 Miao-Yao family，在越南將之列在 The Austro-Asiatic Language Family，但是也有語言學者將之列在 Sino-Tibetan family，同時 Tai family 也有將之列在 Austronesian group。Tai 語系的屬性也有爭議，有人因為其發音系統與南方華語相近，同時共享了一些字源，認為應該是漢語系統，也有人將 Tai 語的根源和南島語言連在一起，據估計，南島語系傳到東南亞半島的歷史相當久遠，可達千年之久，甚至有人認為其為南島語族的發源地之一。

這些研究與討論的成果，是越南的族群分類知識體系的背景知識，我們可以明白，越南的族群分類知識體系是有相當多語族分類的成分。這種族群分類知識體系，與其他地方的族群分類結構存在一定程度的偏重不同。仔細追索有關語族知識的來源，不難發現越南的知識系統與獨立革命之前的西方知識體系是有一定的傳承關係，國家統一之後曾有一段時間比較封閉，但是其對語族的知識似乎沒有影響。

越南族群分類與本土知識體系

本文由越南的族群分類知識系統為關懷核心，分別就族群分類研究調查工作的歷史發展，以及所得到的結果做扼要的說明。然後討論族群分類的正式結果，並且認為越南的族群分類知識，實質上已經在越南生根茁壯，各地方的本地資料也都採用這套族群分類知識做語彙精確的呈現，因此要理解越南的本地知識，對於越南族群分類的概念應該是基本而核心的一環。

　　本文也陳述外國學者對越南的族群分類知識系統之批評，並且以越南本地的論述來說明，越南的本地論述已經進一步引申了越南由外界學習的知識傳統，根據越南本地的實際情況加以修正，可以說是具有本地知識特色的知識建構。再來本文檢討了越南的族群分類知識系統，以語言學的知識為主導的分類方式，所可能產生的問題。最後本文建議越南的族群分類知識系統，雖然是有官方統一標準的色彩，仍應設法保持彈性，以便能在分類標準改變時，可以做出調整來。

參考書目：

Chiengthong, Jamaree, "The Politics of Ethnicity, Indigenous Culture and Knowledge in Thailand, Vietnam and Lao PDR", in Mingsarn Kaosa-ard and John Dore eds. *Social Challenges for the Mekong Region*. Bangkok: The White Lotus Co., 2002.

Crawford, Ann Caddell, *Customs and Culture of Vietnam*. New York: the Charles E. Tuttle, 1966.

Đặng Nghiêm Vạn, *Cộng Đồng Quốc Gia Dân Tộc Việt Nam*. TPHCM: Đại Học Quốc Gia Nhà Xuất Bản, 2003.

Đặng Nghiêm Vạn, *Ethnological and Religious Problems in Vietnam. Prolemes Ethnologiques et Religieux du Viet Nam*. Honoi: Social Sciences Publishing House, 1998.

Institute of Anthropology, *Ethnic Minorities in Vietnam*. Hanoi:

Culture Publishing House, 1959.

Keyes, Charles, "The Peoples of Asia—Science and Politics in the Classification of Ethnic Groups in Thailand, China, and Vietnam", *Journal of Asian Studies*, 2002, 61(4): 1163-1204.

Khong Dien, *Population and Ethno-Demography in Vietnam*. Hanoi: Silkworm Books, 2002.

Nguyễn Kiến Giang, *Đi Tìm Cách Tiếp Cận Bản Tính Gốc Người Việt*. TPHCM: Trung tâm Nghiên cứu Tâm lý Dân tộc , 2000.

Viện Dân Tộc Học, *Ethnic Minorities in Vietnam*. Hanoi: Culture Publishing House, 1959.

Vien Ngon Ngu Hoc, *Canh Huong va Chinh Sach Ngon Ngu o Việt Nam*. Hanoi: NXB Khoa Hoc Xa Hoi, 2002.

李區(E. R. Leach)著；張恭啟, 黃道琳譯，《上緬甸諸政治體制：克欽社會結構之研究》，台北市：唐山出版社，2003 年。

周建新，《中越中老跨國民族及其族群關係研究》中越中老跨國民族及其族群關係研究。北京：民族出版社，2002 年。

附錄一　越南各族群的正式名稱與人口統計

民族	越文名	1979 年人數	1989 年人數	1999 年人數	2009 年人數	2019 年人數
京族	Kinh	46,065,384	55,900,224	65,795,718	73,594,427	82,085,826
岱依族	Tày	901,802	1,190,342	1,477,514	1,626,392	1,845,492
泰族	Thái	766,720	1,040,549	1,328,725	1,550,423	1,820,950
芒族	Mường	686,082	914,596	1,137,515	1,268,963	1,452,095

高棉族	Khơ Me	717,291	895,299	1,055,174	1,260,640	1,319,652
華族	Hoa	935,074	900,185	862,371	823,071	749,466
儂族	Nùng	559,702	705,709	856,412	968,800	1,083,298
赫蒙族	H'Mông	411,074	558,053	787,604	1,068,189	1,393,547
瑤族	Dao	346,785	473,945	620,538	751,067	891,151
嘉萊族	Gia Rai	184,507	242,291	317,557	411,275	513,930
埃地族	Ê Đê	140,884	194,710	270,348	331,194	398,671
巴拿族	Ba Na	109,063	136,859	174,456	227,716	286,910
色當族	Xơ Đăng	73,092	96,766	127,148	169,501	212,277
山澤族	Sán Chay	77,104	114,012	147,315	169,410	201,398
格賀族	Cơ Ho	70,407	92,190	128,723	166,112	200,800
山由族	Sán Dìu	65,808	84,630	126,237	146,821	183,004
占族	Chăm	77,012	98,971	132,873	161,729	178,948
赫耶族	Hrê	66,884	113,111	113,111	127,420	149,460
拉格萊族	Ra Glai	57,984	71,696	96,931	122,245	146,613
墨儂族	M'Nông	45,954	67,340	92,451	102,741	127,334
斯丁族	X'Tiêng	40,763	50,194	66,788	85,436	100,752
布魯-雲喬族	Bru - Vân Kiều	57,929	91,406	55,559	74,506	94,598

土族	Thổ	27,913	37,964	68,394	74,458	91,430
克木族	Khơ Mú	16,828	22,649	56,542	72,929	90,612
戈都族	Cơ Tu	16,824	26,924	50,458	61,588	74,173
熱依族	Giáy	26,993	36,967	49,098	58,617	67,858
葉堅族	Giẻ Triêng	20,264	25,436	30,243	50,962	63,322
達渥族	Tà Ôi	7,090	15,022	34,960	43,886	52,356
麻族	Mạ	32,136	42,853	33,338	41,405	50,322
戈族	Co	20,517	26,044	27,766	33,817	40,442
遮羅族	Chơ Ro	2,327	3,921	22,567	26,855	29,520
欣門族	Xinh Mun	9,444	12,489	18,018	23,278	29,503
哈尼族	Hà Nhì	7,738	10,746	17,535	21,725	25,539
朱魯族	Chu Ru			14,978	19,314	23,242
佬族	Lào	5,855	7,863	11,611	14,928	17,532
抗族	Kháng	8,986	10,890	10,272	13,840	16,180
拉基族	La Chí	3,174	1,396	10,765	13,158	15,126
夫拉族	Phù Lá	4,270	5,319	9,046	10,944	12,471
拉祜族	La Hủ			6,874	9,651	12,113
拉哈族	La Ha	6,872	6,424	5,686	8,177	10,157
巴天族	Pà Thẻn	2,181	3,680	5,569	6,811	8,248
哲族	Chứt	2,984	2,427	3,829	6,022	7,513

盧族	Lự	2,592	3,684	4,964	5,601	6,757
倮倮族/ 彝族	Lô Lô	2,371	3,134	3,307	4,541	4,827
莽族	Mảng	2,434	2,247	2,663	3,700	4,650
仡佬族	Cờ Lao	1,185	1,473	1,865	2,636	4,003
布依族	Bố Y	1,342	1,420	1,864	2,273	3,232
貢族	Cống	843	1,261	1,676	2,029	2,729
艾族	Ngái	1,318	1,154	4,841	1,035	1,649
西拉族	Si La	404	594	840	709	909
布標族	Pu Péo	264	382	705	687	903
勒曼族	Rơ Măm	143	227	352	436	639
布婁族	Brâu	95	231	313	397	525
俄都族	Ơ Đu	137	32	301	376	428

第七章

從家族研究看
越南華人的記憶與遺忘

　　本章論文是將越南華人視為一個整體來論述其歷史記憶特色，然後再以兩個家族歷史記憶的案例來討論。越南華人的歷史記憶在東南亞華人中的特色，主要是年代久遠、淵源流長，但是卻有明確的不連續性。做為中國鄰居的越南，歷代中國本土有難時，就有華人走避越南，故在越南有宋人（宋朝末年來到越南）、明鄉人(Minh Hương，以明朝為故鄉，明朝末年從中國逃到越南的人士)、清人（清朝時候來到越南）與華僑（清朝末年民國初年來到越南）各不同時期的華裔人士，各自保有不同的歷史記憶，由於相互間並不重疊，因此呈現不連續的記憶片段。文中主要以兩個家族的記憶為核心，分析其家族記憶的策略。這兩個家族分別是興安溫氏家族與會安羅氏家族，皆具客家背景，筆者曾親赴興安與會安，到當地考察家祠，採訪族人，同時對該地區的重大歷史遺跡進行對比，由個案家族到地方文史，討論越南華人歷史記憶的風貌。

這兩個家族的選取有其代表性，如果以地域來說，興安市 (Hưng Yên)16 世紀即是越南北方的主要對外港口，直到清初仍是貿易大港。會安（Hội An）則是越南中部貿易大港，在十六及十七世紀，是世界各國商船雲集的貿易中心。[157]兩地一度都集結不少華人，後來兩個港口分別沒落，華埠也隨之式微，其後越南華人主要聚集的地方，轉而為南方的西貢堤岸及北方的海防，興安與會安雖然是沒落的地方，但因未受到民國時期華僑的影響，反而因此保留更多早年的遺跡與風貌，仍然可以追溯早期華人移民的家族面貌。因此就地點的選取而言，興安及會安，可以說是在現代華僑社會興起之前，華人社會在越南的重要據點。

記憶與遺忘

記憶的研究在 Maurice Halbwachs 在 1920 年代的著作開啟了新的研究範式，他發展了集體記憶的概念，並且以家庭、宗教團體與社會階級等，來對比不同環境的集體記憶，改變了過去將記憶視為個人心理作用的研究傳統。[158]因此集體記憶也是社會的產物，我們必須將集體記憶放在其社會脈絡來理解，尤其是應該將

---

[157] 選取兩個越南客家家族史，參考楊聰榮，〈銘刻與展演：從兩個越南客家家族史談越南華人的記憶與遺忘〉。《轉變中的文化記憶：中國與周邊》。香港：香港教育圖書公司，2008 年，頁 410-432。ISBN: 978-988-200-274-6。

[158] Halbwachs, Maurice, 'The Social Frameworks of Memory', in Halbwachs, *On Collective Memory*, L. A. Coser ed., Chicago University Press, 1992 (1925).

社會記憶放在與之相關的社會關係中來理解，一個社會中對於哪些歷史會被記憶，哪些不被記憶，涉及一個社會建構記憶的過程。

在 Maurice Halbwachs 的論述之中，歷史與記憶是建立在對「過往」的不同的作用之上，記憶是屬於特定的群體，各自不同；而歷史則是有事實的基礎，具有普遍性，[159]開始於記憶與傳統已經消逝時。「集體記憶」並非先天賦予的，而是一種社會性建構的概念，必須經過後天教育才能習得。例如二次大戰即將結束之際，大量日軍在太平洋島嶼自殺，這種源自日本文化的認同感與殉道精神，便很難讓外人理解，因為彼此未曾擁有相同之集體記憶。

記憶研究在二戰之後，因為戰爭的創傷而有了創傷記憶的研究，尤其是猶太浩劫(Holocaust)的創傷記憶研究，將記憶的研究延伸到歷史創傷的記憶，因此增加記憶研究的深度與廣度。[160]而從個人的創傷到民族甚至跨族裔的創傷，也將記憶研究延伸到重大的歷史事件的研究。這使得記憶與歷史的不同被凸顯，也將記憶研究與歷史研究拉進距離，原來記憶與歷史的形塑是互相影響、交互作用。當集體記憶於同質性團體中持續存在並不斷汲取力量時，其實是身為「團體成員的個體」（individuals as group members）在作記憶。任何團體都擁有各自建構的獨特記憶，這其中當然是

---

[159] Pierre Nora, "Between Memory and History: Les Lieux de Mémoire". *Representations* 26:7-25, Spring 1989.

[160] 創傷記憶(traumatic memory)的相關研究，參考 Caruth, Cathy, ed. *Trauma: Explorations in Memory*. Baltimore: Johns Hopkins University Press, 1995.

個體在進行記憶，但個體卻必須憑恃團體脈絡（group context）來成就自己過去的歷史。

　　與記憶的過程相對應，遺忘(forgetting)是記憶的另外一面。如果我們接受 Maurice Halbwachs 的邏輯，記憶是經由個人記憶與社會建構的交互運用，那麼遺忘也是經過同樣的過程。當某種事件或核心價值以一種習慣性儀式為社會所記憶，同時必然有事件意義或核心價值的某部分同時被遺忘。[161]歷史的遺忘則也是相對的過程，當某種歷史記述強調要記錄某一部分，則也有相對的遺忘部分發生。以下的討論會將記憶與遺忘並列，並且討論對誰是？記憶與對誰而言是遺忘。

---

[161] Paul Connerton, *How Societies Remember*. Cambridge: Cambridge University Press, 1989, p. 94.

越南華人的記憶策略 1--興安溫氏家族

現今越南的興安市(Hưng Yên) 為興安省省莅，[162]古稱庸憲(Phố Hiến)，屬河港城市，位於越南北部紅河三角洲地帶，介於河內到海防中間，在清代是越南北部對外貿易中心。

興安相傳在越南始祖雄王時代就已經存在，[163]屬交趾(Giao Chỉ)地區，隋煬帝出兵討平林邑，置為沖、農、蕩三州，兩年後改為林邑、海陰、比景三郡，興安應屬林邑，也稱蕩州(Đằng châu)，直到吳朝(939~965)，前黎朝(980~1009)時改名為太平府(phủ Thái Bình)，陳朝(1226~1400)時又改為龍興府(lộ Long Hưng)，到了阮朝明命十二、三年間（1831~1832），才改置為興安省。[164]興安市的舊地名為庸憲(Phố Hiến)，是當時僅次於首都昇龍（河內）的大商埠。庸憲是上山南之行政首府，也是首都昇龍的外港，對外貿易相當繁盛，當地人稱古時越南繁華之處，「第一京師，第二庸憲」(Thứ nhất Kinh kỳ, thứ nhì Phố Hiến)，至今這個說法還為當地人所津津樂道。[165]

---

[162] 越南行政區名詞，同省會、首府之意，一般指地方政府的行政中心。

[163] 雄王是越南傳說時的始祖，現在的越南都尊崇自己是雄王的後代，但是歷史的記載相當模糊，其在越南的地位，相當於中國的黃帝。

[164] 華林甫，〈中國傳統地名學對鄰國的影響：越南〉。《中國地名學史考論》。北京：社會科學文獻出版社，2002 年，頁 268。

[165] Đoan Hùng, Nhân xem tranh mộc bản, suy nghĩ về một dân tộc "mù chữ". *Giao Điểm*, 7, 2004, p. 1.

　　興安一度曾是重要的華埠，十六世紀初就有華人遷入庯憲地區，主要是經商，廣東（廣府）、潮州、客家、瓊州（海南）和福建漳州、泉州人士都有，庯憲當地的天應寺在後黎朝永祚 7 年(1625)所立的碑文稱之為「小長安」，到了十七世紀的中葉大批不願接受清朝統治的逃到庯憲地區，形成了華人聚集區(Bac Hoa)。然而現在各主要的越南華人人口統計資料已經看不到興安的資料，[166]表示華人社群已經隨著這個古老小鎮的蕭頹而散去，庯憲早已經失去了昔日繁華，華埠不復可得。

　　筆者於 2004 年 1 月造訪興安，其地理位置約在河內向東行一百公里，過去雖曾是盛極一時的港口，但是荒廢已久，舊市區早已凋蔽，房舍古樸老舊，現在已經是一般訪客不會造訪的地點。當地政府致力在新市區發展，因此舊市區仍保留不少華人遺跡，如關帝廟、天后宮、協天宮、興安會館等，但是華人社區已經消散，留在當地的華人則早已同化為本地京族，無法由外觀或語言風俗等分辨出誰是華人。

　　透過興安當地人的介紹，得以訪問一位溫姓華人，名為溫德成。在其家中發現了一個保存良好的家祠，溫德成是溫氏家祠的主人，由於地處偏遠，興安溫氏家祠可說是在越南北部地區相當具代表性的傳統華人家祠之一。

---

[166] 陳慶，〈越南華人的人口學分析〉，黃漢寶、陳金雲譯。《八桂僑刊》，第 3 期，2001 年，頁 59-62。

進行訪問時，溫德成表示，祖上是由福建進入潮州府，故祖籍應屬福建，因而參加興安福建會館，但家譜上註明潮州府人士，由於地望是在潮州北部，實為今日所稱呼之客家人的祖籍地，應可推斷即為現在所謂的客家先民的後裔。但是在越南，溫家是以明鄉人(Minh Hương)的身份被認知。住家擁有一個很大的院落，正對院門是廳堂，廳堂正面牆前供有祖先牌位，右側則為族譜碑刻。廳堂還刻有多幅楹聯，其中三副頗有意味：

『源出潮洲南海支流經五世，地居溫帶藤城德樹自千秋』

此聯顯示了溫姓華人家族的歷史淵源。雖點明系出潮州，但實際來自潮州北部，即為當時客家人分布的主要地區。據推斷，溫家的先祖應為 18 世紀初從潮州移居到當時稱為庸憲的興安。

『半月煙波泛宅陶公宜小隱，憲南風物壽人橘井久傳家』[167]

此聯顯示出溫姓華人家族的職業屬性，除了從事商業之外，也是個中醫世家，家中至今保存有明朝《景岳全書》和清代《本草綱目拾遺》等醫書。

『羨得華裔中出來孔孟真傳軒歧妙談，況當財界上理會管商舊學歐美新聞』[168]

---

[167] 陶公。係指春秋時楚國人范蠡，他退隱後經商有成，人稱「陶朱公」。橘井，係指出自《列仙傳》之西漢道人蘇耽，他利用橘葉泡井水救治疫病患者。在這裡是指祖上經商有成，以及投身杏林成為醫生。

[168] 軒歧指的是被視作中國醫藥始祖的黃帝軒轅氏及其臣子歧伯。管商指春秋戰國時代的管仲與商鞅，兩者皆進行變法改革，管仲重視商業，富國強兵。

　　此聯同樣表明繼承華人儒家傳統，在商業、醫藥有其專長外，更顯示華裔溫姓家族在西力東漸後，在生存方式上的積極應對。事實上，據受訪者介紹，他們家族中的第四代已開始從傳承中醫轉而學習西醫。

溫氏家祠中
保大甲申年[169]溫譜記

　　聞之家有譜猶國之有史，皆示不忘也。興安城甫北和明鄉會，原前明鄉也，憲南繁盛之時，明人經商到此，五府會館，聚眾族以成，故曰明鄉。我，溫族即明鄉中一家族也，我十公即溫族中一世祖也。公本潮州府〇〇人，少時南來，取南人靈貴氏生五郎五女，故名第一郎。父正公後其子，移居建安，芝萊社別成一支，生齒有十餘丁口，三郎公，四郎公後其子他往未詳。五郎文德公生文妻，其後文妻從妻，貫遷居快州安曆社，今溫備溫佑兄弟生有子女八九人是其支派，現今我溫族在北和明鄉，則策武郎，親富公之所出也，公葉良醫生三郎孟公文好，仲公文弄，季公文午，季公無出，仲公只有二女，氏妙氏珠，孟公克承父業生二郎，長公文子，次公文整，二女氏銀氏雅，次公為人恬淡，通葉儒醫，

---

[169] 保大為越南大南國阮朝阮大帝阮福晪的年號，1926-1945，共計 20 年。甲申年為西元 1944 年。

二房生二男，能孝能讓，二女氏倩氏草，享壽四十八歲而終，長公省樸直風，與我母鄭氏聰專商為業，育我父欽一人，女四人，氏連氏川氏森氏巳等，各成室家，此我祖南籍以來至文欽之身歷歷五世矣，其間聚散合分不無致忱然，積功累德，一世世不遷，今各方別支所有之丁口，皆我祖憑籍之遺也，其光前裕後，為何如耶，我父文欽，生於成泰，甲午年，少時賦性好學，父母愛之命從叔父讀書，及十七歲，就外塾習，緣得數年，叔喪歸，談學力阻亦可惜，後以家因貧故思紹祖業，開小商店賣藥為醫，為父母服勞供贍，幸而生財有道，家用日餘，風雨一盧，漸已改色，無荷而我，父母以五十九歲捐塵，我母我孤晨，父依倚勤劬生意，稍見盈餘，癸酉年正月，日積集家貨，得有千數，猛然以昔當昔構，派志請予日謀建築祠堂，于所居後園，即我第一世祖買造之土居也，瓦屋牆內寢外拜，亦曰明求祀事，非敢圖為美觀，堂成正中合祀，高曾以下列位外家公土左右同，尊三炷爐香尉，然有慢見氣，聞之想像斯歆斯聚垂不今，日甲申，我母正康強七十之年，而我五十一，於十六歲娶茂楊社人阮氏善，生下三男，德書德詠德柄，二女氏詩翠峨，而內外聚孫，已經成行，並闔族叔季所出，生聚已有六七十人，而思昔之由一人，而今至六七十人，則今之六七十人安知不有六七百人之一日乎，我懼其愈遠愈疏，忘祖之譏，或所不色，爰於祠堂東壁豎一石碑，歷叙我溫於之嶺末，並世次諱忌墳墓二銘詳用垂弗手子孫，孫子升斯堂念斯其有思乎。

第一世貴公，字量合，號福誠，忌四月廿八日喪，安社，靈貴氏，諱釧，忌十二月廿三日，祀查蓋村。

第二世二郎，諱親富，號福明，忌八月三十日，喪安氏社，林貫氏諱井，號慈柔，忌六月初六日，喪安武社。祖姑溫氏馨，忌八月二十一日。

第三世貴公諱好，號福誠，忌十月二十二日，葬下庸祠宇，陳貴氏，諱睿，號慈惠，忌七月十三日，葬下庸祠宇，叔祖欠弄，忌二月廿一日。裴氏惠，忌九月廿二日，父午忌十月廿三日，阮氏櫟，忌十二月初一日，葬下庸祠宇。

第四世貴公諱子，號會元，忌四月十二日，葬安武社，鄭貴氏諱聰，忌十月初一日，伯父路，叔父整，叔母鄭氏，河氏戎，叔父規，姑氏銀，氏尤氏雅，堂叔文章。

第五世貴公諱欽，號福滿，忌十二月廿八日葬祠宇。

第六世貴公胞弟文伯，忌正月十六日

第七世貴公溫

族長五世孫溫文欽拜敬

溫姓宗族在 1993 年建構祠堂時刻立碑文，碑文撰作者歷數宗族從中國遷移的情況，點明溫姓宗族為明朝時遷入的『明鄉人』，更特別寫明出身自潮州府。撰作者的父親溫文欽為當時的族長，出生於阮朝成泰6年(1894)，為溫家南來的第五世子孫。

興安被遺忘的歷史：宋楊太后廟

興安一地應該是充滿華人遷越記憶的地方，清末劉永福率黑旗軍在越南與法軍打仗，曾在興安一地互有勝負，最後才在諒山擊敗法軍。[170]當1949國軍敗走越南，黃杰率領其第一兵團，武鴻卿統率由各部敗散官兵，臨時倉猝編成一師一旅，名為越南建國軍，最後即是在興安放下武器，其後遷往富國島，最後才回到台灣。[171]按理說，如果興安的華人與清末民國才形成的華僑社會接上關係，可以寫出來的華人歷史必定相當豐富。可考察現有的越南華僑史記錄，興安的華埠並未被提及。

究竟為何如此？在此選擇觀察興安一地與華人遷入越南的重要歷史遺跡，用來對比這些歷史如何被華人遺忘。在興安舊市區的邊上，有一座宋楊天后廟，是為紀念宋楊太后(Dương Thiên Hậu)而建，是南宋崖山海戰失敗後敗退至庸憲的宋朝遺民所建，越南文稱為「母寺」(Đền Mẫu)，有中文「聖母廟」之意，地點位於興

---

[170] 柯劭忞等，《清史稿》，列傳三百十四，屬國二，越南。

[171] 黃杰將軍及武鴻卿、黃南雄兩位越籍領袖，由法方派機共同乘往河內請求保大擔保，全體官兵徒步到興安搭船下駛，後兩營區遷往富國島，直至1953年才得返回臺灣。黃旭初，〈國軍戰敗避入越南經過補遺——武鴻卿率領越南建國軍由龍州入越詳情〉，《春秋雜誌》，總第274期，1968年，頁38。

安光中一帶，右邊是半月湖，左邊是紅河，風景秀麗，原來就位於庸憲(Phố Hiến)的市場旁邊，是關聯到宋人遷越的歷史遺址。

宋楊天后廟的廟門有一匾上書「協天宮」，應為該廟的正式名稱。前門口柱子上有一幅對聯：「節義門高仰止千秋泛揚應，綱常柱立屹然萬世顯靈聲」，橫額為「母儀天下」四個字。

紀念楊太后的廟，為何會出現在越南的興安庸憲？或許可以從楊太后的生平著手瞭解。時當南宋末年，宋度宗趙禥選了會稽楊氏入宮為美人，進封淑妃，後生下皇子趙昰。後來蒙古軍入侵南宋，南宋潰敗。舊部陸秀夫、文天祥和張世傑的支持下一班文武官員，率十數萬軍隊，帶千餘船艦，簇擁著七歲的趙昰和其母楊淑妃，在福建省福州繼位，是為南宋端宗，楊淑妃被尊為皇太后。1278 年宋端宗逝世，由異母弟趙昺繼位為宋少帝。隔年宋軍在崖門敗戰，帝昺聞宋軍大敗，由丞相陸秀夫背負跳海而亡，楊太后得知後也跳海自盡。數日後，張世傑回來尋找帝室，才知宋帝昺已經跳海身亡，僅尋得楊太后遺體安葬。

至於宋楊太后是否曾到過越南？依正史的記載，楊太后並未有機會逃到越南。崖山應在現在廣東江門市新會區南約 5 公里，在南海與銀洲湖相接處，以現在古井鎮官衝村一個無名小丘為中心，北起銀洲湖，南至崖門口，方圓數十里的水陸區域，當地的國母墳有可能就是楊太后的陵墓。

　　宋將張世傑當時確實有其計劃，打算到交趾或占城後徐圖東
山再起，但是張世傑本人在途中也溺死了，也沒有再來到交趾。
不過在正史以外的記錄，則顯示楊太后的舊部，有到越南的記錄。
張所南著《寧末遺民》載：「諸文武流離海外，或仕占城，或婿交趾，
或別流遠國。」[172]宋將張世傑溺死後，他的餘部及部分百姓乘船百
多艘，移居安南的交趾、占城及真臘等地，[173]人數達 3 萬多。

　　然而在越南的說法，卻說是楊太后的屍體漂浮到紅河口，到
達現在庸憲宋楊天后廟的位置，因此民眾將其屍體掩埋在此。後
來有一位來自北國朝廷(triều đình Bắc quốc, 指中國)游姓的太
監，集合逃難來此的華人(người Hoa lánh nạn)，建立花楊村(làng
Hoa Dương)。根據當地的資料顯示，目前這個村還在，宋人後裔
也還住在這裡。[174]

　　按理而言，不論楊太后是否到了越南，宋楊天后廟應該都是
華人來越的重要遺跡。至少在興安省，的確將宋楊天后廟視為重
要的歷史遺跡，在官方出版的各種介紹中都列出了宋楊天后廟，
筆者即是循此管道來到宋楊天后廟做訪查。然而，此處卻是華人
罕至之地，也未曾聽聞越南華人社會特別提到這個地方。

---

[172] 轉引自黃仁夫編著，《臺山古今五百年》。澳門：澳門出版社，2000 年。

[173] 交趾是指越南，特別指涉越南南方。占城為當時占婆的首府，今日的歸仁。
真臘是指東埔寨。

[174] Lịch sử-Văn hóa Hưng Yên, *Đền Mẫu và lễ hội đền Mẫu* [宋楊天后廟與其節
日]. Hưng Yên: 2004, p.3.

　　證諸目前幾本越南華人歷史,包括華僑志編纂委員會編的《華僑志:越南》、[175]呂士朋的《越南華僑史話》、[176]周勝皋編著的《越南華僑教育》、[177]海外出版社編的《越南華僑與華裔》、[178]張文和的《越南華僑史話》、[179]與陳大哲的《越南華僑概況》[180]等等,都沒有將宋楊天后廟及宋人來越的事蹟列入,顯見宋人來越的歷史早已經被後來移入越南的華人所遺忘。

興安溫家與興安華人的記憶策略

　　興安溫家將祖譜刻在石碑上,置於家祠的廳堂側。這是溫家的記憶策略,在碑文中寫得清楚,「我懼其愈遠愈疎,忘祖之譏,或所不色,爰於祠堂東壁豎一石碑,歷叙我溫於之嶺末」,是為了怕後世子孫忘了而銘刻的。其主要的目的,自然是如碑文開宗明義所示,「聞之家有譜猶國之有史,皆示不忘也」。

---

[175] 華僑志編纂委員會編,《華僑志:越南》。台北:華僑志編纂委員會,1958 年。

[176] 呂士朋,《越南華僑史話》,海外文庫編輯委員會編輯。台北:海外文庫出版社,1958 年。

[177] 周勝皋編著,《越南華僑教育》。台北:海外出版社,1961 年。

[178] 海外出版社編,《越南華僑與華裔》。台北:海外出版社,1970 年。

[179] 張文和,《越南華僑史話》。台北:黎明文化事業,1975 年。

[180] 陳大哲,《越南華僑概況》,華僑協會總會主編。台北:正中書局,1989 年。

　　這是最有效而傳統的記憶策略，為了記憶，將記憶的內容銘刻下來，使得家族的歷史由抽象的記憶變成具體的印記，從而有強大堅硬的物質性存在。與其他人只將家譜寫在紙上是大不相同，由於家譜銘刻在碑上，在歷經多次的變遷與劫難，興安溫家仍然可以保存其家族歷史。然而為了保存，也有所犧牲，家譜因而停滯於特定的時空，後世子孫繁衍也較難以增加上去，家族的記憶也就此固定下來，不能再增加。

　　任何到越南旅行的華人並不難察覺，將文字銘刻在石碑上，是越南華人與越南人共同享有且慣常使用的策略。越南名山勝景，或是廟寺，到處都有石碑印記。不過，興安溫家的家族記憶終究還是遺忘了大半，在 70 年後溫家已經失去漢字的閱讀能力，溫家後人如今只知道有家譜以石碑形式留下，卻不知道其中確切的內容。由於越南歷史上十分獨特的語言文字轉換，使得這種有效而確實的策略反而有利於遺忘：因為有實體物質性的記載，反而造成文字的內容可以輕易地被忘却。

　　這種記憶與忘却普遍存在於越南各地，由於越南現行語言文字已經由方塊字轉為拉丁羅馬字母，所以儘管各地都有為數不少的漢字碑文，反倒無人在意。漢字碑文到處存在，被認為是一種傳統，多半保存完好。記憶是遺忘的開始，在越南出現不同意義的理解。

以宋楊天后廟為例，越南華人的歷史記憶，對於歷朝由中國進入越南的歷史，加以遺忘，所涉及的問題並不止於語言文字的轉換。宋楊太后廟也是以實物的存在，保持住某一種歷史記憶。宋楊天后廟的存在，原來是宋人舊屬在改朝換代之後，企圖以信仰的形式進行保存。其事蹟雖未被後來的華僑社會記住，卻以另外一種形式和意義保留下來，在越南的本地文獻中被保留，也為越南社會所接受，轉換成為「四位聖娘」信仰。換而言之，記憶經過轉換，被保存在越南的當地傳說之中，可知語言文字的轉換雖非記憶或遺忘的最重要的因素。然而被越南華僑遺忘的事實，又殘酷的顯示，改朝換代而帶來的意義變遷，才是歷史記憶最重要的殺手。

越南華人的記憶策略 2—會安羅氏家族

會安（Hội An）是越南中部一個著名的古港口，明清時期會安是各國貨運的中繼站，在各種旅遊介紹中都會說到這是越南最早的華埠。歷史上中國人、日本人、葡萄牙人、荷蘭人、法國人、英國人都來此貿易，在這裡留下遺跡，而其中最早開發會安的是中國人和日本人。[181]會安離海 5 公里，在帆船時代，船隻直接入

---

[181] Chen, Chingho. *Historical Notes on Hội-An (Faifo)*. Carbondale, Illinois: Center for Vietnamese Studies, Southern Illinois University at Carbondale, 1974.

河直達市內。成為法國殖民地後，進入輪船時代，航運也改泊海港。法國人建築橫貫全越的公路和鐵路，經順化、峴港直下，避開了會安，會安從此沒落。

會安有長期的歷史發展，過程與中國有深遠的淵源，中國的海上貿易，所謂海上絲綢之路，海外第一站就是會安，也是古代占婆國使節前往中國進行朝拜的啓航港。會安成為東方貿易中心時，卻是中國開始實行海禁的時候，各國想要和中國貿易的商船都以會安為中繼站，可以說中國海禁成就了會安。貿易以中國的商船最多，中國商船帶來的商品有錦緞、紙張、毛筆、銅器、瓷器、陶器、銀器、金幣、銀錠、鋁、鉛、硫磺，而從會安購回胡椒、糖、木材、香料、魚翅、燕窩、犀牛角、象牙、黃金、蠶絲等當地土特產。

因此會安慢慢成為華人聚居地，中國商人在會安購買地皮，建築房屋，作爲銷售商品和收購貨物的場所。在會安城中，中國式的建築物到處可見，而且保存得很完整，既沒有遭到戰爭的破壞，也沒有因爲修建高樓大廈而拆遷。城裏有完整華人聚居的街道，稱為唐人街，街道裏有觀音廟、關帝廟等中國式的廟宇，也有福建會館、廣肇會館、潮州會館、瓊府會館、客家會館和五幫會館等。由於完整保存了大量中國式古建築，以及日本式的建築，會安古街在 1999 年榮登聯合國教科文組織的世界文化遺產名錄。

會安在 16 世紀到 19 世紀時成為東南亞的貿易大港，以不同名稱存在在各國的記錄中，諸如 Fayfo, Kaifo, Faifoo, Faixfo, Hoai Pho 及 Hoi An 等。早期是占婆的一個城市，[182]是個河口，但占婆在西歐人士遠航到此以前即已經滅亡，留下的記錄並不多。後來葡萄牙人、西班牙人、荷蘭人等相繼航行到此，後建立固定的貿易航路。1535 來訪的葡萄牙人 Antonio De Faria 是第一位記錄會安的西方人。

會安羅氏家族

筆者在 2004 年 1 月到訪會安時，訪問了祖籍東莞的華人羅永耀，他的先祖大約 18 世紀後半葉移居會安，創建商號 "天泰號"，經營中越貿易，從中國販運瓷器和中藥材到越南，再從越南把桂皮、茶、木材販運到中國。訪問時，羅永耀的商店仍高掛「天泰號」的匾額，是一家傳統藝品店，販賣旅遊紀念品。會安羅氏家族，為東莞客家人，來自廣東東莞寒村（或者韓村）。在天泰號後屋設有家祠，祠中保存有家譜，筆者詳細訪談其家族史。

羅永耀口述家族史概況如下：第一代為羅遇明（1785~1843），由東莞到會安，葬於會安內山 70 公里處，主要做林業及藥材，以

---

[182] 占婆，越南文 Chăm Pa，占族人於西元 137 年至 15 世紀在今越南中部地區所建立的國家。有關占婆的歷史，參見喬治‧馬司培羅(Georges Maspero)，《占婆史》，馮承鈞譯。台北：臺灣商務印書館，1973 年。

桂皮為主，將桂皮及茶葉輸入中國，再進口中藥材。初到之時已經有東莞人在會安，為羅氏家譜中第二十世，夫人何氏先到會安，而何氏夫人一直留在會安，經營企業很成功，當時會安最熱鬧的街上，十之七八都是羅家的產業。第二代二十一世則送回家鄉讀書，後為國子監生，任職清朝官員，因此沒有回到會安，最後葬在東莞。

其第三代子孫有一部分在會安，有一部分在東莞。目前在會安的家祠主要都是留居會安者。第三世有三位留在會安，第四世則往不同方向發展，有回中國受教育者，擔任國民黨海軍軍官，另外有一位留在越南者，成為越南革命史上的人物，是個音樂家，名為羅梅，是越南時期的英雄人物，他作的歌曲成為革命歌曲，至今仍廣為流傳，原曲為中文，後來翻譯為越南文，是至今在越南廣為人知的音樂家。第五世則有參加越南革命工作者，曾為越南軍委，現在已經退休。

報導人羅永耀的生平如下：本人為羅氏在會安的第六世，在會安出生，在就學齡期間，為了躲避越法戰爭，舉家遷到山區，因當地沒有中華學校，所以轉入法文學校，回到會安時，時為 1953 年，已經 13 歲，只能進入越文學校。畢業後在中學擔任物理老師，後南越政府要求其參軍，故加入軍伍，由准尉入伍而上尉退伍，因為拒絕參加戰鬥，而被處罰，後來派到軍事學校。越共來後，被迫思想改造一年半。退役後無法找到工作，故先做體力工作，直到體力不濟，改到胡志明市工作，教授法文。由於兒子在會安開店，所以隨他回到會安至今。

在訪問羅永耀的過程中，羅永耀不斷提到這位成為越南革命史上的人物羅梅(La Hối)，以及由他作曲的革命歌曲《青年與春天》(Xuân và Tuổi Trẻ)。到了要告別的時候，羅永耀表示他打算唱這首歌做為結束。當場唱出這首歌，歌聲激揚清脆，頗為令人動容。

羅氏當場所唱為越文歌曲，越文歌詞請見附錄。因為原曲為中文歌詞，故錄得中文歌詞(部分)如後：「青春流灌你身中，希望閃爍你眼中，那怕苦惱和病痛，那怕困難多重重……看春風，輕輕吹過大地；多少花，在枝頭一齊放，朋友你難道還不快樂？……」

經查中文資料，這首歌的中文歌詞註明是葉傳華作詞，羅允正作曲。羅允正應該就是羅梅，似乎在中文世界中多用羅允正，而越南文則多用羅梅(La Hối)。筆者查訪羅梅事蹟時，還有個小插曲，因為在筆者訪查筆記中所記載的姓名為羅開，是會安當地的華人告知的漢字。事後查詢各種資料都不可得，一度打算放棄，最後重新在越南文讀到 La Hối 的姓名，見其事蹟與所記載羅開相同，才將兩者連在一起。筆者以粵音發音，才恍然大悟。因為粵音的「開」字與越文的「梅」發音相近，讀為 Hoi，因此有此訛誤。

羅允正在日本侵佔越南期間參加秘密抗日工作，時為青年音樂教員，後來被捕壯烈就義，獨立後追認為烈士，葬於越南會安省清明亭的烈士墓。這首歌是有名的抗日革命歌曲，陳大哲在其

《越南華僑概況》這樣描述:「這一首歌詞典雅、旋律優美的抒情舞曲,曾經是越南最長壽的金唱片。這首歌不但流行了五十年,而且傳播了五大洲,譯成了中、英、法、日語文。…四十年代當日本法西斯進軍越南的時候,這首歌成為了時代之聲,大眾之音,壓倒了『大東亞進行曲』的邪惡聲浪。歌曲唱出了大家的心中話,閃爍希望,戀愛理想,閃爍的是抗戰必勝的希望,戀愛的是復國必成的理想」。[183]

當初在越南訪談時候,尚未能充分理解羅氏家族的主人何以特意要唱這首歌曲,後來才發現,這首歌在越南實在很有名,雖是革命時期歌曲,傳唱至今,一般人也會唱。筆者詳查羅梅本人的生平,發現現今記載他一生事蹟,幾乎是與這首歌完全分不開,有的直接以《青年與春天》做為標題,例如阮文貴(Nguyễn Văn Quý)的紀念文章,標題是《青年與春天:紀念音樂家羅梅》(Xuân và Tuổi Trẻ- Tưởng Niệm Nhạc sĩ: La Hối)。[184]筆者翻閱不少越文歌本,都有收錄這首歌,都會附上作曲者的姓名羅梅。羅梅本人也作了不少曲,如 Xuân Sắc Quê Hương 等,但是難以和《青年與春天》相提並論,主要流傳至今,似乎只有這一首歌。然而一曲成名,一曲足矣,足以使羅梅短短二十五歲的青春,永垂不朽。

---

[183] 陳大哲,《越南華僑概況》。華僑協會總會主編,台北:正中書局,1989 年,頁 51-52。

[184] Nguyễn Văn Quý, "Xuân và Tuổi Trẻ- Tưởng Niệm Nhạc sĩ: La Hối", Tưởng Niệm: Danh Nhân xứ Quảng. Tulsa, Oklahoma: những ngày đầu xuân tân ty, 2001, p.3.

　　以下根據越文資料，簡單補充羅梅生平：羅梅， 1920 年出生，本籍廣東人（註：為廣東東莞人，客家背景），但祖上已經長期定居會安。羅梅在會安出生成長，自小聰穎，喜愛科學與音樂，14歲開始作曲，得到當時人們的喜愛。1936-1938 年赴西貢，接受更多的學習與磨練。後來回到會安，在 1939 年集合音樂人，成立愛樂會(Hội Yêu Âm Nhạc, Société Philharmonique)，由羅梅擔任會長，時年二十歲，這群愛樂青年後來多成為有名的音樂人。羅梅頗富愛國情操，與朋友共同創作不少革命歌曲(khúc cách mạng)，其中《青年與春天》最為著名，流傳最廣。日本法西斯佔領越南後，得知羅梅為作曲人，遭日本憲兵隊特意逮捕並殺害。

會安被遺忘的歷史

　　關於會安的歷史，相對於越南方面的豐富記錄，中國方面的記錄就少得可憐。會安是當時海上貿易的重要據點，但是在中國相關航海貿易的書籍，很少提及會安。主要的原因可能是，早期中國的海上貿易，對於在位在北越的交趾，向來無航海通商的興趣，[185]這由海上貿易的記錄可以看出，如宋代趙汝適(1170~1231)所著的《諸蕃志》說到交趾，表示「交趾古交州，東南薄海……，歲有進貢，其國不通商，以此首題，言自近者始也。」，[186]而中國的貿易記錄，與現今越南中部，多以占城為交流點，占城應為現今的歸仁，與會安仍有一大段距離。而占城後來為安南所滅，這些事實都發生在西方人來會安之前。因此我們要討論會安的興起是否與占城的變化有關，尚待進一步的資料。

　　按理說，西元 5 世紀，會安即是古代占婆國的著名港口，會安作為一個海港城市，有一千五百年的歷史了，按理說中國沒有理由不知道會安。或許因為會安並不是在中國的官方貿易路線上，所以相關記錄特別少。會安成為海上貿易的重鎮之後，已經是中國採行海禁之時。因此當時來會安的華人，其實是背棄朝廷命令者。明末清初僧人釋大汕曾在 1965 年訪問過會安，他在《海

---

[185] 王賡武，〈宋、元、明與東南亞關係的對比〉。《中國與海外華人》。台北：商務印書館出版，1994 年。頁 119--頁 136。

[186] 趙汝適，《諸蕃志‧交趾國》，楊博文校釋。北京：中華書局，1996 年。

外紀事》[187]中這樣描寫當時的會安唐人街:「蓋會安各國客貨碼頭,沿海直街長三、四里,名大唐街,夾道行肆比節而居,悉閩人,仍先朝服飾,婦人貿易,凡客此者必娶一婦以便交易。」若來會安的唐人仍穿著前朝服飾,表示在此之前已經到此,是前朝遺民。

現在我們對於會安早期歷史的理解,主要是來自西方航海家的記錄,[188]而非來自中國的資料。從這一點我們可以得知,僅僅依賴官方資料的歷史記錄,是如何的不足,會安因被歸類為私人貿易性質,因此在中國記錄上極為欠缺。王賡武認為,「關於這些社會集團由於沒有詳細資料,我們不知其詳,因為在中國人眼裏,這些社會集團不是合法的,故官方無記載。…。因而,我們只能通過首先是葡萄牙人,然後是西班牙人,荷蘭人,日本人,最後是1517年(正德12年)明朝重開海禁後中國人自己的記述,比較全面地瞭解分布在會安(Faifo)等地的商人社會。」[189]

即使我們將中國海上貿易的官方記錄,拿來和越南的相關記錄做比對,也會發現雙方的記錄有相當大的差距。以鄭和下西洋

---

[187] 《海外紀事》共六卷,由明末江蘇人徐石濂於清康熙35年(1696)寫作完成,清康熙38年(1699)刊行。徐石濂明朝滅亡後出家,法號大汕,於清康熙34年(1965)應越南後黎朝廣南阮主阮福淍(1675~1725)之聘到越南弘法。

[188] 如 Chingho A. Chen, Historical Notes on Hoi-An (Faifo). Carbondale: Center for Vietnamese Studies, Southern Illinois University, 1974.

[189] 王賡武,〈沒有建立帝國的商賈──閩南僑居集團〉。《中國與海外華人》。台北:商務印書館出版,1994年。頁91-頁118。

的事蹟來說，鄭和七下西洋，七次都以占城為首站。但是原為占城而為當今的歸仁(Qui Nhơn)，現在當地對鄭和一事並無記憶，[190]與東南亞其他各地，都有三寶公廟的情況大不相同，也與東南亞其他地區的華人，如馬來西亞、印尼、泰國華人，奉鄭和為華人的守護神，或是開拓南洋先行者的舉措大相逕庭。在越南的主流歷史論述，以及越南華人的歷史記憶中，很少有鄭和的相關事蹟。這裡我們討論可能原因，主要還是鄭和的事蹟，主要是和占城交流，而占城又被越南消滅，因此當今越南對於鄭和事蹟並不熟悉。

記憶的策略

會安羅氏家族對於羅梅的記憶是採用歌唱的方式，這是對於一個音樂家表示敬意的最好方法，同時這也是越南這個社會記憶羅梅的方法。雖然是短暫的青春，卻因為音樂的傳唱而被記憶。我們特別注意，這是極少數具華人身份而被列為越南革命英雄的

---

[190] 一位出身越南華僑的香港青年，在 2004 年到歸仁住了將近一個月。他寫道：「博物館裡找不到鄭和的資料，我把「Trịnh Hòa」（鄭和）寫在手掌上，問一名博物館中年主管阿叔，他看了看，用手指托一托眼鏡，又仔細看一遍，連我的手背也翻過來看，他終於開口問我：「鄭和是甚麼人？」我說是六百年前一隊中國船隊的領導人。阿叔煞有介事的走到辦公室的桌子抽屜裡，翻來覆去，我以為他找到甚麼資料，卻見他弄出一部金錢龜背那麼大的太陽能計算機，我正想他不會做出「那件事」嘛，他居然就如我所想般按著 2004 減 600 等如 1404。他說公元 1404 年，不知道有甚麼中國人來過。」資料參見 Pazu, Pazu's Asian Trip, 2004, (http://www.pazu.com/travel/trip2004/travelog/index00019.html)

例子。雖然不少越人可能有華人背景,但多半是隱而不彰,要成為社會主流,更不會突出華人背景。這與越南有少數民族背景的人,致力凸顯少數民族背景的情況大相徑庭。

音樂的記憶與文字的記憶不同,這是一種因為文化展演而形成的記憶,由於音樂的傳唱,使記憶可以很容易地穿越族裔社群的障礙,而成為越南華人與越南主流社會的共同記憶。羅梅的特殊個案,因為適逢民族革命勃發時期,革命歌曲正好可以廣泛流傳,使得唱出時代心聲的一曲可以歷久不衰。從這個角度而言,文化展演在傳承記憶上,雖然不具物質性,反而更得以持久。

文化展演具有更深邃的社會記憶,在會安古城的現代風貌也可以看得出來。會安雖然在貿易上因為航運的轉移而沒落,卻在當代因為其所保存的文化氣息而得到新生。會安城所存在的中國、日本與西方國家傳統的風格,由於傳統保存良好,得以吸引各地旅遊者前來。會安本地的傳統建築已經在 1999 年被聯合國教科文組織指定為世界文化遺產。然而會安不僅僅是傳統建築的存在,存在的更是屬於東亞傳統的文化氣息,是活生生的文化傳統。

結語：家族傳承、歷史記憶與遺忘

　　本文提供了興安與會安兩個家族的個案，並以當地的華人記憶來討論越南華人的歷史記憶與遺忘。這兩個地方是越南與中國早年貿易交流的重鎮，有大量歷史記憶的素材，而卻只有一部分被記住，一部分為後人所遺忘。本文由這兩個客家家族的家族史記憶出發，分析其不同的記憶策略。興安溫家將家譜刻在石碑上，而會安羅家卻以歌曲的文化展演，展現出不同的文化策略。

　　記憶的傳承有賴文字的銘刻，這是傳統越南及中國保留記憶的主要方式之一。越南一地留下大量的石碑，成為歷史記憶重要手段。然而因為也經歷獨特的語言文化轉換，使得石碑一方面是記憶的手段，同時也是存封傳統的方法。而文化展演的記憶方式，因為易於跨越族群界限，而得到不同族裔的接受。文化展演的記憶雖然不如文字記載清楚明白，但這兩種方式都廣被接受，成為一種淵源流長、歷久彌新的記憶方式。

　　由興安和會安兩地對重大歷史事件的遺忘，則顯示了歷史研究的有限性。由於缺乏官方資料的記載，越南華人歷史事件早已為中土原鄉所遺忘了，但卻在遷入地越南存在不同的歷史記憶。這兩個早期中越貿易都市所保有的歷史記憶，可以補充正史記載的不足，而由於中國與越南對同一歷史事件的記憶不相同，使得歷史的詮釋空間因而擴大，成為歷史與記憶交互作用中的案例。

參考文獻：

Bartlett, Frederic C., *Remembering*. Cambridge University Press, 1932.

Boyarin, Jonathan, ed., *Remapping Memory: The Politics Of Time Space*. Minnesota University Press, 1994.

Butler , Thomas ed., *Memory: History, Culture, And The Mind*. Oxford: Blackwell, 1989.

Caruth, Cathy, ed., *Trauma: Explorations in Memory*. Baltimore: Johns Hopkins University Press. 1995.

Chen, Chingho A., *Historical Notes on Hoi-An (Faifo)*. Carbondale: Center for Vietnamese Studies, Southern Illinois University, 1974.

Connerton, Paul, *How Societies Remember*. Cambridge: Cambridge University Press, 1989.

Darian-Smith, Kate and Paula Hamilton eds., *Memory and History in Twentieth-Century Australia*. Oxford University Press, 1994.

Deborah Battaglia, "At Play in the Fields (and Borders) of the Imaginary: Melanesian transformations of forgetting", *Cultural Anthropology,* 8:430-442, 1993.

Engel, Susan, *Context Is Everything: The Nature Of Memory*. Princeton University Press, 1999.

Fentress, James and Chris Wickham, *Social Memory: New Perspectives of the Past,* Oxford: Blackwell, 1992.

Halbwachs, Maurice, 'The Social Frameworks of Memory', in Halbwachs, *On Collective Memory,* L. A. Coser ed., Chicago: Chicago University Press, 1992.

Kuchler, Susanne and Walter Melion, eds., *Images of Memory: on remembering and representation.* Smithsonian Institution Press, 1991.

Lịch sử-Văn hóa Hưng Yên, *Đền Mẫu và lễ hội đền Mẫu.* Hưng Yên: 2004.

Nguyễn Văn Quý, "Xuân và Tuổi Trẻ- Tưởng Niệm Nhạc sĩ: La Hối", *Tưởng Niệm: Danh Nhân xứ Quảng.* Tulsa, Oklahoma: những ngày đầu xuân tân ty, 2001.

Nora, Pierre, "Between Memory and History" (Les Lieux de Mémoire [1984]). *Representations* 26, Spring 1989, 7-25, 1989.

Radstone, Susannah, ed., *Memory and Methodology.* Oxford: Berg, 2000.

Tanabe, Shigeharu, *Cultural Crisis and Social Memory: Modernity and Identity in Thailand and Laos.* Curzon: Routledge, 2002.

王賡武,〈宋、元、明與東南亞關係的對比〉。《中國與海外華人》。台北：商務印書館出版，1994 年。

王賡武,〈沒有建立帝國的商賈──閩南僑居集團〉。《中國與海外華人》。台北：商務印書館出版，1994 年。

呂士朋,《越南華僑史話》。海外文庫編輯委員會編輯，台北：海外文庫出版社，1958。

周勝皋編著，《越南華僑教育》。台北：海外出版社，1961。

海外出版社編，《越南華僑與華裔》。台北：海外出版社，1970。

張文和，《越南華僑史話》。台北：黎明文化事業，1975。

陳大哲，《越南華僑概況》，華僑協會總會主編。台北：正中書局，
　　1989。

陳慶，〈越南華人的人口學分析〉，黃漢寶、陳金雲譯。《八桂僑刊》。
　　2001 年第 3 期，頁 59-62。

黃仁夫編著，《臺山古今五百年》。澳門：澳門出版社，2000 年。

黃旭初，〈國軍戰敗避入越南經過補遺——武鴻卿率領越南建國軍
　　由龍州入越詳情〉。《春秋雜誌》，總第 274 期，1968 年，頁
　　38-52。

喬治・馬司培羅(Georges Maspero)，《占婆史》，馮承鈞譯。台北：
　　臺灣商務印書館，1973 年。

華林甫，〈中國傳統地名學對鄰國的影響：越南〉。《中國地名學史
　　考論》。北京：社會科學文獻出版社，2002 年。

華僑志編纂委員會編，《華僑志：越南》。台北：華僑志編纂委員
　　會，1958 年。

第八章

從族群政治看印尼華裔隱性族群

　　人群之中因為有差異而有不同分類，是自古存在的現象。然而認可不同群體可以平等的生活在同一社會中則是近世的事。族群政治廣義的定義是指政治上如何對待族群差異的問題。族群議題成為現代政治學的重要課題為時較晚，許多政治學的教科書甚至沒有將族群政治列入主題。早期開始討論族群政治，是受到美國 1960 年代民權問題的影響，族群政治原先被認為是少數移民國家的問題，後來才發現族群問題其實是普遍性的問題，可以說世界各國都有程度不一的族群政治問題。然而在早期偏重國族主義及國家獨立問題時，族群問題經常只被理解為國家內部整合的議題。後來才發現不同國家有原住民的問題，有多數族群及少數族群的問題，有殖民與移民的問題等等，特別在現代政治型態中，族群政治已經成為普遍性的議題，要面對如何處理國家內部族群差異的情況，因此幾乎可以說每個國家都有族群問題，沒有所謂的單一族群的國家。

　　本章將以族群政治的角度來討論印尼華裔的族群問題，特別
要討論的是隱形族群的政治策略。為了有更好的討論基礎，我們
要先討論族群觀念的形成，特別是族群觀念的變遷，因為一般性
的理論都是在處理族群顯性的案例，難以處理族群隱形的問題。
我們從族群的觀念討論起，這些觀念的變化無論是在學理上或是
大眾流行用語的用法對於族群政治的理解都是關鍵，在公共領域
中產生認可族群文化差異的價值。[191]討論的重點將放在族群政治
的形成過程中，族群身份制的運作方式。族群身份制的問題核心
是如何認定族群成員，誰是族群的成員？牽涉到族群形成背後的
基本原則，以及現代公民社會如何能在自由平等的原則下，處理
這個敏感的問題。以印尼華裔的例子，印尼的國家體制並沒有承
認印尼華裔是印尼的族裔，過去是採取同化政策，總是強調華裔
要更像印尼人一些，問題是印尼族裔本身就是多元族群，到底要
同化到什麼情況，或是哪一個族群，過去沒有很好的機會討論，
也缺乏同共的看法，最後形成壓抑華裔特色的政治型態，對於長
遠的族群關係是不利的。

---

[191] 有關多元文化族群在現代公民社會中文化價值的肯認，以美國社會的討論最
多，並且影響到世界各國對於認可多元文化的論述。參見 David Hollinger,
Postethnic America: Beyond Multiculturalism. New York: Basic Books, 2000.

族群觀念與族群政治

　　我們首先界定「族群」這個重要概念。「族群」是什麼？「族群」其實是個概念模糊的中文辭彙，是英文 ethnic group 的翻譯。雖然族裔因為差異而有不同的分類範疇是人類自古即存在的現象，但是將族裔差異歸結為族群現象，則是歐美國家在 1960 年代以後才出現的說法。「族群」可以指民族、民系或聚居部落，也可以依照人群的宗教、語言或文化傳統進行歸類。我們必須知道，「族群」在不同地區的界定方式會有不同，可以根據出生地、祖籍地、居住地、工作地或語言將人群歸類，但是如何成為大眾所認可的「族群」？則受到當地主流社會對於主要人群分類的影響。[192]

　　「族群」一詞的使用，最初由學術界引進，是在英文的族群理論脈絡中引入，現在中文世界已經到處充滿「族群」一詞。族群理論(theroy of ethnicity)是由西方社會理論完成發展而傳到中文世界，在英語世界中，ethnicity 及 ethnic group 的詞彙出現現代的意義，不過是在二十世紀的五十、六十年代才開始。這個名詞也是在最近 21 世紀初被社會科學家介紹到台灣，是中文世界首先使用「族群」的國家，現在在台灣已經成為使用頻率較高而取代其同等詞彙的名詞，因此在中文世界的流行，不過是最近數十年

---

[192] Ralph Linton ed., *The Science of Man in the World Crisis*. New York: Columbia University Press, 1945, p.347.

的現象。[193]雖然這一詞彙在不同領域有濫用的現象，然而其做為與族群理論對應下的族群意義卻是其最顯著的意義。現在恰是反省的時刻，由英文的族群理論到今日中文的族群之間，其意義應如何來界定。

西方族群理論所界定的族群(ethnic group)，是社會中的特定人群，其具有共同的文化傳承(A number of people with common heritage)，而認定這共同的文化傳承是因為有共同的祖先，也就是說，這個群體相信彼此是具有某種親族的意味(Sense of kinship)。因此，族群不僅是如一般認為的，指具有共同文化特質的人群，擁有共同的特質，若這樣的特質並非由家族傳統來傳承，仍不足以構成族群。同時，西方的族群理論中，也特別強調族群意識，必須要有共同的同類觀念，並且能顯示群體凝聚的力量(Group solidarity)，這才構成一個族群，即族群本身也是一個社群(ethnic community)。

英語中對 ethnic 一詞主要是用做形容詞，法語中保持了較多其希臘字根(ethnos)的用法，名詞為 ethnie，而形容詞為 ethnique。英語中另外一個名詞為 ethnicity，是族群特性(the essence of an ethnic group)的意思，為 ethnic 一詞的衍生意，故英語中無單獨名詞表達族群一義，所以 ethnic group 的合成詞來表達。族群一詞為新詞彙(a recent term)，到了 1953 年第一次出現在牛津字典(Oxford

---

[193] 王甫昌，《當代臺灣社會的族群想像》。臺北：群學出版社，2003 年。

English Dictionary)中，而到了六十年代美國民權運動發達時，才為社會學家採用，用來表示與主流社會不同的群體。[194]

在早期的希臘文中，ethnos 一詞是指異端(pagan)，特別是指非基督又非猶太教的異教徒。不論是早期在希臘字根中，或是現代意義的族群，這個概念本身都是用來做為區別自我與他人關係的分類概念，故其中包含兩層重要的因素，一是自我與他人的區別關係(self-other distinctions)，二是做為人群分類的觀念。由於是人群分類的觀念，因此在使用上以名詞為主，族群須要一個共同的名稱，用來指稱特定的群體，同時由於為區別關係，族群的名稱與描述，都會用以區別此一群體與其他人群。由於分類與區別的關係在族群理論中扮演核心的重要位置，常常會給人一種錯覺，以為族群內的個體都具備同樣特質，也同時會認為族群的區別很清楚，即族群的存在本身已經預設了區別的性質。

但很快地，族群研究學者發現族群的實現，遠較族群理論所預設的理想類型複雜許多。族群理論是由種族言論中發展出來，對於族裔類屬的分類，早已揚棄以生物學上的特徵為區分，文化事務的區分更加重要，文明、習慣、宗教、語言及其他文化屬性都是區分族群的特質，而由於文化屬性的性質各不相同，我們只能說，構成族群的差異因素，在不同的社會有不同的情況。有些

---

[194] Elizabeth Tonkin, Maryon McDonald, Malcolm K. Chapman, *History and Ethnicity*. London: Routledge, 1989, pp. 12-13.

社會中，宗教是重要的族群分類標準，在其他社會則未必，同理，在有些社會中文化習慣是重要因素，而其他社會則不重要。我們可以說，族群理論經過各種不同的案例修正過，變得較具有彈性，以適應不同的內容，因而在分析具體的案例時，我們仍然需要根據不同的族群特性加以修正。

一般而言，族群理論中所討論的族群，具有下列幾個特點，第一，有名稱以區別與其他群體關係(a common proper name to identify the essence of the community)，第二，相信有共同祖先，或是具有共同祖先的神話(a myth of common ancestry)，只要相信有共同祖先即可。第三，分享共同的歷史記憶(shared historical memories)，第四，具有共同的文化特質(elements of common culture)，第五，有共同的發源地或祖地(homeland)，第六，有團結的意識(sense of solidarity)。第七，可能有聚居的情況。

以上所提出的因素都是一般情況，必須要視特定情境來修正。以名稱來說，很多群體自覺為同類，但是名稱一直無法達成共識者，不乏有這樣的例子。而「相信有共同祖先」，有很多情況下，同一背景的移民被視為同一族群，其實未必相信有共同祖先，但不妨礙共同認為屬於同一族群。共同的歷史記憶與文化特質，在大部分的情況下很重要，但是卻很難深究何者為共同，因為在同一族群中有不同見解者也是常態。有團結的意識或是聚居可能很重要，但是不符合這樣情況的族群卻比比皆是。

　　此外，族群區分在多數的情況下，是在族群關係中界定，即同一社會中族群意識的高低，是在其不同群體之間的關係中界定。同樣一種條件的人群，可能在不同社會有截然不同的群體意識，例如，同樣是法國移民，在加拿大可能被視為一種族群，在澳大利亞則不被視為一種族群，這是因為加拿大長期有英裔移民與法裔移民的緊張關係，而澳大利亞則沒有這一層的關係。因此也有學者以衝突(conflict)來界定族群意識，認為具有族群意識通常是在衝突中界定或是強化，通常是在同一土地上的不同群體(two or more ethnic communities live in a territorial state)。[195]

　　而族群界限(ethnic boundary)理論，也是建構在同一社會中族群關係中。這派理論最早是由 Fredrik Barth 提出，現在成為族群研究中不可或缺的理論語彙。族群界限理論視族群是文化承載單位(culture-bearing units)，也是一種組織型態(organizational type)，族群界限導引社會生活，區分族群界限意味著同享的文化價值與道德標準。族群界限可能會因為改變，但是存在族群界限的情況則會在社會中持續。[196]Joshua Fishman 認為族群特性是在實踐中展現。族群文化遺產創造行為與表達方式，透過語言，族群文化遺產可代代相傳，歷久不衰。故族群的存在，是要在行動及表達中

---

[195] Donald L. Horowitz, *Ethnic Groups in Conflict*. Berkeley, CA: University of California Press, 1985.
[196] Fredrik Barth ed., *Ethnic Groups and Boundaries: The Social Organization of Cultural Difference*. Oslo: Universitetsforlaget, 1982, pp. 10-19.

得到認同，並且傳承。Fishman 認為只有在行動及表達中才會使族群文化傳承，而族群的持續有賴文化傳承。[197]Manning Nash 認為族群的界定通常是存在某些族群性的核心因素(core elements of ethnicity)，可以用來區別特定的族群界限，可以作為族群的標誌(maker)，其舉例以語言作為族群區分的標誌，語言能力的取得與族群有直接關係，母語能力是在族群社會生活中取得，這與長大成人以後所學習的語言並不相同。[198]

族群政治

何謂族群政治？政治就是眾人之事，關於眾人之事的公開安排，以及這種安排背後的原則及邏輯。而族群就是人群差異，特別是指可以透過世代傳承的差異，因此族群政治，就是對於人群差異所進行的公眾事務的安排。廣義的族群政治包含各種政體處理族群差異的問題，包含極權專制政體或民主政體，同時族群政治也可包含各種對待族群差異的方式，包含漠視族群差異，或是採取族群同化政策。[199]然而族群成為世界各國政治社會的重要議

---

[197] J. A. Fishman, ed., *Advances in the study of societal multilingualism*. The Hague: Mouton, 1978, pp. 84-97.

[198] Manning Nash, *The Cauldron of Ethnicity in the Modern World*. Chicago: University of Chicago Press, 1989, pp. 26-27.

[199] Milton J. Esman, *Ethnic Politics*. Ithaca: Cornell University Press, 1994.

題，是現代政治的新發展，因此也有狹義族群政治，即承認族群
事務在政治上為重要議題的政治，或是稱為「族群肯認政治」。[200]

　　我們必須區分族群認可政治與族群優勢統治的不同，族群政
治很容易讓我們以為，政治訴諸的是個人的族群背景出身，如果
一個國家有某一族群佔盡優勢，或是一個國家相關的文化政策都
是反映優勢族群文化，即為族群優勢統治。如果優勢族群是外來
族群，則成為殖民統治。族群認可政治則必須照顧所有不同的少
數族群，使所有的少數族群感到其文化傳承受到尊重。

　　族群政治在現代民主政治發展上形成重要的挑戰，成熟的民
主政治就是要基於對族群事務的瞭解，進而發展出合宜的族群事
務規範，與公民政治同步發展。「公民」與「族群」是現代民主政
治中兩個不同方向的關鍵詞，公民政治中所強調的公民身份，是
人人平等，公民的權利義務，並不因個人背景的差異而有所改變，
族群認可政治則強調族群的權益，因此與公民政治的基本原則有
衝突。民主化運動在各國的過程中，過去只強調公民政治，漠視
族群事務的重要性。後來各國出現了許多族群爭議與問題，甚至
產生後果嚴重的衝突。[201]因此如何協調「公民」與「族群」的兩

---

[200] Will Kymlicka, *Multicultural Citizenship*. Oxford:OxfordUniversity Press, 1995,
p. 42.
[201] Milton J. Esman ed., *Ethnic Conflict In The Western World*, Ithaca: Cornell
University Press, 1977.

種不同偏重,成為當代民主政治的一個重要課題,[202]許多民主政治的先進國家,都發展出符合自己國情的族群政治,成熟的民主政治便發展出許多細緻而周詳的考慮。

族群身份的認定必須考慮族群議題的敏感性,在具體的操作中必須有細緻的作法。在族群政治的運作下,一方面希望保障少數族群的權益,因此需要對誰能享有權益應有明確的認定,另一方面,為了尊重個人對於族群身份的選擇以及對待方式,我們不能對族群文化採取強制的立場。族群身份的問題在於,是否對全體公民採取族群身份登記制。族群身份登記會涉及是否享有少數族群的權利義務,但是另一方面,如果採取登記制度,則無形中對於公民造成區分,使得族群的區分擴展到族群事務以外的範圍。族群登記制在公民政策中必須小必從事,否則反而易於形成族群的歧視。

世界各國對於這個問題採取完全不同的作法與立場。在中國將所有公民區分為五十六個民族,所有的公民都有一個民族識別的範圍,而且在各種場合都展示這個民族屬性,也就是說在台灣已經改稱為族群的範疇,在中國以民族稱之。對於多數的漢人,都是登記為漢族,而各個少數民族則分別登記不同的民族類屬。少數民族與漢族在權利義務上並不相同,例如漢族的一胎化政策

---

[202] P. Riesenberg, *Citizenship in the Western Tradition: Plato to Rousseau*. Chapel Hill: The University of North Carolina Press, 1992.

實行範圍十分嚴格,少數民族則加以放寬。同時由於少數族群享有特別的權利,許多原屬少數民族而漢化者想要恢復少數民族身份,因此中國進行了大規模的民族鑒別工作。就中國的民族政策而言,認為這種登記制是進步的做法,改正了長期以來漢族對於少數民族採取同化政策的民族壓迫。

社會主義國家體制對於民族問題一向謹慎,因為受到俄羅斯的民族政策的影響,多半採取全民登記制。除了中國以外,越南也是採取全民登記制的做法。在越南與中國的例子中,漢人內部的差異則並不是民族差異。一般而言,在對待少數民族問題時,在屬於非政治性的權益上,儘量採取優惠的政策,因此社會主義國家對本國的民族政策都頗為自豪。但是這些社會主義國家的民族政策,卻受到來自民主國家的批評,認為這種登記制度反而成為族群不平等的來源。

非社會主義國家也有採取全民登記制,例如在伊斯蘭主導的國家中,對於族群成員也是採取登記制。由於伊斯蘭採取政教合一的態度,公民成員是否為穆斯林是十分關鍵的事,如果是穆斯林,則必須接受伊斯蘭法庭審判,在權利及義務方面,與非穆斯林是截然不同。我們以馬來西亞為例來說明,在馬來西亞,族群成員的身份十分固定,如果是馬來人,也必須是穆斯林,並且接受伊斯蘭法庭的審判。如果是華人,則多半不是穆斯林,則不需要接受伊斯蘭法庭的審判。除了宗教事務有區別之外,族群別在其他社會生活也有不同的區分，例如在新經濟政策(New Economic Policy)的安排下，[203]華人在公司的股份持股有一定的限制，在入大學的名額也有一定的限制，這些政策都需要有一個明確的登記制度來支撐。[204]

無疑的這種登記制為人所垢病，因為族群身份的不同而享有不同的待遇，這是公民政治的一大缺失。因此這些對公民採取身份登記制度的國家，在國際評價中被認為是存在族群事務制度性歧視的國家。同時國家權力的擁有者很容易利用國家的權力來規範人民對於族群事務的安排，當族群事務為少數人所左右時，族群內部的個人意志難以得到尊重，因而形成對族群成員個人意志的壓抑，很難被認為是民主政治的範例。[205]

即使是民主體制國家，對於族群成員的身份應該如何認定，也有不同的做法。一般而言，民主國家對於族群成員的身份，盡量不做個人身份的對應。有些國家認為，族群認定是主觀性，因為在每一次的普查中都採取由當事人認定的做法，同時族群認定是屬於個人隱私，普查的資料不會用在其他的社會生活之中。有些國家甚至取消了普查資料中族群認定的項目。

---

[203] 1970 年由馬來西亞政府所提出的社會改造計畫，原意在消弭馬來人與其他族群的社會經濟隔閡，後在 1990 年撤銷。

[204] Alvin Rabushka, "The Manipulation of Ethnic Politics in Malaya", *Polity*, 2(3): 345-356, Spring, 1970, p. 350.

[205] Donald L. Horowitz, "Three Dimensions of Ethnic Politics", *World Politics*, 23(2): 232-244, Jan., 1971, p. 237.

在民主國家，對於族群身份的印記採取相當審慎的態度。我們舉具體的例子來說明這個問題，以日本的部落民為例，由於日本過去有針對部落民的歧視，部落民在日本封建時代的階級社會中被定為「賤民」身份、只能生活在指定的村落、從事被指定的皮革產業。日本的戶籍登記後來雖然取消了種族別的登記，但是有經驗的人仍然可以由戶籍登記的資料輕易地確知個人的族群別，如果查到個人的戶籍資料便可以知道是否出身部落民，因此戶籍登記便成為日本部落民在就業及婚姻方面仍受到歧視的印記，成為日本到現在仍受到國際關注的人權問題之一。

族群顯性政治與族群隱性政治

族裔政治的理論，可以美國政治學家 Milton J. Esman 的理論做為代表。他的族裔政治理論最富名氣，經常為各種討論族裔政治的研究著作所引用，其著作也成為政治學課堂討論族裔政治的必讀經典。而族裔政治理論的影響範圍日廣，Milton J. Esman 是將族裔政治問題帶到國際關係研究，也是強調以族群衝突作為研究族群政治的學者。[206]他同時也是發展研究、衝突管理、和平研究與農村研究等領域的學者，自然引起各界的重視。Milton J. Esman

---

[206] Milton J. Esman and Shibley Telhami, eds., *International Organizations And Ethnic Conflict*. Ithaca: Cornell University Press, 1995.

對東南亞政治概況頗為熟悉，其較具知名度的個案研究即為馬來西亞的研究。[207]

回顧過往族裔政治的主要研究課題，對比族裔研究理論，與印尼華裔問題做比較，不難明白差異所在。就族裔政治研究而言，許多的個案研究是集中在族裔問題成為政治上的主要議題。例如北愛爾蘭問題，柯索伏問題等，族裔之間的衝突是當地政治主導性的議題。然而印尼華裔問題，是一種隱諱的族裔政治，華裔問題並不構成新秩序時代的主要議題，甚至在絕大多數的情況下，連構成議題的基本條件都沒有，印尼政府避免提到華裔，而其政策是同化政策，希望有一日華裔不再具有華人特性，而當時印尼華裔多半十分低調，遠離政治，很多情況下甚至壓抑自己的華人特性，遑論在政治上掀起議題。

而多數的族裔政治，做為少數或是弱勢的族裔，多半有其政治上的訴求。政治上的訴求最強烈的有要求獨立，也有要求政治上的自治，也有最低限度的要求公民權利的保障，在這方面的研究以東歐前蘇聯國家的例子最為顯著。[208]而在印尼華裔方面，政治上的訴求並不明顯。更有的是，新秩序時期華裔沒有組織團體的集結，自然也缺乏任何集體意志的表述，也沒有政治領袖出現，

---

[207] Milton J. Esman, *Administration And Development In Malaysia: Institution Building And Reform In A Plural Society*. Ithaca: Cornell University Press, 1972.

[208] John Ishiyama, "Ethnopolitical Parties And Democratic Consolidation In Post Communist Eastern Europe", *Nationalism & Ethnic Politics*, vol. 7, no. 3, 2001, pp. 33-56.

可以代表華人心聲，華人個別的意見甚至缺乏管道表達。也有許多有關族裔的研究將族裔問題與土地及領土問題直接連繫起來，有的討論來自東歐的少數族裔對特定領土的權利而引起族裔意識的高漲，甚至可以引起政治上的分離主義運動。[209]此外，來自澳洲、加拿大與南非的例子則顯示對土地處置權利的爭議形成族裔運動，是由於少數族裔擔心其成為國家政權的犧牲品。[210]然而印尼華裔問題的性質與這些問題迴然不同，印尼華裔並未有族裔權益的要求。

也有一些研究是因為存在具體的衝突而引起。有不少的關於族裔衝突的論著試圖將族裔衝突的根源帶到資源的爭奪，或是對經濟利益的不平衡關係。[211]這類的研究在族裔關係研究上有很大的吸引力，很多研究試圖證明，某些族裔問題最終可化約為階級的問題，而印尼華裔問題由於華裔明顯的經濟優勢，更加容易引起研究者尋求化約的原因。[212]在討論族裔衝突時，Chester Crocker

---

[209] Guntram H. Herb and David H. Kaplan, eds., *Nested Identities, Nationalism, Territory, and Scale*, Lanham: Rowman and Littlefield, 2000, pp. 5-7.

[210] Jacob T. Levy, *The Multiculturalism of Fear*, Oxford: Oxford University Press, 2000, pp. 204-221.

[211] Steve Majstorovic, "Politicized Ethnicity and Economic Inequality," *Nationalism and Ethnic Politics*, Vol. 1, No. 1, 1995, pp. 33-53.

[212] 楊聰榮，〈從社會經濟觀點剖析經濟危機與印尼排華情緒〉。《東南亞經貿投資研究季刊》，第十三期，頁 1-12，2001 年。

特別討論了印尼狀況，以為族裔眾多而地理分散的印尼是為討論族裔衝突的好例子，但卻獨獨漏了印尼華裔族裔問題。[213]

如果從 Milton J. Esman 的族裔政治的理論來看，族裔性成為政治議題(Ethnicity as Politics)，華裔問題在印尼政治結構中的確起了一定的作用，因此這是不折不扣的族裔政治問題。當 Milton J. Esman 在 1994 年出版《族裔政治》這本書時，一開頭以列舉的方式將各種族裔政治的例子提出來，由因為族裔問題而發生戰爭的巴爾幹國家，到涉入洛杉磯暴動中的非洲裔、白人與韓裔的衝突都算在內。[214]然而這本族裔政治的經典之作，列舉了各式各樣的族裔政治例子，卻沒有將印尼華裔問題列入考慮。足見印尼華裔問題在當時尚未引起族裔關係研究者的注意，或者說研究者未能防微杜漸，即使印尼華裔問題在印尼政治上是存在已久的情況，族裔政治與印尼政治的研究專家，蘇哈托政府在新秩序（Orde Baru）時代長達 30 幾年的時間內，並沒有將問題放到族裔政治的脈絡來研究。

我們要注意同一個社會之中，不同族群到底會採用族群隱性或是族群顯性的策略，來做為族群的最佳利益，往往也不會相同。以日本為例，部落民認為消除他們的族群印記是避免歧視的最好方法，因此他們的立場希望能夠消除其印記。然而同樣在日本社

---

[213] Chester A. Crocker, "How To Think About Ethnic Conflict", *Ethnic Conflict*, 7(10): 5-6, 1999.

[214] Milton J. Esman, *Ethnic Politics*. Ithaca: Cornell University Press, 1994. p. 13.

會生活的少數民族，例如在日朝鮮人卻選擇了另外一種策略，他們仍然保留他們的姓名以及生活習慣。對他們而言，族群的最大利益是保持文化差異。兩種不同的族群策略並存在一個社會，由此可知族群身份的界定到底採取隱性或是顯性的方式比較好，當視不同的情境而定。有很多情況下，要求族群成員保持族群外顯文化差異並不是最理想的作法，反而保持隱性族群的做法比較能夠達到避免歧視的情況。

族群顯性政治個案研究

原住民在公民政治的實踐中，具有特殊性，目前已經為世界上重要民主國家認可。也就是說在公民政治中強調人人平等，然而原住民則享有特殊權利的待遇。關於原住民的定義及認定，其實世界各國的標準差異很大，如何認定原住民很難找到普遍性原則。然而現在原住民權利保障已經得到聯合國及其他多數國際組織認可，一般而言，原住民或土著是指某地方較早定居的族群，而現在仍有族群一部分保留某種程度的傳統生活形態，由於原住民的形成是其他國家在其傳統活動領域上所進行的殖民及移民事業而造成，因此國際上形成規範，認為原住民的權利應予保障，生活方式應予尊重。

　　原住民在現代國家中享有比大部分公民更好的權利，一般視為是現代民主國家公民政治的特例，最主要是因為原住民被認為在現代國家建立之前，即與特定領域有傳統而長期的關係，原住民因而具有特殊的優惠待遇，與一般族群不相同的地方。為各國的族群政策中，原住民往往處於比其他的族群更優越的地位，在目前各國的族群身份認定上，原住民多半採取身份認定，以區分何人具有原住民的地位。

族群隱性政治個案研究

　　香港新界原居民原來近半數為客家人，雖然有很好的條件來保持其傳統文化，但是其客家意識卻隱沒不彰。在政治上，香港的英國殖民統治是形塑新界風貌最具關鍵性的一環，尤其是香港政制中對於新界地區的特殊安排，對於客家意識與香港原居民意識的消長，實為很關鍵的因素。自 1898 年英國政府與中國政府簽署協議，將界限街以北、深圳河以南的廣大土地納入香港版圖，居住在這個地區的村民就取得了新界原居民的權利，而客家這一範疇，就隱沒在新界原居民之中。

　　所謂的原居民其實是英國人懷柔政策的產品。在 1898 年英國政府取得新界土地時，當地居民激烈反抗。據稱居於新界的原居民，多以客家人為主，本來廣東人性格已經是比較剛烈，而客家人的性格更為剛烈。英國人由於統治馬來西亞，對華人鄉民事務有所理解，改以懷柔政策，在香港殖民地上實施原居民特權政策，讓他們擁有界限街以南地區居民不能享有的特權，維持他們原有的社會架構，於是一個新的族群產生了，在十九世紀曾經因為土客械鬥而涇渭分明的兩群人，[215]自此放在同一指稱之下，在後來香港的公共事務中大都是「新界原居民」出現，而不再強調土客之別。

新界原居民享有特殊的土地權益，英人對新界只是租借，因此將新界土地的使用權開放給原居民，「丁權」，即原居民凡男丁即可以建丁屋，而且移民英國者獲得優先。這些特權導致了新的社會變遷，或者收租及出售土地，或是移民英國。從事農業人口日益減少，農村凋敝。在香港地產狂飆初期，市區居民遷入新界後，新界土地的價值大幅上升，使不少原居民變成富翁。新界因為存在這種特殊利益，因而有特區中的特區之稱。

當新界原居民成為比客家人更具有社會意義的分類，於是香港客家人很少強調客家意識。英國在新界租界區的特殊政策，雖然尊重原居民的傳統風俗習慣，弔詭的是，這個 99 年不變的新界政策，實際上卻創造了新的文化觀念。至少原來在土客械鬥時意識高漲的客家意識，在新界政策中卻慢慢被消熔於無形。從政策

---

[215] 瀬川昌久(Segawa Masahisa)，《客家 ： 華南漢族のエスニシティーとその境界》。東京：風響社，1993 年，頁 105-112。

的角度來說,這是一個成功的政策,使得原來不服殖民統治的鄉民接受了香港政制的安排。從新界客家的角度來說,可以說是客家移入新界本地化歷程的一部分,在新的族群分類下,客家成為土地的主人,不需要再為所謂的本地化而努力掙扎。

而新界政治的發展,也連帶使得在新界的客家文化,遠離香港社會的主流。新界政策使得新界原居民更重視原居民權益的保障,而使得原居民的習俗,被香港主流社會視為不合時代潮流。例如新界丁屋傳子不傳女的傳統,曾經造成香港的婦女團體抗議,甚至立法局議會要立法改正,而新界人的反應則是反對都市人的干預,這使得兩者在意識上越行越遠。於是大眾傳播論及客家文化時,多半認為老土且不合時宜。由於社會大眾對客家文化存在這樣的刻板印象,要產生認同感是十分困難。

印尼華裔與族群隱性政治

前述的族裔政治理論,對於處理印尼華裔問題確有滯礙難行之處。深究其原因,與族群政治理論對於族裔問題的看法有簡化傾向有關係。前述以族裔衝突或是族裔爭奪資源等的看法是一例。這裡打算以進一步以族裔政治理論的具體例證與印尼華裔的情況做對照,以突顯印尼華裔政治的特性。

　　從 Milton J. Esman 的族裔政治理論中，可以清楚的看到其論述的野心，希望包涵各種不同的族裔政治的情況，因此對於族裔現象的形成採取比較廣泛的說法，認為族裔多元化來自征服、殖民與移民(Conquest, Colonization, and Immigration)，也特別討論了散居裔群(Diasporas)與原鄉(Homelands)的關係，[216]也值得用來討論印尼華裔的情況。

　　Milton J. Esman 族裔政治理論比較特殊的地方，是將因為移民而造成的族裔分殊現象相對化，分為原鄉型族裔(Homelands-based ethnic communities)與散居裔群型族裔(Diasporas communities)，即並不把本地族裔(local ethnicity)與移民族裔視為當然，而是族裔因為發展出本地政治傳統而成為本地族裔，因此散居裔群也可能產生定居形態而成為本地族裔。[217]

　　而對散居裔群(Diasporas)則再分成三種類型，一是定居者(Settlers)，餘下再細分為資產者裔群(Bourgeois Diasporas)與勞工裔群(Labor Diasporas)。定居者即將原為移居身份者轉換為本地族裔，宣稱具有原住民的地位(claim the status of native sons)。而資產者裔群與勞工裔群則以是否較本地族裔在經濟條件上佔優勢來區分，如果較佳則為資產者裔群，否則是勞工裔群，這些條件可以是較佳的教育程度或是經商技巧等。Milton J. Esma 特別提到了中

[216] Milton J. Esman, *Ethnic Politics*. Ithaca: Cornell University Press, 1994, pp. 2-8.
[217] William R. Beer and James E. Jacob, eds. *Language Policy and National Unity*. Totowa, NJ: Rowman and Allanheld, 1985, pp. 438-440.

間人少數集團(middleman minorities)，並且舉例東南亞的華人與西非的印度人，而將之放在資產者裔群的範疇。[218]

印尼華裔至少還可以放在這個架構來理解，華人在印尼出現的歷史原因是殖民與移民，我們還可以補充說明，其實印尼華人因為移民歷史較長，其實是三種類型的定居者都有。例如爪哇的土生華人與加里曼丹的客家人應為定居者，移民的時間早，很早就成為本地族裔。爪哇的土生華人是早年華裔與木地人通婚而形成的特殊族裔，而加里曼丹的客家人則有蘭芳公司的歷史，都是很早在當地本地化的族裔。[219]印尼華人早期以華商居多，屬於資產者裔群，然而華人數目在十九世紀末到二十世紀初快速增加，以體力勞動者為主，則是屬勞工裔群，如蘇北、廖內、邦加、勿里洞等地的華人即是。印尼華人的組成固然比較複雜，但是大抵不脫上述族群政治理論所描述的範圍。

族裔團結是指對於族裔成員產生對族裔的義務與責任，[220]族裔政治運動是指由族裔間的差異而轉換成在政治上的訴求，而產生社會行動。[221]然而印尼華裔與政治的關係卻沒有表現出如Milton J. Esman 所描繪的情況，最明顯的不同是印尼華裔並沒有出

---

[218] Milton J. Esman, *Ethnic Politics*. Ithaca: Cornell University Press, 1994. pp. 8-9.

[219] 關於加里曼丹的華人建立蘭芳公司／蘭芳共和國的歷史，參見羅香林，《西婆羅洲羅芳伯等所建共和國考》。中國學社，1961 年。

[220] Milton J. Esman, *Ethnic Politics*. Ithaca: Cornell University Press, 1994. pp. 9-16.

[221] Milton J. Esman, *Ethnic Politics*. Ithaca: Cornell University Press, 1994. pp. 26-31.

現族裔團結(ethnic solidarity)的要求，這種情況與 Milton J. Esman
所熟悉的馬來西亞華人的情況大異其趣，顯然是與前述印尼華人
的組成複雜有關。由於欠缺族裔團結與族裔政治運動(Ethnic
Political Movement)，使得印尼華裔政治是以隱性政治的型態出現。

造成這種情況與印尼華裔的特性有關。從人口結構而言，印
尼是世界上人口第四位的大國，印尼的華裔雖然人口絕對數不
小，一般的預估從六百萬到八百萬人，無論如何都是比香港的人
口要多，但在人口眾多的印尼，僅僅佔約百分之三到百分之四的
人口，很明顯華裔在印尼的比例較低。這個百分比在政治結構來
說是個極尷尬的數字，說多絕不算多，沒有任何政治上的影響力，
說少也不算少，沒有辦法隱藏起來而不被注意到，所以歷來對華
裔社群來說，應該如何回應政治領域的勢力，始終是個搖擺而不
確定的議題，也因此產生性格迥異的族裔政治。

我們可以倒轉族裔政治理論的命題，即詢問印尼華裔為何沒
有顯著的族裔團結及族裔政治運動出現。就政治性格而言，印尼
華裔的絕大多數是希望遠離政治的，印尼華裔被描述為不具有政
治性格(apolitical)，向來對政治表現冷感，只希望政局平穩，個人
得以安居樂業。這種反應是有其歷史背景，由於五十年代及六十
年代時華人曾結集在蕭玉燦(Siauw Giok Tjhan)所領導的印尼國籍
協 商 會 (Baperki, Badan Permusjawaratan Kewarganegaraan
Indonesia)，積極參與國事，但是在 1965 年發生被政府指為印尼共

產黨發動的流產政變，國籍協商會被指為印共組織，不少華人因而被捕或受到迫害，因此多數華裔對於政治仍是心有餘悸。[222]多數印尼華人對於華裔問題，或是如何在制度面中爭取華人的權益，可以說是漠不關心，多數人只關心個人事業的發展。

要理解何以印尼華裔與政治的關係何以成為隱性的族裔政治，必須從新秩序的政治結構來理解。在新秩序的政治結構下，華裔要迴避政治是不可能的，特別是以華裔在印尼社會的重要性來說，當華裔群體多數迴避政治權力時，反而使得當權派易於在政壇上操縱族裔課題，只要找出極為少數的族裔成員做代表，即可象徵性在政壇上引入族裔課題。華裔商人經常被批評為國王的人馬，因為少數富可敵國的華裔商人與蘇哈托過從甚密。即使這樣的人為數甚少，完全無法反應印尼華人的情況，也毫無代表性，不幸的是，印尼當地輿論論及華人問題，必然要提起這種政商關係。然而除了一部分富商和當權派關係匪淺之外，傳統上華人社區在選票上都是支持執政黨專業集團。一直到了 1998 年五月排華暴動發生以後，華人社群在選舉上才轉為支持改革派政黨。

而族裔政治的特性是，只要有少數人做代表，其象徵意涵就會推到全體，即使這些少數人不具有代表性，仍然會被引申為代表族裔勢力的發展，正好是印尼當權者一再玩弄的政治遊戲。這

---

[222] Hering, Bob ed. *Siauw Giok Tjhan Remembers: A Peranakan-Chinese and the Quest for Indonesian Nationhood.* Queensland: James Cook University, 1982.

種情況，便發展出印尼式的族裔政治特色，即族裔問題在政治上是隱性問題，華裔並不希望在政治上有族裔特殊權益的主張，而少數的華裔政治人物也不會突顯其華裔特性，更不會為華裔權利伸張，於是掩抑族裔特性，就成為印尼華裔問題的特質。

印尼華人如何融入主流社會的方式

印尼華人融入主流社會是個具有高度時代性的問題，我們要思索地並不是印尼華人要不要融入主流社會的問題，而是要問在什麼時代？人們如何思考這個問題？為什麼會這樣思考？或者這些不同方式會有怎樣的發展？本文將討論的時間軸簡單以1998年為界分為過去與現在，以華人文化在印尼的肯認為主題，討論人們如何思考融入主流社會。筆者認為過去與現在討論同樣問題，在結構上有很大的不同，就華人內部而言，過去華人內部被認為分為土生華人及新客華僑，如今這種分類已經不具有重要意義，就印尼社會而言，過去印尼被認為有自己的社會結構，不能與其他國家相提並論，現在印尼成為民主國家，人們自由討論問題，各種公民政治的思潮都拿來討論印尼的相關問題。文中引用肯認少數族群政治的理論，認為印尼華人的問題是在於其族群文化的特殊性未被肯認，因此未來討論融入主流社會，應以爭取族群文化的肯認為主軸，參與主流社會才是族群長遠良好發展之計，而非迎合主流社會的偏見，同時應重視爭取肯認的過程，在互動中教育多數的族群，使其學習尊重少數，體現現在公民社會的重要價值。

印尼華人要不要融入主流社會？確是從事印尼研究者耳熟能詳的議題，因為過去不同時代中，也一直有人提出這樣的問題，使人不禁有一種感覺，即提出這樣的問題本身就值得討論。另一種常常見到的討論，是有關印尼華人對印尼的貢獻，也是不同時代中經常會被提起的說法。[223]筆者主要想討論的是，為什麼這個問題會一再被提出來呢？以及潛藏在這個問題的背後，是什麼樣的社會結構，這個的社會結構，可分為華人內部、印尼社會兩個部分加以討論，思考對印尼華人問題究竟能有何幫助。

我們先在時間軸上將問題區分為過去與現在，而不是一般人所經常提到不同朝代或不同政權。首先我們從印尼華人內部談起，討論過去印尼華人的基本前提，都是存在不同性質的華人，因此在過去討論印尼華人問題時，必然同時會討論到印尼華人的分類，而這樣的前提在不同朝代或不同政權都一直存在。很重要的地方，在分類上都以親印尼或是親中國，做為分類的標準。這種二分法的存在，對我們討論的問題有其重要性，因為二分法的存在，使得問題的提出已經預設了答案。

---

[223] 楊聰榮，《新秩序下的混亂—從印尼暴動看華人的政治社會關係》。台北：台灣國際研究學會，2007 年。

筆者認為，現在討論印尼華人問題，上述那種將印尼華人二分的情況已經變得無關宏旨，而造成這種改變的分水嶺，應該可以用 1998 年的五月暴動做為標誌。在此之前，華人問題並不是在平等的狀態下進行討論。1998 年之後，華人問題成為世人所注目的焦點，才有機會重新思考華人問題的本質。[224]而在此之後，無論是哪種背景的華人，都認知了華人的命運實際上是休戚與共，華人的內部分類並不影響印尼華人命運的問題，經過一個長時期的壓抑華人特質，也使得原屬各種不同背景的華人情況變得更一致。在這種情況下，考慮華人問題就不能與過去一樣，採取一種片面要求華人族群改變的立場。

印尼華人融入主流社會問題的歷史

對於印尼華人問題的討論從一開始，無論是荷屬東印度時期，或是印尼建國以後，不管是蘇卡諾時期，或是蘇哈托時代，通常存在對印尼華人的分類，最常見到的是有關新客華僑(totok)及土生華人(peranakan)的分類，這種分類的存在，應該可以算是印尼華人議題的特色。考慮其他國家的華人移民，雖然也有類似「三代成峇」的現象，表示華人很快地會被當地文化所同化，卻未必

---

[224] 楊聰榮，〈轉捩點：五月暴動在印尼華人史上的意義〉。《印尼焦點》(Indonesia Focus)，12 期，April，頁 26-29，2003 年。

會用分類的方式來討論。例如美國，人們會用新僑、老僑來討論華人社會，卻不致於將新僑、老僑視為兩個不同的族群，在其他華人移居的國家應該也有類似情況，如果對比其他國家的移民，也會發現類似的差異，即移民內部各有不同的情況，但一般未必會存在這種分類結構。大抵我們可以理解，就這一點，印尼華人的情況是有其特殊性的。

存在一個穩定而分岐的對立分類，是印尼華人過去的特色。值得注意的觀察點是，這種分類多半是以與印尼本地社會的關係，做為分類的標準，即是否同化於當地的社會文化。因此這個分類標準的存在，與所謂的華人問題是相伴發生。因此華人問題提出來時，必然會提到與本地主流社會的關係。同時在提出這種問題時，必然會使印尼華人陷入一種道德上的兩難。因為當問題是以這樣的方式提出來時，兩方面的標準都包含一種道德性，從比較接近主流社會的角度，在提出印尼華人融入主流社會問題時，就隱含有一種還有人沒有融入主流社會，必須加以改變的意味，從另一端提出來的意見，則認為接近主流社會，會使華人族群失掉原有的華人特質。這兩種不同的觀點，都有強烈的道德性，就群體問題而言，提出這一類的問題，通常帶有強烈的自我改造的意味。

類似的分類在印尼社會不同地方很容易見到，有人提到印尼文中的 totok 及 peranakan 的分別，並且在不同的時期有不同的分類方法，荷蘭人進行普查，日本利用荷蘭人的普查再做整理。到了戰後處理國籍問題時，又根據國籍情況的不同，做出不同的分類。我們可以很容易的舉出例證，來說明這種分類的存在：

在爪哇的華人通常被分成二類。第一類，在 Peranakan，他們說修正過的馬來話，穿當地的衣服，吃的東西也是爪哇流行的，而且對於其爪哇鄰居維持積極的社會關係，大部分都遵守爪哇的文化規範。然而，他們同時維持中華文化的核心成分，如崇拜祖先和家庭組成。第二類，在 Totok 或 Singkeh,最近才到爪哇而且存在維持說華語的文化，穿華服或西服，吃傳統的中國食物，並且相對地較少和爪哇人有社會接觸，大部分都忽視和爪哇人有關的社會交互作用及規範。而 Totok 存在較多可見的中華文化成分。[225]

實際上，不同的論述存在不同的分類結構，不一定與上述完全一樣的。如在荷屬時期的印尼華人政治領袖，將印尼華人分成三派，一派是親中國派，一派是親荷蘭派，另一派是親印尼派。提這個意見的華人領袖，自認為是親印尼派，從他的主張來看，當然是認為他自己的主張才是正確。我們考察當時討論同樣問題的華僑社團，同樣也提出類似的分類，而在當時的分類是華僑及僑生，很顯然的，華僑社會對於僑生未能保持中華文化傳統感到十分鄙夷。這種情況在不同的時代有不同的具體內容，但是型態

---

[225] L.A. Peter Gosling and Linda Y. C. Lim, "Chinese Patterns of Adaptation in Southeast Asia", The Chinese in Southeast Asia, volume 2: *Identity, Culture And Politics*, Singapore: Maruzen Asia, 1983, pp. 15-28.

上都是類似。即印尼華人的特色,是在於內部的異質性很大,各地印尼華人其實各有不同的移民歷史與文化特色,應該是很難放在同一個範圍內來討論。

在這種基本架構下,每一次華人問題被提出來之後,最後華人的作為經常是被檢討的對象,因為不同文化特質的人被放在同一個範疇內被檢視時,某種被認為非本地作風的行徑很容易被注目,因此華人社會總成為被檢討的對象。[226]而討論印尼華人問題時,因為人口結構的限制,通常難以改變主流社會,因此最後結論會導致要求華人做出改變。

筆者認為今天討論同樣的問題,與過去有極為不同的基本條件。首先是華人社會內部結構的變化,今天討論問題時還強調土生華人與新客的差異,變成無關宏旨。主要的原因是經過這些年來的變化,土生華人與新客的下一代在印尼社會的成長背景越來越相似,印尼本地的影響隨著時間的推移越來越明顯,同時受到西方文化影響也很明顯,也同時面臨各地華人文化傳統復興的影響。所以討論起華人問題時,我們不必再拘泥過去的問題結構。我們如果將華人問題放在印尼這個大環境中,會看得更清楚。

在這樣的條件下,印尼這個國家的條件也不相同了,現在國際間討論東南亞政治,已經將印尼放在民主國家之流。印尼過去

---

[226] 楊聰榮,〈暴動歷史,族群關係與政治變遷:印尼歷史上的政權轉移與反華暴動〉。《南洋學報》。第 54 卷,頁 5-21,2000 年。

有很多政治問題無法自由討論，這些現象不復存在。我們現在討論印尼問題，不應受限於過去的格局，，我們現在可將應用於其他國家的標準來討論印尼。過去討論印尼，總是以國情不同，需要特別將印尼單獨對待。現在我們可以用各國討論少數族群與多元文化主義的觀念是用於印尼，也有各種新言論進入印尼的輿論世界，現在沒有理由可以將印尼排除在世界思潮之外。以下將由族群肯認政治討論印尼的華人問題。

族群肯認政治的發展

印尼的華人問題，我們可以用 1998 年的雅加達五月暴動作為一個分水嶺。現在的印尼至少在社會的輿論上，華人問題是往改善關係的方向發展。幾次印度尼西亞總統的公開發言，肯定華人在印尼的成就，並且強調華人與其他族群待遇平等，並且以 2006 年頒布的新的《國籍法》，做為徹底取消華人相關的歧視性條款的指標。他強調華族將享受與其他族群平等待遇，他並呼籲華族與友族和諧同存，進一步融入印尼社會。以下的討論，我們將以此為基準點，來討論印尼的族群政治。

現代國家重要的一個特徵是公民政治，在公民政治的發展下，國家與個人建立了一個連帶關係，即國家與公民有一個清楚的認可關係，誰是一個國家的公民有個清楚的界定。從這一個角度來說，印尼華人如果入了印尼國籍，就成為印尼公民，在法律上理所當然應該享有公民的權利。過去將華裔印尼公民特別標示為外裔公民(WNI Keturunan，可以譯為印尼歸化公民，但是在實際上常常指的是華裔公民)，印尼華人成為被歧視的對象，因為在法律的執行面上，使得華人與本地公民有不同的待遇。

公民身份認同是公民政治的另一個重要特質。一個公民除了具有政治社群的成員身份(membership)之外，最重要的是具有公民感(sense of citizenship)，公民只是指法律的身份地位，與權利和義務有關。但是公民身份認同涉及個人的心理上意義，公民認同就是構成公民感的一個主要成分，是個人賦予國家社群成員身份的一種情感。公民身份認同必須是建立在無差別的普遍原則之上，使得公民認同國家社群的一員，就這一點而言，長期以來印尼的公民制度連最基本的法律平等觀念都做不到，當然會在公民認同上就會出現問題。

很遺憾的是，我們現在尚未確定，在實施了新的《國籍法》之後，最否能夠做到消弭所有的法律上與政策上的歧視。我們根據過去的經驗，即使是法律上的規定貌似公平正義，也有可能在執法的過程中保留過去有差別待遇的做法。現在要探討的第一個課題是，過去在討論這個問題的時候，缺乏一個平等的討論空間，以致於討論都是向著同一個方向傾斜。以往的討論最後常常得到相近似的結論，就是要求華人社群做出改變，卻極少要求以最簡單的公民政治原理，去要求印尼的法律做出調整。

現代國家對於公民政治的討論，近年來，已經超越過去基本的公民普遍原則。對於公民政治而言，法律之前人人平等，是最起碼的要求。現在不論就相關學理的討論，或者各國具體的措施，都對少數族群的特殊地位加以肯認。相關的討論對於我們思考印尼華人的下一步，有很大的幫助。在過去對於公民身份的賦予，不分性別、膚色、種族、貧富、階級和社會地位，完全以無差別的對待每一位公民，這樣作法看似公平，但是在公共決策上以一人一票為原則的多數決，必然會造成多數族群或團體主導政策的發展，而使多數的利益得以充分實現，危及少數族群或團體利益或生存，當然也就危及少數族群或團體的自我認同。這種情況，正是印尼族群政治的關鍵，過去討論印尼華人問題，總是在人口結構上認定華人在政治上的弱勢，因此必須遷就多數人的偏見，最後導致要求印尼華人做自我改變來適應當地生活。

過去一直有印尼領導人提到要消除對華人的歧見，但是同時仍不忘記要求華人要融入主流社會。關鍵問題是，融入主流社會是由誰來定義？如何做才算是融入主流社會？印尼總統瓦希德（Abdurrahman Wahid）曾經提醒政府機構，對所有社會成員要提供公平的公共服務。[227]如果在一個社會中,多數與少數的權力如此不平衡,那麼寬鬆的政策不過是個表象,消除歧見無法真正落實。過去其他國家的例子,使得社會中各種族裔、少數民族、女性或同性戀等少數團體及其支持者,極力要求政府和多數族群不只要正視它們的差異,而且也要對它們的差異受到社會的肯認(recognition),我們在這裡稱之為肯認政治的原則。

肯認少數群體的政治原則,由承認差異開始,學者研究少數族群問題與多元文化主義,開始發現普遍公民原則很容易導致同化論。因為當我們將國家當成是一個同質性公民的組合,要求國家以相同的標準、原則和規定對待每一個人時,很容易會產生多數與少數之間不平衡的權力關係。法律上平等形式的規定,並沒有消除許多族群仍然被視為異常或非我族類的狀況,因此當形式平等不能消除族群差異時,堅持平等將會忽視差異而對弱勢族群形成壓抑。[228]這種現象,正是過去印尼社會一再要求華人向主流社會靠攏的原因。

問題是印尼由許多不同的民族組成,再加上大量的移民,充斥著文化、價值觀和傳統迴異的各類族裔居民,向主流社會靠攏到底要向誰靠攏?要靠到什麼地步才算足夠?這些問題都好像是

---

[227] 瓦希德(Abdurrahman Wahid, 1940-2009),曾任印度尼西亞總統(1999 年~2001 年),是解除長達三十餘年的華文禁令的總統。

[228] Iris Marion Young, *Justice and the Politics of Difference*. Princeton, New Jersey: Princeton University Press, 1990, pp.163-4.

不證自明的答案，實際上，仔細思考就會發現問題。我們必須往另一個方向思考，融入主流社會必須是自願的、緩慢的、自然生成的，而非被強迫，否則會很容易形成同化論。同化論的本意是要將以往被排斥的族群帶進主流社會，但是同化的規則和標準卻是由優勢族群決定，而優勢族群並沒有認知到這些標準具有自我中心的內涵，要求弱勢族群一致接受，等於要求少數族群放棄其文化的特點，認同優勢文化。

從各國對少數族群的研究可以知道，忽視族群差異會對少數族群不利，因為少數族群的經驗、文化和社會能力都不同於優勢族群，忽略這種差異形成權力的不平衡。同化論會使弱勢族群產生內化的自我貶抑，因為當族群成員不能符合標準時，會造成自我壓抑和自我嫌棄，對於少數族群的長期發展有負面影響。我們如果要融入主流社會，應該是用本地的方式來行事，而非忽視族群差異，相反地，反而要主流社會承認差異，更進一步肯認這個差異，對少數文化的肯認，而非迎合主流社會的偏見。

我們要關心的問題，並不只是法律最後是否消除了形式上的歧視，而是在進行這些少數族群相關議題的討論時，少數族群的差異是否被認可？少數族群的文化是否被尊重？正義問題不是靜態的，不是得到一紙法律具文的結果狀態，而是重視過程，重視社會正義實踐的過程中，少數族群的文化、生活形式能得到尊重。族群由具有共同生活形式的一群人所組成，一個族群和另一個族群的區別就在於其擁有不同的文化實踐與生活方式。因此在討論融入主流社會時,如何意識到弱勢族群所遭遇到的系統性與結構性的壓迫,要求主流社會重視族群文化的異質性非常重要。正視並肯定不同文化族群的特殊性,而不將這種特殊性理解為不正常或非我族類,肯定族群文化獨特的價值,支持弱勢族群同樣享有權利,才是解決社會不正義的根本之方。

為何一個強調自己文化特殊性的族群,需要其它族群的肯認?實際上,族群成員的自我認同,有一部分需要其他族群的肯定。我們應該先澄清這些基本價值,透過生活經驗的實踐,使族群關係與周遭環境的互動,產生相互認可的價值與規範,肯認少數族群文化特色的思維,才能在公共政策規劃加以重視,將少數族群的文化差異納入政策的制訂之中,而華人的文化特質才能真正對印尼主流社會有所貢獻。使得政策規劃者與擁有生活經驗知識的被規劃者多進行接觸與溝通,在彼此交互主觀的對話與學習過程中產生共識,這才是少數族群政治應該走的路。

到目前為止,自從印尼民主化了以後,印尼最高當局都在消除華人歧視上做出不同的貢獻,但是在政策制訂的過程中,卻不知道是否有經過一個與少數族群互動的機制。如果沒有,那麼政策制定過程沒有機會去教育印尼的多數族群,也沒有機會使多數族群學習到如何認知少數族群的文化差異,更沒有機會發展肯認政治的原則。少數族群需要學習如何將自身的問題提出來,使主流社會理解問題所在。如果只是得到法律上形式的平等，而沒有在修正過程中使主流社會認知問題核心，那麼長期而言，華人的實際待遇仍受到主流社會的價值、利益、立場及權力的影響，如此很難為華人爭取到應有的權益。

結論：要求肯認，而非迎合，參加主流社會

肯認政治（politics of recognition）的精神，就是承認少數族群的差異，就是希望在政治上肯定和尊敬族群的差異性。這個肯認比起少數族群參政的人數多寡都還重要。如果能肯認少數族群的差異，讓華人的生活智識能夠獲得相對的尊重，讓他們參與決策過程，而對於社會問題進行不一樣的詮釋、讓他們也可以參與選擇適合地方的公共政策。這其中包含深邃的意涵，因為對多元文化的肯認以及權力的釋出與分享，擁有權力者才會真正放下身段，與少數族群進行誠意的溝通並促進共識的達成。

從公民政治的討論，我們知道，以維護公民之平等權利是公民政策的首務，現在我們應該更進一步，主張族群文化的獨特性，這是構成自我認同的要素，要求肯認族群文化差異性。因此現在的印尼華人，融入主流社會的過程中，一方面要使印尼主流社會，重視公民的相同身份、追求平等普遍的公民權利，避免社會上產生次等公民，另一方面則要求正視差異，並以差別對待作為權利

分配的基礎。這兩方面都是基於一個普遍性的基礎,要求差別對待的目的,仍然是基於平等肯認的精神,不願意任何弱勢族群在形式平等的情況下,處境越趨惡劣。

　文化和族群是構成社會的基本結構,有其獨特的認同需要肯認。也就是說,平等尊嚴政治應該將文化和族群的集體目標納入政治領域,承認文化和族群的特殊性、肯認不同文化和族群的平等價值、對不同文化和族群平等尊敬。多元文化論者認為族群的認同和差異,應該屬於公共和政治領域,強調介於國家和個人之間,還有一個極為重要的單位,即各種不同族群,這些群體對群體成員之認同和生命意義的影響極為重要,政治原則不應該忽視這個差異,否則將會使少數族群受到壓抑、宰制和邊緣化。

　多元文化論者為了改變目前形式平等造成少數族群和文化被壓抑的現象,主張保障每一個公民平等權利,同時肯認和包容少數族群和團體的特殊認同和需求,賦予這些族群和文化以集體為單位的少數權利。現代社會論及少數族群,有較深的體認,各種政策不論語言、稅法、國定假日的訂定等等,都要考慮在各個族群之間得到平衡,才能夠維持良好的族群關係。

參考文獻：

Anderson, Benedict, *Imagined Communities*. Verso, 1991.

Barry, Brian, *Culture and Equality: An Egalitarian Critique of Multiculturalism*. Harvard, 2001.

Barth, Fredrik ed., *Ethnic Groups and Boundaries: The Social Organization of Cultural Difference*. Oslo: Universitetsforlaget, 1982.

Berdal, Mats and David Keen, "Violence and Economic Agendas in Civil Wars," *Millennium*, vol. 26, no. 3. 1997, pp. 804-809.

Buxton, L. H. Dudley, *The Peoples of Asia*. London: Dawsons, 1968.

Crocker, Chester A., "How To Think About Ethnic Conflict", *Ethnic Conflict*, 7(10): 5-6, 1999.

Duffield, Mark, "The Political Economics of Internal War: Asset Transfer, Complex Emergencies and International Aid," in Joanna Macrae, et al. ed., *War and Hunger: Rethinking International Responses to Complex Emergencies*, London: Zed Books, 1996.

Esman, Milton J. and Ronald J. Herring, eds. *Carrots, Sticks, and Ethnic Conflict: Rethinking Development Assistance*, Ann Arbor: University of Michigan Press, 2001.

Esman, Milton J. and Shibley Telhami, editors, *International Organizations And Ethnic Conflict*, Ithaca: Cornell University Press, 1995.

Esman, Milton J. edited, *Ethnic Conflict In The Western World*, Ithaca: Cornell University Press, 1977.

Esman, Milton J., *Administration And Development In Malaysia: Institution Building And Reform In A Plural Society*, Ithaca: Cornell University Press, 1972.

Esman, Milton J., *Ethnic Politics*. Ithaca: Cornell University Press, 1994.

Esman, Milton, "Economic Performance and Ethnic Conflict," in Joseph Montville, ed., *Conflict and Peacemaking in Multiethnic Societies*. Lexington: Lexington Books, 1990, pp. 477-490.

Gosling, L.A. Peter and Linda Y. C. Lim, "Chinese Patterns of Adaptation in Southeast Asia", The Chinese in Southeast Asia, volume 2: Identity, Culture And Politics, Singapore: Maruzen Asia, 15-28, 1983.

Herb, Guntram H., and David H. Kaplan, eds., *Nested Identities, Nationalism, Territory, and Scale*, Lanham: Rowman and Littlefield, 2000, pp. 5-7.

Hering, Bob, ed., *Siauw Giok Tjhan Remembers: A Peranakan-Chinese and the Quest for Indonesian Nationhood*. Queensland: James Cook University, 1982.

Horowitz, Donald L.,"Three Dimensions of Ethnic Politics", *World Politics,* Vol. 23, No. 2, Jan., 1971, pp. 232-244.

Hollinger, David, Postethnic America: Beyond Multiculturalism. New York: Basic Books, 2000.

Young, Iris Marion, *Justice and the Politics of Difference Princeton*, New Jersey: Princeton University Press, 1990, pp.163-4.

Ishiyama, John, "Ethnopolitical Parties And Democratic Consolidation In Post Communist Eastern Europe", *Nationalism & Ethnic Politics*, vol. 7, no. 3, 2001, pp. 33-56.

Kymlicka, Will, "The New Debate over Minority Rights" Politics in the Vernacular, 23, January 2001, pp. 17-39.

Kymlicka, Will, *Multicultural Citizenship*. Oxford: Oxford University Press, 1995.

Leach, Edmund R., *Political Systems of Highland Burma*. Cambridge: HarvardUniversity Press, 1954, p. 281.

Levy, Jacob T., *The Multiculturalism of Fear*, Oxford: Oxford University Press, 2000, pp. 204-221.

Linton, Ralph, ed., *The Science of Man in the World Crisis*. New York:Columbia University Press, 1945.

Majstorovic, Steve, "Politicized Ethnicity and Economic Inequality," *Nationalism and Ethnic Politics*, Vol. 1, No. 1, 1995, pp. 33-53.

Rabushka, Alvin, "The Manipulation of Ethnic Politics in Malaya", *Polity*, 2(3): 345-356, Spring, 1970.

Riesenberg, P., *Citizenship in the Western Tradition: Plato to Rousseau*, Chapel Hill: The University of North Carolina Press, 1992.

Smith, Rogers. *Stories of Peoplehood, The Politics and Morals of Political Membership*, Cambridge University Press, 2003.

Tonkin, Elizabeth, Maryon McDonald, Malcolm K. Chapman, *History and Ethnicity*. London: Routledge, 1989.

王甫昌，《當代臺灣社會的族群想像》。臺北：群學，2003。

原住民族基本法。

楊聰榮，〈從社會經濟觀點剖析經濟危機與印尼排華情緒〉。《東南亞經貿投資研究季刊》，第十三期，頁 1-12，2001 年。

楊聰榮，〈暴動歷史，族群關係與政治變遷：印尼歷史上的政權轉移與反華暴動〉。《南洋學報》。第 54 卷，頁 5－21，2000 年。

楊聰榮，〈轉捩點：五月暴動在印尼華人史上的意義〉。《印尼焦點》(Indonesia Focus)，12 期，April，頁 26-29，2003 年。

瀨川昌久(Segawa Masahisa)，《客家：華南漢族のエスニシティーとその境界》。東京：風響社，1993 年，頁 105-112。

第九章

從緬甸族群政策看緬華社會的新發展

　　本章論文討論緬甸對華人的政策，從長期的政策，到軍政府後期的寬鬆政策，開放政策後的改變，以及在新政策影響下緬華社會的新發展。由於緬甸政局在最近十年，有極具戲劇性的發展，從開放政策的改變，到最近的軍事政變，社會的起伏很大，增加討論的困難度。本章論文的討論，主要集中在從長期的政策到軍政府後期的寬鬆政策。至於開放政策開始以後，緬甸社會進入另外一個階段，未來要看緬甸的狀況發展才有機會進行探討。本章論文以實地觀察與訪談研究，討論軍政府統治後期，緬甸華人政策由緊縮到寬鬆的變化。同時我們也可以將緬甸對待華人的政策，當成是緬甸社會變遷的領先指標，這裡所觀察到的現象，正好軍政府在 2011 年結束軍事統治前夕的時間點，有助於理解緬甸社會轉變過程中的不同切面。我們認為緬甸軍政府在對華人政策的改弦更張，可以視為緬甸華人已經鑲嵌到緬甸社會，成為交互影響不可或缺的一個部分。

全球化的民主時代由關心緬甸開始

　　緬甸向來不在台灣學術界及輿論界的視野中，長期以來台灣
的學術界關注緬甸研究的學術論文很少，而台灣的媒體也很少報
導緬甸的相關消息，主要都是翻譯外電的報導。不過這幾年台灣
推動新南向政策，在不同的場域開始增加對於東南亞事務的理解
與興趣。現在緬甸得到關注，緬甸軍方在 2021 年的政變引起世人
的眼光，由此開始大量的報導集中在緬甸。[229]緬甸民眾上街抗議
的畫面不斷地透過電視傳到民眾家裡，讓台灣不同領域的人們開
始關注緬甸。筆者在這段期間參加多次有關緬甸議題的討論，是
歷年來最多的一年。而台灣的緬甸華僑集結起來，為緬甸的政局
發動抗議遊行，也是歷來十分罕見的情況。

---

[229] 2021 年緬甸軍事政變指的是緬甸國防軍在 2021 年 2 月 1 日上午發動的一場
軍事政變。緬甸國防軍指責緬甸執政黨全國民主聯盟在 2020 年緬甸議會選
舉中有選舉舞弊，所以政變以緬甸國防軍成功推翻全國民主聯盟政權，控制
並接管政府部門。政變發生後緬甸國防軍宣佈緬甸進入為期一年的緊急狀態，
表示權力移交給緬甸國防軍總司令敏昂萊，同時拘捕了緬甸國務資政翁山蘇
姬、總統溫敏和執政黨全國民主聯盟的多個領導人。緬甸全國爆發了反對軍
事政變的示威，而緬甸軍方則對示威者採取直接槍殺等手段鎮壓示威活動。

　　這次的緬甸政變並不是第一次，緬甸政情引起國際的重視。發生於 2007 年緬甸的「袈裟革命」或稱之為「番紅花革命」，也引起極大的國際震撼。[230]緬甸街頭動盪的景像透過電視畫面傳到全球各地。緬甸軍人政變、「袈裟革命」、翁山蘇姬復出等等消息，都是引起國際注目的大消息。緬甸政變是少數在天安門事件之後，少數能引起全球關注的國際事件。亞洲各地示威活動，能引起世界各地的關注，緬甸給世界的衝擊是巨大的，特別是將民主選舉的結果，直接就沒收。這個事件的的後續效果會持續發酵，這是新型態的民主運動，在亞洲民主運動史值得記上一筆，在台灣也產生了不同的迴響，後續可以持續注意。

　　2007 年緬甸的「袈裟革命」直接帶動了緬甸的民主改革開放時期，即自 2011 年軍政府同意民主選舉開始，直到 2020 年最近的一次全國性的選舉，這十年期間被認為是緬甸民主開放的時期。這段期間經過了三次全國性的選舉，美國總統與國務卿相繼訪問緬甸，[231]具有全球知名度的政治領袖翁山蘇姬從軟禁中釋放出來，重新組織政黨民主聯盟，順利在大選中以壓倒性的多數取

---

[230] 「袈裟革命」是指 2007 年緬甸反軍政府示威，原來是一場抗議民生物質漲價的示威活動，後來轉為學生及反對派人士要求軍政府改變，由於佛教僧侶也參加示威遊行，被稱為袈裟革命，這次民主運動被認為可以呼應各地的顏色革命，又稱為「番紅花革命」。

[231] Thomas Fuller and Mark Landler, "Clinton to Visit Myanmar as Dissident Leader Rejoins Politics". *New York Times*, 18 November, 2011.

得政權，開始民選政府，實行改革開放。這是緬甸一段民主自由的新頁。

2021 年緬甸軍事政變發生之後，筆者多次參加關心緬甸事件的相關活動，例如座談會，詢問參與者的背景，發現許多人並非來自緬甸，他們與緬甸無親無故，只是因為看了新聞報導而前來關心，這應該是台灣社會的進步，民眾已經學會關心普世價值，他國的民主運動在過去乏人聞問，現在卻能引起相當程度的關注，這是個新的成就。我們也可以比較 2021 年這一次的政變，與 1988 年的「八八八八民主運動」所引起的迴響來討論。[232]三十三年前的民主運動在國際上的反應很有限，因為外界在第一時間對於發生在緬甸的事所知有限。在當時尚無網際網路，也沒有手機簡訊，而當時的緬甸連電子郵件也沒有，資訊外傳十分困難，當軍政府封鎖消息之後，即時新聞就很難取得，也就沒有辦法產生連鎖反應。

2021 年這一次政變所引發的連鎖反應與過去的緬甸大不相同，當地的示威與軍方的衝突透過種種新的傳播科技的畫面迅速

---

[232] 8888 民主運動，是 1988 年緬甸一場爭取民主的大規模民眾運動，「8888」的名稱來自於 1988 年 8 月 8 日的大示威。許多人在這場運動中喪生。民間多數的估計在三千至一萬人之間。此外，還有許多人失蹤和被捕。這場持續半年之久的民主運動被血腥鎮壓後，軍政府進行改組及肅清原有綱領黨軍政府人馬。這次緬甸民主運動反對黨領袖、全民民主聯盟秘書長翁山蘇姬其後遭到軍政府多次長期軟禁，直至 2010 年 11 月才獲釋。翁山蘇姬被軟禁後，其他反對派領導人和大批骨幹被投入監獄或流亡海外。

傳遍全球，各地民間社會都有自發性的抗議活動，成為新的政治壓力。緬甸再也不是可以孤立無援或是與世隔絕的國度，而是全球連線下的事件現場，封鎖消息只會引起更大的好奇與關注，各國政府對緬甸的軍政府政變的反應其實是十分強烈，內政不干涉原則不再是國際社會的共識，任何用軍事的力量對待平民的示威活動，會受到世界各國的抗議與指責。而各國政府對於緬甸政變的態度也成為可受公評的事，也是公眾注目的焦點。

台灣社會的反應很明顯地與過去不同，過去這些國家的相關事件並沒有引起社會的迴響，這次的情況卻使得很多人對緬甸產生興趣。其中最有意義的是在台灣的緬華社區終於發聲。[233]長期以來，台灣的緬華社區一直是隱形人，台灣社會並沒有發展出足夠的空間使他們發出自己的聲音，在上一次緬甸發生「袈裟革命」的時候，有少部分緬甸年輕人發展新的網路平台，以「新觀念」之名提出自己的意見。這次2021年的緬甸政變，更多緬華人士將自己的關注公開投注到緬甸的軍事政變上面的發展。

相對而言，台灣的政府依舊慢半拍，是在台灣民間社會發聲了之後才急急忙忙發表聲明。如果對這個新局勢有掌握，其實也

---

[233] 緬華社區是指台灣社會中由緬甸華人構成的社區，更精確的說，是經由緬甸來到台灣的人，分別於1950年代即1960年代來到台灣，其中以華人居多，有一部分是由緬北地區原國軍撤退來台，另一部分是在1960年代緬甸發生排華事件後來台，以仰光華僑為主。在台灣分布的範圍很多，較知名的地區如中和南勢角的華新街、中壢的龍岡社區及清境農場等。

應該是台灣表達民主價值的好時機,平白放棄讓自己發聲的機會。台灣要談國際化,讓自己參加國際課題是主要的方式,如果只關心自己的問題,還是不容易引起國際社會的共鳴。

如果問到在台灣的民眾可以為緬甸做什麼?應該還是從關心緬甸開始,如果大家願意仔細聆聽來自緬甸的消息,這些有志之士冒著極大的風險所取得的資訊,才不致白費。學習關心來自地球上每一個角落來的訊息,在適當的時機付出適當的行動,成為全球化民主時代的一員,應該才是台灣脫離只關心自身命運的的第一步。以下的討論,我們分別就緬甸的族群政策與緬甸華人社會,並且將兩者連結在一起,做為理解緬甸的一個切入點。

緬甸的華人社會

緬甸是國土與中國有相連的國家,因此中國與緬甸的關係,是理解緬甸華人社會的開端。中國與緬甸在歷史上的往來很早,往來的關係是從東漢年間的貿易開始,自此中國與緬甸有了正式的交往。[234]到了唐朝,兩國之間的文化交流和貿易往來盛極一時。宋朝與緬甸古代蒲甘王朝交往也很密切。早期的華人,據史料記

---

[234] 中國古籍中有關緬甸的記錄,主要是在西南夷的記錄中,如《史記.西南夷列傳》。中國與緬甸官方交往的記載,《後漢書,南蠻西南夷列傳》載,和帝永元六年(94),永呂郡「徼外敦忍乙王莫延慕義,遣使譯獻犀牛、大象」;九年,「徼外蠻及撣國王雍由調遣重譯奉國珍寶,和帝賜金印紫綬,小君長皆加印綬、錢帛」。撣國即為緬甸今日撣邦。

載，華人從雲南一帶很早就開始移居緬甸，這也是緬甸華人與其他東南亞國家區別最大的地方，即從雲南移居緬甸。然而早期的移居應該只有小規模，早在漢朝、唐朝，華人有攜帶土產品，到緬甸從事商業貿易，大規模的移居應該是元朝以後才發生。[235]

來到緬甸的華人，如同其他中國的鄰國一樣，有很長的華人移民史。早期的華人就是分為兩路來到緬甸定居，一個是從陸路來，另一個是從海路來。陸路主要是從雲南地區南下，而海路則是沿著海上絲綢之路，我們在鄭和下西洋時的紀錄就有看到當時來緬甸的華人的踪影，鄭和於西元 1405 年，奉明朝永樂皇帝命令首度下西洋，部份隨從到達緬甸後就定居下來，此時期華人多為廣東、福建人，大多定居於下緬甸一帶，仰光(Yangon，舊名為Rangoon)、瓦城（Mandalay，又譯：曼德勒）、勃固(Bago)附近等地方，都有華人聚集的地方。[236]

從陸路來到緬甸的華人，有比較多元的背景。有一批人是被稱為回教華人的人士，是從雲南來的穆斯林。中國與緬甸接壤的地區，主要是雲南，雲南從歷史來說，就是通往緬甸的通道。宋、元之際，蒙古人為了對抗宋人，繞道取徑西南，其中忽必烈部隊中阿拉伯人及韃靼人的後裔，定居於雲南西部的大理。明清的開

---

[235] 陳孺性，〈緬甸廣東公司（觀音古廟）史略〉。《仰光廣東公司（觀音古廟）一百七十九周年紀念特刊》，2002 年，頁 17-24。

[236] 林錫星，〈華人到緬甸定居的歷史及早期華僑華人社會的形成與發展〉。《緬華社會研究》，第 3 期，2004 年，頁 2-5。

闢西南和改土歸流更引入大量漢移民入滇。這些在雲南的漢人和回民，自十六世紀以來便跨越邊界進入緬甸，進行貿易和採礦等活動。這批漢人與回民的混合群體，既需仰賴騾、馬輸送貨物，也需有自衛能力，就組織商隊往來雲南及緬甸之間。如果中國內地發生動亂，就會有往來兩地的華人，翻山越嶺來到緬甸，在東北部的撣邦最多。[237]

另一群由陸路前來的特殊群體是果敢華人，在緬甸是屬於政府認定為緬甸的少數民族，是為果敢族，然而果敢族也以華人自居，是跨越中緬邊境的族群。在明朝末年，清兵打敗明朝，南明末代皇帝永曆帝朱由榔在孤臣黔國公沐天波的協助下，逃進了滇緬邊境的野人山，其後世居在中緬邊界的果敢地區。果敢應該可以視為明朝來到雲南拓墾的一群人，後來國界變動，1897 年的中英條約，果敢地區割讓給英國，變成了緬甸的一部分。果敢華人的屬性比較特殊，與華人有較多的文化連帶關係，但是自成一格，也是緬甸官方認可的少數族裔。[238]

除了來自不同的族群背景之外，還有一些華人來到緬甸境內，主要是因為工作與職身份的關係。其中最有名的馬幫商旅，主要是往來於南方絲綢之路，在中國及緬甸之間來來往往，有很

---

[237] 盧偉林，《緬甸華僑概況》。台北：正中書局，華僑協會總會，1988年。
[238] 李子平，《論緬甸果敢民族歷史、禮俗與華人性》。國立臺灣師範大學應用華語文學系僑教與海外華人研究組碩士論文，楊聰榮指導。2016 年。

長的歷史，主要是搬運貨物，保護旅客，以及通訊或匯兌。[239]雲南馬幫在歷史上存在已經很久，到了近現代也有特出的發展，在清朝時期也相當興盛。直到抗戰時期，因為日軍封鎖了東南沿海的對外港口，中國的對外補給，必須要靠陸路，從雲南到緬甸成為中國大後方補給的重要通路。直到滇緬公路開通，改由汽車運輸，馬幫才功成身退。華工也是重要的職業身份，緬北豐富的礦藏吸引了大批華工。在 18 世紀，每年平均有 5 萬雲南西部的人前往緬甸當礦工。也有一些小生意人，如同多數的中國邊境城市，都有小生意人往來兩邊，在近代史的過程中，在中國發生事端時，就有人在緬甸境內居住下來。

上緬甸與下緬甸的分別，有時候也並非依照陸路與海路來區分，彼此也是有交流。除來自雲南之小生意人外，在緬甸也有 19 世紀自雲南來緬尋求玉石者，也可能從上緬甸地區到瓦城工作。下緬甸地區也有華人對於礦業工作有興趣，最初是有馬來亞的華僑，來自檳榔嶼從事礦業工作，且多為香山人，而閩人則多經營帆船業，來緬甸為華工或者是華商，都有可能，也有可能互相轉換。英國人占領緬甸時，由於英緬戰爭期間召募華工赴緬，後大都先到仰光，再轉至緬南各地。其後陸續有華僑移入，客籍者以經營縫衣店為主，潮州華僑則以泰緬接壤處居多。這些資訊顯示緬甸華人在第二次世界大戰前與東南亞各地的交流很多。

---

[239] 何則文，〈一位雲南馬幫後代的故事〉。。《關鍵評論》，2019 年 1 月 24 日。

關於在緬甸的華人有多少，這方面的資料不容易有完整的掌握，只能跟據不同的資料來源加以推敲。根據當時英國政府統計，英國政府統治下之緬甸政府，於 1911 年發表戶口調查統計，全緬計有華僑 12 萬 2 千人；1921 年復增至 19 萬 4 千人，至 1936 年已逾 30 萬人，人口年成長率為 4.7%，其中閩、粵者各占三分之一，滇籍占五分之一。依照這個時候的官方數據，華人的人口數在緬甸約有百分之三，這個數據有其侷限，沒有包含不同背景的華人，如前述的回教華人或是果敢華人，同時是否完整計入流動人口也有問題。同時在這個階段，所有的與華人通婚的對象都沒有納入統計，即有華裔血統的混血兒並不會出現在相關的統計之中。[240]如果以此數據來估計，華人的人口數量還是在緬甸十分可觀，與印度人並列為最重要的外來人口。但是由於缺乏普查資料，這些數據僅供參考之用。

如果依照華文的相關資料記錄，第二次世界大戰之後緬甸的華人大概有 50 萬。緬甸與東南亞其他地方的華人比較起來的話，人數不算多。來自廣東、福建一代的華人，主要居住在緬甸南部沿海地區。從雲南過去的華人就多半住在緬甸的上部份。第二次世界大戰期間，中日戰爭其間日軍攻佔緬甸，戰火綿延，下緬甸僑胞分向上緬甸逃亡，避難瓦城，後來瓦城失守，僑胞即沿著滇

---

[240] Michael Barry Hooker, *Law and the Chinese in Southeast Asia*. Singapore: Institute of SoutheastAsian Studies, 2002.

緬公路撤退至雲南，中途死亡失蹤者不計其數。戰爭結束後，一部分逃難返國之僑胞，經聯合國救濟總署協助派船遣送回到僑居地，合計達 1 萬 5 千人之多。

緬甸獨立以後，也有外僑登記的資料。1948 年緬甸正式獨立，緬甸國會通過「外僑登記條例」，留居緬甸之外僑必須辦理登記，當時已登記的華僑大約 12 萬人，但不含未成年的兒童，若是以成年與未成年者 6:4 比例計算，合計華僑總數應該有 20 萬之多。其餘中緬混血者約 15 萬，總共華人人數達 35 萬人。這個記錄應該也是以下緬甸的華人為主。

在上緬甸，與中國相接壤的地方，因為近代史的重大變遷，有形形色色各種不同形態的緬甸華人。在中日戰爭期間，就有滇緬公路的開拓，做為中華民國補充大量物資的重要通道，當時就有中國人來緬甸定居。後來又有中國遠征軍，中國遠征軍是在 1942 年後抗戰時期，為了保護這條通道而來到緬甸，在戰爭結束以後，中國遠征軍流散定居於緬北各地。國共內戰時期又有一批華人來到緬甸，主要是國民黨雲南孤軍難民，在 1950 年之後，因為國共內戰期間潰逃至緬甸的國民黨孤軍難民，除了軍隊以外，隨著軍隊一起移動的平民百姓，以及隨著軍隊的少數民族，也都來到緬甸境內。為了反攻大陸，多定居於緬北撣邦、克欽邦一帶。後來到了 1966 以後，中國文革時期，避難至緬甸的中國人又是新的一批人。到了 1990 年代以後，中華人民共和國改革開放以後，又有一批雲南人湧入緬北城市。緬北華人的成份隨著移民史有其複雜的情況。

族群與公民權

緬甸近年來引起公民權問題的討論，這是建國之初所留下來的國家整合問題，到了現在民主轉型期間，連帶引發的公民權問題的討論。如果緬甸將因此而修正國籍法，則緬甸華人的公民權問題也將會受到牽動。雖然目前公民權問題當未確認變動的方向，但是一般估計，這將是緬甸民主轉型中無可避免的問題。

將文化認同問題及國家認同問題轉變為公民權的問題來討論，也是因應時代潮流的發展。將認同的問題轉變為公民權的討論，主要是加入人權議題的考量。由於人權價值已經在目前國際社會，成為共同關注的普世價值，沒有任何國家可以自外於人權的潮流之外。因此人權的議題是少數能夠超越國家統治主權的議題，掌握人權問題的發言方式，可以改變長期以來對於威權國家統治的獨斷性。

將文化認同問題及國家認同問題轉變為公民權的問題來，就是將過去加諸於移民身上的道德問題，轉變為人權問題，去詢問在不同處境下的移民或族群，是否人權受到剝奪。討論公民權可以進而去檢視族群的人權情況，將普世價值拿來衡量特殊的處境，從而打破過去難以撼動的國家統治權力。

用公民權問題來討論緬甸華人問題，是有特殊的意義。過去緬甸華人的處境，一直被認為是個冷門的問題，碰到國家統治權的問題，也缺乏施力點。但是如果用公民權的議題來討論，則正是緬甸問題之所以引起國際關注的主要原因。而緬甸社會的改變，正是因為國際社會長期鍥而不捨的關心緬甸人權問題的結果，如果不利用這個機會，將華人問題和公民權問題掛鉤上去，那麼就太可惜了，失去了一次改革的契機。

緬甸的公民權爭議是由向來不被緬甸當局承認的羅興亞族人被迫害所引起，可以說是因為人權問題引發公民權問題。當這個問題引起關注之後，緬甸這個國家獨立之後，一直未能有效完成的國家整合問題受到關注，連帶著所有緬甸的少數族裔的認同或整合問題又引起世人的討論。[241]

公民權(citizenship)是指在現代國家系統的一個個人與現代國家之間的聯繫，代表成為國家成員的基本權利。公民權通常是指擁有在一個國家內具有工作、生活及參與政治生活的權利。公民權通常是國籍的代名詞，因為在現代國家中，具有國籍通常就具

---

[241] 施銳福，〈年終報道：緬甸改革有進展但族裔衝突加劇〉。《美國之音》，2012年12月25日。

有公民權,從國際法的角度,成為一個國家的成員,就表示具有公民權。

從目前聯合國推動的《世界人權宣言》及《公民權利和政治權利國際公約》來看,公民權已經被國際社會視為基本人權。現實上每個國家都有各自對於何者可以成為其國家成員的獨特看法,通常都是在國土範圍內長期定居者為基本主要成員,然後新的公民成員則通常是基於是這些公民的子女。

這種公民權的討論,主要是以個人角度來看。也可以由群體的角度來看,通常在一個現代國家建立之初,會以群體的角度來考慮公民權問題,使得該群體的成員都能成為一個國家的公民。

像緬甸這樣的國家,公民權的問題是國家核心問題。主要的原因是緬甸本身是個聯邦國家,以少數族群為主的邦經常會考慮到是否要脫離聯邦,而少數族群又常常各自擁有武力,不一定會服從中央政府的指令,這是一個國家整合仍未完成的國家。而國內又有從他國前來本地定居的群體,這些群體已經在緬甸居住了好幾代了。如果使緬甸各不同的群體能成為國家的一員,享有基本而平等的權利,是緬甸國家發展的重要課題。

緬甸自 2011 年開始進行的民主轉型的改革,緬甸是否因此能夠脫胎換骨,使民眾依據自己的意願,在 2015 年選出一屆民選政

府，是關心的重點。[242]除了民主化的進程以外，人權是另一個重
要的議題，緬甸政府也在聯合國的協助之下，在 2011 年成立了緬
甸國家人權委員會 Myanmar National Human Rights Commission
(MNHRC)。[243]

　　緬甸的開放政策採取了鼓勵的態度，也認為可以進一步關心
緬甸的人權問題。現在引發公民權爭議的，卻是來自一直不被緬
甸認可的羅興亞人。[244]緬甸向來自認是多民族國家，而少數民族
是否認同緬甸，一直是關注的焦點。羅興亞人主要是信奉伊斯蘭
教，而緬甸卻是佛教國度，這些體型與宗教都與緬族人士不相同
的穆斯林教徒，在緬甸世居，已經有幾代人了，但是一直未被接
受為緬甸公民。而因此對羅興亞人虐待及驅逐事件，時有所聞。

　　羅興亞族的問題，本質上是屬於公民權的問題，羅興亞族已
經世居緬甸地區好幾代，緬甸自始至終，並沒有打算給羅興亞族
人予緬甸公民權。聯合國難民署（UNHCR）估計，羅興亞族人難
以獲得像出生證、結婚證這樣的一些正式書面證明文件，也很難
有機會獲得公民身份證明，這樣的無國籍狀態的緬甸羅興亞族人

[242] Trevor Wilson, "Myanmar Political Reform: A Slow But Steady Transformation".
Australian Outlook, Australian Institute of International Affairs, 19 JUN 2017.
[243] David Loyn, "Obstacles lie ahead in Burma's bid for reform". BBC, November
19, 2011.
[244] The Economist, "The Rohingyas: Apartheid on the Andaman Sea". The
Economist, 13 June 2015.

將近百萬，在緬甸社會中受盡歧視，這當然是如火藥庫一樣，種族暴亂一觸即發。

1982 年的緬甸公民法已經限制了緬甸羅興亞族取得緬甸公民權的機會。而相關的辦法很明顯地違反了緬甸於 1991 年批准的聯合國《兒童權利公約》。

在 1982 年尼溫將軍時期頒發的緬甸公民法，就是明文拒絕承認羅興亞人在緬甸的公民權和民族權。值得注意的地方是，緬甸的反對派基本上也是同意這樣的立場，這也是到目前為止，翁山蘇姬對這個問題始終不表示明確態度的原因。

國際上有多達 31 個國際人權組織聯合起來發表聲明，要求緬甸政府改善緬甸對待羅興亞人的人權事件，值得注意是，他們的聲明中直指問題的核心，就在緬甸沒有給羅興亞人公民權，並且清楚地要求，應該要修改 1982 年由尼溫將軍執政期間所修改的。

華人在緬甸的英國殖民時期就有移居緬甸，但是英國殖民時期以仰光為華人主要聚集地，是在下緬甸。緬甸也是在第二次世界大戰才脫離殖民地的新興國家，其中華人公民權問題與其他戰後才獨立的新興國家類似。第二次世界大戰後，東南亞華人面臨新興國家民族獨立運動的衝擊，多數居民是在殖民地時代就來到本地定居，有的已經居住好幾代了，殖民地的政治形態並不要求華人改變認同。但是獨立後的新興國家則需要華人清楚表態，是成為新國家的公民，或是保持外國人的身份暫時停留在當地國。

　　相比之下，緬甸華僑的公民權問題相對比較小，緬甸獨立以後，主要的交涉對象是中華人民共和國，雙方對於公民權的意見比較小，比較順利得到解決。相對於二次世界大戰後東南亞國家所面臨的華人公民權的問題，緬甸的問題比較小。

　　由於緬甸並沒有經過一個先與中華民國建交，然後再與中華人民共和國建交的過程，所以相對的爭議與波折並不大。

　　雙方在公民權方面有很多共識，雙方都採取單一國籍的政策，因此會有避免雙重國籍的政策，雙方都認為中緬混血及在緬甸出生的華人應該取得緬甸公民。有國籍問題的，主要是第一代的移民，而中華人民共和國的政策很清楚，自 1955 年萬隆會議後，就鼓勵各地華人加入參加當地國籍。

　　以仰光作為主要緬甸華人聚集地，在緬甸獨立後仍然有很多問題。主要當時的華人仍然關心中國政局，華人社會分裂為左右兩邊。在緬甸獨立之初張開雙臂歡迎華人加入緬甸國籍的時候，華人並沒有把握時間加入。可以說緬甸華人的主流思想，對於緬甸公民權還未到成熟的時候，華人當時還在觀察中華人民共和國與中華民國的競逐，加入緬甸公民在當時也不是急迫性的問題。

　　華人在緬甸，由於華人與本地人關係當稱良好，沒有立即要處理的問題。同時，與華人情況類似的外僑，主要還有印度人和其他群體。印度人在緬甸是個複雜的問題，印度人被認為對緬人是具有威脅性的，這與殖民地時期的關係有關連，而印度與後來的南亞政治的發展，印度族裔又被分成印度裔、巴基斯坦裔及孟加拉裔，人種與宗教的情況都有不同。值得注意的是，印度族裔與華人都被視為外僑，不是緬甸的法定民族。

　　儘管緬甸並沒有將華人列為緬甸的原生民族，但是根據緬甸獨立當時的法規來說，對於華人是相當寬大。緬甸獨立後入籍政策從殖民時期以出生地為主，轉為以血統主義為主、出生地主義為輔的入籍原則。依照這樣的規定，前面三項無須申請，自動取得國籍，第四項則有資格申請。中緬混血和在緬甸出生的第二代以上華人移民被當然視為緬甸公民，無須申請國籍。其他第一代僑生和在英屬殖民地出生的新移民，在緬甸有 8 年以上居住歷史者，可以申請入籍。

　　1960 年代對於緬甸華人來講是個決定關鍵的年代，尼溫將軍上台之後所採取的政策讓華人受到很大的打擊。當時推出的緬甸公民法，如果沒有緬甸國籍華人就不可能尋找工作跟做生意，下緬甸的華人原來有些已經在此定居好幾代的華人開始往外移動。

公民權法

　　在緬甸可能重新檢討公民權法案的同時，本章論文討論有關緬甸華人的公民權與公民身份的歷史發展，再依不同類型的華人情況討論其公民意識。緬甸華人的公民意識是個老問題，但是時至今日，應該有新的發展。在本論文討論公民意識時，將分別就下緬甸華人、上緬甸華人、中緬混血、果敢華人等四個不同情況來討論。

首先討論下緬甸華人。這裡是以仰光做為下緬甸華人的代表，仰光在英國殖民期間，相對於東南亞其他地區來說，是相對比較安定富足的地方，也使得當時居住在仰光的華人願意在緬甸長期發展。不論實際上的情況如何，至少從現在可以看到當時華人文人的書寫，華僑是珍惜住在仰光的生活，也認為華人與緬人關係良好，讓他們可以有長期居留的打算。不少緬甸華僑當時是志願選擇留在緬甸，也有不少人選擇歸化緬甸。後來中國在 1955 年萬隆會議後確認鼓勵華人取得當地公民權，[245]緬甸多數華人就選擇申請緬甸籍，而在當地生長的緬甸華人也都是屬於緬甸公民。華僑長期在緬甸生活，已經生長很多代，主要的社會關係都是在緬甸，也有很多人生活已經完全緬甸化。

下緬甸的華人對於公民權問題，是比較接受緬甸的同化主義政策。是在下緬甸的華人，在緬甸的生活轉為低調，除了在唐人街還保留華人事務之外，在生活的其他領域採取隱性的做法，即儘量緬甸化以免受到歧視。華人改取緬甸式的名字，公司名稱改

---

[245] 關於中華人民共和國對於海外華人的國籍政策的改變，以及東南亞華人在萬隆會議後歸化各國的研究，參見溫廣益，《二戰後東南亞華僑華人史》。廣州：中山大學出版社，2000 年，頁 30-69。

掉有華人意味的名稱，華文教育也無法延續，華人不敢公開活動。這種緬甸化的做法，一直持續到近年來緬甸政府採取開放政策，情況才得到改善。

其次我們討論上緬甸的華人。上緬甸的華人的確有不易統計的問題存在，因為在上緬甸，許多家人還保留著與中國地區往來的習慣。其實這種生活型態在這個地區長期存在。有名的馬幫，其實就是在兩地遊走的群體。由於上緬甸保持較好的華文教育，有些地方仍然保持強烈的華人文化色彩。上緬甸主要是雲南人，許多地區仍是雲南話在交談。上緬甸的華人如果論及公民意識，則相對來說會比較複雜。由於仍有不少上緬甸的華人是第一代，由於來到緬甸的時間較晚，未必會有緬甸的公民意識。

還有一批人是屬於中緬通婚的情況。根據資料的判斷，英國殖民緬甸初期，華人與緬族通婚的婚姻關係很多，有緬族血統的華裔人士也相當多，他們大多數至今已經緬化。當時甚至有的華僑將緬族婦女所生下的子女在幼時送回國內讀書，長大以後返緬。在 1930 年的官方調查十九萬華僑裡面，在緬生長的人總共有十萬多人，佔全體華僑的半數以上。這個統計還不算中緬混血，因此估計能與緬族人士打成一片而有華人血統的人士是相當多，所以兩百多年來多數早已同化，這類人士到底有多少實在不可考。現在有相當多的緬族人仍是有的會懷疑自己的血統或者是被認為有華裔血統，自然是與此歷史有關。

　　華僑與緬族人士有婚姻關係已經有很久的歷史，這是在下緬甸的仰光長期發展的結果。一直跟緬族人士各階層有深厚的友誼，根深締固有密切的親戚關係，緬甸華僑因此直接或間接都有緬族人士有親戚關係。這是所有討論緬甸華人認同問題或是公民權問題的人不能忽視的事實。這個關係在東南亞地區的國家來互相比較，也是十分突出的。

　　最後我們討論果敢族的情況。果敢是位於緬甸撣邦的一個長期處於自治地位的地區，這裡百分之九十的居民是漢人的背景，自明朝末年就來到這裡，原來是中國境內雲南的土司，屬於中緬邊界的一個自治地區。由於特殊的歷史發展，果敢在緬甸獨立運動時期取得認可，是緬甸獨立後的憲法中明文列出來屬於緬甸原生民族的一支。現在緬甸名列為 136 個少數民族的一支，是少數以漢族為主體，卻能夠被緬甸接受為緬甸原生民族的特殊例子。

　　根據 1948 年頒布的緬甸聯邦《公民法》第三章第一條的表述：「果敢人成為緬甸土生土長的國民。」按照憲法規定，果敢在議會中獲得了一個合法席位。而果敢的土司楊振材也因此成為民族議院議員。

　　果敢華人的公民意識也是獨特的類型，由於生活在緬甸多種族的環境中，果敢華人多半並不吝於承認自己是果敢族人，受到緬甸少數民族政策的保障，果敢華人所受到的果文教育系統中的華文教育比較完整，他們反而兼具傳統文化保存，以及具有高度的緬甸公民意識,這兩方面的特色。這是因為果敢華人受到緬甸少數族群地位的保障,自我意識也是相對來說,比較清楚。

自從國際社會開始關注緬甸的公民權問題,有志之士也注意到華人社會開始寄於關注。我們也可以明白,在緬甸民主轉型的過程中,如果要促進國家團結,使得緬甸往正常國家發展時,公民權問題是個不可能不碰觸的問題。而顯而易見的情況,如果因此羅興亞人的公民權要被重新衡量,勢必也可考慮到華人的公民權問題。

緬甸政府對華人政策的新發展

現階段緬甸政府對華人社會採取比較寬鬆的態度,是在緬甸的華人共同的意見。這種新的轉變可以由華人社團活動的恢復、華文教育的成長、華文報紙的出刊可以看出。這是傳統上討論華人社會的三大重點,即華團、華教與華報。在訪談中,多數受訪問的華人領袖多會提到緬甸政策的轉變,多半以新的軍政府上台以後做為標誌時代變遷的時間點,意指在 1988 年以後上台的軍政府。這個軍政府雖然改過名稱,也改變的領導人及政府架構,但是對於遠離緬甸政府的華人領袖多半認為還是有相當的一致性,因此,本文的討論都是 1988 年以後上台的軍政府做為論述的對象。

在華人社團來說，許多社團恢復了活動，也有新的華人社團開辦，或是華人社團有了新的發展，如蓋了新的華人社團會館等。詢問相關華人社團活動發展的時間，多半是在 1990 年代陸續發生，也有一些新的變化是在 2000 年代得到更進一步發展。整體而言，筆者訪問的各地華人社團領導，多半都意識到這個政策的轉變。但是也同時表示，政策上雖然是有開放，但是緬甸政府並不會明文表示政策的轉變，很多情況都是華人社會感受到政策的寬鬆，但是並不知道政策的底線在什麼位置，都是靠申請批准，才知道哪些可以做，哪些還不可行，算是摸著石子過河，一路發展才知道政策開放的規模。

以華人社團活動而言，在 1960 年代的國有化政策之後，華人社團被要求應重新登記，多數似乎沒有得到批准，但是緬甸政府也沒有追究。但是華人社團在當時有如驚弓之鳥，擔心會有進一步的高壓政策，在當時都採取了十分低調的做法，避免進行任何會引起注意的行動。因此華人社團在當時十分沈寂，有些社團甚至幾乎停擺。這種情況到了 1990 年代，新的軍政府上台之後有了改變，華人社團感受到政策放寬之後，慢慢開始嘗試恢復社團活動，然後才陸續展開新的發展。

以仰光為例，華人社團活動在 1990 年代，新的軍政府上台之後有了長足的發展，許多華人社團漸漸地從過去的沉寂的狀態，開始增加了活力。有 145 年歷史的老社團，緬甸福建同鄉總會，在1960年代會務幾乎停擺，只有一個小辦公室設在慶福宮內，到1999年發起認捐籌款，建立了新的會所。[246]在其新會所內所立的紀念新會所碑記，索性將1960年代的事全部跳過，隱而不談。[247]仰光雲南會館，在1995年將原來傾右的雲南會館及傾左的雲南同鄉會合併，重新開始發展，並且在2006年首度發行了會刊。[248]

以曼德勒為例，其中的福慶宮及福建同鄉會，在1960年代的國有化政策之後，會務就停頓下來，「然而1965年緬甸政局欲起變化，宣佈全國學校國有化，華僑學校也走上同樣的命運。…因當局政策的影響，十多年來無正式選舉，致使會務弛廢，觀音亭無人管理，情況亦復雜，加以宮殿年久失修、香客寥落，景象逐趨蕭條。」[249]

以東枝為例，東枝的華人社團主要是東枝雲南聯誼互助會、福建同鄉會、廣東同鄉會、福州三山同鄉協會、果敢文化會等社團。其中，這些社團多在1990年代初期成立或者重修，其中福建同鄉會的會館是在1991年落成，廣東同鄉會在2000年遷建了廣

---

[246] 緬甸福建同鄉總會編，〈緬甸福建同鄉總會簡史〉。《緬甸福建同鄉總會145周年會刊》。仰光：緬甸福建同鄉總會，2008年。

[247] 緬甸福建同鄉總會編，〈緬甸福建同鄉總會建置新會所碑記〉。《緬甸福建同鄉總會145周年會刊》。仰光：緬甸福建同鄉總會，2008年。

[248] 緬甸仰光雲南會館編，《第四屆常務理監事就職典禮暨兩會合併十週年紀念特刊》。仰光：緬甸仰光雲南會館，2006年，頁66。

[249] 李璸珀，〈緬甸曼德勒福慶宮、福建同鄉會史略及發展概況〉，緬甸福建同鄉總會編，《緬甸福建同鄉總會145周年會刊》。仰光：緬甸福建同鄉總會，2002年，頁20。

東義山，雲南聯誼互助會及福州三山同鄉協會都在近期整修了新的會館。果敢文化會則是在 2007 年新大樓落成，新的會館氣勢雄偉，有極寬闊的室外廣場及室內禮堂，顯示會務蒸蒸日上。筆者親自走訪東枝地區各主要華人社團，都表示最近二十年華人社團的會務發展，是政策放寬的結果。

重新評估緬甸族群政策與對華人政策

緬甸對華人社會的政策，如果放在一個較長的歷史架構來看，則最近 20 年的發展，與之前緬甸華人所受到的待遇，可以說是很明顯的政策轉變。只不過這種政策的轉變，是難以找到任何的政府文件中明白表示出來。至少到目前為此，緬甸政府並未就其對華人的政策，表示過正式的意見。然而即使在這 20 年之中，緬甸政府對華人的政策尚未到穩定的地步，但是對比 1960 年代的時空，可以很清楚地明白，現階段緬甸對華人政策，已經是一個很大的轉變。

從華人政策的角度，可以看出來，最近 20 年軍政府上台之後，也產生了很大的改變，要衡量緬甸的政策，不能只從民主進程來評斷。如果我們以新機場的建設做為開放對外經濟的指標，那麼緬甸自 1988 年以來已經在各地增加了 7 座新機場，這些機場透過三家本地航空公司，以及旅行社的合作，可以使國際旅客很容易地到達緬甸的主要大都市及觀光景點。位在仰光的國際機場,新建機場大廈在提前在 2007 年啟用,[250]這是由新加坡的顧問公司 CPG Airport Consultant Co Ltd 設計,由緬甸與新加坡合作的 Asia World Co Ltd 承包,這顯示在歐美國家經濟制裁而亞洲國家持續與緬甸交往的過程中,中國與新加坡等國家是受惠最大的,經常可以承包到國家重要建設,這其中也許有官商勾結的問題存在,不過也以此可以知道,從經濟面向而言,緬甸仍是持續向前邁進,而且是往開放的道路前進。[251]

根據筆者親身經驗的觀察,雖然國際社會對緬甸的經濟制裁仍然存在,但是緬甸也致力國際觀光市場的開拓,仍有國際旅客以散客形態進入緬甸,雖然這個市場仍有許多人為設置的關卡是不利於對國際旅客的開放,同時國際旅客到緬甸的觀光客市場並不穩定,經常是因為國際新聞一旦傳出緬甸的負面形象,就立刻衝擊來到緬甸的人數,然而這樣的環境下也產生了一些願意到緬甸闖天下的冒險投資客,經常進出緬甸,介入緬甸本地各種經濟活動,成為緬甸與國際社會的中間人。

在緬甸仰光的街頭,不難看到各國產品的大幅廣告看板,聳立在仰光的主要道路的兩旁。在仰光的唐人街,百年來就位於仰

---

[250] "The new airport building of the Yangon International Airport is expected to be open earlier this year", *The Yangon Times* Vol. 3, No. 5 February 1-7, 2008.

[251] Joseph Allchin, "Taste of Democracy sends Burma's Fragile Economy into Freefall". *The Independent*, 20 September 2011.

光主要的商業區，鄰近的商業區堆滿世界各地名牌產品，從服飾、影音產品、家電到 3C 產品，應有盡有，也有盜版軟體及影音產品，以及英文書，或是翻譯成緬文的英文原著。顯示以仰光的唐人街為中心的華人社會，在這樣相對比較寬鬆的政策下，經濟發展也有相當的條件來發展。

台灣與緬甸關係的評估

台灣與緬甸的關係經過長時間的黑暗期，大約在三年前有所突破，在一年前終於獲准可以成立台灣代表處。2017 年 2 月 2 日台灣代表終於踏上緬甸國土正式上任，標誌著一個緬甸台灣新時代的來臨。緬甸和中華民國台灣斷絕外交關係，是 1950 年的事，如今雖然不是恢復邦交，但是至少是互設官方代表機構。其中有相當漫長的時間，兩國是在沒有官方管道的情況下，民間與商界仍然保持往來，一直到現在已經有 67 年的歷史，多數人對於過往的歷史不甚理解。緬甸在 1947 年從英國治理中獨立以來，中華民國在當時與英國關係密切，且同為同盟國的盟邦，曾經是緬甸獨立之後最早承認緬甸新國家地位的外國國家之一。

簡單回顧緬甸與台灣互設代表處的過程，在不特別被台灣本地的媒體的關注下，2015 年 6 月 22 號緬甸在台北設立的具有官方身份關係的代表機構。到了 2016 年 3 月 28 日中華民國設立緬甸代表處，仰光設立同性質的代表機構。從雙方政府的做為可以看出，雙方都是採取比較低調的姿態，小心謹慎，避免生變。緬甸與台灣的外交突破是在緬甸軍政府執政時期就已經開始，一直是採用緩慢而有節奏的方式。先由外貿協會設立仰光辦事處，之後設置國合會辦公室。國合會已經算是半個官方機構，能夠同意設立國合會辦事處，當時已經可以觀察出來，雙方是在有默契的情況下，同意設立國合會辦事處。後來緬甸在台北設了台北貿易辦事處，可以說是步步為營。

台灣在緬甸的重要機構，在具有半官方關係的是外貿協會。原來的國合會辦公室也具有半官方關係，可以說是按步就班，慢慢拉近了兩國之間的距離。國合會當時設立之初，特別安排了國合會在緬甸設立辦事處，與國合會外派的情況而言，是比較特殊安排。在緬甸具有新的代表處之後，國合會的組織將納入代表處運作。

民間團體方面，台灣有幾個重要的組織，主要是緬甸台商協會、緬甸留言台校友會總會、緬甸陽光雲南會館。緬甸聯合商工總會、緬甸華商商會、緬甸國際貿易促進會等。緬甸聯合商工總會，是緬甸一個歷史悠久的商人組織，及歷史可以上說到英國殖民時代，成立於 1919 年。緬甸國際貿易促進會，是由緬甸商人的主要協會，會員有 70 家企業都是具有相當規模的企業。

回顧台灣與緬甸的關係，自從 1949 年中華民國與緬甸斷交之後就再也沒有官方的往來關係。2013 年外貿協會成立仰光台緬貿易中心，是斷交後 63 年的首次突破。2014 年外交部國合會成立駐緬甸辦事處。2015 年緬甸住台北貿易辦事處成立。到了 2016 年台灣設立台北經濟文化辦事處成立，算是正式成立了雙方往來的正式機構。2017 年 2 月 2 日，台灣代表正式仰光就職。整體而言，目前因為剛開始有設代表處，目前還在建設階段，所以目前台灣代表處是採取比較低調的政策。

華人政策的新發展

本章論文以實地觀察與訪談法，重新審視了緬甸政府的對華人政策，認為最近的 20 年政策有很大的轉變。整體而言，緬甸政府對華人的政策是採取比較寬鬆的態度，讓緬甸華人可以發展自身的文化特色，並且可以維持華文教育的發展。雖然這樣的政策，並沒有白紙墨色寫下來，並不是形諸於文的政策，但是當地社會的意見領袖，已經對於這樣的政策改變是了然於胸，因此即使政策的底線並不清楚，許多華人已經可以清楚地體會到這種與過去不同的政策方向。

實際走訪緬甸華人社會，可以感到緬甸華人現在是處於等待好機會的時刻，如果有朝一日，緬甸往正常國家發展，推行民主政體而得到國際社會的全面接納，則緬甸的華人可以發揮他們的優勢，在相關的領域中，得到很好的發展。緬甸華人清楚知道，如果緬甸政府採取經濟開放政策，那麼華人仍是在溝通本地社會與外國商人方面，扮演重要的角色。在這樣的發展氣氛下，華文教育又重新得到華人社會的重視，政策的轉變方向，形成緬甸華文教育快速發展的重要動力。

參考文獻：

Hooker, Michael Barry, *Law and the Chinese in Southeast Asia*. Singapore: Institute of Southeast Asian Studies, 2002.

Wilson, Trevor, "Myanmar Political Reform: A Slow But Steady Transformation". Australian Outlook, Australian Institute of International Affairs, 19 June 2017.

Loyn, David, "Obstacles lie ahead in Burma's bid for reform". BBC, 19 November, 2011.

The Economist, "The Rohingyas: Apartheid on the Andaman Sea". *The Economist*, 13 June 2015.

Fuller, Thomas, and Mark Landler, "Clinton to Visit Myanmar as Dissident Leader Rejoins Politics". *New York Times*, 18 November, 2011.

施銳福，〈年終報道：緬甸改革有進展但族裔衝突加劇〉。《美國之音》，2012 年 12 月 25 日。

何則文，〈一位雲南馬幫後代的故事〉。《關鍵評論》，2019 年 1 月 24 日。

李璜珀，〈緬甸曼德勒福慶宮、福建同鄉會史略及發展概況〉，緬甸福建同鄉總會編，《緬甸福建同鄉總會 145 周年會刊》。仰光：緬甸福建同鄉總會，2002 年。

林錫星，〈華人到緬甸定居的歷史及早期華僑華人社會的形成與發展〉。《緬華社會研究》，第 3 期，2004 年，頁 2-5。

陳孺性，〈緬甸廣東公司（觀音古廟）史略〉。《仰光廣東公司（觀音古廟）一百七十九周年紀念特刊》，2002 年，頁 17-24。

溫廣益，《二戰後東南亞華僑華人史》，廣州：中山大學出版社，2000 年。

緬甸仰光雲南會館編，〈第四屆常務理監事就職典禮暨兩會合併十週年紀念特刊〉，仰光：緬甸仰光雲南會館，2006 年。

緬甸福建同鄉總會編，〈緬甸福建同鄉總會建置新會所碑記〉。《緬甸福建同鄉總會 145 周年會刊》。仰光：緬甸福建同鄉總會，2008 年。

緬甸福建同鄉總會編，〈緬甸福建同鄉總會簡史〉。《緬甸福建同鄉總會 145 周年會刊》。仰光：緬甸福建同鄉總會，2008 年。

盧偉林，《緬甸華僑概況》。台北：正中書局，華僑協會總會，1988 年。

第十章

從移民全球化看越南僑民與越南台灣人

　　本章主要從越南的角度來看從越南到台灣的移民，特別是最近這些年因婚姻關係而移民台灣的新移民。[252]移民者的文化身份該如何界定，從移民移出國的角度和移民接受國的觀點可能不盡相同。台灣現在有不少關於新移民的討論與研究，有時也不免假設她們是處境相同的一群人，就放在同一範疇下來討論。究竟來自不同國家或地區的新移民，是否合適以同一範疇來討論？筆者認為，越是使用含混不清的概念，表示我們對於新移民的理解不足。設身處地，一個台灣的留學生，或者台灣新移民，乃至於赴外工作的台灣人，必不喜歡只被理解為「東方人」或是「亞洲人」。本文試圖以越南本地對移民的論述，說明越南既有的社會文化脈絡中，如何看待來自越南的移民，與台灣本地對待越南移民的看法互相比較。

---

[252] 新移民在台灣社會，現在多以新住民稱之，係指台灣社會自從解嚴以後，而移民到台灣的人口，其中以婚姻移民為最大宗，同時與原來台灣本地的各族群有比較明顯的差異者，主要是來自東南亞地區，曾經被稱為外籍新娘、外籍配偶、東南亞移民、南洋姐妹等等。

從移民的另一端看移民

筆者認為台灣對待新移民，不能只停留在以台灣的角度，將來自不同地區的移民，視為同一範疇的人群而已。移民從何處過來，對其文化背景的理解應有不同。移民之中個別人士存在很大的差異，然而從出生地來分類新移民仍對於移民的理解有所幫助。單就對移民這一行動而言，對移民的預期不同，行為模式也會有不同。筆者在稍早的一篇討論新移民的論文中，分別檢視印度尼西亞及越南的本地資料，即意識到其中的差異：印尼很快地接受嫁來台灣的女子成為台灣人，越南則視移民到海外者仍是越南人。[253]因此同樣是新移民，不同地區來台灣者因為帶有原居地的不同社會預期，可能會有不同的行為模式。

本章即針對越南，討論越南國內如何看待海外越僑，以及以這樣的角度來看待越南來台移民，可以得到如何的觀點。因此將分析越南不同的論述與研究，討論其對待在台越僑或越南台灣人的觀點，比較其與台灣本地的看法上的差距。論文中將以「越南

---

[253] 在此僅做十分簡略的對比，原文主要是比較當地人對於來台外籍新娘的稱呼，因此在印尼，「由印尼文世界來看，他們（台灣太太 istri orang Taiwan）都成為了台灣人(menjadi Orang Taiwan)」，而在越南，「海外的越人以「越僑」(Việt Kiều)稱之，即不論移民當地的情況和程度如何，都以越人待之。」，兩者確有不同。參考楊聰榮，〈從新住民觀點看台灣人的性格〉。《台灣思想與台灣主體性》。台北：國立台灣師範大學，2005 年，頁 61-75。

台灣人」或「在台越僑」來稱呼由越南來台定居人士。「越南台灣
人」是從台灣的角度來出發，指的是已經取得在台灣的居留權或
身份證，或者即將取得台灣的身份證者，既然是台灣社會的一部
分，宜以台灣人視之，不應以其背景不同而以「外籍」視之，又
因為本文強調要理解新移民內部的差異，故以其移出國背景為強
調重點，故稱「越南台灣人」。至於「在台越僑」則是由越南觀點
出發，在本章中會有詳細討論。

　　研究移民與研究其他範疇的人群有研究路徑的不同，一般社
會文化研究特殊群體，不論是性別或性向不同者、族群文化的承
傳者、經濟上的弱勢團體或是特殊職業身份者，經常是在同一社
會之中，以同一個社會的歷史文化脈絡即可討論，而移民是由一
個社會移居到另一個社會，至少就涉及兩個不同社會，對移出國
及移入國的社會文化的理解對移民整個過程的理解應當有幫助。
由許多相關的移民研究都可看到，對於移民移出國與移民移入國
的社會文化加以理解，對於移民的理解是有很大的幫助，而比較
移出國與移入國的價值體系，對移民價值觀的理解也有幫助。[254]移
民經常將原來居住成長國的文化觀念帶到移入國，這些文化觀念
到了新的社會，會產生變化，與新的社會中互動，因此可能產生

---

[254] Robert Andrew Guffin, *A Comparative Study Of Selected Cultural Values Of The Socialist Republic Of Vietnam, Overseas Vietnamese (USA), and the United States of America*, PhD dissertation, Colorado Technical University, 1997.

新的文化觀念。[255]因此在研究移民時，對於移民這一社會行動的
兩端，如果都能有比較清楚的理解，自然對移民本身有更深入的
認識。移民的基本類型是由 A 國移民到 B 國，至少就第一代移民
而言，A 國及 B 國對移民的影響都應該是清晰可見，移民這一行
為即是移民人士與兩國分別的互動關係構成。移民研究中經常提
到了推力與拉力，即是強調移民人士與兩個地方所發生的互動關
係。因此對於移民的研究，我們不宜偏袒一方，只以一方的觀點
來看待移民。

　　要理解越南台灣人，對越南的理解不可或缺。然而對越南的
理解有不同層面，本論文只針對越南當地對「越僑」的理解，做
為關照越南台灣人的視野。故本論文由越僑的研究及對越僑的論
述出發，看看對越僑的知識，是否對於理解越南台灣人有所幫助。
主要的原因是越僑這一概念範疇的存在，已經有相當歷史，而因
此對於越南社會的運作已經起了一定的作用，越南新移民自然會
在這個概念所衍生的參考架構中發展。這裡所指對越僑的知識，
主要是綜合性的知識，並不以越南對越僑的認識為限，也包含了
各地對越僑的認識。

---

[255] Hosokawa, Ai, *Migration and Culture: Vietnamese Communities in Oakland*, California, MA thesis, California: California Institute of Integral Studies, 2000.

「越僑」概念的興起

越僑一詞，是現在越南文一詞 Việt Kiều 的中文對照詞，就是指海外越南人，移住在越南本土以外的越南人，有時也稱為「海外越人」(Người Việt Hải Ngoại)。雖然「僑」(Kiều)一字的使用是由中文漢字而來，「越僑」一詞與「華僑」等中文詞彙，意義指涉範圍不相當。即中文詞彙中有華僑、華人及華裔等，對比越僑的用法，「越僑」(Việt Kiều)一詞卻包含這三種意思在內，即是否出生在越南或是海外，是否取得當地身份以及是不是具有足夠的越南文化傳承，都是以「越僑」(Việt Kiều)稱之。

「越僑」(Việt Kiều)一詞在越南存在久遠，早在越南仍在法國殖民之下，就有越南人居住在海外，即用「越僑」(Việt Kiều)一詞，當時在法國、中國及日本等地，都有一定數量的越僑居住在當地。現在越南文中使用到「越僑」(Việt Kiều)一詞，多半是指 1975 年越戰結束而逃離越南的僑民。造成這種語意使用上的偏向，原因是因為越僑的數量增加，主要是在 1975 年的逃亡潮。現在這些當年逃離越南的僑民，成為越南海外投資的主力，所以與越僑相關的論述，以這些僑民為主，但是歷史上的越僑淵遠流長，越南本地其實用越僑的觀念看待不同背景的海外越南人。

　　在這裡考察「越僑」的本地意義，也並不表示我們全盤接受使用「越僑」一詞背後的所有觀念，我們也必須要注意使用「越僑」一詞可能有的偏差。至少放在越南內部的多數族群對少數族群的關係，「越僑」一詞的指涉是有其特定的意涵，「越僑」多半是指主流族群，少數族群沒有被包含在內。從這個角度說，「越僑」一詞包含著某種程度的京族中心主義。京族是越南為數最多的一個族群，也就是一般俗稱的越人。[256]「越僑」一詞多半是指越南的主流族群京族而言，至於在海外的越南少數族群，則通常不在這個越僑的範圍中。例如越南的少數民族如 Hmong，在美國為數不少，他們的家鄉也在越南境內，但是越南人通常不會用「越僑」(Việt Kiều)一詞去形容他們。多數越南少數民族移民海外，多半是在特殊的情況移出，文化身份仍是少數民族，而不是越南人。[257]

　　越南華僑則是另外一個特殊的情況，筆者根據自己的觀察，以及過往在澳大利亞與越僑／華僑的交往經驗，明白在海外的越僑與越南華僑關係特別密切，有不少人具有兩種不同的文化身份，即可同時參加越僑及華僑的活動，加上通婚的情況普遍，不少人是具有兩個不同身份。越南開放以後，也有不少越南華僑回

---

[256] 有關越南的族群分類，參考楊聰榮，〈越南族群分類的反省————本土知識體系與現代性〉。《東南亞研究研討會論文集》。台北：淡江大學東南亞研究所，2004 年。

[257] Julian, Roberta, "Hmong Transnational Identity: The Gendering of Contested Discourses". *Hmong Studies Journal*, 5: 1-23, 2004.

到越南旅遊或是投資，越方也給予越僑的待遇。因此就越南華僑而言，仍可視為越僑的一份子。[258]

　　越僑與華僑一樣，是一個行之有年的特定稱呼，泛指住在越南本土以外的越南人。在大部分的情況，海外的越南人都被視為越僑，而不論是以什麼原因移民到海外的。越僑與華僑的觀念，值得做比較研究。日本的研究文獻中，即有不少將越僑與華僑做出比較。有日本的研究文獻提到，在文章寫作的當時，十一億人口的中國，假設有 3500 萬的海外華人分布在世界各國，比例不過是 3.1％，如果是依照現在的數字，則還要再低一點。而八千萬人口的越南，卻有至少 270 萬越南人在海外各國，比例卻有 3.4％，比華僑的比例還高。[259]從這個角度看，越僑對越南社會的重要性，應不在華僑之下。

越僑的歷史形成

　　目前多數的西文文獻，對於越僑的研究多半以 1975 年開始算起，認為這是越僑歷史形成的主要時期，而 1975 年四月三十日北越部隊攻陷西貢則是誘發越南人外移的主要推力，成千上萬越南

---

[258] Ta, Minh-Hoa, Twice a Minority: A Participatory Study of the Chinese-Vietnamese Adaptation Experiences in Vietnam and the United States, PhD dissertation, University of San Francisco, 2000.

[259] ベトナムニュース，〈越僑の送金額、ODA 総額に匹敵〉。《ベトナムニュース》，通巻 1150 号，2004 年 01 月 29 日，頁 1。

民眾開始逃難世界各地。以越僑的人數增長而言，1975 年固然是最重要的起點。但是在概念上，越南人在海外居住，而有越僑的觀念，則早在西貢淪陷前即存在，因此越僑的歷史應早於 1975 年。越南人士流寓海外則在更早以前的時間就開始，本章隨後會討論這個部分。這是越南的文獻多數強調的概念，因此即使在越南一般討論越僑的文章，是以越戰後難民為主要的對象，但實則仍以海外越南人為範圍，因此來台灣的越南配偶，雖然與越戰後難民情況不同，但是如果回到越南，仍然都是以越僑視之。

雖然相關的研究都強調，越南早期的移民可以上溯到 1975 年越南難民潮之前。然而越南早期移民的相關研究資料，仍待進一步的開拓。如果以較著名的越南民族獨立運動的相關資料為對象，可以看到越南人流寓海外，不乏前例。[260]越南幾個不同流派的民族運動領導人，都曾有一段長時期流亡海外，例如我們隨後會介紹的潘佩珠以及胡志明。仔細閱讀這些領導人的傳記，可以知道他們的流亡並非隻身前往，而是將整個組織活動搬到海外，以集團群體的方式流寓海外，同時，當他們前往僑居地時，當地已有越南人居住，顯見海外越南社群早已存在。

---

[260] 有關越南人移居海外的經驗，參考 Vietnam Ministry of Foreign Affairs, *Consular Department, Review of Vietnamese Migration Abroad.* Hanoi: ADN Company, 2012.

　　我們以越南革命英雄潘佩珠（Phan Bội Châu，1867-1940）為例，潘佩珠 1904 年訪問日本，返國後發起「東遊運動」（Phong trào Đông Du， Exodus to the East），[261]前後選送青年 200 人前往日本留學，而形成日本的越南人集團。1907 年潘佩珠前往香港，在香港成立「越南維新會」(Duy Tân Hội)，並組織臨時政府，由此可知當時在香港已經有越南人居住，後來在日本政府改變政策，不支持越南民族主義運動之後，潘佩珠還將革命運動的重心，轉到香港來。[262]1912 年更進一步將重心轉到中國境內的廣州，潘佩珠等人於廣州成立越南光復會（Quang Phuc Hội），主張建立越南共和國，組織軍隊，參加黃埔軍校等，也顯示廣州境內有一定數量的越南人居住。可以說潘佩珠的革命活動，主要是在海外進行，有海外越僑的社群存在，為長期流寓海外從事革命活動的基礎。

　　後起的越南民族主義領導人胡志明（Hồ Chí Minh，1890-1969），則是另外一個路線，胡志明原名名阮生恭（Nguyễn Sinh Cung），青年時改名阮必成（Nguyễn Tất Thành），從事革命活動時化名阮愛國（Nguyễn Ái Quốc），在中國時曾用名李瑞（Lý

---

[261] 「東遊運動」是 20 世紀初期越南發生的民族獨立運動，運動領袖潘佩珠發起，希望越南知識分子前往日本留學，東遊運動的最終目標是越南脫離法國的殖民統治獨立。潘佩珠不僅希望越南人去日本考察興國之道，學習西方先進的知識，還希望從日本那裡獲得武器支援。他在日本舉行募捐，希望獲得資金。

[262] William J. Duiker, "Phan Boi Chau: Asian Revolutionary in a Changing World". *The Journal of Asian Studies* (Association for Asian Studies), November 1971, 31 (1): 77–88.

Thụy）。1919 年胡志明到法國巴黎推動越南民族主義運動，從胡志明在法國的活動記錄來看，也不難看出當時法國即有一批越南人定居。1924 年之後，胡志明由莫斯科來到廣州，也將社會主義式的革命政黨帶到廣州來，與潘佩珠的民族主義運動合流。就越南民族主義革命運動而言，因為情勢的變化而有很大的起伏。由其相關記述來看，海外越南人的行蹤清晰可見。越南民族主義革命運動也與早年中國國民革命一樣，得到海外本國移民的協助很多，應可比照「華僑為革命之母」的說法，而稱「越僑為(越南)革命之母」。

除了革命勢力主要是在海外發展，即使是被革命的對象，也是流寓海外。越南皇室保大及其家族成員，在越南成立共和國之後，也流亡海外，一度在香港，後來轉往法國。[263]即使是 1975 年前夕，海外的越南人社群就已經成形了。以美國為例，在 1975 年以前，就已經有接近兩萬越南人取得了美國的永久居留權。[264]人數為主力的今日越僑，歷史形成年代較晚，現在距離 1975 年已經有四十幾年的時間，第一代的越僑移民已經漸漸老去，但是在越僑社會中當家做主的一代，對於越南的傳統仍然是採取堅持保存

---

[263] Bui, Pipo, Envisioning Vietnamese Migrants in Germany: Ethnic Stigma, *Immigrant Origin Narratives and Partial Masking*. Berlin: LIT Verlag, 2004.

[264] 1956 年到 1974 年間，共有越南人 17, 985 人因為歸化而取得永久居留權 U. S. Department of Justice and Naturalization Service, 1980。

的態度。因此就各地越僑的一般情況，到目前仍然保有濃厚的文化傳統。[265]

在文化上，越僑與越南人仍有差別，當地人根據行事作風與說話寫字的些許差異，可以分辨得出來。就語言的詞彙而言，原來以南越為主的越僑，使用的詞彙為當時南越時期的詞彙，與一直住在當地的越南人，加入社會主義時期的詞彙，就有許多明顯可辨的差異。在文字拼寫法上也有不同，近年來越南政府修改越南文中聲調符號的標注規則，主要涉及介音上標注聲調符號的規則，但是海外越僑並沒有接受修改後的新規則，以致於產生差異，如「文化」今天在越南的拼寫是 văn hoá ，而越僑所使用的以前的標注方式則是 văn hóa，祇要看到這種聲調符號的標注上的差異，便可分辨是越南本地人或是海外越僑，雖然這種差異十分微小，並不影響語言使用，但剛好足以分辨越僑的身份。

越南海外僑民在海外的分布

在越南，談到越南人在海外，總是認為越南人到世界各地，即全球各地都有越僑。現在當越來越多的越僑與越南再次發生關

---

[265] United Nations Vietnam, *Migration, Resettlement and Climate Change in Vietnam: Reducing Exposure and Vulnerabilities to Climatic Extremes and Stresses Through Spontaneous and Guided Migration*. Hanoi: Phu Sy Printing Company, 2014.

係，在各種媒體上看到來自各地的越僑相關消息，就成為很平常的事。對多數越南人來說，越僑已經移民世界各地，有這樣的認知，對於任何人想要移居其他國家，在心態上絕對不會感到困難。越僑移民各地的歷史發生時間比較晚，卻在一個相對於華僑移民史較短的移民歷程中，使得越僑成為全球移民族裔(Vietnamese Diaspora)。

　海外越僑到底有多少人，與台灣在論述華僑的人數一樣，有統計技術上的困難，所以無法得到準確的數據。但是海外越僑主要移民的時間比較晚，相對而言，越僑的數據比華僑的數據要準確許多，許多國家都有比較清楚的人口移入記錄。一般而言，約三百多萬左右的越南僑民，其中在美國的越僑人數已經佔了三分之一，至於在歐洲，法國是越僑在歐洲最大僑鄉。表一是綜合不同的資料來源所整理的人數統計表。

　越南海外僑民早在 1975 年以前，即分布在週邊國家，如中國、泰國、柬埔寨、及寮國等。法國殖民時期，開始有越僑定居在法語國家，其中法國本身的人數最多，而其他如加拿大的法語區等，也有越僑的踪跡。[266]1975 年由越南逃亡海外者，主要分布在三個區塊，即移民接受國如美加澳紐、西歐國家及東歐國家。後來越南建立社會主義共和國之後，與俄羅斯及東歐社會主義國家交

---

[266] Virginia Thompson, "The Vietnamese Community in France", Pacific Affairs, 25(1): 49-58, 1952.

流，也有不少人到了這些國家工作或就學後，便留在當地定居。[267]
接下來便是接受外勞的國家如台灣及日本，以及經由仲介以婚姻
方式移民的國家，如台灣及南韓，都有一定數量的越僑。

表1　各國越僑人數估計

所在國家	越僑人口約數
美國	1,300,000
澳大利亞	180,000
加拿大	160,000
法國	300,000
德國	90,000
挪威	18,000
俄羅斯	150,000
波蘭	30,000
捷克	15,000
匈牙利	15,000
中國	250,000
北韓	15,000
日本	15,000
台灣	71,000
南韓	50,000
柬埔寨	600,000

[267] Sebastiao Salgado, "The Vietnamese Migration", World Policy Journal, 15(1): 68-76, Spring 1998.

　　美國的越僑人數最多，也由於美國與越南兩國是越戰時間的交戰國，也是收容最多越僑的國家，許多越南關係越僑的論述是以美國越僑為主要對象。全球各地約有三百多萬越南僑民，其中超過三分之一定居美國。根據美國兩千年人口普查，美國境內有1,122,528 人承認自己的族裔背景是越南人，若包含複選答案，則有1,223,736 人承認自己的族裔背景是越南人(U. S. Census Bureau, 2002)。估計實際人數可能要更多，因為在美國的越南華僑人數也不少，是當時越戰後逃亡潮中的主要組成，許多人可能在調查時承認自己是華人。

　　越僑在美國有特定的分布範圍，其中在加州就佔了四成，這是因為與越僑當時安置的地點有關，越僑在適應當地生活後，多半在安置區附近謀生，因此有群聚效果。越僑群聚的地方，並不是叫越南城，而是叫小西貢(Little Saigon)，由此可以知道海外的越僑，的確是以從越南南方來的人為主。最著名的小西貢，位於南加州的橙郡(Orange County)，被譽為越南以外最多越南人聚居的城鎮，原來是一片農地，首批來美的越南難民先被安置在此地四所大型收容中心，現在已經開發成為一個以越南人為主的社區。[268]越僑社區在美國已經逐漸發展起來，家庭生活水準已經追上全國平均。一般而言，與其他亞洲僑民相較，越僑的政治意識較強，

---

[268] Juan, Karin, Creating Ethnic Places: Vietnamese American Community-Building In Orange County and Boston, PhD dissertation, Brown University, 2000.

這是與越僑來美的背景有關，同時來美越僑中有不少原來就是南越的精英，因此在地方議會中較為活躍。除了地方議會外，州議會也有越裔代表。由於在美越僑有相當經濟實力，現在慢慢成為越南海外投資的主力。

除了美國以外，已接受海外移民的國家，如加拿大、澳洲及紐西蘭等國，都有為數眾多的海外越僑。到這些國家的越僑，多半喜歡住在同一地區，以便互相照應，因此形成許多海外越人社區(Cộng đồng người Việt)。[269]然而政治意識形態的不同，越僑以南越人為主，反共政治意識強烈。有一段很長的時間，因為政治意識形態的差別，越僑社會與越南政府之間存在著嚴重的互相不信任。越僑社會與越南政府之間溝通，如果談到政治或是歷史問題，引起強烈的情緒反應。不過隨著冷戰結束，越南政府又採取經濟發展為主的開放政策，越僑紛紛回到越南投資，成為當今越南經濟發展的重要動力。[270]

越僑在歐洲也有一定數量，其中以法國最多。與其他各國的移民一樣，移民多半集中在大都會，法國的越僑即以巴黎最多。美國越僑與法國越僑不同，在法國社會，越僑沒有形成少數族群

---

[269] 這種海外越人社區的消息，在網路上隨處可見，例如澳洲的越人社區可參見 "Cộng đồng người Việt tại Úc phản đối đài SBS tiếp vận chương trình tin tức của nhà cầm quyền Việt Nam." (http://www.lmvntd.org/article.php3?id_article=1001)

[270] Vietnam Ministry of Foreign Affairs, Consular Department, Review of Vietnamese Migration Abroad. Hanoi: ADN Company, 2012.

的政治組織活動，這是因為法國的公民政治不強調族裔政治，在法國缺乏以族裔背景為主軸的政治活動空間，因此在法國的越僑呈現出不同的型態，在法國的越僑在法國社會中並不顯著，法國的公共事務很有少與越南或是越僑相關的事務出現。[271]然而越僑在法國仍然是越僑在歐洲最大的聚居地，此外，越僑在歐洲的移民範圍也有擴大的跡象，東歐、北歐及俄羅斯，都有越僑社群的形成。

台灣的越僑社群的形成比起上述多數國家要來得早，早在1949 年國民政府由中國大陸遷到台灣，其中即有越南國民黨的成員，有部分黨員跟隨國民黨一起來到了台灣，在台灣定居下來，據估計是以越南人為主。這部分的人數多少尚待進一步的研究，在與老一輩的台灣越僑的訪談中，提到了這批人的存在。在越戰期間，越南的南越政府與台灣政府有密切關係，也有越南人來台灣，可能包括越南人以及越南華僑。到了 1975 年西貢陷落以後，又有一批越南人來到台灣，當時政府予特別的待遇，甚至將他們安置在特定的區域之中，形成自己的社區。內湖的大華新村，原來就是 1975 年後安置的越南歸僑，故有「越南村」之稱。[272]

---

[271] Bousquet, Gisele L. 1991. Behind the Bamboo Hedge: The Impact of Homeland Politics in the Parisian Vietnamese Community. Ann Arbor: University of Michigan Press, 2019.

[272] 陳志豪，〈越南新娘來到這 就像回家鄉〉。《聯合報》，2005 年 6 月 24 日 C3 版。

　　針對越南華人來台灣安置的計劃，政府以「仁德專案」稱之。「仁德專案」的詳細情況，也應該有進一步的研究。就性質而言，政府對外宣稱，是基於國際社會對難民問題的重視，台灣雖然不是「1951 年難民地位公約」的締約國，也沒有正式參與國際簽署「1967 年難民地位議定書」，[273]然而相關的國際公約廣泛為各國接受，台灣的政府單方面進行接納難民的工作。根據與越南歸僑協會訪談的記錄，台灣方面所接受的越南難民，似乎以與台灣政府有密切關係者為主，其中應該以越南華僑為主。據外交部年鑑的說明，1976 年台灣因為「仁德專案」接受大約 6000 人來台灣。[274]根據訪問越南歸僑協會的記錄，「仁德專案」持續進行，有些越南華人是越戰結束後十幾年後才來到台灣，有些人甚至是到了 1990 年代才來。後來到了 1990 年代開始，越南女子開始以婚姻移民的方式來到台灣。這顯示從越南到台灣的移民，儘管來台灣的原因不相同，都可以視為是從越南移居台灣這一個持續性的過程中的一部分。

---

[273] 「1951 年難民地位公約」，法語：Convention relative au statut des réfugiés；英語：Convention Relating to the Status of Refugees，這個公約定義了難民、難民的資格及權利、以及提供難民庇護的國家所應負責任的一項國際公約。

[274] 外交部編，《中華民國九十三年外交年鑑》。台北：外交部，2004 年。

越南政府對越僑的態度

越南政府當初的開放政策，使越南政府得以擺脫歷史的包袱，以務實的態度面對外在的世界，因此越南政府得以與美國復交，過去與美國交戰時的敵對狀態，也在國家利益的考慮之下，一笑泯恩仇，以新的外交辭令取代。越南政府經常強調，與美國採取「面向未來」方針，優先考慮實際利益的作法，強化了全方位外交政策。然而相較於外交政策，越南政府的越僑政策就顯得發展較慢，筆者在幾年前，仍然聽到越南官方代表，對於越僑採取十分不信任的態度，認為他們是反政府的。然而最近幾年，越南政府改採積極政策，對越僑採取十分親善的政策。[275]

尤其是到了最近幾年，越南政府對越僑的態度改變，有了突飛猛進式的成就。越南與美國兩國在 2003 年 10 月簽約，簽訂了民用航空協議，允許兩國開通直線和支線航空業務。2003 年 12 月，美國民航客機飛抵越南，是越戰結束以後首次民航機由美國飛到越南，美國的航空公司看好這一航線，估計不少乘客是回國探親的海外越僑。越南政府也推出了許多政策，允許海外越南人

---

[275] Larmer, Brook, Overseas Vietnamese Find Prosperous Conditions upon Returning To Vietnam. Newsweek, 136(22): 52, November, 2000.

恢復越南國籍，放寬其購買土地與房屋的限制，給予簽證上的特殊寬限，讓海外越南人與其眷屬可以 5 年內免簽證等等。[276]

對待越僑的態度，除了政府政策的宣示有明顯的改變之外，在一般涉及權益的具體措施，也有了大幅度的改變。例如越南的公共交通工具，過去有因是否為外國人身份，而有不同的票價。而自 2002 年 1 月 1 日開始，越南鐵路聯合公司對越南火車各航線乘客不區別，採取單一的火車票價，即對越南人、越僑或外國人一視同仁。越南地方政府也發現，越僑對於經濟發展的重要，也在地方推動政策，鼓勵越僑投資。從新聞報導之中，我們可以知道，越南政府對於涉及越僑的事務，目前是採取十分積極的態度，有專門的機構協助解決越僑回國所面臨的各種問題。[277]

越僑對越南的影響

據越南外交部統計，在 1988 年，當越南政府已經開始革新政策之後一年，一年之內，只有 8000 名越僑返鄉，然而後來年年成長，到了 1992 年已經有十倍，約有 87,000 越僑返鄉。到了 2000 年，一年有 28 萬越僑返鄉。到了 2005 年，僅僅就舊曆新年期間，

---

[276] 何則文，〈散居世界的海外越僑：從反共親美的「反動份子」，到越南在國際社會裡的支撐力量〉，《關鍵評論》，2019 年 5 月 20 日。

[277] Kiều Bào, "Việt kiều chết: Rắc rối việc xin phép hỏa táng", Kiều Bào, 22 April 2005.

約有 20 多萬越僑返鄉探親,這個數字比 2004 年高出大約 20%。以美國的越僑為主,越僑寄往越南的資金在 2005 年創下歷史最高水準,達到 30 億美元。[278]

越僑投資最多最集中的地方是舊稱西貢的胡志明市,胡志明市約有五千家企業具有越僑資本,越僑投資的資本超過四兆越南盾,約二十億美金,正在進行中的越僑投資。[279]因此胡志明市市政府將進一步修改有關註冊公司和投資優惠規定,以利越僑投資,越僑經濟顯然成為胡志明市經濟發展的重要重力。[280]同時越南中央政府財政部最近也廢除在外國人擁有股份方面種種限制,以加速國有企業股份化,一般估計,其中越僑資金仍是重要一環。

過去一段時間,華僑的相關研究問題中,僑匯問題是核心的問題之一,這是因為僑匯可以看成是華僑與祖國的連繫最具有實質影響的方式之一。隨著時代的推展,華僑的僑匯問題不再是受矚目的焦點,然而對於越僑而言,僑匯問題仍然是重要問題,這

---

[278] 劉振廷,〈越僑巨額僑匯及新生活方式重建越南〉。《亞洲週刊》,2005 年 37 期。

[279] Vietnam News,"Viet Kieu Invest in 1,300 Domestic Projects", Vietnam News, 17 September, 2004.

[280] Vietnam Ministry of Foreign Affairs, "Cần kêu gọi Việt kiều tham mưu về cơ chế, chính sách", Press and Information Department, Vietnam Ministry of Foreign Affairs, 3 Dec 2005.

反應了目前越僑與越南之間的關係，即越僑現在仍與越南祖國保持家庭的義務承擔關係。[281]

做為承擔家庭責任的僑匯會慢慢轉變成以投資為主的僑匯關係，最常見到的情況是，越僑在越南的家庭成員，是長輩或是平輩，僑匯常常是承擔家庭責任而持續，有時候甚至是家庭生活的重要支持，常常是定期定額的匯款。但是到了下一代當家時，越僑可能不再認為定期定額的匯款有必要，這時僑匯可能轉而為投資型態的僑匯，以不同的型態支持家庭成員的發展。由於僑匯的不同性質，越南政府目前對於如何開放政策來鼓勵越僑投資是不遺餘力，而將過去敵視越僑的態度漸漸改變，改採積極爭取越僑的態度，在政策開放方面也是十分積極。[282]

---

[281] 古屋博子，〈在米ベトナム人とベトナム--送金とヒトの流れにみる祖国との紐帯と影響力〉。《アジア研究》，48(4):73-91，2002。

[282] Ishizuka, Futaba, "Socio-Economic Development of Viet Nam Overseas Vietnamese (Viet Kieu)", In Yasuko Hayase（早瀨保子）ed., International Migration in the APEC Member Economies: Its Relations with Trade, Investment and Economic Development, Tokyo: APEC Study Center, Institute of Developing Economies（日本貿易振興会アジア経済研究所 APEC 研究センター）, 2003, pp. 303-342.

海外越僑的認同問題

　　若由越僑的整體來看，越僑與華僑的情況是很大的不同。華僑移民的歷史較長，原來被認知較為單一的華僑社會，出現了許多不同的情況，有在當地經過好幾代者，已經不具有與祖居地有直接的連繫關係，有因為在當地與本地族群大量通婚，而產生不同的文化傳承，也有因為在東南亞各國擺脫西方殖民主義而獨立的過程中，產生強烈的民族主義情緒，而產生強烈的本地認同，而拒絕以華僑身份與中港台互動。相對而言，因為越僑的主要人口增長是在 1975 年之後，目前不少越僑家庭之中，當家作主的仍然是移民的第一代，因而產生的認同岐見，也不會像華僑一般。

　　從稱呼來看，華僑一詞由早年適用於所有在海外的炎黃子孫，現在已經分化為不同的詞彙，至少有華僑、華人及華裔的差別，雖然用法上各地有不相同，但是都表示以華僑一詞無法涵蓋主要的各地移民。如果是接受中華人民共和國在 1955 年之後的官方政策，將保留中國國籍者視為華僑，加入當地社會之公民者為華人，華人之後裔為華裔，這是中華人民共和國採取單一國籍制度之後，將華僑僅限於擁有國籍者。

　　從這個角度來看，越僑和華僑是截然不同的。今天越僑一詞仍然涵蓋所有的海外越南人，不論其是否加入當地國籍，不論其子女是否在當地成長，有較多其他國家的文化傳承，越南仍視之為越南人，即使在海外的越南人社區也自認是越南人。也許就個別的例子而言，有許多不同的情況，但就社會面而言，海外越南人仍是以越南人做為團體認知的對象，即使是有個別人士有不同的情況，也不會影響到對越僑的認識。也就是說，越僑移民及其子女，仍是主要被視為越南人，至少對於越僑主要分布的國家是如此。

從越南本地的出版品，可以很清楚地看到這種概念存在。一個越僑回到越南，就會感受到越南社會對於越僑的歡迎，政府的政策尤其清楚，對於越僑是訴之以情的，越僑與本地人的關係被視為同胞(đồng bào)關係，同胞是相互關係，即越南社會稱越僑為同胞，而讓越僑也稱本地人為同胞，如果要特別表明是稱呼越僑，則稱之為僑胞(kiều bào)。筆者曾經特別與越僑求證，目前這樣的稱謂被認為表達出特殊密切的關係。

這裡所指的並不是說，越僑移居海外，他們的認同不會改變，也不是指應該視越僑第二代為越南人。這裡所強調的是在目前流行在越南國內及海外越南人社群中，關於越僑的概念，並不因為其加入外國國籍而改變，同時在越南文中對越僑的文化觀念，是將越僑的第二代也視為應該與越南有強烈連帶關係的一群人。不同的個體或有不同的想法，但是在目前的文化社會面對越僑的社會預期是如此，個體有時也很難自外於這樣的觀念之外。

從越僑觀點看台灣

「我是越南人，你問我是那裡人，我都會說我是越南人，而且，以後也要作個越南人，我知道很多人希望我回答說：『我是台灣人』，但我還是要說我是『越南人』。」美芳是從越南來的外籍配偶，她很清楚的表達她的認同。

───我是越南人 Benla' Blog[283]

上述這段引文來自網路上的部落格，這只是一個個案，卻可以從其中看出，台灣社會目前存在一種傾向，希望越南人能承認自己是台灣人。然而如果從越南的角度來看問題，越南人的身份，並不是單以國籍的改變為唯一標準。越南是採用單一國籍制度，任何人取得外國國籍，就相當於放棄越南國籍，就法律而言，就不再是個越南人了。因此與台灣人結婚的越南女子，一旦取有台灣身份證就是放棄了越南國籍，自然就成為台灣人，也就是本文所稱的越南台灣人。然而越南本國並不會因為其法律身份的改變而單純視之為外籍人士，由於「越僑」是既有的社會範疇，她們很自然地成為「越僑」的一部分。

---

[283] http://blog.yam.com/benla/archives/684587.html

　　以越僑的角度來看台灣，台灣無疑地也是許多越僑移民的終點站，相對於越僑移民的歷史來說，並非所有的亞洲國家都得到越僑的青睞。雖然 1975 年的難民潮與後來的婚姻移民，性質有所不同，但是以在越南看越僑的角度而言，越南人移民一直持續在進行，許多婚姻移民，是早年移民潮的後續行動。在 1975 年後不少越南人選擇以逃亡的方式移民，有許多人被安置在鄰近的亞洲國家，如泰國、馬來西亞、菲律賓及香港等地，最後許多越南人離開了這些國家，主要原因是這些國家並非他們心目中移民的理想終點，這種情況各地的情形不一，泰國有不少越南人留下來，菲律賓及馬來西亞則選擇離開的較多，至於香港，則是無法取得香港的身份，故多數被留置到難民營，直到能夠轉到其他國家，或是最後被遣返回越南。從這個角度來說，移民到台灣者，至少願意在台灣生活，而並非將台灣當成移民的跳板。

　　透過婚姻的手段來移民是越南人各種選擇移民方法中的一種，通常越南女子要改善生活，利用婚姻移民是便利的方法。[284]對於受到儒家傳統價值影響的越南人而言，婚姻是移民的手段，也是移民的目的。對於一個在越南的女性而言，到了一定年紀尚未完成終身大事，就會被生活周遭的人認為不妥，因此婚姻即是人

---

[284] Thai, Hung Cam, Marriage Across the Pacific: Family, kinship, and migration in Vietnam and in the Vietnamese Diaspora. PhD Dissertation, University Of California, Berkeley, 2003.

生的目的之一。[285]然而越南是存在跨國性婚姻市場,而且跨國性婚姻市場存在行之有年,在越僑政策開放之後,不少越僑即設法回越南娶親。因此對於越南人而言,婚姻移民是人生不同路向的選擇之一,既然越僑存在已久,透過婚姻移民可使自己同時達到婚姻及移民的雙重目的。

將越南女子視為只是因為經濟性的移民是錯誤的,越南社會仍然保持儒家傳統的價值,由這個價值體系出發,可以知道追求婚姻的美滿仍是多數人的目標。同時也不宜將因為儒家傳統價值,而只將越南女子視為完成傳宗接代的對象,由越南的出版品也可以看出,越南女子對於愛情是有憧憬的,目前擺在越南書店中最搶眼的,都是愛情小說,其中台灣言情作家瓊瑤的作品,越文版的翻譯在越南大發利市,越南女子透過越文小說,對於台灣的愛情生活應該是有所嚮往的。

將越南女子描述成為弱者形象,也是不合宜的。越南女子一旦移民成功,即是越僑,而越僑在海外奮鬥成功,都是要經過一番努力。移居海外而成功的越僑故事以不同的方式在越南社會傳頌,每一個移民海外的越南女子,都攜帶了海外奮鬥而成功的觀念離境,她們絕非弱者,她們在越南親友的眼中,是力爭上游、迎接挑戰的強者。以是越南女子到台灣,勤奮努力是經常被描述

---

[285] Goodkind, Daniel, "The Vietnamese Double Marriage Squeeze", International Migration Review, 31(1): 108-127, Spring, 1997.

的特質。同時，她們也來自一個長期受到儒家精神文明教化的社
會，知道而肯定學習的重要，有些人也許因為家境關係過去沒有
很好的學習機會，如果有途徑也會想把握機會學習，也有相當的
自信來學習。這些特質也許無法用量化方法來衡量，卻是可以清
楚比較台灣與越南社會對其看法的不同而得到。

越裔台灣人

本章論文主要想從越南的角度來看待越南台灣人，這裏所強
調的越南觀點，僅限於對「越僑」的知識背景。由這個知識背景
出發，相對於多數台灣對待她們所強調的台灣觀點，可以提供不
同的視野來討論越南台灣人。這個知識背景主要是透過越南對待
海外越南人的觀念得到，主要是有關越僑的歷史，以及建立在越
僑歷史的知識中所包含相關的看法。在這裡必須強調，這個知識
背景並非所有越南台灣人都接受，或是都受到同樣程度的影響。
然而來自越南的移民，或多或少會受到這樣的社會文化背景影
響。同時越南台灣人多半保持與越南互動，在與越南互動的過程
中，其影響是持續的。

從越僑史的角度來看，越僑移居世界各地，行之有年，來台
越僑不過是近年發展，移居國對越僑政策如何，生活處境如何，
不時都會有人做報導。越南對越僑的論述有愛有憎，越南本地與

海外僑社的看法也迥異，但與台灣所描述的越南配偶弱者形象不同，越南移民台灣女子是強者形象，至少是力爭上游的好女子，各別意見固然差別很大，至少一部分意見認為她們長於學習他人文化，對愛情有憧憬，自信心強而有責任感，取得當地公民身份不影響認同，展現越南僑民的移民精神，這些可能的相對應觀點，應可提供台灣本地的討論不同的看法。

參考文獻：

Bousquet, Gisele L., Behind the Bamboo Hedge: The Impact of Homeland Politics in the Parisian Vietnamese Community. Ann Arbor: University of Michigan Press, 1991.

Bui, Pipo, Envisioning Vietnamese Migrants in Germany: Ethnic Stigma, Immigrant Origin Narratives and Partial Masking. Berlin: LIT Verlag, 2004.

Duiker, William J., "Phan Boi Chau: Asian Revolutionary in a Changing World". The Journal of Asian Studies (Association for Asian Studies), November 1971, 31 (1): 77–88.

Goodkind, Daniel, "The Vietnamese Double Marriage Squeeze", International Migration Review, 31(1): 108-127, Spring 1997.

Guffin, Robert Andrew, A Comparative Study Of Selected Cultural Values Of The Socialist Republic Of Vietnam, Overseas Vietnamese (USA), and the United States of America, PhD dissertation, Colorado Technical University, 1997.

Hosokawa, Ai, Migration and Culture: Vietnamese Communities in Oakland, California, MA thesis, California: California Institute of Integral Studies, 2000.

Ishizuka, Futaba.2003 . "Socio-Economic Development of Viet Nam Overseas Vietnamese (Viet Kieu)", In Yasuko Hayase(早瀬保子) ed., International Migration in the APEC Member Economies: Its Relations with Trade, Investment and Economic

Development, Tokyo: APEC Study Center, Institute of Developing Economies, pp. 303-342, 2003.

Juan, Karin, Creating Ethnic Places: Vietnamese American Community-Building In Orange County and Boston, PhD dissertation, Brown University, 2000.

Julian, Roberta, "Hmong Transnational Identity: The Gendering of Contested Discourses". Hmong Studies Journal, 5: 1-23, 2004.

Kiều Bào, "Việt kiều chết: Rắc rối việc xin phép hỏa táng", Kiều Bào, 22 April 2005.

Larmer, Brook, Overseas Vietnamese Find Prosperous Conditions upon Returning To Vietnam. Newsweek, 136(22): 52, November 2000.

O'Neal, Colleen G., "Possibilities for Migration Anthropology", American Ethnologist, 26(1): 221-225. February 1999.

Salgado, Sebastiao, "The Vietnamese Migration", World Policy Journal, 15(1): 68-76, Spring 1998.

Ta, Minh-Hoa, Twice a Minority: A Participatory Study of the Chinese-Vietnamese Adaptation Experiences in Vietnam and the United States, PhD dissertation, University of San Francisco, 2000.

Thai, Hung Cam, Marriage Across the Pacific: Family, kinship, and migration in Vietnam and in the Vietnamese Diaspora. PhD Dissertation, University Of California, Berkeley, 2003.

Thompson, Virginia, "The Vietnamese Community in France", Pacific Affairs, 25(1): 49-58, 1952.

U. S. Census Bureau, United States 2000 Census, Washington: U. S. Census Bureau, 2002.

U. S. Department of Justice and Naturalization Service, Statistical Yearbook of the Immigration and Naturalization Service, Washington: Department of Justice and Naturalization Service, 1980.

United Nations Vietnam, Migration, Resettlement and Climate Change in Vietnam: Reducing Exposure and Vulnerabilities to Climatic Extremes and Stresses Through Spontaneous and Guided Migration. Hanoi: Phu Sy Printing Company, 2014.

Vietnam Ministry of Foreign Affairs, "Cần kêu gọi Việt kiều tham mưu về cơ chế, chính sách", Press and Information Department, Vietnam Ministry of Foreign Affairs, 3 Dec 2005.

Vietnam Ministry of Foreign Affairs, "Việt kiều về quê ăn tết: Có chỗ riêng làm thủ tục hải quan", Press and Information Department, Vietnam Ministry of Foreign Affairs, 17 Feb 2005a.

Vietnam Ministry of Foreign Affairs, Consular Department, Review of Vietnamese Migration Abroad. Hanoi: ADN Company, 2012.

Vietnam News, "Viet Kieu Invest in 1,300 Domestic Projects", Vietnam News, 17 September 2004.

Woodside, Alexander, "The Triumphs and Failures of Mass Education in Vietnam", Pacific Affairs, 56(3): 401-427, 1983.

ベトナムニュース，〈越僑の送金額、ODA 総額に匹敵〉。《ベトナ
　　ムニュース》，通巻 1150 号，2004 年 01 月 29 日，頁 1。

古屋博子，〈在米ベトナム人とベトナム--送金とヒトの流れにみ
　　る祖国との紐帯と影響力〉。《アジア研究》，48(4):73-91，
　　2002。

外交部編，《中華民國九十三年外交年鑑》。台北：外交部，2004
　　年。

陳志豪，〈越南新娘來到這 就像回家鄉〉。《聯合報》 6 月 24 日
　　C3 版，2005 年。

楊聰榮，〈從新住民觀點看台灣人的性格〉，臺師大臺文所編，《第
　　四屆台灣文化國際學術研討會論文集：台灣思想與台灣主體
　　性》。台北：國立台灣師範大學，2005 年。

楊聰榮，〈越南族群分類的反省----本土知識體系與現代性〉。《東
　　南亞研究研討會論文集》，台北：淡江大學東南亞研究所，
　　2004 年。

第十一章

從跨境族群看
越南族群遷徙及身份變換

　　本章將以越南境內兩個越南少數民族作為觀察對象，這兩個少數民族是跨越中越邊境，分別是「乃族」(Ngái)與「儂族」(Nùng)，這兩個族群都與華人的客家有關連性。族群經常在遷徙中形成，人類歷史上不同民族的產生都和遷徙有直接的關係，也有許多民族起源神話的主題就是遷徙，問題在於族群的記憶是否對遷徙的歷程仍有清楚的記憶，還是關於族群的自我認識也可能在遷徙過程中不斷地調整與變換。我們以藉這兩個族群來探討，族群變換族群身份的相關現象與諸多可能性，藉以思考族群認同的本質。跨越中越邊境的族群是十分珍貴的對照組，其所提供的資訊足以提供我們對於同樣範疇的議題做出不同的思考。在本章特別選擇在越南與客家移民有關的族群與移民現象，以推敲族群遷移現象中產生的問題。觀察客家做為一個分類觀念，除了在中國境內進行比較之外，借助境外的經驗也極為重要。本文以越南做為觀察地點，係因越南與中國邊界接攘，歷史上跨越邊界的族群現象存在已久,其所記錄及存在的族群現象,正好可以提供對照。本文只集中在與客家移民現象有關的族群現象,分別以兩個越南少數民族的分類,討論移民與族群身份的問題。

我們首先要討論的是越南的 Ngái,在本文中將稱之為「乃族」,主要分布在越南的廣寧省,許多中國文獻將之譯成「艾族」或是「偓族」,但是發音與越南文的發音有相當的距離,在本文中就以「乃族」來稱呼。因此將越南境內就客家語言的少數民族稱為「乃族」,正好是互相對照的關係。至於越南北部的 Nùng,「儂族」,更是因為遷徙而產生族群身份變化,留在廣西境內仍是客家人,但在越南境內法國當局調查定為「儂族」,後來成為法國動員參加越戰的重要少數民族。一部分流寓海外,成為「儂族」戰士,一部分留在越南者,主要遷到南方,卻在南越地區參加客家人的社區,變回客家人。這兩個特殊的少數族群的例子提供我們對於族群與遷徙命題的諸多想像,也是思考族群認同本質的重要參考例證。

儂族與乃族的接觸

筆者接觸到儂族的問題是在兩個截然不同的場合,首先是2004 年到越南社會科學院民族研究所訪問時,與該研究所從事民族調查的研究員互相交換研究心得與資料時,接觸過儂族的資料。後來實際隨同民族所研究員前往高平省，與儂族人士有接觸。另外 2007 年 2 月到涼山考察少數民族市集，也曾接觸到儂族人士。其裝扮及生活型態，基本上仍然維持少數民族的生活型態，以山區生活為主，有市集的時候來到市集，與越南主流民族京族的生活型態差別很大。但是知道其與中國境內的壯族有很深的淵源，而早年中越邊界不清楚，他們是跨越中越邊界的民族，因此在越南境內也有老一輩曾經接受過中文教育，也有古文書流傳下來。但因生活在山區，相關的調查研究並不多，民族歷史的資料遺留也很少，主要分布在越南北部。

後來在越南南方訪問，胡志明市客家會館有位來自同奈省的客籍人士，在訪談中提到了儂族人士。他們原來是居住在北越的儂族，在 1954 年越南戰爭中南遷，到了南部的省分居住，則改稱客家人，也參加當地客家會館。其後經過訪問及查閱資料，發現的確有這一群人存在，主要由北部的芒街、涼山、高平等地遷到南部。現在在南部六省的儂族人士，過去在越南北部的確被稱為儂族，南遷後多自稱為客家人。因為其語言接近客家話，所以參加客家會館並不困難，在客家會館中的客家口音原本就是腔調各有不同。

這些舊稱為儂族的客家人喜歡自稱是欽廉人，因祖先原住在廣東的欽州、廉州，即現在的廣西北海、合浦一帶。筆者曾經在不同的情況下，訪問過類似背景的人士，大抵得到這樣的印象，這是祖上來自北海、合浦、防城、靈山一帶人士，大約移居越南北部約 100~300 年不等，由於居住在山區，生活形態為山區農業為主。到底他們是來自原來的欽州、廉州之客家人，或是這個地區的壯族人士，現在難以考證。但是因為其語言接近客家話，因此他們到了南方就改為加入客家人的行列。在越南南方對於像儂族這樣的少數民族資訊較少，對於少數民族也較為排斥，因此儂族人士到了越南南方，加入客家人的為數不少。

關於乃族的理解，筆者主要是透過訪問在越南社會科學院民族研究院的學者得來。筆者的理解是，相關的族群尚未經過比較完整的調查，同時筆者所接觸到的民族研究院學者並不明白漢語，遑論客家話能力，因此無法提供比較仔細的資料。乃族在越南民族學的調查中被另成一類，他們多半住在河谷地區，以農業生活為主，原來分布在越南北部較多，如北江、涼山、高平及廣寧省。後來因為戰亂關係，乃族人士離開了家鄉，現在該地區乃族人口已經很少，約不到 2000 人。

乃族在越南的人口統計上，人口數始終很少，1979 年人口統計只有 1318 人，到了 1989 是 1154 人。奇特的是在 1999 年忽然出現 4881 人。到了 2009 年是 1035 人，而最近的一次人口普查是2019 年，乃族有 1649 人。我們估計 1999 年時統計的定義有所改變，因此人口數和其他的統計數字不相符合，後來將標準修正回來，數字又回到 1000 人到 2000 人之間。即使不看 1999 年的數字，其他的數字也有不尋常之處，即人口數有時減少，有時增加，與其他少數族群的情況不太相同。可能有其他的因素影響乃族的人口數，尚待進一步的求證。估計越南政府所界定的乃族，是住在廣寧等地越北山區還保持農村生活的群體。

筆者後來陸陸續續在越南南方接觸到乃族人士，許多住在華人眾多的地區，例如同奈、平陽等地，因為乃族人士可以用客家話與華人溝通，平常從外表看不出來。不過當地人對於誰是客家誰是乃族，分得清清楚楚。這些乃族人大都是從越南北方遷移過來，是與當年華人從北方遷移到南方差不多是同一個時間。筆者估計應該有為數不少乃族人是在國家的統計之外。前面有說到在 1959 年人口數統計上，乃族有 80,538 人，應該是包含不同族群而使用客家語言的群體。當時的族群分類標準尚未清楚，我們還很難說得清楚實際的情況如何。

至於越南的「儂族」和「乃族」之間是否有什麼關係，目前還無法確定。以越南官方的分類來說，這是兩個不同的族類，比較有趣的是，越南將「乃族」劃分為中華語族，但是「儂族」則仍為越南的其他少數民族。

我們簡單地歸納儂族與乃族與客家的關係，越南廣寧省的乃族，語言上與廣西的客家是相通的，估計應該與廣西的「乃話」應有一定的關係，由於廣西與越南北部山區都有少數族群，至今仍然過著少數族群比較簡陋的生活方式，乃族與客家的關連如何，還須要有其他的證據。至於越南北部的「儂族」,更是因為遷徙而產生族群身分變化,留在廣西境內仍是客家人,但在越南境內,被認為是「儂族」,後來成為法國動員參加越戰的重要少數民族,一部分流寓海外,成為「儂族」戰士。留在越南者主要遷到南方,卻在南越地區參加客家人的社區,變回客家人。這兩個特殊的案例提供我們思考族群與遷徙的關係,也可以進一步思考族群認同的本質。

遷移過程中所形成的族群觀念

族群經常在遷徙中形成,是人類歷史上不同民族產生和遷徙都有直接的關係,也有許多民族起源神話的主題就是遷徙,問題是在於族群的記憶是否對遷徙的歷程仍有清楚的記憶,還是關於族群的自我認識也在這個遷徙的過程中不斷地調整與變換。為了要討論與客家族群密切相關的兩個越南少數民族,我們要討論族群與遷移的關係,看看族群是否在遷移的過程中產生變換族群身份的情況。以下先討論客家移民源流的比較觀點,然後討論客家與少數民族的關係,做為討論族群與身分變換的問題。我們在這裡將討論因為移民而形成的族群。這裡所討論的分類理論,或是族類理論,主要是指人們因為何種原則來進行分類,立基於過去的族群分類,多半是靜態的,以為族群一旦形成,就成為固定的存在實體。其實由移民形成的族群,在概念上及實務上都是常態,族群的觀念隨時間流轉，加上族群的移動，特別是跨境族群，其實產生很大的變異。

　　過去的族群分類受到種族理論的影響，對於族群分類採取本質性的看法，以為族群分類是固定的，這是由生物學發展過來的，因此對人群差異的分類，首重人類在生物學上的差異，因而發展出種族理論(racial theory)。這種生物學的分類系統，由十九世紀到二十世紀初，成為人類學家發展人類的分類系統時所極力想模仿的對象。體質人類學家因而發展出以生物測量的資料進行分類的種族理論，也試圖收集世界各地的不同種族，加以系統性的分類，並且設法對其生物特徵的差異做出科學性的界定。1925年體質人類學家L. H. Dudley Buxton出版《The Peoples of Asia》即是以生物特性的測量資料，對於亞洲各地人群加以界定分類。我們現在所使用的蒙古利亞種(Mongoloid)等詞彙，即是當時分類系統的產物。[286]這種種族理論的族群概念，是不會考慮到因為遷移而改變。但是在實際的案例中，因為遷移而產生的族群概念卻是比比皆是。舉例而言，台灣四大族群或者是五大族群的說法，很多都是和遷移有關。福佬、客家與外省都是漢人，是遷移的歷程不同，成為不同的族群。

　　這些不同標準的分類概念，其中產生的觀念，有時候仍然深深影響著後人。以生物學為基礎的種族分類概念對於族群分類概

---

[286] Buxton, L. H. Dudley, *The Peoples of Asia.* London: Dawsons, 1968(1925), p. 4.

念的影響，即讓人們誤以為，族群的分類概念既是先天性，也是生物性，因此屬於無法改變的本質性分類。至今仍然有許多人深信這樣的族群觀念。很容易忽略在人類社會的具體生活世界之中，文化與社會生活更加重要，而文化與社會生活是會變遷的，正如語言是會變遷的一樣，真實的生活世界充滿著混雜性，絕非一成不變。1960年代開始，學術界開始採用 "ethnic group"，即以 "族群" 的說法來取代舊的詞彙，這種詞彙的轉變標誌著學術界漸漸揚棄以本質主義(essentialism)的方式來界定或區分人群。人群的差異固然有體質形貌的差別，語言及風俗習慣也有不同，但是這種差別並非決定性的，也非一成不變的，不同的發展歷程將會使外在的差異改變，而人群的差別也有主觀意志的因素。

1954年利奇(Edmund R. Leach) 出版的《 Political Systems of Highland Burma 》以及1969年巴特（Fredrick Barth）最能代表英美人類學界對族群關係看法的轉變。Leach在上緬甸(upper Burma)的田野調查發現，克欽人(Kachin)並不是使用單一語言，有同樣社會結構或政治制度的一群人，他們說幾種不同的語言，而社會制度則會因為時間的不同而在兩種不同的型態中來回擺盪，而政治制度則取決於與他族的關係。[287]這個複雜的例子顯示族群特性並不是孤立存在，必須放在族群關係中來理解，也不是固定不變的，而是會隨環境而變動。這種關係在巴特(Fredrik Barth)的著作中有更

---

[287] Edmund R. Leach, *Political Systems of Highland Burma*. Cambridge: Harvard University Press, 1954, p. 281.

充分的發揮，巴特發現族群的邊界在持續變動中，但是邊界的持續存在則是構成族群的重要因素。[288]舉例而言，我們討論台灣的族群關係，也可發現這種邊界變動但始終存在的情況。在福佬人與客家人之間，有所謂的福佬客，即為客家人成為福佬人的例子，理論上應該也存在居住客家莊的福佬人變為客家人的例子，最近學界出現用「客福佬」來稱呼上述例子的情況。同理，也有原住民變成客家人，如賽夏族變成客家人等，後來因為原住民認同的強化，晚近又回歸賽夏族。這些現象是族群現象的常態，我們必須保留讓當事人自己選擇認同的權利，以及開創新的族群分類範疇的空間。

由於我們使用的分類概念不同，討論問題很容易混淆。以客家這個概念來說，將客家視為一個族群，應該是受到西方對於族群的看法影響。客家運動的興起，是受到早年西方學者研究成果的啟發與鼓舞。觀察客家做為一個分類觀念，除了在中國境內進行比較之外，借助境外的經驗也極為重要。本文以越南做為觀察地點，係因越南與中國邊界接攘，歷史上跨越邊界的族群現象存在已久，其所記錄及存在的族群現象，正好可以提供對照。客家移民源流的比較觀點，過去不少客家研究是以溯源方式來思考問題，討論「客」從那裡來的問題，這種討論方式很容易忽略文化多樣性的面向。其實「客」去了那裡，情況如何，也是同等重要

---

[288] Fredrik Barth ed., *Ethnic Groups and Boundaries: The Social Organization of Cultural Difference.* Oslo: Universitetsforlaget, 1982.

的問題。因此討論各地客家人的特性時,必須考慮在不同地區與其他族群的關係。這裡將提供幾個其他地域客家群體的例子,做為比較的參考。Sow-Theng Leong對客家人及其文化特質,提出了客家文化「醞釀期」(incubation)的看法,客家文化的「醞釀期」,指客家人於宋元之際來到閩粵贛邊區,長時間的相對孤立,客家人定居在閉塞山地,有移墾社會的特質,不易受到平地居民生活的影響,形成客家人適應高地環境生存的客家文化。[289]他認為客家人何時才發展成有顯著文化的群體,為討論客家人起源的關鍵,他認為是在與中國西南周邊少數民族相互競爭與融合下,使客家文化不斷的提昇,特別是畬族與客家發展的關係密切,在經過長時期規模不等的叛亂與衝突,以及漢化的影響,互相激盪出文化的特質。雖然史料不夠清楚,但兩者的曖昧關係仍引起許多討論。

根據Sow-Theng Leong的說法,這些操同一類方言的人群,並非一開始就採用「客」或「客家」來稱謂,而是他們在海禁解除後,被招募到珠江口,他們才被稱為「客」。[290]因此劉鎮發的研究顯示,十七世紀以前嘉應方言在廣東省內已經到處遷移,但並非被稱為「客」。[291]查梅縣歷代方志,據清康熙30年(1691)《程鄉縣

---

[289] Leong, Sow-Theng, *Migration and Ethnicity in Chinese History: Hakkas, Pengmin, and Their Neighbors.* Stanford: Stanford University Press, 1997.

[290] Leong, Sow-Theng, *Migration and Ethnicity in Chinese History: Hakkas, Pengmin, and Their Neighbors.* Stanford: Stanford University Press, 1997, p. 184.

[291] 劉鎮發,《客家-誤會的歷史、歷史的誤會》。學術研究雜誌社,2001 年,頁 26。

誌》、清乾隆15年(1750)《嘉應州志》及光緒27年(1901)《嘉應州志》
所載，並無以「客」做為族稱。然而具有現代族群意識的客家意
識，則是客家與廣東人互動的結果。回溯到1930年代初羅香林的
客家研究，對抗十九世紀末到二十世紀初對客家人的看法--「客家
非漢族說」或「客家是漢族與其他少數民族的混血種說」，實為羅
香林進行客家研究的主因。[292]而這些對客家人採取一個污名化的
態度，主要是發生在廣東。以廣東話的語感而言，「客家」與「蜑
家」一樣，原來是個具有貶義的稱呼，後來才轉變為自我認同的
符碼。現在"客家"的英文拼法"Hakka"即是以廣東話發音而來，
而具有一個團結各地客家團體，以提昇客家群體自我意識，實為
極為具有高度認同意識的社會運動，而這個社會運動在戰後也將
客家意識帶到台灣。透過歷史的比較，可以明白客家認同意識是
後期才發展出來的，在不同地區經歷不同的族群關係而變化生成，
例如在廣府人為主的地區，包含廣州及香港，客家意識經歷與廣
府人的族群關係而成；在福建及台灣，客家意識則是經歷與福佬
人的族群關係而成；而在潮州人為主的地區，則是由潮州人與客
家人的關係來主導。有趣的時，潮州的客家人其實稱潮州人為福
佬人，與福建和台灣的客家人稱操閩南語者為福佬人一樣。這表
示「福佬」與「客家」是對稱，並且由他稱轉為自稱。因此要界
定其認同意識的邊界，必須放回原來的歷史時空才能清楚。

---

[292] 羅香林，《客家研究導論》。南天書局重印，1933 年。

越南的跨境民族

中國及越南都是以社會主義的國家體制，設計其少數民族政策，在法律及政治的層次佔有一定的份量。因此兩國的族群政策都有清晰的族群分類架構，中國是五十六個民族，越南是五十四個民族，因為少數民族的地位不同，必須明確地標示出來，因此各個族群都有清楚的界定。有趣的是，兩個鄰近的社會主義國家有許多族群是同時分布在兩國邊境上，然而我們必須注意的地方是，這些族群分佈在中國與越南的邊境已經有很長的歷史，而且族群會隨著時間而變遷，也會隨著環境及地理生態的變化而遷移，[293]因此產生了很多岐異性的族群現象。兩國在形成其民族政策的時候正好是兩國交惡的時候，因此兩國的族群分類各自根據自己的民族調查工作來界定，產生了許多同樣的族群，卻在兩國境內有不同的名稱及分類方式，而有了中越跨境民族的專門研究領域產生。

中國學者范宏貴及劉志強有專書討論中越跨境民族，對於跨越中國與越南的民族有詳細的論述，其中多數是由中國的族群，到了越南成為二個以上的族群，中國的布依族到越南成為 Bố Y（布依族）及 Giáy（熱依族），中國的傣族，到了越南成為 Thái（泰

---

[293] Brian Su Yongge, "Ecology Without Borders", Grant Evans, Christopher Hutton, and Kuah Khun Eng eds., *Where China Meets Southeast Asia, Social and Cultural Changes in the Border Regions*. Bangkok: White Lotus, 2000.

族）及 Lự（渙族），中國的布朗族，在越南則是 Khơ-mú（克木族）及 Mảng（莽族），這些是一分為二的例子，也有一分為三的例小，中國的瑤族成為 Dao（瑤族）、Sán Dìu（山由族）及 Pà Thẻn（巴天族），而中國的彝族變成越南的 Lô Lô（倮倮族）、Phù Lá（普拉族）及 Pu péo（布標族），中國的哈尼族，在越南則為 Hà Nhì（哈尼族）、Cống（貢族）及 Si La(西拉族)。[294]我們要注意的地方是，這樣的情況充分顯示出族群概念的不穩定性，遷移會造成族群邊界的變動，而跨越國境的族群會有更大的困難。

　　除了族群概念會存在不同的差異外，中國學者周建新曾多次前往越南及中越邊境進行研究，並不同意越南的族群分類方式，認為 Sán Diù 是傜族的一支，名為山傜，應該劃歸為傜族，而非屬華族。[295]這種分類結構的不同，存在中國與越南之間還有很多矛盾，例如越南的 Chăm（占族），被中國學者列為中國回族。[296] 這當然是個有爭議的分類框架，越南的占族曾經在十五世紀時遷移到中國的領土，主要分布在海南地區的三亞市，但是現在在中國卻因為其伊斯蘭信仰而稱他們為回輝人，列入中國的回族。這樣的分類方式有爭議，其實三亞的占族有很清楚的遷移史，與中國

---

[294] 范宏貴、劉志強，《中越跨境民族研究》。北京：社會科學文獻出版社，2015 年。

[295] 周建新，《中越中老跨國民族及其族群關係研究》。北京：民族出版社，2002 年，頁 92-96。

[296] 范宏貴、劉志強，《中越跨境民族研究》。北京：社會科學文獻出版社，2015 年，頁 178-163。

西北的回族，有很大的差異。問題是三亞的占族也與現在越南的占族也有不同，三亞的占族在漫長的歷史和海南島的波斯人及阿拉伯人有較多的互動，語言也產生不同的差異，都是因為遷移而引起。

同樣的問題也存在中國的苗族與越南的 H'mông，兩者是否可對譯，過去常常將中國的苗族，直接譯為 Hmong，實際上是個複雜的問題。[297]因為從越南及寮國的 Hmong 族群在 1975 年之後才有大量地居住在西方社會，其主要的組成，分別是 Hmong Der 及 Hmong Leng 的成員，而他們在語言上比較相近，互相可以直接溝通交流，如果對應中文世界的概念，Hmong Der 約和中國的白苗相近，Hmong Leng 則與中國的青苗相近。問題是在西方世界的 Hmong 在過去與中國的其他後來被歸為苗族的群體並未有接觸，因此在當時 Hmong 的自我論述中，通常會要求將 Hmu （黑苗） Qho Xiong（紅苗）及 A Hmao（花苗）排除在外，一方面因為這些族群是在中國的族群，同時這些族群也不會有 Hmong 的自我認同。[298]在早年「苗」被認為是有貶義，是含有蠻族的含義在內，因此海外的 Hmong 族群認為是不可以採用 Miao，尤其是 Miao 或

---

[297] Schien, Louisa. "Hmong/Miao Transnationality: Identity Beyond Culture." In Hmong/Miao in Asia. Nicholas Tapp, Jean Michaud, Christian Culas, and Gary Yia Lee, eds. Pp. 273-290. Chiang Mai, Thailand: Silkworm Books, 2004.

[298] Tapp. Nicholas. "Cultural Accommodations in Southwest China: the "Han Miao" and Problems in the Ethnography of the Hmong." Asian Folklore Studies, Vol. 61, 2002: 97.

者是 Meo 被越南的 Thai 認為是含有侮辱的意味，因此是難以接受的。其實 Hmong Der 及 Hmong Leng 在西方世界流傳，是由寮國語言在 1950 年代對於這兩群人的名詞而拼音的字母，顯示了這些概念因為遷移的歷史而變化。後來隨著越南及寮國的 Hmong 族群大量地居住到西方國家，他們使用 Hmong 來做為自我認同的心理很強，因此產生不同的想法。[299]然而，近年來因為透過網際網路以致國際資訊傳播快速，也有一部分人士接受將 Hmong 及 Miao 當成是可以對譯的名詞。這方面的發展還待進一步的觀察。

我們如果以中國的族群分類結構來自前述討論的兩個民族，越南的儂族會被視為壯族的一支，這是因為在中國的族群分類中，壯族是個包含較多族群的概念，現在成為中國境內人數最多的少數民族。同理用中國的族群概念來看乃族，也會是視之為漢族。其實，如果以越南的民族調查資料，儂族及乃族都是能使用客家話的少數民族。

---

[299] Diamond, Norma "Defining the Miao: Ming, Qing, and Contemporary Views" in Cultural Encounters on China's Ethnic Frontiers, ed. Stevan Harrell. Univ. of Washington Press, Seattle, 1995 (99–101).

儂族與乃族的遷移與變奏

如果根據語系來分別，儂族語言是屬於岱泰 (Tay- Thai)語系，但是許多在越南北部山區居住的少數民族，可能會好幾種語言，會客家話或者廣東白話的人也有，研究上也指出了其語言混雜的現象。然而在中國有一些研究者因此依據語言，將在越南的儂族分為兩支，一支是中國壯族的分支，另外一支則稱為「海寧儂」。[300]中國的壯族有很多支系，進入越南後，越南識別其為五個不同的民族，如岱、儂、拉基、布標、高欄。儂族與岱族關係非常密切，語言和風俗習慣基本相同或相近，岱族與儂族的主要區別，一般來說，18 世紀以前從中國遷入越南者稱為岱，18 世紀以後遷入越南者稱為儂。

根據中國的民族學者的研究，越南的儂族有兩個來源，一種是與壯語接近的儂族，另一種是操客家話的「海寧儂」。一般將前者視為少數民族，而將後者視為漢族。然而這種分類方法也有因為語系來界定人種，並且受到夷夏之辨的觀念影響，希望將是否為漢人區分出來，其實漢與非漢也是人為界定出來的概念，在山區的生活中大概是不容易區別。至於語言本身而言，不同的族群也可能有語言的變遷，語言與族群屬性不一定是一致的。

---

[300] 指居住在海寧省的儂族，今廣寧省北部在法屬時期為海寧省，法國政府認定居住在此的族群為儂族，並曾經設置少數民族自治區，為儂自治區(越南語：Khu tự trị Nùng；法語：Territoire Autonome Nung，簡稱 TAN)。

　　綜合不同的資料來源，我們大抵可以知道，這是一個移民趨勢，由十七世紀到二十世紀，從廣東的欽州、廉州、防城、靈山一帶持續性地有人移居到越南北部山區，而今這一帶已經成為廣西壯族自治區。根據筆者到廣西這一帶考察，原來這些地區族群混雜，互相之間的交流很多，不少人也會不同的語言，其中廣東白話有相當的勢力，也有一些則是廣西的客家話。西方的學者也估計，這樣的遷移大約經過了兩個世紀左右，因此來到海寧的儂族是從廣西一帶遷移過來，應該是有跡可尋。[301]

　　根據越南學者估計，中國移民持續時間很長，有明末清初過來越南，也有因參加太平天國起義失敗而轉入越南北部海寧地區，現在是越南北部的廣寧省。然而廣寧省的移民應不只客家，各種山區的少數民族，乃至於海上生活的蛋家都有，或者更正確的說，這些地區在歷史上是這些少數民族生活的區域，後來因為邊界經人為劃分之後，其族群就成為跨越邊界的族群。

　　邊界劃分是造成民族認定混亂的另一個主要原因，1885 年黑旗軍劉永福打敗了法軍，清政府卻在天津條約中，將北侖江以南的地方劃給了越南。這個地方原為清朝的地方，後來 1893 年這個地方淪為法國的殖民地，法國人因此將這些人劃為儂族。根據中

---

[301] Geoff Wade, "The Southern Chinese Borders in History", Grant Evans, Christopher Hutton, and Kuah Khun Eng eds., *Where China Meets Southeast Asia, Social and Cultural Changes in the Border Regions*. Bangkok: White Lotus, 2000.

國學者的研究，這些人原來為漢人，但是因為法國人不願意將他們視為華人，因此以其職業將之劃分為「儂族」，即為「海寧儂」的來源。筆者基本上懷疑這種說法，基本上法國有長期的學術傳統，不太可能會出現因為偏差的看法就要改變族群屬性的劃分，特別是只以職業的分類就稱為一種特殊的族群，道理上說不太通。「儂族」會講漢語，或是某一種漢語方言，並非證明其一定是出身漢人。不論其出身是否為漢人，至少一段期間內，他們被稱為儂族，也以此自居，估計應該是經過了一個較長的族群互動的過程而形成。所謂的海寧儂，從語言的角度來說是保留較多漢語方言的能力，客家語言是普遍的，許多人也會說廣東白話，語言則為一種客家話和白話的混合語，指的應該是受客家話影響極深的防城「土白話」。[302]從目前的資料來看，海寧儂的語言能力與廣西的防城及欽廉地區相近，應該是沒有太大的問題。

至於海寧儂是否是漢人，確是很難認定的一件事。從另一個角度來看，漢人這個觀念本身就是隨時代改變而有不同的範圍。歷史上有許多少數民族，最後因為漢化而成為漢人，因此漢人的範圍也隨時代的改變。客家人在歷史上因為居住地的緣故，和少數民族之間關係特別深厚。

---

[302] 指在中國廣西南寧地區流行的一種白話，是粵語的一種。

　　海寧儂有個特殊的經歷，很大程度的改變海寧儂的命運。在第二次世界大戰結束後，越南獨立戰爭隨即開始，海寧儂卻站到法國這一邊。海寧儂在 1947 年呼應法屬印度支那政府的政策，在海寧成立了儂族自治區（Khu tự trị Nùng），由黃亞生（Voòng A Sáng）為首領，管轄先安、潭河、巴扯、平遼、定立、河檜、硭街等州縣，首府設在硭街（Móng Cái）。

　　海寧儂族生活在越南北部海寧一帶，這個地區在中法戰爭之後，[303]戰爭結束後在 1885 年中法雙方簽訂《中法會訂越南條約十款》確認了法國對越南的宗主權，1887 年再依據前約簽訂《中法續議界務專條》，議定清朝與越南爭議領地以北崙江為界而劃歸越南，海寧儂族就此歸為法屬印度支那當局管轄。法國殖民政府可能知道海寧儂族又是客家人又是少數民族，族群認定為「儂人」（Người Nùng），首領黃亞生可以講客家話，但又以「儂族領袖」自居。

　　我們可以從海寧儂族自治區領導人黃亞生的記錄看出海寧儂的屬性。黃亞生出生於法屬印度支那的東京海寧（Hải Ninh, Tokin, Indochina），入軍事學校接受訓練，畢業後旋即服務於法國軍隊，曾於 1933 年由法軍主管保薦赴法國受訓於陸軍軍官學校，返越後歷任各級軍官，1954 年晉升上校。1945 年，日軍投降撤退後，黃亞生率部眾重返越南加入法軍。1946 年，海寧一帶的法軍與越盟

---

[303] 中法戰爭（1883-1885 年），中國清朝與法國因越南問題發生戰爭。

交戰。黃亞生的部隊應該是儂族與客家人都有，活躍在廣西防城與海寧之間，因為幾場地方衝突中取得勝利，吸引當地許多青年加入，以儂族軍團為號召。因為儂族軍隊驍勇善戰，法國便將儂族軍團整編納入法軍主力部隊，當時繪有忠孝帆船的旗幟從此成為海寧儂族自治區的精神象徵。我們從當時的記錄中可以很清楚地看到同時具有儂族色彩，又有客家人的背景。[304]

海寧儂族自治區處在一個變動的大時代，並沒有持續很久。1950 年 4 月 15 日，越南國國長保大帝（Vua Bảo Đại）簽署第 6 號諭旨，成立皇朝疆土，儂族自治區也被納入皇朝疆土的範圍。1954 年奠邊府戰役結束後，越南民主共和國統一北越，儂族自治區隨之解散。[305]

海寧儂族自治區結束以後，這群曾與法軍並肩作戰的儂族軍隊因政治立場不同，和法國人南撤到南越。海寧儂族在越南南方主要分佈在，東南沿海潼毛（Sông Mao）、西貢及西貢近郊的邊和市（Biên Hòa），也有人到最南方的金甌省（Cà Mau）。後來在潼毛的儂族部隊整編為陸軍第 3 野戰師，持續為南越政府打仗。[306]後來南越政府被打敗以後，有許多儂族部隊的成員就到了法國去，

---

[304] 當時派到越南的胡璉將軍認為，有近 20 萬的儂族，這些被越南人視為少數民族的儂族，實際上講華語、用華文，風俗習慣完全和中國南部兩廣人相近，故曰「儂華」。胡璉，《出使越南記》。台北：中央日報社，1978 年。

[305] 張書銘，〈越南近代史上，一支由法國殖民政府支持的客家軍團：黃亞生與海寧儂族〉。《關鍵評論》，2020 年 12 月 1 日。

[306] Christopher Goscha, The Penguin History of Modern Vietnam. London: Allen Lane, 2016.

在美國也有不少儂族部隊的成員。其中現在網路上就可以看到在海外聚居的儂族人回首過去越戰的生活。

乃族人可能經歷大規模遷移的過程，目前在越南南部所訪問到乃族人士，報導人清楚知道自己是乃族人，卻不認為自己的客家人。就語言而言，乃族人所說的乃話與客家話很接近，與客家人應該有非常密切的關係。乃族別名中的 Ngai Hac Ca，其中 Hac Ca 的發音與客話的「客家」二字十分相近。至於在越南文中稱客家語為 he,應該也是由語言界定，與客話中的「係」聲音接近。

但是乃族人對客家人一詞有所保留，多數人認為乃族人是乃族人，客家人是客家人，並不相同。筆者發現報導人在訪談報導中一再出現兩種不同的認知。例如吳靜宜在同奈省客家人和乃族人混居的社區裡去做訪問，他們對於客家人和乃族人的認同就呈現兩極化。有些人認為客家人和乃族人是壁壘分明的兩個族群，他們所持的理由是「語音上有所差異」，[307]但風俗習慣則沒有太大的差別；有些人則認為這二者其實只是一個族群不同的名稱罷了，他們認為語言上差異不大、風俗習慣也幾乎相同。

---

[307] 吳靜宜，《越南華人遷移史與客家話的使用—以胡志明市為例》。國立中央大學碩士論文，楊聰榮指導，2010 年。

　　至於移民史的問題，也和語言有關係，根據某報導人表示，乃族人分為「流民乃」和「五峒乃」，認為「流民乃」才是正宗的客家人。「五峒乃」是混合了「山瑤話、乃話、粵語、山祖話、苗族話」這五種語言，所以並不純正。「流民乃」又稱「大種乃」，語言腔調近似台灣四縣腔，也和梅縣客家話較接近。至於有關乃族遷移史，有報導人表示他們是來自廣東梅縣的客家人，再到欽縣、防城，後來又遷居到越南的海寧省，他的父親即是在海寧省出生，後來又遷移至海防。

　　另一位報導人表示，「五峒乃」是指來自那良、那梳、防城、同宗、灘散（那良、那梳、同宗、胡龍、太祿）等地的乃族人，兩百年前此五地的語言（即山瑤話、乃話、粵語、山祖話、苗族話）融合為一體稱為「五峒乃」。「五峒乃」人稱呼正宗的客家人為「麼介佬」，越南人則稱正宗客家人為「流民乃」。另外一位報導人表示，北越地區所稱的「大種乃」即是南越地區所稱的「流民乃」，就是正宗的客家人。

　　總結說明儂族與乃族，他們與客家族群的關係。儂族與客家有關的是指海寧儂，但是海寧儂是否包含與岱族、壯族比較相近的儂族人，目前的資料不清楚，但是分佈上有重疊，從海寧儂的相關資料來看，海寧儂與廣西的客家比較有地緣關係，特別是廣西的廉州、欽州及防城一帶，歷史上這些地方連成一氣，包含壯族及客家族群都在這一帶活動，是跨越國界的群體，海寧儂也因為地緣因素，也會講土白話。而乃族的生活形態比較接近少數民族，但是在語言上和客家十分接近，使得乃族人很容易與客家族群生活在一起，但是他們彼此之間，卻能分別清楚自己的身分，維持不同的族群邊界。我們並不切確知道這些族群之間的關係，從報導人得到的資料顯示不同的說法都有。

結語：重新思考跨境族群的族群變異

越南廣寧省的「乃族」，從語言的親近性以及地理的接近性，應該與廣西的「乃話」應有一定的關係，也和客家話可以相通。但是在中國境內操這種語言的少數族群努力漢化，目前是廣西的客家人，但在越南境內卻因為越南的少數民族識別而被訂為「乃族」。至於越南北部的「儂族」，特別是所謂的海寧儂，應該是遷徙而產生族群身分變化，在越南境內是「儂族」，留在廣西境內仍是客家人。同樣是「儂族」，一部分曾經參與越戰，現在流寓海外，成為「儂族」戰士，一部分留在越南者主要遷到南方，卻在南越地區參加客家人的社區，變回客家人。

族群經常在遷徙中形成，人類歷史上不同民族的產生都和遷徙有直接的關係，許多民族起源神話的主題就是遷徙，問題在於族群的記憶是否對遷徙的歷程仍有清楚的記憶，還是關於族群的自我認識也可能在遷徙過程中不斷地調整與變換。本文將以越南境內兩個與客家族群密切相關的越南少數民族作為觀察對象，來探討族群經過跨境遷移後，變換族群身分的相關現象與諸多可能性，藉以思考族群認同的本質。跨越中越邊境的族群是十分珍貴的對照組，所提供的資訊足以提供我們對於同樣範疇的議題做出不同的思考。在本章論文，特別選擇目前接觸到與客家移民有關的乃族與儂族，以其族群與移民現象推敲族群遷移現象中產生的問題，來討論族群如何經過跨境遷移之後，隨之變換族群身分。

參考文獻：

Brian Su Yongge, "Ecology Without Borders", Grant Evans, Christopher Hutton, and Kuah Khun Eng eds., *Where China Meets Southeast Asia, Social and Cultural Changes in the Border Regions*. Bangkok: White Lotus, 2000.

Buxton, L. H. Dudley, The Peoples of Asia. London: Dawsons, 1968(1925).

Diamond, Norma "Defining the Miao: Ming, Qing, and Contemporary Views" in Cultural Encounters on China's Ethnic Frontiers, ed. Stevan Harrell. Univ. of Washington Press, Seattle, pp. 99–101, 1995.

Fredrik Barth ed., *Ethnic Groups and Boundaries: The Social Organization of Cultural Difference.* Oslo: Universitetsforlaget, 1982.

Leach, Edmund R., *Political Systems of Highland Burma.* Cambridge: Harvard University Press, 1954, p. 281.

Leong, Sow-Theng, *Migration and Ethnicity in Chinese History: Hakkas, Pengmin, and Their Neighbors.* Stanford: Stanford University Press, 1997.

Schien, Louisa. "Hmong/Miao Transnationality: Identity Beyond Culture." In *Hmong/Miao in Asia.* Nicholas Tapp, Jean Michaud, Christian Culas, and Gary Yia Lee, eds., Chiang Mai, Thailand: Silkworm Books, 2004, pp. 273-290.

Tapp. Nicholas. "Cultural Accommodations in Southwest China: the "Han Miao" and Problems in the Ethnography of the Hmong." Asian Folklore Studies, Vol. 61, 2002: 97.

周建新,《中越中老跨國民族及其族群關係研究》。北京:民族出版社,2002 年,頁 92-96。

范宏貴、劉志強,《中越跨境民族研究》。北京:社會科學文獻出版社,2015 年。

劉鎮發,《客家—誤會的歷史、歷史的誤會》。學術研究雜誌社,2001 年,頁 26。

羅香林,《客家研究導論》。南天書局重印,1933 年。

第十二章

從性文化政治看大馬伊斯蘭文化

　　本章討論馬來西亞的伊斯蘭文化，特別是有關與性文化政治有關的部分。馬來西亞的政治近年來高潮迭起，執政長達 61 多年的老牌政黨國民陣線終於經歷了政黨輪替，年逾 92 的馬哈迪再度回鍋擔任首相，創造了高齡復出政壇的新記錄。同時扳倒老牌政黨的反對勢力的實質領導人安華，也是政治上的不死鳥，在長達 20 幾年的政治鬥爭中，在兩度入獄之後，還能夠起死回生，持續活躍在政壇上，只是多次與首相的職位擦肩而過。安華被指控的最重要罪名，是與同性之間的性行為，在馬來西亞的法律是嚴重的 sodomi(雞姦罪，指男性同性之間的性行為)，為伊斯蘭法所不容，這些案件成為安華最終無法上台的重要原因。本章將以此為基礎來討論大馬的性文化政治，做為理解大馬伊斯蘭文化的一個側面。

安華案與 Sodomi

安華一直是馬來西亞的政治明星,從學生時代就嶄露頭角,1982 年時首相馬哈迪安華邀請入閣,安華加入「巫統」(UMNO)成為執政黨的明日之星,[308]擔任內閣不同部長職位長達 16 年,當時是被視為首相接班人,是馬哈迪的愛將。但是在 1990 年後期安華經常有與首相馬哈迪不同的意見,兩人開始有了嫌隙。1998 年安華是副首相兼財政部長,是國家第二號政治人物,僅次於馬哈迪。就在此時,安華被控告 sodomi 及其他貪污罪,因此下台。

1998 年安華被指控 sodomi 而被捕入獄,論者多半認為伊斯蘭文化具有強烈反對同性戀性行為的態度,任何政治人物如果被控 sodomi,應該是政治前途就完了。然而安華的案件很奇特,第一次被控 sodomi,基本上社會上沒有人相信,只是當成是政治鬥爭的工具,要摧毀一個政治人物的最佳罪名。沒想要這一轉折開創了馬來西亞新的政治動力。安華被罷黜後,他的支持者走上街頭,發展大馬有史以來最大規模的群眾運動 Reformasi,中文譯為「烈火莫熄運動」。安華帶領這個群眾運動,正式和馬哈迪決裂,1999 年成立公正黨(Parti Keadilan Nasional),催生了以革新為號召的多元主義,是主要的反對派政黨。

---

[308] 巫統是馬來西亞政黨,為「馬來民族統一機構」的簡稱,舊譯為「巫來由人統一組織」,故稱「巫統」,馬來文是 Pertubuhan Kebangsaan Melayu Bersatu,英語是 United Malays National Organization,縮寫為 UMNO。

在執政聯盟國民陣線長期執政的過程中，如何改變馬來西亞長期執政的政治結構，是主要的課題。在當時馬來西亞主要的社會議題焦點是在族群政治，因為馬來西亞各種族壁壘分明，要如何安頓各個族群，要如何分配給資源，各族群的權益為何是主要的課題。[309]影響所及，當時的政黨也都是以特定族群為基礎的政黨，執政聯盟國民陣線本身就是個統合不同族群的政黨，是以馬來人為中心的巫統，加上華人及印度人的政黨，這樣的執政聯盟是難以撼動的。然而安華下台後組織多元文化的反對黨，反而讓改變執政聯盟有了契機。

安華所領導的反對黨聯盟「希望聯盟」，成為最有可能扳到執政聯盟的政治勢力，「希望聯盟」也推選安華為實權領袖。就在這個時候，2008 年時任首相納吉陷入「一馬基金」貪腐醜聞，再次以 sodomi 的罪名控告安華。安華在囚時期，持續領導反對黨聯盟「希望聯盟」。給執政黨很大的壓力。

到了 2018 年 5 月的大選，馬來西亞終於出現有史以來第一次的政黨輪替，由「希望聯盟」勝出，結束獨立以來國民陣線執政 61 年的局勢。為了要扳倒對手首相納吉，安華和過去的敵人合作，與馬哈迪攜手，馬哈迪因而擔任希望聯盟名譽主席、成為新任首相。馬哈迪承諾特赦在獄中的安華，並立即恢復他的參政權，隨

---

[309] Alvin Rabushka, "The Manipulation of Ethnic Politics in Malaya", *Polity*, 2(3): 345-356, Spring, 1970.

後安華果然也在一周內獲得特赦。在安華的政治生涯起起落落，也創造了新的政治奇蹟。在這個起落的過程中，sodomi 的罪名始終如影隨形跟著安華，成為大馬政壇中一個揮之不去的話題。

在討論安華案件時，許多人提到了馬來穆斯林對同性戀的態度。到底馬來穆斯林對同性戀的態度，與一般性的伊斯蘭教文化是否相同。對大馬研究有興趣的人而言，安華案件與其涉及關於馬來穆斯林對同性戀等的相關問題，其中包含不少極有意義的研究題目，在此探討這些相關研究課題不同面向的可能性。整體而言，安華案件以及其所帶出來的問題，如馬來穆斯林族群或其他族群對同性戀的態度，馬來西亞伊斯蘭文化的大馬特性，或者伊斯蘭教研究的角度來看安華案件的意義，其實都是很好的研究題目。特別是如果站在東南亞研究的立場，這類課題是相當有前瞻性的題目，如能鼓勵相關課題從事紮實的研究，應該有相當好的前景，期待未來有進一步地學術討論出現。

從性文化政治看大馬伊斯蘭文化

從安華案件談到伊斯蘭教與同性戀的關係，許多熟悉伊斯蘭文化對於同性戀的態度，認為安華的支持者大多來自穆斯林社群，一旦被指控觸犯伊斯蘭的禁忌，他的支持度勢必下滑。如果依照其對伊斯蘭文化的解說，這應該是合理的估計。不過對照這樣的陳述，與安華事件後來的發展情況有距離，安華事件反而是日後出現團結改革派勢力之「替代陣線」（Barisan Alternatif）的主要契機，更值得注意的地方是，主張追求更嚴格伊斯蘭教義的泛馬伊斯蘭黨（PAS, Parti Islam SeMalaysia）成為改革派的大贏家，選舉的消長顯示支持安華的群眾是由原來的巫統（UMNO）轉向支持伊斯蘭黨，換而言之，被指為犯了 sodomi 的安華不但沒有因此為穆斯林所唾棄，反而讓主張強化伊斯蘭信仰的伊斯蘭黨得到更大的支持。

　　如何來解釋安華案件與傳統伊斯蘭文化對同性戀事件之態度的關係呢？有兩個不同方向的研究取向可以協助我們來解釋，第一種研究取向是不特別考慮宗教因素，因安華事件本身是政治鬥爭事件，放在政治層面來理解就足夠。即然是政治鬥爭，要鬥倒安華可以是任何罪名，不見他被提控的罪名還有通姦、貪污、濫用職權等等，與伊斯蘭教對同性戀或者是通姦、貪污或濫用職權等的看法無太大關係，要理解安華事件，把伊斯蘭教對同性戀的態度當做背景知識即可，不用援引伊斯蘭文化特別討論。如同我們不用以美國基督教徒對通姦或是誠實的看法來理解美國總統柯林頓和白宮實習助理所引起的軒然大波一樣。從這個角度來理解安華案件，可以把宗教的觀念放在一旁，兩者未必有直接關係，這樣來理解應該可以成立，也較為普遍，安華案對支持群眾而言，是改革派與執政黨主流的鬥爭，[310]因此安華被判重刑被視為政治考量，而不是因為犯了伊斯蘭嚴重禁忌。

不過我們要理解安華案件，也可以將宗教因素考慮進來，是為第二種研究取向。如此，就可以這樣解釋，sodomi 罪名對穆斯林而言的殺傷力固然很大，然而支持安華的群眾基本上不相信對安華的指控，認為是 sodomi 控訴只是政治鬥爭的陰謀手段。由此研究取向來探討問題，除了對大馬伊斯蘭文化對同性戀的解說以外，我們還可再繼續追問宗教因素在事件中扮演的角色，首先是 sodomi 與同性戀，到底在馬來西亞的馬來穆斯林的眼中有什麼樣的關係，其次宗教上的看法是否反應在大馬的伊斯蘭法（Syariah）上，則可以看出伊斯蘭因素在安華案件審判中的重要性，同時 sodomi 在伊斯蘭教義中是否為道德上所不容許，如果是如此的話，則安華如果一但被證實犯罪則將身敗名裂，無可再有翻身可言，還有 sodomi 在伊斯蘭教義是否為可被原諒，也是值得研究的問題，或者其罪狀是否比通姦更嚴重，穆斯林如果從伊斯蘭教義出發來看安華案的罪狀會是如何，這些問題都是在安華事件中可能涉及的相關問題。除了觀念上的問題以外，實際社會現象的分

---

[310] 以政治勢力鬥爭的角度來看安華與巫統主流的衝突，其來有自，早為一般看待大馬政壇所普遍接受的看法，不是到了安華案發生才有的見解，這方面可參考 Ahmad Lutfi Othman, *Anwar-Mahathir Krisis: Daim Pencetus Kontroversi Baru.* Batu Caves, Selangor Darul Ehsan: Penerbitan Pemuda, 1994. Ahmad Lutfi Othman, *Mengapa perlu Anwar lawan Mahathir?* Batu Caves, Selangor Darul Ehsan: Visi Madani, 1995.

析也很有意義，例如為何是較多受到安華事件衝擊的馬來群眾，選擇加入或支持泛馬伊斯蘭黨，而非公正黨，宗教政黨對於馬來群眾而言究竟是何意涵，也很有探討價值，另外主張建立伊斯蘭國的泛馬伊斯蘭黨在聲援安華時，如何對群眾說明對待 sodomy 的問題，以及支持安華在該黨的政治宗教主張中是何意義，都是值得研究探討的問題。

不論是那一種說法，要對在馬來西亞發生的安華案件產生理解，不涉及大馬的狀況是難以理解的。即使是只討論馬來西亞的伊斯蘭文化，也涉及大馬的情況，缺乏「大馬特性」的伊斯蘭文化，自然是缺乏解釋力的。文化因素用來解釋社會現象，固然有其長處，但也要加上其他的條件才能發揮，這好像有人用儒教文化來解釋中國文革的發生，或是用神道思想來解釋日本軍國主義的興起，並非不可，但是必須加上對具體時空的社會條件來解說，同時也看以什麼樣的角度來解說。安華事件所引起的有關馬來西亞的伊斯蘭文化的諸多不同面向的問題，也必須放在具體的時空中來做說明，並尋求較理想的解釋方法。

伊斯蘭文化的大馬特性

那麼該如何來理解馬來西亞的伊斯蘭文化呢？我們不該假定馬來西亞的伊斯蘭文化和阿拉伯世界的伊斯蘭文化是一致的；要說理解了阿拉伯世界的伊斯蘭文化，即可理解大馬的伊斯蘭文化，相信支持巫統和泛馬伊斯蘭黨的穆斯林都恐怕難以贊同。雖然伊斯蘭教是經典宗教(scriptural religion)，故伊斯蘭教對經典教義的範圍、語言及解說方式有更為嚴格的界定，我們仍然必須說明伊斯蘭文化在大馬的特殊性。論證這個特殊性並不困難，雖然馬來西亞的馬來與統治階層與知識階層，都曾致力將伊斯蘭文化成為馬來文化的核心，[311]但是也同時強調馬來人的特性，而且對馬來特性與馬來語的強調經常是放在前面。雖然也有伊斯蘭化的見解與議題的存在，[312]而伊斯蘭化的概念本身表示了現狀與伊斯蘭理想的距離，而大馬的伊斯蘭教並非致力於和中東的伊斯蘭教等同起來，相反地，大馬的伊斯蘭學者反而有致力伊斯蘭現代化的態度，也相當強調如何配合馬來西亞的現代社會之現實。

---

[311] 如 Hamdan Hassan ed., *Islam dan Kebudayaan Kebangsaan: Kumpulan Kertaskerja Seminar Jabatan Pengajian Melayu dan Jabatan Pengajian Islam.* Kuala Lumpur: Utusan Universiti Malaya, 1979.

[312] 如 Syed Naguib al-Attan, *Preliminary Statement on a General Theory of the Islamization of the Malay Indonesian Archipelago.* Kuala Lumpur: Dewan Bahasa Dan Pustaka, 1969.

　　以大馬的情況而言，不論是英國海洋法系的遺產、馬來人與馬來語的角色、馬來人的 adat、馬來皇室的角色、馬來政黨的分裂及非穆斯林人口的存在與比例，都是大馬的特性所在，每一項都值得和大馬的伊斯蘭文化放在一起討論。大馬伊斯蘭文化中的大馬特性，正是馬來西亞研究的重點項目，儘管這些問題已經都有不少研究成果出版，但是也都還有很大的研究空間，相對於現象的複雜性，以不同的偏重、不同的研究角度、討論不同的時代、微觀的或鉅觀的、實證的或詮釋批評的，都會有助於我們對大馬特性的伊斯蘭文化有更好的理解。

　　即使不是討論伊斯蘭文化，僅僅是討論伊斯蘭法律，大馬的情況也未必和其他穆斯林國家相同。舉例而言，馬來西亞的法律體系中，liwat（男性與男性之間性行為）和 sodomi 是兩個不同範疇的罪，[313] liwat 是指男性與男性之間性行為，sodomi 則特指用肛門的性行為。前者被定在伊斯蘭法（見 Syariah Criminal Offences Act, Federation, 1997, 或 Act 559, 第 25 條）中，後者卻只存在一般法庭中的刑事法典（見 Penal Code, 第 377 條）。雖然兩者的概念就歷史出處而言，可說是系出同源，但是現今意義已經相當不同。在伊斯蘭法庭中的 liwat 最高可被判刑三年，而刑法中 sodomi 的最高刑罰卻是二十年，如果同樣的行為放在伊斯蘭法庭和一般

---

[313] Ahmad Faiz bin Abdul Rahman "Liwat is not Sodomy Per Se" *Harakah*, Malaysia, February 8, 1999.

法庭審判,在伊斯蘭法庭可能會判輕多了,要說大馬的伊斯蘭法有對同性性行為的懲罰嚴酷,還很難說得通。所以如果有人在馬來西亞被定罪是 sodomi,不是因為伊斯蘭法的關係,而是根據一般的刑法。安華案件中對 sodomi 的控罪,即是以刑事法典為依據來宣判,未必和伊斯蘭文化有直接關係。[314]換個角度說,即使是和伊斯蘭法庭無關的非穆斯林,包含絕大多數的華人,也可能因此而被定罪。

大馬的伊斯蘭法律不能只以伊斯蘭的經典來解說,大馬的伊斯蘭文化更難只以經典教義來說明。我們也不應該假設對宗教文化的理解也以僅從對經文教義的解說即可,經文教義的理解也要經過行動者在吸收理解詮釋轉化,才會在社會行動中表現出來不同的行為模式。如同韋伯在討論基督新教倫理與資本主義精神的關係時,特別討論了富蘭克林所寫的小冊子,做為基督新教教徒的轉化基督新教教派義理的依據,[315]對於宗教社會學而言,這種詮釋轉化的過程更值得研究。同時我們也不應該假定對宗教文化之特質主要是表現在教義理念上的不同,以為理解了教義理念上的問題就如可以理解宗教文化之特質,更不要說到具體的社會行動。因為行動者有了宗教義理的詮釋和轉化之後,也生活在具體

---

[314] 關於安華案件的法律見解及條文,詳見 Malaysia Mahkamah Tinggi, *The Anwar Ibrahim judgment*. Kuala Lumpur: Malayan Law Journal Sdn. Bhd. 1999.

[315] Max Weber, *The Protestant Ethic and the Spirit of Capitalism*. London: Ruskin House, 1972.

的時空環境，所展現出來的社會行動也不會全然與其所持的觀念一致，而這種觀念與行動上的差距，正是研究者最可以發揮的地方。這就好像我們不能以馬克思原著的共產主義天堂的理念來理解共產國家，不能以天主教的貞潔觀來理解拉丁美洲人(Latino)的婚姻狀態與性行為模式一樣。

　　因此要研究馬來西亞的伊斯蘭文化，就如同研究任何其他地方的宗教文化一樣。涉及法律的，應該就法律條文與法律案例來說明，涉及文化的，則應該以人們實際行為模式與觀念價值來討論。法律與文化（或者在此指社會行為或觀念價值）之間還是有相當距離，我們不該假定法律上所規定的，就代表當地人的文化，不論是指觀念還是行為。在上述 Ahmad Faiz bin Abdul Rahman 的文章中，舉了幾個涉及同性性交行為及雞姦的案例，顯示實際上違反法律規定的行為實踐者其實是大有人在，人們的觀念與法律的預期有相當的距離。[316]大馬的伊斯蘭文化是否對於同性戀是激烈地排斥，除了由法律條文來理解，也應該考察人們具體的生活實踐，以及在實踐中表現的文化意涵。

　　關於這個問題，我們不應假定我們對這個問題已經有清楚的看法，特別是涉及同性戀問題的社會現象，缺少第一手的接觸調查經驗，實在很難說已經充分理解這個問題的性質，我們最好承

---

[316] 見 Ahmad Faiz bin Abdul Rahman, "Liwat is not Sodomy Per Se", *Harakah*, Malaysia, February 8, 1999.一文中所提案例。

認學術知識的有限性，以鼓勵未來有進一步也研究出現。同性戀
文化及相關社會現象，近來蔚為風潮，為了研究這類現象，許多
研究者從事長期的田野研究工作，進行第一手資料的調查，例如
Peter Jackson 在泰國進行了同性戀文化的考察，[317]Dede Oetomo 從
事印度尼西亞的同性戀團體與性行為態度的調查研究，[318]都是長
期的田野研究調查，以及當地文獻資料的解讀。相較之下，在國
際上大馬的研究者還缺乏這樣的好手，也許我們該鼓勵研究者努
力進取，對馬來西亞的相關問題進行研究，也許可以產生較具有
原創性的研究成果，不必停留在只是參考別人研究成果的階段。

　　不過至少可以確定的是，實際的狀況可能不是如刻板印象中
那麼簡單，即認為大馬的馬來穆斯林族群就是排斥同性戀。在國
際同性戀聯盟的對各國的評估報告中，對馬來西亞的同性戀文化
還是相當開明。[319]舉辦馬來西亞同性戀遊行的組織 Gay Capital KL
日前在網路上公開投票，詢問大馬的網友馬來西亞應該不該有公

---

[317] Peter Jackson, *Male Homosexuality in Thailand: An Interpretation of Contemporary Thai Sources*. New York: Global Academic Publishers, 1989. Peter Jackson, *Dear Uncle Go: Male Homosexuality in Thailand*. Bangkok: Bua Luang Books, 1995.

[318] Dede Oetomo, "Patterns of Bisexuality in Indonesia", in Aart Hendriks, ed. *Bisexuality and HIV/AIDS*. Buffalo: Prometheus Books, 1991. Dede Oetomo "Gay identities－Being homosexual in Indonesia", *Inside Indonesia*, 1996: 46.

[319] 相關評估見 http://www.utopia-asia.com, http://www.ilga.org 等網站。前者為 Utopia: Asian Gay & Lesbian Resources 所經營的網站，後者為 The International Lesbian And Gay Association 之網站。

開的同性戀解放運動，約有百分之七十二表示贊成。[320]而馬來西亞的同性戀團體才在 2000 年 4 月 29 日舉行同性戀狂歡節大遊行（Mardi Gras KL 2000）。[321]雖然在法律上穆斯林是禁止同性戀的，但是大抵而言，對非穆斯林族群的同性戀文化還是十分容忍的，雖然在安華案件之後，有人趁機成立了反同性戀運動，卻被馬哈迪的女兒 Marina Mahathir 及人權團體強烈譴責，Marina Mahathir 清楚表明，同性戀團體在大馬是可以被接受的，雖然馬來西亞不鼓勵這種方式，但是應該被容忍，她特別表示，而以仇恨的態度來反對同性戀運動，絕不能代表馬來西亞。[322]要有人說穆斯林居多的國家必排斥同性戀，對馬來西亞來說還很難說得通。

馬來西亞的同性戀是否為非馬來穆斯林族群專屬？馬來穆斯林族群是否因為伊斯蘭教而敬同性戀而遠之？雖然大馬在法律上穆斯林是禁止同性戀的，但是多數大馬的同性戀組織並沒有排除馬來人的加入，網址設在美國的 The Malaysian Gay and Lesbian Club 中，即有馬來人擔任幹部，而其網站的留言板上，不時會看到在馬來西亞的馬來人的同性戀者上網徵求朋友或同伴。在馬來西亞的同性戀網站上，有穆斯林上網以伊斯蘭教義表明不贊同的立場，但是也有不忌諱以穆斯林及同性戀身份出現者，而友族的

---

[320] 參考網站 http://members.tripod.com/gaycapitalkl/。

[321] 參考網站 http://www.rainbownetwork.com/。

[322] "Mahathir Slams Anti-Gay Group" *Straits Times*, Oct 23 1998.

同性戀者也有不少人不在乎種族背景。[323]雖然網路上書寫文字並不表示反映了實際的行為，但是這些資料並非單是匿名網友隨意塗鴉，而是隱性群體交換訊息的園地，由此正好得觀察到其他公開書面資料難以提供的資訊。

筆者在 1997 年在馬來西亞進行田野研究時，間接從訪談中證實各族都有同性戀者存在，唯在馬來族群中較為隱密，其中多數人有同性戀行為者保持雙重性傾向，照常結婚生子，這相信是和目前馬來穆斯林文化未能公開接受同性戀有關，因此目前要從事相關研究並不容易。在這種條件下，馬來西亞的同性戀網站上的動態，有可能成為較好的研究材料。以馬來西亞的同性戀網路上幾篇以馬來／穆斯林身份所表白的文章來看，呈現出對同性戀的態度有相當大的歧異，有人直接表示同性戀是不道德的，即使是非穆斯林所為也是令人羞恥；有人則表示個人不贊同但可以容忍；有人則表示非穆斯林的同性戀行為沒有問題，但是穆斯林則應禁絕同性戀；也有人表示都沒有問題，端視個人情況；如前所述，更多人則直接上網交友，並不在乎這些討論意見。

---

[323] 舉例而言，2000 年 9 月 7 日在馬來西亞的某同性戀網站上，一位署名 Sam 的馬來人發了一封題為"Horny Malay Needs You!!!"的徵求伴侶的電子郵件，同日收到多封回函，其中有華人也有馬來人，其中一封華人的信函還表示"Tanpa Kira Bangsa"(不用考慮種族)。另外華人徵求伴侶也常有表示包含馬來同志者，表示的確存在馬來同性戀族群。

從這些網站的資料，我們大致可以說，在大馬政治中出現的族群政治現象，在同性戀生態圈中並不明顯。如果真要根據傳統教義來判斷，清真的穆斯林對這樣的網站也許連看都不該看，更別說上網和人辯論或交友。這些材料也顯示，新一代的馬來人可能有與上一代極為不同的觀念，我們不該太早下定論。同時在短短的幾年中，大馬同性戀文化的外顯性大大改變，半公開的活動以及同性戀園地的興起，都表示了大馬的同性戀文化是處在極為動態的狀態，相對地也可以說社會對同性戀的態度也在迅速的改變中。這些狀況，應該都是未來研究上特別須要考慮的，對於大馬同性戀文化的理解不應固守著傳統的刻板印象。

伊斯蘭文化對同性戀及 Sodomi 的看法

一般討論到伊斯蘭文化對同性戀的看法，一定是先從古蘭經出發。《古蘭經》8 第七章記載：「 …魯特，當時他對他的宗族說：『你們怎麼做那種醜事呢？在你們之前，全世界的人沒有一個做過這種事的。你們一定要捨婦女而以男人滿足性欲，你們確是過分的民眾』」。又第二十六章記載 ：「當日，他們的弟兄魯特曾對他們說：『你們怎麼要與眾人中的男性交接，而捨棄你們的主所為你們創造的妻子呢？其實，你們是犯罪的民眾』」。

　　我們知道這是古蘭經中有關同性間的性行為最清楚的記錄。這裡有幾個重點，首先，古蘭經在乎的是男人與男人之間的性行為。在《古蘭經》中提及男人以男人為了滿足性慾，捨棄了阿拉為他們創造的妻子，從而可推論出此種行為在伊斯蘭教的社會中是被禁止的，代表著犯罪的行為。但是理由是很清楚的，是與生育有直接的關係，在古代阿拉伯，因為總體的人口總數少，因此性行為如果不是用於生殖繁衍後代，就會遭到譴責。

　　然而在穆斯林的歷史上，並非因此就沒有同性戀的情況產生，在歷史上記載著，鄂圖曼土耳其攻佔君士坦丁堡（現在的伊斯坦堡）的領袖瑪賀梅(Sultan Mehmet Fatih)以及阿富汗入侵印度的主將加茲納威(Sultan Mahmud Ghaznawi)都被認為是同性戀者，也都有娶妻，甚至有好幾個妻子，並且留有許多後代子孫。他們不但沒有受到眾人的譴責，而是受到大家愛戴的領袖。然而在這些例子中，多數不對外公開其性傾向，並未直接向伊斯蘭的神聖教義挑戰。這種情況延續到當代，因為目前生育不再是個問題，因為違反生育的目的已經不再是重要的問題了，因此在穆斯林的私領域中，同性性行為是可以被忍受的。

　　伊斯蘭文化對同性戀及相關問題，也還有很多可以由此延伸的題目可以討論。例如，我們不該衹把人類社會對 sodomi 的排斥，單單視為是對於同性性行為的排斥，以美國各州法律為例，目前還有十八個州及波多黎各視 sodomi 為非法，其中十三個州與波多黎各的法律所禁的 sodomi 包括同性戀及異性戀，[324]只有五個州將 sodomi 的罪行界定在同性行為上。[325]馬來西亞的刑事法典所規定的 sodomi 罪行也沒有限於同性，換言之，如果安華被控 sodomi 罪行成立，並對象不一定非同性不可。伊斯蘭教中所禁止的 sodomi 其實也是包含同性與異性之間的性行為，包含丈夫和妻子有 sodomi 的行為。因此 sodomi 如何成為一種罪惡，本身即可成為單獨的研究題目。sodomi 禁令在人類歷史上，則不論是伊斯蘭教或是基督教，都有上千年被排斥、視為罪惡、被嚴厲禁絕的歷史，這倒不是伊斯蘭教的專利。[326]

既使只談同性性行為，在伊斯蘭文化中也還有許多值得討論的問題。例如，雖說伊斯蘭教義禁止同性性行為，卻不一定表示這種行為是不可原諒，尤其是男男性行為，可蘭經雖然表示犯行必須受到處罰，但是如果改過，上帝仍可原諒。相對來說，伊斯蘭教嚴男女之防，通姦和賣淫則嚴重多了，不但處罰嚴厲，還受

---

[324] 美國不論同性戀或異性戀的 sodomy 都非法的州計有下列十三州：Alabama、Arizona、Florida、Idaho、Louisiana、Massachussets、Michigan、Minnesota、Mississippi、North Carolina、South Carolina、Utah、Virginia。同時再加上即將成為美國新的一州的波多黎各。資料來源：Bob Summersgill, "Creating Change: Public Policy, Civil Rights, and Sexuality." 1999. 網路版，見 http://www.sodomylaws.org。

[325] 美國只視同性戀的 sodomy 為非法的州計有下列五州 Arkansas、Kansas、Missouri、Oklahoma、Texas。

[326] 關於在基督教的長期歷史發展中，對於 sodomy 的看法，參考 Mark D. Jordan, *The Invention of Sodomy in Christian Theology*. Chicago: The University of Chicago Press, 1997.

到嚴重的詛咒，因此單單表示伊斯蘭教反對同性戀，還不足以理解伊斯蘭教整體的不同性行為的態度。若說穆斯林對同性戀的反應會如此激烈是受到因為擔心滅種而排斥非生殖的性行為，也許從歷史發展上看是有這層考慮，不過就可蘭經和先知聖訓的道理來看，主要是涉及伊斯蘭教對婚姻與性的觀念，伊斯蘭教反對所有的「違反自然」的性行為，同時合宜的性行為必須在合法的婚姻關係中才被允許，[327]對於不合宜的性行為排斥也牽涉到伊斯蘭教對清真的看法，也許這才是伊斯蘭文化中比較核心的概念。

此外將伊斯蘭教反對同性戀行為和反西方的思想直接連繫在一起也並非必要，已經有很多學者對存在西方社會的反伊斯蘭情結加以剖析，其中最常見的做法便是找尋極端的例子，然後將之與西方對立起來。如果已經有這樣的警覺，那麼最好的作法還是不要將諸多伊斯蘭國家和穆斯林國家的不同情況泛泛而論，尤其要避免以柯梅尼時代的伊朗及 Taliban(學生軍)時代的阿富汗的例子來舉證，這些當然是比較極端的例子。即使在同樣在中東，各國對伊斯蘭法的採用有相當差別，且對西方文化的接受度差異很大，難以一概而論。許多國家的伊斯蘭教士根據經典認定伊斯蘭教義禁止同性性行為，這固然是事實，但是要說他們昧於同性戀運動發展的事實，卻也說不通，不少來自穆斯林知識分子的研究

---

[327] 伊斯蘭教對婚姻與性的觀念以及被禁止的性行為，詳見 Yusuf al-Qaradawi, *The Lawful and The Prohibited in Islam*. Kuala Lumpur: Islamic Book Trust, 1994, pp. 193-197.

表現出面對社會變遷的態度，在目前解經的傳統下，保留了相當的空間。

　　我們別忘記，多數的西方國家也不過在幾十年前，多半也各有其反同性性交及反對 sodomi 的法律，就這點來說基督教和伊斯蘭教的國家相差不遠，這可以理解，因為基督教和伊斯蘭教對於 liwat 和 sodomi 的觀念系出同源，如出一轍。[328]所不同的是西方陣營在較早開始了對這類行為的除罪化過程，雖然有些國家開始除罪化的過程甚早，但別忘記幾個主要西歐國家對同性性行為的除罪化過程是也不過是在六十年代末到七十年代初才完成，如西德（1969）與英國（1967）與奧地利（1971）等等都是，而對 sodomi 的除罪化過程則更晚，以美國各州廢除 sodomi 的法律的時間表，可以看出主要是在七十年代開始，一直陸陸續續持續到現在，[329]如前所述，美國到現在仍有十八個州加上波多黎各仍保留 sodomi 為非法，除罪化還未完成。

---

[328] 從比較的角度更易於看出這種關係，相較而言，中華文化及印度教文化則缺乏類似的觀念，因此也缺少對 liwat 和 sodomy 的特別刑罰。

[329] Illinois (1962)、Connecticut (1971)、Colorado (1972)、Oregon (1972)、Delaware (1973)、Hawaii (1973)、North Dakota (1973)、Ohio (1974)、New Hampshire (1975)、New Mexico (1975)、California (1976)、Maine (1976)、Washington (1976)、 West Virginia (1976)、Indiana (1977)、South Dakota (1977)、Vermont (1977)、Wyoming (1977)、Nebraska (1978)、Iowa (1978)、New Jersey (1979)、Alaska (1980)、Wisconsin (1983)、Nevada (1993)、District of Columbia (1993)、Rhode Island (1998)

其實，在穆斯林居多的國家中也同樣展開了除罪化的過程，如以同性性行為的除罪化為例，約旦（1951）是較早的例子，最近又有許多穆斯林國家將同性戀除罪化，如亞塞拜然，烏茲別克，哈薩克，吉爾吉斯等都是。[330]從這個角度看，也不必特別將基督教傳統的西方國家和伊斯蘭傳統的國家對立起來。即使許多基督教傳統的西方國家已經將同性戀行為除罪化，然而我們仍然必須區分對世俗世界的容忍與神學解釋的差別，因為同性戀所涉及的道德與神學的問題，並不是很容易解決的問題，目前在基督教傳統中也有許多激烈的辯論、掙扎與鬥爭，對多數基督教派來說還很難在神學上接受同性戀行為，從這個角度看，伊斯蘭傳統和西方基督教差別不算太大。我們必須瞭解，即使這些伊斯蘭傳統的國家有將同性戀除罪化的想法，在伊斯蘭法中進行除罪化是需要經過比較長的時間與歷程，其所必須經過的解經及辯論等漫長的過程，比起代議制的國家要改變法律，要困難很多，對於政教合一的伊斯蘭國家而言，這種過程就更為困難，難以預期會在短期內有重大進展，穆斯林向來以伊斯蘭法的保守性為傲，沒有特別的強烈的理由要發動改變律法的程序是不太可能的。在這種情況

---

[330] 穆斯林國家亞塞拜然 2000 年才通過法令，將同性性行為除罪化，法律上所禁止的 sodomy 行為只限於強制性行為。烏茲別克，哈薩克，吉爾吉斯等都是在 1998 年完成廢除反同性性行為的法律。資料來源 The International Lesbian And Gay Association, World Legal Survey. 2000. 網路版，見 http://www.ilga.org/Information/legal_survey/ilga_world_legal_survey%20introduction.htm 。

下，即使想要將最近幾十年才發展出來的觀念，要改變有千年傳統的伊斯蘭法，也有些強人所難的意味。我們也不能說這些國家昧於潮流，全無因應，在實踐上採取比較容忍的做法即是許多地方的因應之道。

結論：從伊斯蘭文化到安華案

也許從伊斯蘭文化的整體考察，更能看出安華案件的意義出來。就在許多伊斯蘭國家及穆斯林國家對同性戀行為除罪化的過程，安華案件顯出來的，卻是往相反的道路上去，而其在宗教事務上的效果正在擴大，柔佛州剛剛才引進了較為嚴格伊斯蘭法，而已經有數州表示打算跟進。也就是說原來是政治鬥爭，利用宗教將同性戀污名化，同時帶動更為強烈的宗教氛圍，加上因為政治陣營的對立競爭所引發的宗教熱潮，成為安華案件後所帶來新的一波伊斯蘭化的特色。安華案的觸發的問題，於是結合性傾向、宗教與政治，這是安華案以宗教研究觀點來看特別值得觀察的地方，許多和宗教有關的社會運動團體特別關心安華案的影響，以其在伊斯蘭文化的變遷趨勢中的所顯示的意義有關。因此雖然是大馬一國的政治風潮，對於同性戀除罪化運動而言，在整個伊斯蘭文化中卻有指標性的作用，伊斯蘭文化會不會因為政治的競逐因而走向世俗化相反的道路上，這也是安華案件特別令人矚目的原因。

我們不應該太早將伊斯蘭文化加以定性，伊斯蘭文化也是存活在人世間，隨著世俗世界的變化做出因應，在這個過程中，有向世俗化發展的趨勢，但是也不乏向神聖化的方向發展的例子，是個動態的過程，研究安華案件所引發的相關問題也要用比較動態的觀點來對待。這是個由政治鬥爭引發宗教競逐的個案，這個個案在政治上和宗教上都有深刻的意義，政治上被賦予亞洲民主改革風潮的一個重點，宗教上則可視為伊斯蘭文化變遷方向的指標。馬來西亞的伊斯蘭文化究竟是否會因為安華案引起的政治重整而深化伊斯蘭價值，還是因為安華案造成伊斯蘭文化因為政治上的分歧而削弱或造成疏離，有待進一步的觀察。而引發的看待同性戀及其他性行為的問題，也可以看成是伊斯蘭文化、馬來文化與同性戀文化互動反應的結果，不妨以動態的角度做進一步地觀察。

參考文獻：

Ahmad Faiz bin Abdul Rahman, "Liwat is not Sodomy Per Se", Harakah, Malaysia, February 8, 1999.

Ahmad Lutfi Othman, *Mengapa perlu Anwar lawan Mahathir?* Batu Caves, Selangor Darul Ehsan: Visi Madani, 1995.

Bob Summersgill, "Creating Change: Public Policy, Civil Rights, and Sexuality." 1999.

Dede Oetomo, "Patterns of Bisexuality in Indonesia", in Aart Hendriks, ed. *Bisexuality and HIV/AIDS* (Buffalo: Prometheus Books, 1991). Dede Oetomo "Gay identities − Being homosexual in Indonesia", *Inside Indonesia*, 1996: 46.

Malaysia Mahkamah Tinggi, *The Anwar Ibrahim judgment*. Kuala Lumpur: Malayan Law Journal Sdn. Bhd. 1999.

Mark D. Jordan, *The Invention of Sodomy in Christian Theology*. Chicago: The University of Chicago Press, 1997.

Rabushka, Alvin, "The Manipulation of Ethnic Politics in Malaya", *Polity,* 2(3): 345-356, Spring, 1970.

Othman, Ahmad Lutfi, *Anwar-Mahathir Krisis: Daim Pencetus Kontroversi Baru*. Batu Caves, Selangor Darul Ehsan: Penerbitan Pemuda, 1994.

Peter Jackson, *Dear Uncle Go: Male Homosexuality in Thailand*. Bangkok: Bua Luang Books, 1995.

Peter Jackson, *Male Homosexuality in Thailand: An Interpretation of*

Contemporary Thai Sources. New York: Global Academic Publishers, 1989.

Straits Times, "Mahathir Slams Anti-Gay Group" *Straits Times*, Oct 23 1998.

Weber, Max, *The Protestant Ethic and the Spirit of Capitalism*. London: Ruskin House, 1972.

Yusuf al-Qaradawi, *The Lawful and The Prohibited in Islam*. Kuala Lumpur: Islamic Book Trust, 1994, pp. 193-197.

第十三章

從文化交流看郁達夫
與陳馬六甲的跨境之旅

　　本章要從跨界的角度來討論東南亞與華文世界有關的越境之旅，分別討論兩段特殊的旅程，看看從不同的視角可看到不同的交流史的意義。我們要借用不同旅行文學的材料來討論對異域的探索，與異文化接觸經驗的呈現。這兩段旅程分別是太平洋戰爭時期華文作家郁達夫到蘇門答臘的死亡之旅，以及戰前印度尼西亞革命家陳馬六甲(Tan Malaka)到中國的化身之旅。這兩段旅程差不多都是發展在第二次世界大戰前後，這是一個變動的時代，可以看成亞洲地區人們交互旅行、克服文化障礙的時代插曲。放在亞洲不同族裔文化之間的互動與交流來看，中華文化和印尼／馬來文化之間雖然在歷史上有各種實質的接觸，心靈世界卻是缺乏相互瞭解的，歷史上的誤解深重一直累積到現在，從這個角度說，郁達夫和陳馬六甲的越境之旅顯然是極為罕見的，應該視為亞洲民眾交流史的英雄事蹟。不幸的是，由於其旅行記錄不是記載於傳統的旅行文藝之中，故一直為人所忽視。

　　郁達夫在太平洋戰爭時期逃亡蘇門答臘島，喬裝成當地富商，學習馬來話及荷蘭語，後來竟成為日本通譯，周旋於日軍、印尼兵、荷蘭戰俘與華僑之間。這一段事蹟對於郁達夫這樣一位富有盛名的文藝作家而言顯然是難以定位的，雖然郁達夫的故舊寫了許多關於這段旅程的回憶，旅程本身的傳奇性也足以吸引讀者注意，但是卻是和郁達夫的作家生涯難以連繫在一起，只是被視為作家個人一段不幸的遭遇。吊詭的是，郁達夫這一位作家，這一段旅程的記錄都是旁人完成的。一位最積極提倡旅行文學的中國新文學運動健將，對自己人生最後一段戲劇性的旅程，卻無法自己執筆寫遊記，反而是由他人不斷地回憶追索，拼湊出旅程的不同面貌。

　　陳馬六甲是印度尼西亞左派革命家，是印尼唯一跨越 1920 年代和 1940 年代兩次革命風潮，最富傳奇與神秘色彩的革命英雄。他和華人沒有任何血統上的關係，卻在兩次革命之間流亡海外長達 20 年的期間，化身為菲律賓華僑及夏威夷華僑，藏身在中國南方與香港，以及側身南洋的華人社群之間，考察中國革命情勢等，以圖謀日後印尼革命之再起。主要記錄其旅程的著作，是他在監獄中所撰寫的自傳，可說是印尼／馬來文學中迄今少有可出其右的傳記體巨著。[331]不幸的是，這本自傳如同陳馬六甲本身的遭遇，

---

[331] 陳馬六甲所寫的自傳，Tan Malaka, *Dari Pendjara ke Pandjara.* [從監獄到監獄] Djogjakarta: Pustaka Murba, 1948.

現在仍然漂流海外，在印尼本國則遭到查禁的命運。無疑地這段中國華南／南洋華社的化身之旅，對於革命家的一生而言，難以被當地富有強烈民族主義色彩的國族論述歷史觀所理解。

郁達夫的死亡與陳馬六甲的流亡日後成為華語世界及印尼語世界不斷被追憶的軼事，卻因其跨越不同的文化界限，難以在各自原有的文化體系中被適切地理解。其旅行記錄不論在形式、文類與文學成就，都和一般的旅行文藝不盡相同，其文藝活動或書寫長期被排斥在相關的文學範疇之外，可從中引發不少有別於傳統旅行實踐與旅行文藝之關係的討論。本文特別將兩個不同方向的旅程放在一起討論，以介於兩個文化體系之間的旅行實踐視之，在不同文獻中挖掘片斷、排比話語、重建旅程與文藝活動的關係，一方面從亞洲民眾交流史的立場來討論其經驗，另一方面則將之放入印尼／馬來／馬華文學的討論脈絡中，以創造其在文化史的可能意義。

許多旅行文藝研究討論的多半是西方旅行家到了亞洲或是太平洋等異地，呈現出來的是自然是西方眼光下的異己文化，看待旅行地的眼光則涉及殖民宗主國與被殖民國家，或是第一世界與第三世界的關係，相關研究的論述也建立在這種關係之上。然而亞洲各地之間的關係，像華文世界和印尼／馬來文世界的關係如何，其實很難以同樣的方式來討論，應該發展不同的理解架構，而對不同面貌的文化接觸與文化關係有進一步的理解，同時不能只是一直停留在外交史的理解層面,以華文世界與印尼/馬來文世界的長期隔閡與接觸,致力挖掘歷史上能達到不同接觸與交流境界的事蹟,對於長期籠罩在政治扞格關係中的民眾交流才有更多的理解。

跨越文化與地理邊界的旅者

這裡必須先介紹兩位旅者,因為兩位旅行的主角都是知名人物,其軼事即使不放在異域旅行的角度也有探討的價值,倒過來說,假如同樣的旅程發生在其他人身上,未必會得到相同程度地矚目。具體而言,郁達夫同樣的旅程換上別人,得難會有記述其旅程的文字記錄不斷湧現的情況出現。[332]同樣的道理,如有陳馬六甲同時代的印尼人曾經到中國華南旅行或是住上幾年,對照當時印尼知識人的心靈世界,主要關心的是歐洲與荷屬東印度的互動,將少有人覺得有詳細記錄的必要。[333]這兩段旅程之所以留下

---

[332] 郁達夫當時因為太平洋戰爭之故而由新加坡躲避到蘇門答臘島,同時間由星馬到蘇島避難者,少說也有幾千人之譜。即使將對象縮減到當時所稱的文化人,則在陳嘉庚的協助下有三十幾人同時逃往蘇島,其他自行逃往該島也不在少數。但在日後關於這一經驗的文字記錄上,除了小說家巴人以此自身經驗寫了紀實小說,其他多數都是和郁達夫有關的記述。巴人的小說,見巴人,《印尼散記》。湖南人民出版社,1984。有關郁達夫的記錄後詳。

[333] 同一時代的旅行記錄中,陳達曾經在三十年代拜訪僑鄉時,發現在不少印尼人隨配偶回到僑鄉,也有在印尼出生的混血兒,被送回僑鄉,因此當時在華南僑鄉可以見到仍保留印尼生活習慣的印尼人或混血兒。陳達,《浪跡十年》。上海:商務印書館,1946。

記錄，產生不同的意義，與旅行的主角直接相關。旅行是不是構成值得書寫的旅行經驗，主要還看旅者在動態中與陌生環境互動的精神狀態。在這個情況下，旅行者本身的角色是無可取代的，同一段旅程因為旅行者不同，或是不同的時空及條件下，會產生截然不同的精神狀態，形成不同的意義。

　　兩位主角中，郁達夫在華文世界中享有盛名，陳馬六甲則在印尼／馬來文世界中頗具名氣。[334]郁達夫成名甚早，今天說到1920年代的中國新文學運動不會不提起他的名字，不幸的是其文學風格和中國後來所強調的著重社會政治意識的文學主流大異其趣，以致於雖然早年頗有名氣，後來卻沒有受到應有的重視。一般對郁達夫的評價是為浪漫派作家，有時則被評為色情頹靡。他的成名作品《沈淪》則因緣際會成為中國新文學的先鋒，被認為是反

---

[334] 在本文的論述之中，凡是提到語言和文學的部分會將馬來語和印尼語並列，這是因為在二十世紀的三十年代及四十年代，馬來語和印尼語並未分家，是同一種語言同一個文學傳統，而蘇門答臘島正是處於兩個範圍的交界，雖然後來在政治上的歸屬是在印尼的範圍，在文化上則為馬來文化的發源地之一，當地仍稱其語言為馬來語，因此在此採取並列的方式，但在論述政治範圍時，則會指明是馬來亞或是印尼。關於馬來和印尼在文學之間的混同關係，最佳例證可參考 Anthony H. Johns, "Amir Hamzah: Malay Prince, Indonesian Poet" *Cultural Options and the Role of Tradition: A Collection of Essays on Modern Indonesian and Malaysian Literature.* Canberra: the Australian National University Press, 1979, pp. 124-140.

叛舊禮教的作品，代表了一個新時代的開端。[335]其實其作品所呈現的卻是十足的個人色彩，關心的主題以個人情慾及困境為多，表達手法也以暴露個人內心世界的矛盾與掙扎見長，不論是小說或是其所提倡的日記體作品都是如此。中學即前往日本深造的郁達夫，心儀的文學典範是當時日本的「私小說」(watakushi shusetsu)，[336]這是一種以第一人稱敍述的小說體，這一學派所強調抒發個人內心挫折、焦慮和壓力，在郁達夫的作品中清楚可見受其影響。這種風格和五四時期以後強調社會改革意識的文學風潮不甚搭調，其實不僅是新文學如此，中國文壇歷來強調文以載道，一向缺少如「私小說」這種以個人內心挫折、困頓為核心的文學傳統。[337]

郁達夫另一個被忽略的特質，是其跨越文化障礙的能力。這個特質經常表示在其文學作品上，也可以在其生活經驗中得到印證。他早年在赴日本就讀中學時，即沈迷於各國小說，讀遍日文、英文、德文及法文的小說一千多種，只有俄文小說是讀英譯本。

---

[335] 1937 年葉忘憂在為現代創作文庫編輯郁達夫選集時，如此描述郁達夫的成就：「初期的創造社是以(郭)沫若的詩、劇，與(郁)達夫的小說來打下基礎的。他那些變態心理的描寫，異常大膽而忠實，曾獲得當時青年的極端熱愛。」頗能代表當時文壇對郁達夫的評價。見葉忘憂編，《郁達夫選集》。現代創作文庫。上海：中央書店，1937，第 1 頁。

[336] 私小說的特點為取材於作者自身經驗，採取自我暴露的敘述法，自暴支配者的心理景象。小谷野敦，《私小説のすすめ》。平凡社新書，2009 年。

[337] 李佳，《中国の近代小説における日本の私小説的要素—創造社の身辺小説と魯迅の自我小説を中心として》。東北大学大学院，2017 年。

印證其後來所寫的散文及文藝理論，可以確知他其一直保持閱讀
這些不同語言的文學作品，[338]同時在其作品中也經常表現出他對
各國語言的知識與興趣，郁達夫小說中的主角多半能穿透文化障
礙，直接閱讀外國雜誌，和西方人直接交往等等。[339]除外，許多
早年作品顯示出對異國女子的嚮往，主要是描述中國男子的主角
和日本女子的戀情，不論是相戀或是單戀，許多被認為郁達夫真
實生活的一個面相。[340]散文中更是經常賣弄他對當時西歐藝文界
的熟悉程度，而在其南洋的遊記中則對當地名稱孜孜不倦地記錄
其歐語、梵文、爪哇語、巽他語或暹邏語等的來源，再再顯示他

---

[338] 關於郁達夫平時閱讀德文與法文文學作品的情況，見郁達夫，〈我愛讀的短
篇小說〉。《郁達夫南遊記》。台北：江南出版社，1968 年，第 120 頁。其留
心日本文藝界的情況，見郁達夫，〈戰後敵我的文藝比較〉。《郁達夫抗戰論
文集》，林徐典編。新加坡：世界書局，1977 年，第 63 頁。

[339] 郁達夫的小說中，主角多為熟稔西洋文化，如「沈淪」中的「他」，心緒是
在讀英文文藝作品時被挑起來。見郁達夫，〈沈淪〉。葉忘憂編，《郁達夫選
集》，現代創作文庫。上海：中央書店，1937 年。如「迷羊」中的「我」，
平常閱讀直接由英國訂來的雜誌，並且從中得到法國巴黎畫展的消息。見郁
達夫，《迷羊》。上海：北新書局，1929 年，第 164 頁。

[340] 郁達夫表現類似情節的小說不在少數，最著名的是其成名小說「沈淪」，主
角因為對日本女子的嚮往不能解脫，最後踏入妓院。「銀灰色的死」描寫留
日學生的主角對日本女子靜兒幻想式的戀情，見葉忘憂編，《郁達夫選集》，
現代創作文庫。上海：中央書店，1937 年。「南遷」中的伊人則對日本女學
生有昇華式的戀情。見郁達夫，《南遷》。香港：智明書局，1958 年。他自
己在其自傳中也提到他在日本時對日本女子的色相的迷戀。見郁達夫，〈雪
夜---日本國情的記述自傳之一章〉。《宇宙風》，第 11 期，1936 年。

對各地文化語言等的興趣。[341]這種特質的理解對後來的蘇門答臘之旅很有幫助。

陳馬六甲則是華文世界比較陌生的，主要原因是做為印尼共產黨早期的領導人物，其史蹟長期受到壓抑與扭曲，而其本身一生的經歷，也如謎一般神秘。[342]但是無疑地在印尼與國際的歷史學界都認可他在歷史上的地位，是印尼的開國英雄。而曾經參加過印尼革命擔任重要文宣手，後轉為歷史學家的莫哈默雅民(Muhammad Yamin)，稱他是「印尼共和國之父」，[343]因為他早在1925年率先倡議成立「印尼共和國」，[344]而三十年代的印尼民族主義運動的重要思想宣傳文獻，許多出自流亡在外的陳馬六甲。在日本佔領期，印尼與日本合作時，檯面上和日本人合作的是蘇卡諾，暗地利用機會準備獨立的計劃，即有受到陳馬六甲策略影響的說法。後來日本投降後，蘇卡諾不敢擅自做主宣佈獨立，一群

---

[341] 見郁達夫，〈馬六甲遊記〉。《郁達夫南遊記》。台北：大明書局。1968 年，頁 81。

[342] 見 Benedict Anderson, *The Pemuda Revolution: Indonesian Politics, 1945-1946.* PhD. Thesis in Cornell University, 1967, p. 460.

[343] Yamin 在印尼獨立革命時即出版文章推崇陳馬六甲的貢獻，見 Muhammad Yamin, *Tan Malacca: Bapak Republik Indonesia.* [陳馬六甲；印尼共和國之父] Djakarta: Berita Indonesia, 1946, pp. 2-5. 印尼獨立後多年，Yamin 成為歷史學家，仍然肯定陳馬六甲的成就，後來在八十年代又結集文章重新出版，見 Muhammad Yamin, *Tan Malaka: Bapak Republik Indonesia.* Jakarta: Yayasan Massa, 1981, p. 12.

[344] 陳馬六甲率先提倡成立共和國，主要文獻是 Tan Malacaa, *Naar de 'Republiek Indonesia',* 1925. 當時這篇文獻在東京、馬尼拉、廣州及新加坡都有出版，並譯成不同語文。

青年人綁架了蘇卡諾，才有了 8 月 17 日的獨立宣言，這個青年組織也和陳馬六甲有關係。印尼獨立革命期間，他甚至一度被認為如在蘇卡諾及哈達被捕後即繼續領導獨立革命的繼任領袖。[345]但是其事蹟一直隱密不彰，因為他早在 1920 年就成為印尼共產黨主席，[346]該黨在印尼獨立前被荷蘭和日本當局強力的壓迫，獨立後又先後被蘇卡諾及蘇哈托壓制清算，而陳馬六甲本人在印尼革命時死於內戰，陳馬六甲的相關事蹟，例如其在印尼革命中的角色，仍是尚待探索的課題。

由於陳馬六甲的特殊背景，印尼官方過去並沒有承認其在歷史上的地位，[347]官方控制下的教育對印尼歷史的解釋一直是以蘇卡諾及蘇哈托的當權派歷史為主軸。近年來國際學術界不斷地發掘陳馬六甲的新材料，重新加以研究及詮釋，其神祕的事蹟才逐

---

[345] Anthony Reid, *Indonesian National Revolution, 1945-50*. Hawthorn: Longman, 1974, p. 72.

[346] 陳馬六甲是在 1917 年開始參加社會主義運動，當時正是印尼成立社會主義思想社之時，而印尼共產黨成立於 1920 年，早期的重要成員，如 Semaun (1899-1971), Alimin Prawirodirjo (1889-1964), Musso (1897-1948), Darsono (1897-) 及 Tan Malaka (1897-1949)當時都還很年輕，其中陳馬六甲因為長於理論而成為領袖。共產黨在當時仍為荷屬東印度的印尼，很快地就為荷蘭總督政府鎮壓，陳馬六甲在 1922 年為荷蘭殖民政府。Finngeir Hiorth, "Indonesie: Geruchten van Atheisme." ［印尼：無神論的思想］*De Vrije Gedachte*, 3, 1997. ［自由思潮雜誌］

[347] 只有曾經在蘇卡諾總統1963年的53號命令中承認陳馬六甲為獨立革命英雄，但是在其他各種紀念開國英雄的場合，基本上沒有陳馬六甲的位置，是被有意識地排除在公眾記憶之外，因此在印尼青年一輩也對陳馬六甲其人一無所知。但是蘇哈托下台以後，陳馬六甲的著作開始有重印出版的現象，估計未來情況可能會改變。見 Komunitas Bambu ed. Tan Malaka, *Islam Dalam Tinjauan Madilog*. Jakarta: Komunitas Bambu, 1999.

漸為人所知曉，也漸為印尼各界接受而承認其地位。[348]日前印度尼西亞的周刊雜誌選出了二十世紀印尼代表人物，印尼國內兩家重要的雜誌社 Tempo 及 Forum 分別選出 50 名及 100 名二十世紀印尼代表人物，兩份名單中都有陳馬六甲的名字，顯示其在印尼歷史的地位也在其國內被認可。

另一個經常被詢及的問題是陳馬六甲是不是華人，日前東南亞的一些華文報紙及台灣的幾家報紙以「印尼百年名人 14 位華人上榜」為題做報導，把陳馬六甲當成華人而算在其中，成為歷史政治類的華人代表。[349]這顯然是錯誤的，雖然東南亞華裔移民歷史悠久，許多和當地人結婚，以致誰是華裔變得難以考證，然而陳馬六甲如假包換，是蘇門答臘的米南加保人，和華裔沒有任何血緣關係。造成這個錯誤的原因，很明顯是由於其中文翻譯，Tan Malaka 的中文翻譯「陳馬六甲」，早在四十年代已經出現，算是約定俗成的譯法，然而 Tan 不是中文的陳姓，而是當地人的名

---

[348] 專門研究印尼歷史與印尼民族主義的 Benedict Anderson 日前在印尼演講時，表明了陳馬六甲是和蘇卡諾(Soekarno)與哈達(Hatta)並稱的印尼開國歷史上的大人物。見 ”Prof Ben Anderson: Bangsa Indonesia Terjebak dalam Premanisme Politik” ［安德生教授：印尼民族進入平民政治］*Surabaya Post*, Kamis, 04 Maret 1999.

[349] 這則新聞是 2000 年 1 月 10 日由中央社發自新加坡的報導，台灣的報紙如聯合報等刊登了這則消息，東南亞華文報如星洲日報等，刊登了同樣的消息，經筆者查證其印尼文雜誌出處，其中並沒有特別指稱誰是華裔，因此把印尼革命英雄當成華人，應為中文報刊自行認定。現在這項錯誤已在華文世界流傳，如僑訊 1131 期報導(2000 年 2 月)，<印尼百年發展百位代表人物，華裔佔十四名>，同樣將陳馬六甲當成華人，視為華人之光。

字。[350]陳馬六甲在其傳記中也特別表示其和華人沒有任何血緣關係，而其成長的環境也缺乏和華人接觸的經驗。陳馬六甲後來和華人的交往與緣份，和其出身並沒有什麼關係。

旅者雖是非凡人物，但在他們臨時闖入異域時卻是以普通人的身份，他們在異域時都停留在偏遠的鄉間，為了安全上的理由，他們都隱姓埋名，郁達夫成了趙廉，知名文學家成為本地商人，而陳馬六甲成為陳和森，革命家卻成為歸鄉華僑，他們都以平民百姓的身份和本地人的交往。而從記錄中我們也看到他們的越境交流經驗主要都是和小人物打交道，因此他們和本地人的交往應該以平民視之，而非代表另一文化體系中的知名人物，因此其旅程也該視為民眾的交流經驗。民眾交流與國際交流意義不同，少了對現實政治及權勢利益的考慮，多了基於人性的關照與友情。

跨境之旅的可能意義

旅行是旅者肉體上離開慣居之地而行經陌生之地的過程，是肉身與陌生環境互動的經驗歷程，而這種經歷會使旅者產生精神上的特殊狀態。對旅行的意義也有兩方面重點強調，一則是強調

---

[350] 印尼革命時期(1945-1949)，有關印尼的報導大量出現在東南亞的華文報紙，當時即以「陳馬六甲」的譯名出現在華文報紙上，所以將 Tan 譯為姓「陳」，則是因為東南亞福建人的人數較多，而陳姓為大姓，以福建話發音譯其姓為 Tan 到處可見，於是早期翻譯的人將之譯為陳姓。後人反而以此認定其為華人，則是謬誤大矣。

自己的肉身經驗;一則是強調陌生環境,前者多是探險犯難的起伏歷程,後者則為異域世界的探索接觸。強調肉身經驗者,舉凡擺脫慣常生活的新鮮感、旅途所帶來的困頓、旅程中的不定感與危險性等,是形成旅行做為特殊人生經驗的重點。例如在《西遊記》中唐三藏的旅行,記述的重點是對肉身造成危險威脅的經驗,而非火焰山或是西天的風土人情如何。而強調陌生環境,則經過親身體驗的陌生事物,就成為旅行經驗的重點,甚至在特殊的歷史時空,特定的旅行則可能成為文化接觸的見證,例如《馬可波羅東遊記》中,雖然馬可波羅親身的經驗奇特,但是記述的重點不在馬可波羅親身經驗本身,更有意義的是由其親身體驗的中土事物,因而留下在中西文化交流上的重要紀錄。

從這個角度來看郁達夫的蘇門答臘之旅,以及陳馬六甲的中國之旅,則都是兩重意義兼而有之。郁達夫在新加坡被日軍攻陷之前,身為新加坡「文化界戰時工作團」團長,在陳嘉庚的安排下隨著 30 幾位新加坡工作的「文化人」(作家與報紙編輯等),逃到地廣人稀的蘇門答臘島,為了身家性命,隱姓埋名,喬裝為本地商人,卻因為通曉日語,被駐守當地日軍徵調為通譯,並掩護其他一起逃難的文化工作者,郁達夫這個旅程本身已經是足夠刺激玄奇。然而這個旅程也對蘇門答臘這個環境有特別的意義,在此之前中文世界對蘇門答臘基本上沒有什麼特殊的記錄,郁達夫連同其他作家的蘇門答臘之旅,留下大量的記錄,連帶對蘇島的各種情況，包括對蘇島的華人社會的情況，也一併留下了彌足珍貴的記錄。

　　陳馬六甲的中國之旅也是一樣，他是在莫斯科國際共產黨會議上為各亞洲共產黨的代表，[351]印尼早期的革命領袖，以及印尼共產黨草創時期的主席，[352]由於二十年代的革命失敗而流亡海外，以避免列強殖民政府的追捕，其間幾度入獄又幾度逃脫，流亡路線遍及亞洲諸國，最後卻選擇中國為其棲身之處，化身華僑，隱藏在各地不同的華人世界。就其個人經驗而言，逃亡過程的驚險曲折，有其引人入勝之處；就其所經之處，對當地情況的記述也有特殊的價值。他以社會革命家的眼光觀察中國南方社會，從政治社會結構的理解到華南農村的風俗習慣，以印尼／馬來語文紀錄了第一手的接觸經驗，其理解深入的程度，到目前的印尼／馬來文文學中還未有出其右者。這個接觸經驗從東南亞缺乏溝通華人世界與土著世界的英雄類型來看，的確是難能可貴的經驗。

---

[351] 1922 年陳馬六甲赴莫斯科第四屆國際共產黨會議(Fourth Congress of the Comintern)，陳馬六甲被選為東方組的主席(Eastern Commission Comintern)，是亞洲地區共產黨人的代表，這使得陳馬六甲一開始流亡生活就具有很高的國際知名度，其後消聲匿跡甚久，增添其神秘色彩。Harry Poeze, *Tan Malaka: Strijder voor Indonesie's Vrijheid, Levensloop van 1896 tot 1945.* ﹝陳馬六甲：印尼自由的鬥士，1896 年到 1945 年的一生﹞Gravenhage: Martinus Nijhoff, 1976. pp. 231-232.

[352] 目前在印尼出現的文獻中，傾向將陳馬六甲視為社會主義者的代表人物，而其出身印尼共產黨的身份則未被強調，這可能是因為其在印尼的時間很短，而以共產黨員出現是在 1922 年以前的事，因此只將之視為社會主義者。相關討論請見 Y. B. Mangunwijaya, "Sosialisme Indonesia." ﹝印尼的社會主義﹞*Kompas*. Kamis, 14 November 1996.

　　陳馬六甲的華南之旅主要是發生在三十年代，而郁達夫的蘇門答臘之旅則是發生在四十年代，在人類旅行史上是個中間時期，探索無人之地的冒險家或航海家時代早已經過去，而大眾旅行則尚未崛起，至少在亞洲是如此，十九世紀末期當日本明治維新之後，還有日本人試圖在太平洋地區尋找無人之島，希望得以建立新殖民地，到了二十世紀初期則完全放棄這種念頭，而到了二十世紀的三十年代，儘管亞洲各埠之間都有固定航線往返，但是能有機會到到異國旅行，還不是很容易的事。而其中困難的程度，除了交通及經費上的問題以外，主要是文化上的差異所構成的心理障礙，這可以從同一時期與南洋有關的遊記中清楚看出。[353]

旅行的類型

　　旅行有不同的類型，可以是自願的或是被迫的，或是有特殊任務，可以是個人的也可以是集體的，因此旅遊、隱居、放逐、逃難、出征、傳教、養病或是執行勤務，都是不同的旅行經驗。

---

[353] 例如做為出版社代表的鄭健盧，為了編南洋合用的教科書，才有機會走訪南洋各埠，因此特別將其旅程及所聽聞之各地風土記錄下來，見鄭健盧，《南洋三月記》。香港：中華書局，1933 年。而專門研究僑鄉的社會學家陳達，因為得到美國基金會的協助，才有機會訪問南洋各僑社，也珍惜一路見聞而出版其旅行筆記，見陳達，《浪跡十年》。上海：商務印書館，1946 年。而艾蕪因其流浪經驗而寫下南洋情狀，也是基於時人對南洋隔閡，發而為文而成，見艾蕪，《南行記》。上海：生活書局，1935 年。這些遊記的產生都一方面顯示當時赴南洋旅遊不易，另一方面也表明了當時普遍對南洋風土文化的陌生感。

我們對旅行採取不同的分類，是希望能對旅行的性質加以掌握，如果既有的類別中沒有合適的分類，則應該加以尋求或創造合適的類別。這些不同的類型都涉及旅行者離開自己熟悉的地方而進入陌生環境而形成精神上的特殊狀態，這種特殊的精神狀態只在旅行中存在，常常是旅行者追求旅行經驗的原因，也常常是旅行文學創作的泉源。

　　依照一般的分類，陳馬六甲和郁達夫的旅程性質應屬出走或是流亡，陳馬六甲是革命失敗被荷蘭東印度當局放逐，而郁達夫則是為了逃避日軍的追捕，假如沒有這種特別的機緣，兩位主角未必會有這樣的異域探險，這是有偶然性在其中。不過流亡包含被迫離開慣居之地，漂流異鄉，和主動求取探索異地並不相同，由此，郁達夫和陳馬六甲的旅行狀態不能單以流亡視之，他們也都有想要探索新世界的念頭，才有了他們的旅行，假如不是有探索異域的心，他們都可以選擇很快地離開這個原本不屬於他們心靈世界的異域。然而兩者皆由於對異域接觸有特殊興趣，他們不約而同地闖入了一個屬於介於華人和印尼／馬來人之間的世界。

　　陳馬六甲為什麼會到華南去呢？以其革命家的行徑，他沒有任何好的理由要到華南，特別是到福建省的鄉間名不見經傳的小鎮上。陳馬六甲曾經想在印尼鄰近國家的都會地區活動，所以其主要的根據地,是曼谷、新加坡、馬尼拉及仰光等地,[354]中國對陳馬六甲而言,仍是太遙遠的國度。雖然陳馬六甲在 1924 年曾經去過廣州,他發現廣州也並非理想的革命據點,[355]後來因為被香港的英國殖民政府及菲律賓的美國政府追捕,在放逐過程中得到協助而到了廈門。陳馬六甲的華南之旅始於偶然,他也沒有很好的理由要停留廈門,[356]假如他打算離開廈門,也是不難安排的事情,他卻決定留在華南地區,並且移居更內陸的農村,理由除了找個安靜的地方養病以外,他自己也表示他一直希望能夠有機會能好好地觀察瞭解中國農村。如果不是陳馬六甲對中國的興趣,也不會有這段旅程,這和流亡心態不相同,不能只以流亡視之。

郁達夫也是一樣,郁達夫逃抵蘇門答臘實屬偶然,但是同一個時間選擇這一逃亡路線的,都有其他方式逃離,如日後主持盟

---

[354] 1924 年他考慮在鄰近的熱帶國家活動,提到了暹邏、緬甸、安南、菲律賓和馬來亞,而他到廣洲時,有嚴重水土不服的現象,在當地工作一位德國醫師表示,他必須停留在熱帶國家對其健康比較好。Tan Malaka, *Dari Pendjara ke Pandjara.* 1948, Vol. I. pp. 120.

[355] 那是因為在開完莫斯科國際共產黨會議之後,希望讓陳馬六甲拓展亞洲方面的宣傳聯繫工作,他便選定廣州為其工作地點,後來發現,即使廣州是吸收外來事務最快的地方,但是光是印刷拉丁字母的困難,就足以使他計劃出版英語的革命宣傳刊物 The Dawn 的計劃落空,他在其自傳中以一個章節的篇幅提到了各種困難,。Tan Malaka, *Dari Pendjara ke Pandjara*, 1948, Vol. I. pp. 122.

[356] 1927 年的華南已經和幾年前的廣州成為國際左派聚集地的情況大不相同,經過國民黨清黨之後,情況丕變,由反共的中國國民黨控制政局,如果國民黨政府知道印尼共產黨頭號人物在中國,必定會採取行動,因此廣州不再是可以容納國際共產主義分子的地方。

軍和中國聯合抗日的情報部隊「一三六部隊」的林謀盛，[357]則是在蘇門答臘的巴東搭船到澳洲，繞道回到重慶；而當時和郁達夫一起逃難的王紀元，[358]則由蘇門答臘逃到爪哇島，和陳嘉庚一樣就在爪哇島隱居，[359]在整個日本佔領時期，身份完全沒有曝光。比較其他文人在南洋的日本佔領時期的低調及隱藏自己，則郁達夫這段彷彿雙面間諜的角色扮演，是在其不掩飾自己會說日語的必然結果，其實是毫無必要，這多少和郁達夫的性格有關，一邊隱藏身份逃難，一邊還要學習新語言、買書及吟詩，要以流亡心態來評價郁達夫的最後的人生旅程也有很大的困難。

綜觀陳馬六甲與郁達夫的旅程，如果我們以被迫旅居異域看成是流亡，那麼流亡只是造成他們旅程的契機，而吸引他們繼續深入異地，則是其對於異境的興趣，從這點來看也和異域探險的旅行並無二致，整個過程固然是一直在動態的情況中，但是也都一度在當地營生，設法定居一段時間，都是在隨遇而安式的旅居

---

[357] 林謀盛為戰前新加坡「星華僑抗敵動員委員會勞工服務部」主任，逃到重慶之後受命領導「一三六部隊」，進行情報工作，後來不幸殉職。相關事蹟見莊惠泉編，《新馬華人抗日史料》。新加坡：文史出版有限公司，1984 年。陳崇智，《我與一三六部隊》。新加坡：海天書局，1994 年。

[358] 王紀元原為國際新聞社重慶辦事處主任，1940 年應南洋商報之邀到新加坡工作，太平洋戰爭時逃到爪哇島，戰後在雅加達辦報。見王紀元，《我與三聯》。香港：三聯書局，1978 年。

[359] 陳嘉庚為新加坡商人，為當時南洋華人領袖，太平洋戰爭時期逃到爪哇島的瑪琅(Malang)避居，未被日軍查獲。見陳嘉庚，《南僑回憶錄》。新加坡：南洋印刷社，1946 年。

狀態。他們的旅程可以說是以流亡為契機，以異域探險為動力，而以設法在當地營生的旅居為狀態。

比較理想的描述兩者的旅程是印尼文的 rantau，[360]做為名詞的 rantau 原意是異土，但是做為動詞字根的 rantau，是在異地生活，是隨遇而安式的流浪旅居，則兼有在異國流浪漫遊及赴異地工作謀生的意義，可以同時包含流亡及旅居等不同情況，因此在印尼文獻中對陳馬六甲的海外生活，多以 rantau 來描述，而對照郁達夫的旅程，郁達夫走到西部蘇門答臘的小鎮，然後才決定安頓在當地，rantau 也是十分貼切的說法，在華文南洋文學中艾蕪的《南行記》，以及華文臺灣文學中吳濁流的《南京雜感》，其中所描述的旅途，都是相當符合 rantau 的狀況。現代亞洲各國不乏有這種到異地營生而隨遇而安式的旅居生活情況，也許我們應該發展關於這種旅居經驗的理解架構。在本文中為求符合華文習慣，仍暫時用流亡來形容，但期待有更貼切的概念出現。

---

[360] 印尼文詞彙用來表示流亡或放逐則是 perasingan，而 rantau 源自米南加保語，是指離開家鄉到外地旅居生活，Rudolf Mrazek 便認為以 rantau 來描述是比較為合適。見 Rudolf Mrazek, "Tan Malaka: A Politicalm Personity's Structure of Experience." *Indonesia* 14, October 1972.

特殊時空的旅程

郁達夫在蘇門答臘的旅程是在 1942 年 2 月 4 日拂曉逃離新加坡，當天下午到達荷屬外島，此時距離新加坡在 2 月 15 日晚上被日軍攻陷，只早了十幾天，自此郁達夫就在蘇門答臘渡過整個太平洋戰爭時期，再也沒有離開過蘇門答臘。而其逃亡路線是由和一班文人一同到卡里汶島(karimun)，經石叻班讓(Selat Panjang) 、望嘉麗(Bengalis) 、實保東(Sepotong)，每個地方各停留幾天，而郁達夫也在各地都有詩文留下。郁達夫在實保東時已經開始找書和當地人學印尼語。然後郁達夫和王紀元兩人一起走，先到一地住下來，不久又決定再往南走，到了蘇島中部的巴干峇魯(Pekanbaru)，最後到達巴爺公務(Payakumbuh, 舊稱 Bajakoem Boeh)定居下來。日後雖然有一段時間到了巴東(Padang)，打算在當地開日語補習學校，也曾到日軍總部武吉丁宜(Bukit Tinggi)擔任通譯，或是因公務出差到亞齊(Aceh)，但是始終是以巴爺公務為居所，最後也死在巴爺公務。

巴爺公務是西部蘇門答臘的一個高原市鎮，人口約有 5000 人，交通並不十分便利，是幽靜的山城。[361]郁達夫在蘇門答臘化

---

[361] 巴爺公務所在地的主要族群是米南加保人，而陳馬六甲正是出身米南加保。算起來陳馬六甲和郁達夫是互訪對方故居。關於米南加保人的族群特性及文化，見 Edwin M. Loeb, *Sumatra: Its History and People*. Singapore: Oxford University Press. 1990[1935]. pp. 97-127.

名趙廉,扮成本地商人模樣,然而在由巴干峇魯到巴爺公務的路上,所乘的巴士碰到問路的日本軍車,巴士上的司機和乘客都不瞭解日語,化名趙廉便用日語作答,解除語言不通的困境,也因此暴露了會說日語的能力,後來被日本憲兵隊徵召為通譯。同一時間,和郁達夫一起逃亡的文人便合開了一家酒廠,由趙廉當名義上的老闆,名為趙餘記酒廠,而實際的經營工作則由張楚琨負責,其他文人如胡愈之、邵宗漢、沈茲九、汪金丁等人都在酒廠裡幫忙。

剛開始擔任翻譯時,因為郁達夫喬裝本地商人,不得不假裝會當地語言,從有限的印尼語開始,慢慢地學會了印尼語與荷蘭語。由於他成為當地能溝通日軍、印尼人、荷蘭人與華僑的通譯,因此幫了許多人忙,例如在審訊印尼人時,有意地替他們減輕罪證,而開脫過不少的印尼人。與郁達夫一起逃亡到蘇門答臘的作家張楚琨,記述了郁達夫曾經幫印尼共產黨一個大忙,有一次日本人破獲了印尼共產黨的一個機關,證據卻只搜到一份捐款人名單,如果被日本憲兵知道,牽連太廣,而郁達夫則譯為放高利貸名單,守在機關的老人只被打了幾個耳光。[362]郁達夫也設法為華僑開脫,在郁達夫擔任通譯的期間中,武吉丁宜(Bukit Tinggi)的憲兵隊不曾殺過一個華人。由於許多人在戰後記述了郁達夫的

---

[362] 張楚琨,〈憶流亡中的郁達夫〉。《回憶郁達夫》,陳子善、王自立編,湖南文藝出版社,1986年。

情況，即使郁達夫曾經為日軍工作，倒是沒有人將郁達夫當做漢奸看待。[363]郁達夫窮困一生，到了蘇門答臘才有機會成為老闆，常常在周旋在日本憲兵、華僑、印尼人和荷蘭人之間。後來郁達夫在當地娶妻生子，對象是當地的土生華人，不諳華語，他們以印尼語溝通，生有一子一女。

郁達夫的失蹤或死亡是旅行故事的高潮，多少年來對郁達夫的回憶文字都表達了對郁達夫生死之謎的關注。郁達夫的失蹤發生在戰爭結束以後兩週，正是他的繼任夫人第二次生產的前一天晚上失蹤的，失蹤當晚郁達夫家中還有幾個客人，一位青年來找郁達夫，該青年「像一個台灣人，也像一個印尼人」，隨後郁達夫和那人一起出門，從此再也沒有回來。[364]日後各方面的猜測與研究，則幾種可能性都分別出現，有認為是印尼人殺害的，有認為是被當地華僑殺害的，也有認為是被日本憲兵殺害，但是都沒有

---

363 蘇門答臘這個舞台和新加坡大不相同，和新加坡在日本占領時期的血腥恐懼相比，日治時期的蘇島是一片昇平，這主要是日軍來到蘇門答臘時，戰爭已經結束了，主要工作是統治而非戰鬥，因此華人社會的反應就和新加坡大異其趣。蘇島的華人和日本人並沒有深仇大恨，對華人而言，只是換了當權者而已，當地華人社會並不以和日本人合作為恥，這種情況在描述當時蘇島情況的文字記載中可以看出。因此像郁達夫為敵人工作，也不致於不見容於華人社會，這是和當地社會互動的結果。

364 對於郁達夫失蹤事件的報導，以胡愈之的《郁達夫的流亡和失蹤》最為詳細，也最早出版，因此後來的文字記錄多半以胡愈之的記述為藍本。見胡愈之，《郁達夫的流亡和失蹤》。香港尺園出版社，1946 年。

確實的證據，這個謎直到 1995 年才為長期從事郁達夫研究的日本學者鈴木正夫解開。[365]

陳馬六甲是在 1922 年因為印尼革命失敗，被荷蘭當局逮捕並監禁，坐了荷蘭的監牢，最後荷蘭當局將他流放到荷蘭。對於一生矢志革命的陳馬六甲而言，離開了自己的國土則失去了革命的根據地，於是他從歐洲經過俄國，參加莫斯科國際共產黨會議，會中他成為亞洲共產黨人的代表，然後回到亞洲，積極地保持和其幹部聯絡，一方面為印尼革命奔走，另一方面也為亞洲各地共產黨的發展而努力。[366]於 1924 年前往廣州發展，後來決定離開廣州而在 1925 年到菲律賓，開始以菲律賓為據點，這段時間他化身為菲律賓人 Ossario，一方面為當地英文報刊寫文章，另一方面展開他的革命事業，卻在菲律賓被人密報，1927 年為當時統治菲律賓的美國政府逮捕，進入美國的監獄，最後美國當局決定將他驅逐，卻在驅逐的過程中，被同情他的船長掩護，讓他在廈門的鼓浪嶼逃走。於是他在一無所有的情況下，忽然置身一個閩南語的世界，[367]從此進入了避居華南的旅程。

---

[365] 鈴木正夫(Suzuki Masao)《スマトラの郁達夫：太平洋戦争と中国作家》。東京：東方書店，1995 年。

[366] 關於陳馬六甲早年參與革命的經驗，最詳細的研究請見 Harry Poeze, *Tan Malaka: Strijder voor Indonesie's Vrijheid, Levensloop van 1896 tot 1945*. Gravenhage: Martinus Nijhoff, 1976, pp. 213-312.

[367] 他在自傳中表示，當他剛到鼓浪嶼，對閩南語是一個字也聽不懂，無法和當地居民溝通，只在船上有認得兩位的菲律賓華僑，可以用英語溝通。Tan Malaka, *Dari Pendjara ke Pandjara*, 1948, Vol. I. p. 173.

　　他首先跟著一位同船的乘客 Ki-Koq(福建話為「發瘋」之意)
到他在福建的鄉下村莊 Sionching 住上 5 年時間，[368]這是一個只有
幾百人居住的陳氏單姓村，在此陳馬六甲和一般村民交往。Ki-Koq
是來自北呂宋(Luzon)碧甘(Bigan)的菲律賓人，父母親因參加菲律
賓革命而雙亡，他為當地華人所收養，後來被送到福建鄉間長大。
Ki-Koq 崇拜革命英雄，經常在喝酒(chiak-chiu)之後，在鄉間田裡
發飆並開槍射擊，被村民視為異類。當陳馬六甲到了舉目無親的
福建，Ki-Koq 建議他避居鄉間，而邀請他到自己的鄉村去，陳馬
六甲欣然同意，他在其自傳表示，研究中國社會情況不能不瞭解
中國農村，他早想到中國村莊以瞭解中國的社會條件。[369]然後就
在這個小鎮住下來，在當地渡過了將近五年的時間。

　　1932 年他去了上海，主要似乎是為了在上海利用關係取得護
照，在他的自傳中，由於當時上海的複雜情勢，讓陳馬六甲寫下
他對中國近現代史的觀察，如中國與列強的關係，中國的社會結
構，以及上海的複雜情勢，如租界，秘密會社，杜月笙，國民黨

---

[368] 陳馬六甲在其自傳中，用了大量的福建話的詞彙，以拼音的方式表達，然而
陳馬六甲的拼音方式受到馬來語及各種歐洲語言的影響，用法和一般人不相
同，且在各處的用法也不很一致，因此在這裡採取以下的做法，如果能因其
意義而推估中文意義者，儘量予以註明，並依其上下文強調重點決定以拼音
優先或是中文譯音優先，註明部分則放在括號之中，但如果是地名，在未找
到確定的中文地名以前，只用拼音，以免造成後人混淆。這一部分的記錄主
要是出現在其自傳的第一冊後半部及第二冊，即 Tan Malaka, *Dari Pendjara
ke Pandjara*.1948, Vol. I. & II.
[369] Tan Malaka, *Dari Pendjara ke Pandjara*.1948, Vol. I. pp. 173.

人，宋氏家族，日本浪人，工潮等。最後他終於取得了護照，得
到了個中文名字 Ong Soong Lee，然後以華人身份出現。取得護照
後隨即前往香港，未料立刻為香港警察所逮捕，於是進了大不列
顛帝國的監獄。原本他計劃再到菲律賓重建革命基地，或是到歐
洲取得國際奧援，然而再一次事與願違，陳馬六甲在無任何外援
的情況下，再次被港英政府送回上海。

　　從香港到上海的途中，當船停留在廈門時，陳馬六甲再一次
逃脫。這一次距離他上次從廈門逃脫是五年時間，和上一次不同
的是，這次他熟門熟路，先到廈門市找他的舊友嘉義(Ka-it)，很快
地又避到福建的鄉間，嘉義(Ka-it)的鄉下村落 Iwe。顯然地，這一
次再到福建的鄉間，生活適應已經不成問題，語言也不成問題，
他自由自在地和不同身份的村民打交道，並且在其自傳中，用大
量的福建話的詞彙記述當地的情況，如由於土匪(to-hui)當道，收
成不好，糧食不足，他和當地人一樣，只是「吃蕃薯配豆豉醬」(chiak
han-chu pe tau-si)，又如他去看中醫時，「身體發熱」(singku shin
diot)，而「醫生」(sensei)則以為其身體虛寒，必須「吃補」(chiak
poo)等等。他都以印尼人讀者為對象，仔細介紹華南生活的情景，
並且和印尼的觀念或生活情況互相對照。

　　他也用福建話的詞彙記錄了他對當地日常生活的觀察，如參
與村中喜宴葬禮等情況，談到「媒人」(milang)的角色與當地重男
輕女的觀念，而有「查甫仔我們家的，查某仔別人家的」(ta-po kian

lan e, cha-bo kian palang e)的說法等。[370]也記錄了當地人的風水
(hong shui)觀念與祖先崇拜，社會變遷對年輕一代婚姻與戀愛觀念
的影響，他也特別注意到女性在家族中的角色，年輕的女性和年
長的女性在家族中的不同地位。和他密切交往的，都是一些小人
物，由於所住的地方是僑鄉，也有些是住過不同地方的歸僑。

　　除了村中生活以外，他也開始在陳嘉庚的故鄉集美開始教
書，教授英語，到了 1936 年他甚至在廈門開辦了一所外語學校
(School for Foreign Languages)，有中學生及大學生來學習外語，以
英語為主，也有學習德語的，其中也有不少華僑子弟，由於當時
社會情勢使然，學生們熱衷國事，也有對社會主義有興趣者，他
和部分學生在思想上有很多交流。1937 年中日戰爭爆發，日軍前
來福建，陳馬六甲只好選擇離開。從 1927 年到 1937 年，陳馬六
甲總共在華南地區住了十年，他甚至曾經歸化成為中國國籍。[371]

　　陳馬六甲的華南之旅到了 1937 年已經結束，但是他和華人社
會的因緣未了，離開廈門以後，陳馬六甲在東南亞幾個都市旅行，
從仰光，柔佛，馬六甲到新加坡，他發現在華人社群中生活反而
比在馬來人社群中生活安全，他不用擔心被出賣，他懂得華人語

---

[370] Tan Malaka, *Dari Pendjara ke Pandjara.*1948, Vol. I. pp. 198.

[371] 那時陳馬六甲為了取得身份，以避開當時受到日本勢力範圍影響的福建省政
府的干擾，由其好友嘉義(Ka-it)出面請福州政府高級官員協助，以收養為
家族成員的方式，歸化為中國國籍，陳馬六甲認為他和協助他的人主要是為
了亞洲和革命(Kek Bing)的理由而促成此事，自傳中未再做進一步的說明。
Tan Malaka, *Dari Pendjara ke Pandjara*, 1948, Vol II, pp. 76-78.

言與習慣，他還有中國的護照，於是最後他定居在新加坡的華人社區之中，當時他化身為菲律賓華僑，用「陳和森」為其化名，然後在陳嘉庚所創立的南僑師範學院擔任英語教師。[372]到了1942年當日軍攻佔新加坡前夕，他認為時機來了，於是離開新加坡而潛入印尼，這一次，以革命為職志的陳馬六甲，在另一次印尼革命的契機中回到了印尼。綜觀其二十年的海外生活，有整十年在華南渡過，而有另外五年是在新加坡的華人社群中渡過，最後終於在印尼革命的關鍵時刻回到印尼。

旅行文學的形式

郁達夫與陳馬六甲的有關記錄都引起旅行文藝的形式問題。郁達夫的南洋之旅，尤其是在蘇門答臘的一段歷程，在戰後五十年來已經成為不同華人社會不斷回憶的軼事，就形式而言，是由共同回憶集體創作集合而成。每隔一段時間，就有關於郁達夫的追憶文章出現，文章分別出現在新加坡、馬來西亞、台灣、香港及中國大陸等有華文寫作傳統的地方，1995年日本學者鈴木正夫(Masao Suzuki)出版了長期對郁達夫的蘇島之旅的研究，隨後即有

---

[372] 王任叔也曾在新加坡南僑師範學院任教，和陳馬六甲是同事，王任叔後來在蘇門答臘時已經知道陳馬六甲就是其昔日同事陳和森，已經潛回印尼開始活動，於是試圖和他接觸，但是沒有結果。見王任叔，《印度尼西亞近代史》。周南京整理。北京：北京大學出版社，1995，第902頁。

人宣佈要將郁達夫的故事拍成電影。郁達夫的蘇島之旅已成為華文世界的共同記憶，在華文文藝上留下特別的記錄。

在這些散佈在各地有關郁達夫蘇島之旅的文章，可以分為幾個部分，第一部分是核心的記錄文字，由和郁達夫一同避難的文化人所寫，多是在戰後早期即書寫出版，主要的是胡愈之的「郁達夫的流亡和失蹤」、[373]巴人的「記郁達夫」、[374]金丁的「郁達夫的最後」、[375]張楚琨的「憶流亡中的郁達夫」、[376]李鐵民的「西行之始」、[377]吳柳斯的「紀念郁達夫先生」[378]以及沈茲九的「流亡在赤道線上」[379]等。第二個部分是由和郁達夫最後旅程短暫接觸或者有關係的人所執筆，試圖提供不同線索，例如柔密歐鄭(鄭遠安)的「郁達夫在望嘉麗」，[380]胡浪漫(胡邁)的「緬懷郁達夫先生」，[381]了娜(張紫微)的「郁達夫流亡外記」[382]等等，許多文章到了七十年代及八十年代仍方興未艾。第三部分主要是文藝研究者所寫的文

[373] 胡愈之，《郁達夫的流亡和失蹤》。香港咫園出版社，1946 年。

[374] 巴人，〈記郁達夫〉。《人間世》，3(3)，1947 年。

[375] 金丁，〈郁達夫的最後〉。《文藝生活》，13:3，1949 年。

[376] 張楚琨，〈憶流亡中的郁達夫〉。《回憶郁達夫》，陳子善、王自立編，湖南文藝出版社，1986 年。

[377] 李鐵民，〈西行之始---紀念亡友郁達夫死難兩周年之作〉。《南洋商報》，1947 年。

[378] 吳柳斯，〈紀念郁達夫先生〉。《回憶郁達夫》，陳子善、王自立編，湖南文藝出版社，1986 年。

[379] 沈茲九，〈流亡在赤道線上〉。《風下》。新加坡，頁 42-62，1946 年。

[380] 柔密歐鄭，〈郁達夫在望嘉麗〉。《當代文藝》。香港，80，1972 年。

[381] 胡浪漫，〈緬懷郁達夫先生〉。《聯合早報》，1986 年。

[382] 了娜，〈郁達夫流亡外記〉。《文潮》，3(4)，1947 年。

章,很多作者與郁達夫無直接關係,如臺灣的劉心皇、[383]日本的鈴本正夫、[384]中國的陳子善、[385]新加坡的方修[386]等人,都致力郁達夫在南洋的資料收集、考證及研判。一直到九十年代仍有關於郁達夫的文章不斷出版,在他過世半個世紀之後,仍不斷引起興趣,為各地華文文藝圈所關心,唯有郁達夫一人矣。

以上所述的各種不同的文字記錄構成郁達夫的旅行記錄,這樣的旅行記錄可以算是旅行文藝嗎?現在大眾對郁達夫的蘇島之旅的理解,主要都是出自他人之手筆,顯然地個別人士所知道的都只是郁達夫旅程的一個片斷,因此必須將這些文字集合拼湊起來才能一窺旅程全貌。旅行文藝當然不必一定由旅行的主角來執筆,舉例而言,今天我們對鄭和下西洋這一旅程的理解主要是透過其助手出版的文獻,如馬歡的《瀛涯勝覽》(1416)、費信的《星槎勝覽》(1434)而得知,也非出自鄭和本人手筆,也是由不同文獻集合構成。然而如郁達夫這樣一位提倡文學必須本於個人真實人生經驗的作家,在其人生一段最精彩的旅行之後,卻無法親自記錄其旅行,而在將要結束旅行時去世,自然是令人十分遺憾的事。相同的例子如航海家麥哲倫和庫克船長都是在旅行未結束前就身

---

[383] 劉心皇,《郁達夫與王映霞》。台北:傳記文學出版社,1978 年。
[384] 鈴木正夫(Suzuki Masao),《スマトラの郁達夫:太平洋戦争と中国作家》。東京:東方書店,1995 年。
[385] 陳子善、王自立編,《郁達夫研究資料》。花城出版社,1986 年。
[386] 方修與張筍編,《郁達夫研究資料》。新加坡:萬里書局,1977 年。方修編《郁達夫抗戰論文集》。新加坡:世界書局, 1977 年。

故了，但是他們本身至少都留下了詳細的記錄，足以做為旅程的基本文本，像郁達夫這樣能寫也應該寫的旅者，因為在日軍控制下無法進行寫作，情況是頗為特殊的，於是郁達夫的旅行記錄，便是由集體記載所構成。

陳馬六甲的旅行記錄在形式上也和傳統的遊記大不相同，其中國之旅是記錄在他的自傳《陳馬六甲：從監獄到監獄》（Tan Malaka, *Dari Pendjara ke Pandjara*）之中的一部分，也是極為特殊的情況。這部自傳向來被認為是革命傳記，是亞洲早期共產黨人中少有的詳實自傳，在三大冊洋洋灑灑的自傳中，陳馬六甲花了一冊的篇幅來記錄他的中國之旅，如果我們將其與各不同的華人社會的生活經驗加在一起，包括 1920 年代到廣州參加共產國際，20 年代末期在菲律賓和華人論交，以及 1937 年離開華南到新加坡在華人社群生活，全部的經驗算起來，都可證明在華人社群生活是其革命之旅中具有十足份量的部分，而且是難以分割的部分。現在問題是，一個作品的其中一部分可否成為旅行文藝的討論對象？就陳馬六甲的旅行記錄而言，其自傳中的一部分是目前有關其中國之旅的唯一記錄。

我們可以把一部革命傳記中一部分當成旅行文藝來看待嗎？如果可以的話，我們可以用同樣的方式對待其他的英雄事蹟嗎？許多英雄傳記都是一連串的地名組合起來的，卻難以令我們將其視為旅行文藝，那麼旅行文藝的要素是什麼呢？對於陳馬六甲這樣特殊的一生，二十年代和四十年代兩度參加印尼革命，中間都是在海外流亡，其中絕大多數的流亡是在華南及南洋華社中渡過，將這段經驗存而不論是不公允的。如果我們將「從監獄到監獄」中有關華南／南洋華社的記錄單獨抽出來，成為一個清楚的旅行記錄，然而這又產生了新的問題，他的人生旅程其實是獻身革命的旅程，實則難以去除前後革命經驗而將華南／南洋之旅單獨抽出，因為他正是以一個革命家的精神狀態流亡各地，離開了革命家的身份，他的旅程也會褪色不少。因此就旅行文藝的形式來看，陳馬六甲的華南／南洋之旅必須是其革命傳記的一部分，也是由於陳馬六甲特殊的一生經驗所致。

旅行文學的文類

郁達夫自己是否在蘇門答臘的旅行中留下未公諸於世的文字記錄，一直是被關注的重要問題。當初日本學者鈴本正夫為了研究郁達夫的旅程，三次親赴蘇門答臘走訪所有當時接觸過郁達夫的人，所抱持的信念即是尋找郁達夫可能留下的文字記錄。[387]然而現在所能找到的流亡蘇島的作品主要是郁達夫在的舊體詩，有

---

[387] 鈴木正夫(Suzuki Masao)，《スマトラの郁達夫：太平洋戦争と中国作家》。東京：東方書店，1995 年，頁 16。

一首五律贈給家住望嘉麗的鄭遠安，[388]兩首七言絕句贈送友人，以及十二首被題為《亂離雜詩》的七言律詩。[389]其他還有零零散散的詩詞幾首，其中最常被提及的是和在新加坡陷敵的老友胡邁隔海唱和的七言律詩，代表日治時期華人的網絡得以隔海傳詩；以及郁達夫在蘇門答臘結婚時所做的，代表郁達夫在蘇島居住後心情的轉折；也有從當時和郁達夫有直接接觸的日本人所記錄下來郁達夫所作的日文詩公諸於世。

　　這些舊體詩都是在隱姓埋名的情境下寫的，考慮在日軍統治下的情境，舊體詩是文人最安全的創作方式。郁達夫在蘇門答臘所寫的舊體詩，現在成了唯一可以瞭解郁達夫在這段時間心情的文字。和郁達夫自創造社開始即相知相熟的作家郭沫若表示，「讀了這四百餘首的詩詞，覺得我以前的看法還是對的，達夫的詩詞，實際上比他的小說和散文還要出色。」[390]新加坡學者鄭子瑜則推崇郁達夫在蘇島的詩作：「《亂離雜詩》是郁達夫一生中最出色的

---

[388] 日後鄭遠安以柔密歐鄭為筆名在印尼華文文學中佔一席之地，還不斷提及郁給他的鼓勵與感召。鄭遠安，〈郁達夫師在望嘉麗〉。陳子善、王自立編，《回憶郁達夫》。湖南文藝出版社，1986 年。

[389] 原來在胡愈之的《郁達夫的流亡和失蹤》中附錄只有十一首，後來鈴木正夫又發現一首，故編成十二首，後來一併被收錄到《郁達夫全集》中。洪北江編，《郁達夫全集》。香港：大眾出版社，1961 年。

[390] 郭沫若，〈望遠鏡中看故人〉。《郁達夫詩詞抄》。浙江人民出版社，1981 年。

詩作，用典適切，筆調清新，文筆與內容是同樣的出類拔萃。」[391]
同樣肯定了郁達夫詩作的價值。

　　這些留傳下來的舊體詩突顯了另一個旅行文學文類的問題，
即舊體詩在中國現代文學發展以後的處境。舊體詩是旅行文學
嗎？毫無疑問，是的。當郁達夫到達新加坡赴任星洲日報編輯時，
當地文人邀請郁達夫分赴馬六甲及檳城旅遊，郁達夫或者自己在
其遊記中作詩，或者在和當地文人相交往時以吟詩作詞互相唱
和。這是當時文人出遊交往的方式，因此舊詩詞可以說是中文世
界最主要的旅行文藝，當時文人以詩詞創作為主要的旅行文藝活
動，其實涉及對旅行體驗的不同偏重。郁達夫所留下的詩詞表明
了有別於西方旅行文類的文本存在，難以用同一標準來看待。除
了做為旅行文藝以外，舊體詩一直在南洋的文藝活動中持續，戰
後的馬華文學的重要園地，不乏舊詩詞的專欄。在印尼禁華文期
間唯一可以出版的華文版面，是軍方所屬的「印度尼西亞日報」
（harian Indonesia），其中也還有舊詩詞的專欄，受到傳統詩書教
育的老一輩始終沒有放棄詩詞做為重要的文學活動，其持續力比
起中港台的文藝園地要強得多。但是包括馬華文學在內的南洋文
藝論者，多半以新文學為討論範圍，將詩詞創作排除在外，日後
如何看待戰後存在的大批詩詞創作，還有待後人加以探究。

---

[391] 鄭子瑜，〈郁達夫的南遊詩〉。《南洋學報》，12(1)，1956 年。

　　陳馬六甲所留下的傳記體的作品也是旅行文藝的特例，今天我們對陳馬六甲超越國界種族語言的中國之旅主要的資料來源仍是這本傳記。矛盾的地方是，這本傳記到目前為止主要還是被看成是革命文獻，是要瞭解陳馬六甲一身革命事蹟的最重要的材料，如果只用革命傳記的角度來閱讀將導致排除其跨越邊界的中國之旅，特別是由於這個華南／南洋華社的經驗對印尼人同時期的集體記憶而言是陌生的，因此論者談到陳馬六甲的「從監獄到監獄」都是跳過這段經歷不談，[392]至少到目前為止，筆者尚未發現有探討陳馬六甲華南之旅的意義的文章。因此就革命家的身份而言，傳記對旅行文藝極為不合宜的文類，不合宜的原因並非是作者寫作的問題，而是作品被閱讀的問題。問題是以革命家行誼而言，如非革命傳記，革命家是不會好整以暇，以這樣大的篇幅來寫其旅程，因此以不合宜的文類做為旅行文藝似乎是難以避免的。而閱讀革命傳記的讀者也可能會略過對異域探索的記錄，特別是這樣的記錄在被認為和革命行誼沒有直接關係的情況下。

　　也許我們必須建構一種不同的旅行文藝的理論架構，以便包含像郁達夫和陳馬六甲的旅行記錄。如前所述，如果在亞洲同一時代，對於旅行實踐有不同於西方探索異域的傳統，那麼要期待同樣的旅行文藝的形式也是有困難。在亞洲也許欠缺旅行文藝自

---

[392] 例如 Muhammad Yamin 在談到他流亡海外的旅程時，只提到上海、馬尼拉、曼谷與新加坡，華南這一段卻被略過去了。見 Muhammad Yamin, *Tan Malaka Bapak Pendiri Republik Indonesia*. Djawa Timur: Murba Berjuang, 1946, p. 2.

成一類的寫作或出版傳統，特別是郁達夫和陳馬六甲都分別處於中國現代文學(或者華文現代文學)以及印尼／馬來現代文學發展的時期，文藝的形式還在多方嚐試的階段。郁達夫所提倡的日記體寫作曾得到相當的呼應，他本人則有日記九種的出版，[393]但是他所提倡的遊記體寫作則未必受到同樣的重視，其《郁達夫南遊記》是後來將其幾篇文章收錄一起而成，寫作時並沒有自成一類的企圖，倒是其中幾篇遊記小品成為華教的國文教材，成為大眾耳熟能詳的作品。我們可以看到同一個時代中國作家到南洋的旅程，有陳達的筆記體式的《浪跡十年》，有鄭建盧的日記體式的《南洋三月記》，有巴人的紀實小說式的《印尼散記》，也有艾蕪的紀實散文式的《南行記》，都可以說尚在嚐試階段。而在印尼／馬來文學的發展更遲，雖然在二十世紀的二十年代及三十年代開始發軔，然而主要的發展來自日本佔領期取消殖民文化的優勢地位之後，現代印尼／馬來文學才得以擺脫傳統文學的束縛，[394]而現代

---

[393] 郁達夫，《郁達夫日記》。香港：一知出版社，1961 年。

[394] 馬來傳統文學，以古典馬來詩歌以及民間口傳文學為主，與現代文學創作有相當的距離，參考 R. O. Winstedt, *A History of Malay Literature.* London: Malayan Branch Royal Asiatic Society, 1939. C. Hooykaas, *Over Maleische Literatuur.* ［關於馬來文學］ Leiden: E. J. Brill, 1937. Arifin Nor, *Kumpulan Sastera Lama Melayu.* ［古典馬來文集］ Kuala Lumpur: H. M. Shah Enterprises, 1959.

印尼／馬來文學的主題是以民族主義與社會變遷為主流，[395]旅行
或是探索異域的作品如鳳毛麟角。[396]在這種情況下，有許多富於
意義或是特殊興味的旅行實踐可能會被記錄在其他地方，我們對
旅行文藝的形式採取更開闊的看法是應該的。

文學史的意義

　　郁達夫和有關郁達夫的南洋書寫一向被排除在馬華文學的討
論之外，如同陳馬六甲也一向被排除在印尼／馬來文學之外。原
因可能只是因為郁達夫做為中國新文學作家的性格太強，他是所
謂「中國南來文人」的代表人物，由於他已經早在中國就揚名立
萬而被請到南洋。在戰後馬華文學尚未茁壯時，為了急於確立馬
華文學的特質，將和中國關係太密切的作家視為僑民文學，而以
能表達馬來亞特殊性者才視為馬華文學的正典。其實郁達夫正是
在戰前即提倡南洋文藝以能表達南洋社會現實者為佳，以郁達夫

---

[395] 印尼/馬來現代文學不論就發展的動力，所處的時代及所表現的主題，都和
社會變遷息息相關，參考 Virginia Matheson Hooker, *Writing a New Society:
Social Change Through the Novel in Malay*. Sydney: Asian Studies Association
of Australia, 2000. David J. Banks, *From Class to Culture: Social Conscience
in Malay Novels Since Indenpendence*. New Haven: Yale University Southeast
Asia Studies, 1987.

[396] 在印尼/馬來文學中，缺乏像西方一樣存在為了專為記述旅遊的文類，也少
有記述旅行的文學作品，現代印尼／馬來文學因為發展期間尚短，主要的文
類還是現代詩短篇小說小說及戲劇，由於強調表現在地性，少有旅行紀實作
品出現，參考 Johan Faaffar, Mohd. Thani Ahmad and Safian Hussain, *History of
Modern Malay Literature*. Luala Lumpur: Dewan Bahasa dan Pustaka, 1992.

在馬來亞鼓勵文藝後進的熱誠與成就,即使視其為馬華文學的催
生者也不為過。[397]

　　就從郁達夫以作家的一生來說,郁達夫在 1938 年 12 月來到
南洋,應聘為星洲日報的文藝版編輯,實則為生命中一個轉捩點,
在此之前的郁達夫,和南洋沒有什麼特別的關連。郁達夫的形象
在中國和在南洋有極大的不同,中國的郁達夫被認為是浪漫頹廢
的作家,而且到了後期已經被文評家視為江郎才盡,到達南洋以
前,剛剛為了他和王映霞的婚姻感情不睦而大打筆墨官司。而南
洋的郁達夫則一方面是鼓動文藝風潮的帶頭大哥,另一方面又是
正氣凜然的抗戰宣傳的旗手。[398]他在新加坡期間留下了為數可觀
的散文及論述文章,[399]從文藝理論到政論都有,被視為影響日後
馬來亞文壇第一人。[400]

　　然而郁達夫還有一個截然不同的角色,那就是蘇門答臘的郁
達夫。像郁達夫這樣眾所矚目的作家,而其言行透過自己或是文

---

[397] 這裡所涉及郁達夫與馬華文學的關係可以另外以專文來討論,這裡限於篇幅
無法詳細討論,簡單地說,許多研究都肯定郁達夫對馬華文學的貢獻,卻只
能把他放在中國作者的範疇來討論,排除在馬華文學之外。如林萬菁,《中
國作家在新加坡及其影響》。新加坡:萬里書局,1994。黃傲雲,《中國作家
與南洋》。香港:科華圖書出版公司,1988 年。

[398] 見方修,〈郁達夫留給本地的一批文學遺產〉。《郁達夫抗戰論文集》。林徐典
編,新加坡:世界書局,1977 年。

[399] 關於郁達夫在南洋期間的各種作品,見郁風編,《郁達夫海外文集》。北京:
三聯書店,1990 年。

[400] 林萬菁在其以中國南來作家的研究中,表示「郁達夫在南來的眾作家之中,
影響最大,成就也格外彰著。」,林萬菁,《中國作家在新加坡及其影響》。
新加坡:萬里書局,1994 年,頁 48。

友的作品，不斷地暴露在讀者面前，那麼作家的行徑就如同表演一般，而郁達夫又是最強調作品表露人生經驗，那麼實際上我們從這些有關的記述可以知道，其實蘇門答臘的一段人生經驗是郁達夫一生之中最精彩的表演，其中曲折離奇，充滿戲劇的張力，只可惜他在表演結束之後就被刺身亡，沒有辦法再以慣用的第一人稱的口吻，親自記述這一段旅程。如果我們從這個角度來看，所有有關郁達夫的蘇門答臘之旅的文字記載，都是這個表演的觀察筆記，也應該是文學史觀照的焦點。只不過像郁達夫這種跨越國境的人物，相關的記錄也是散居各國，很難於放到目前有的文學分類範疇，不論是馬華文學或是中國新文學，於是蘇門答臘時期的郁達夫，則被排除在這些不同範疇的文學史之外。

陳馬六甲也是同樣的情況，其固然是以革命家的身份行事，這並不表示我們不能以作家的角度來討論陳馬六甲，的確像陳馬六甲這樣長期流放的革命英雄，其主要的工作其實是思考與寫作，就文字生產工作而言和其他作家沒有兩樣，只不過他主要的寫作是以革命理論與革命宣傳為主，而這些資料多半已經散佚，如果印尼的國家檔案館還有收藏他的手稿，應該仍是限閱。[401]而

---

401 到目前為止，對於和印尼共產黨有關的研究在印尼國內仍然還是禁忌，日前曾有對印尼共產黨的歷史研究開放給學術研究的呼聲，見 Antara News, "Ketua Dpa: Silakan Lakukan Pelurusan Sejarah"［要研究歷史請便］, *Antara*, Monday, March 27, 2000. 但是這種意見卻立刻引起印尼國內勢力強大的穆斯林團體的反對，見 Antara News, "Amien Rais Jamin Tap MPRS XXV/1966 Tak Akan Dicabut", *Antara*, Saturday, April 08, 2000.［阿敏瑞斯保

且早期的手稿多數是由荷蘭文寫成的,在現在的印尼已是乏人問津。目前可以看到比較清楚的是陳馬六甲在四十年代回到印尼以後的作品,則都是以印尼/馬來文寫作,其中最具份量的,自然是陳馬六甲的自傳,[402]以印尼革命史的角度來看,這是重要的革命史料,而以印尼/馬來文學史觀察,也是印尼/馬來新文學第一代作品中最重要的傳記。

　　陳馬六甲從幾個角度來看都是屬於第一代作家,根據 C. Hooykaas 在 1937 年出版的的 Over Maleische Literatuur [關於馬來文學],馬來現代文學發軔於 1920 年代,1930 年代開始發展,作者背景絕大多數是受到荷蘭文的教育而開始從事寫作的,這和陳馬六甲的教育背景是一致的。[403]以荷蘭當局當時在荷屬東印度所採取的精英主義教育政策,只有極為少數的本地土著有機會接受高等教育,在印尼著名的小說家 Promoedya 的小說中出現的主人翁,[404]經常是以這種第一代印尼現代知識份子為類型,例如在其富於人道主義的作品"Bumi Manusia"(可譯為「人間世」)中投身

證阻止 1966 年 25 號法令撤消〕即使開始研究,研究的重點也會放在六十年代,再早以前的歷史,可能一時之間還不會開展。

[402] 同一時間陳馬六甲以印尼/馬來文出版的主要是政治與思想方面的論文,如 Tan Kalaka, *Madilog: Materialisme Dialektika Logika*. Jakarta: Pusat Data Indikator, 1999[1950].

[403] C. Hooykaas, *Over Maleische Literatuur*. 〔關於馬來文學〕Leiden: E. J. Brill, 1937. pp. 185-193.

[404] Pramoedya 在印尼/馬來文學中享有盛名,並且幾度被提名候選諾貝爾文學獎。

反對殖民體制的主人翁 Minke，其所受到的教育與文化洗禮，以及介於印尼本地文化和歐洲文化之間處境，正是陳馬六甲這一代知識份子文化處境的寫照。[405]

　　另外，陳馬六甲的背景以及寫作的年代也和印尼現代文學的主流寫作隊伍相契合，例如蘇門答臘人在印尼/馬來文學史發展之初，扮演著最重要的角色。例如在 1940 年代主編 Warta Malaya 及 Utusan Melayu 的 Abdullah Kamel，以及主編 Fajar Asia 的 Zainal Abidin Ahmad，以及 Berita Malai 及 Semangat Asia 的編輯 Zubir Salam 以及作家 Thaharuddin Ahmad，都是蘇門答臘人。[406]這是因為蘇門答臘人，尤其是米南加保人，有敘事口傳文學的傳統，加上地處馬來語和印尼歷史的交互衝擊，在印尼現代文學的發軔期正好發揮其特長，陳馬六甲的背景也和這一潮流相符合。而印尼／馬來文學有足夠的空間發展，則是從日治時代開始，包含重要的文學園地的報刊雜誌都是在日治時期發刊，而使得現代馬來文學從陳腐的傳統文學以及殖民主義的壓制中解放出來。[407]陳馬六甲正好生逢其時，在四十年代回到印尼的土地上發展，即在現代

---

[405] Pramoedya Ananta Toer, *Bumi Manusia*.［人間世］Kuala Lumpur: Wira Karya. 1990.

[406] Li Chuan Siu, *Ikhtisar Sejarah Pergerakan dan Kesusasteraan Melayu Moden, 1945-1965*.［現代馬來文學與文學運動史綱］Kuala Lumpur: Penerbitan Pustaka Antara, 1978. pp. 32-34.

[407] Li Chuan Siu, *An Introduction to The Promotion and Development of Modern Malay Literature, 1942-1962*. Yogyakarta: Penerbitan Yayasan Kanisius, 1975. pp. 17-22.

印尼／馬來文學開始大力發展之初，他即改用印尼／馬來文書寫，除了革命理論文獻以外，主要即是留下這本自傳。而陳馬六甲的自傳不論在份量上或是在格局上都是當時無出其右者，[408]我們沒有理由將其排除在印尼／馬來文學之外。[409]實際上在印尼現代史後來的發展，人物的傳記在歷史書寫上扮演的角色十分重要，[410]只不過許多傳記的政治性格太強，缺乏文學的價值，如此則更顯得陳馬六甲自傳的價值。

跨界的文化接觸

雖然說郁達夫和陳馬六甲的旅程特殊，不過相同流亡經驗並非是孤立現象，同一時間從新加坡逃往蘇門答臘的華僑華人很多，其中作家編輯等文化人也不在少數，[411]尤其是所謂的「中國南來作家」，即太平洋戰爭以前從中國到新加坡的作家，幾乎都到

---

[408] 四十年代在印尼可以相提並論的傳記體的作品有兩件，一是 Sjahrazad, *Indonesische Overpeinzingen.*［印尼的回憶］Amsterdam: Bezige Bij, 1945. 以及 Soetomo, *Kenang-kenangan Dokter Soetomo.*［蘇多摩醫生回憶錄］Jakarta: Penerbit Sinar Harapan, 1984 (1938). 份量上無法和陳馬六甲的傳記相比。

[409] Helen Jarvis 即肯定陳馬六甲的自傳是在馬來／印尼文學上首屈一指的傳記體著作，即使是放在亞洲近現代的人物自傳書寫也仍是出色的作品。Helen Jarvis, *Introduction, In From Jail to Jail.* Athens, Ohio: Ohio University Center for International Studies, 1991, pp. 55.

[410] Susan Rodgers ed., *Telling Lives, Telling History: Autobiography And Historical Imagination In Modern Indonesia.* Berkeley: University of California Press. 1995.

[411] 其中較著名的有郁達夫、胡愈之、巴人、邵宗漢、張楚琨、王紀元、沈茲九、金丁、高雲覽、楊騷等人。

了蘇門答臘，或是由蘇門答臘轉赴其他各地，[412]這批人在特殊的時代背景，突然來到地廣人稀的蘇門答臘島，而且隱避在鄉村，和當地印尼／馬來人相處，這種特殊的流放經驗究竟有何意義，值得探究。從這批專職寫作的作家、記者與編輯日後的經驗來看，這個流放經驗顯然是一種真正的文化洗禮，這些南下南洋前來支持抗戰宣傳的文人，都只集中在新加坡過都會生活，並不曾真正接觸當地的土地與人民。被迫避在鄉間三年時間，這些文人對於本地馬來人或者印尼人都有實質的接觸，也影響了他們日後所從事的文化活動。

從目前已知的事蹟來看，顯然這文化接觸的影響是鉅大的，戰爭結束以後有一部分人決定留在印尼，為印尼的前途貢獻心力。原為中國名記者的王紀元前往雅加達辦報紙，就是在獨立以後的印尼有相當影響力的「生活報」，是戰後率先鼓勵印尼華人認同印尼，支持印尼獨立運動的重要華文報紙。也有決定留在蘇門答臘當地者，則組織當地青年，加入印尼革命的行列，進行華人社會中的社會革命，其中最著名的是王任叔所開辦的印尼「民主

---

412 關於中國南來作家的研究，見林萬菁，《中國作家在新加坡及其影響》。新加坡：萬里書局，1994。

報」。[413]另有一部分文人則回到新加坡，在新加坡從事新聞及報業工作，他們不斷地在報章雜誌上發表文章，鼓勵當地華人協助本地人爭取反抗殖民地爭取獨立，其中較著名的有胡愈之。[414]胡愈之戰前在馬來亞激勵民主意識，戰後並且結合一批作者文人，辦報出雜誌鼓吹新思想，他們的特殊經驗使得他們的論述位置變得十分曖昧，中國南來作家強調華人融入當地文化，後來引發的馬華文學獨特性的論爭，卻又被指涉為「僑民文學」，就是指馬來亞的僑民，以暫時僑居馬來亞的心態從事文學創作，而這個論爭又成為馬華文學具有強烈認同意識的起源。[415]

雖然這批中國南來作家為馬華文學論者定性為僑民文學，認為他們仍是心在中國，關心中國時政，最後選擇離開馬來亞而回到中國。[416]然而他們其實是戰後第一批站出來，呼籲華人社群要

---

[413] 王任叔，小說家，筆名巴人，原在中日戰爭爆發之後想到美國從事抗戰宣傳工作，因為未能取得簽證，滯留香港，留港期間為南洋報紙寫稿，後來被南洋星洲日報延攬到新加坡，在南洋師範學院教書，到新加坡後即積極從事抗戰宣傳工作，幾個月後太平洋戰爭爆發，王任叔隨之流亡蘇門答臘。戰後決定留在棉蘭，創辦民主日報。1948 年被荷蘭當局驅逐出境。後來成為中國第一任駐印尼大使，著有「印度尼西亞史」以及多篇和印尼有關之散文、小說及劇本。

[414] 胡愈之，戰前已是出名的專欄作家，長於國際時事分析，中日戰爭開始之後，為陳嘉庚延攬到南洋，任職南洋商報總主筆，曾經在南洋商報上撰寫一連串鼓勵南洋華人投入支援抗戰工作。戰後在新加坡創辦風下雜誌，後出任陳嘉庚所創辦的南僑日報社長，1948 年離開新加坡。

[415] 這個問題涉及對馬來亞文學獨特性的論戰之解釋，應該另以專文詳論之，這裡限於篇幅難以仔細討論，在此僅僅表明這個越境之旅與文化接觸經驗在日後的影響有更深遠的發展。

[416] 黃傲雲，《中國作家與南洋》。香港：科華圖書出版公司，1988 年。

多加學習印尼/馬來語，親善印尼/馬來社群，對戰後推動華人社群
將中國認同意識轉變為當地公民意識，實在是扮演很重要的角
色。[417]但是這些發展卻在日後馬華文學的研究中，成為被排除的
對象，關於這些南來文人的影響及意義，顯然尚待進一步研究。
在這批作家中，郁達夫被認為是所有這些作家中對馬來亞最具影
響力。[418]如果我們將戰前馬來亞的文化活動，日本佔領期的蘇門
答臘經驗和戰後的文藝發展連在一起看，這些作家的蘇門答臘經
驗的確起了承先啟後的轉折作用，而這些文人集體經驗顯然和郁
達夫的旅程有直接的關係。

　　陳馬六甲的文化接觸經驗則看起來像是一個孤立的個案，同
時代似乎很少見到有同樣的經驗者，因此他的經歷成為印尼領導
人物中對華人／中國親善的範例，Benedict Anderson 在其著作如
此評論：「不會有其他印尼的領導人如陳馬六甲可以這樣公開表達
對華人親善，也不會有其他印尼的領導人如陳馬六甲可以這樣免
於種族的偏見」。[419]然其文化接觸的經驗也與後來有關介於華文世
界及印尼文世界的人與事都有如絲如縷的關係。例如在集美

---

[417] 劉冰，〈胡愈之と南洋華僑--三重の身元みのとをもった人物と軌跡〉。《東
　　南アジア華僑と中國----中國歸屬意識から華人意識へ》。東京：亞細亞經
　　濟研究所。1993 年，頁 148。

[418] 林萬菁，《中國作家在新加坡及其影響》。新加坡：萬里書局，1994 年，頁
　　175-185。

[419] Benedict Anderson, *Java in a Time of Revolution: Occupation and Resistance,
　　1944-1946*. Ithaca: Cornell University Press, 1972. p. 274.

(Chip-Bi)和陳馬六甲住在一起的年輕室友李全壽(Li Chuan Siu 或
Lie Tjwan Sioe)，日後成為第一代研究印尼／馬來文學的學者，後
來南洋大學成立後，富有以南洋為研究主體的思想，李全壽應聘
成為印尼／馬來文學的教授，教導華裔學生深入理解印尼／馬來
文學的成就，早期研究印尼／馬來文學領域的學者有很多是華
人，和南洋大學提倡這方面的研究有直接關係，例如廖裕芳，陳
達生等人都有這一層淵源。[420]後來李全壽又被聘到澳洲雪梨大學
任教，也使得後來澳洲從事印尼／馬來文學的學者得以培養出
來，其中多數與李全壽有直接或間接的師承關係。

　　另外在印尼本地對華人處境表達關懷的知識分子，幾乎都和
印尼左派有關，這雖然可能和意識形態有關，然而陳馬六甲的作
品做為早期印尼左派的精神導師，一開始就使得印尼左派對華人
文化有較深刻的理解，例如在印尼文壇享有盛名的作家 Pramoedya
Ananta Toer，[421]即對印尼華僑的處境表達了強烈的人文關懷，其
作品"Hoa Kiau di Indonesia"[華僑在印尼]。到目前為止仍是對華僑

---

[420] 關於新馬華人鼓勵印尼/馬來文學研究，並在南洋大學開設講座，見 Li Chuan
Siu, *An Introduction to The Promotion and Development of Modern Malay
Literature, 1942-1962.* Yogyakarta: Penerbitan Yayasan Kanisius, 1975. pp.
42-43.

[421] Pramoedya 雖然是印尼／馬來文學的代表人物，作品卻主要在印尼境外流傳，
因此他的觀念和印尼國內主流有相當距離，關於這一點，參考 Anthony H.
Johns, "Pramudya Ananta Tur: The Writer as Outsider: An Indonesian Example"
*Cultural Options and the Role of Tradition: A Collection of Essays on Modern
Indonesian and Malaysian Literature.* Canberra: the Australian National
University Press, 1979, pp. 141-187.

親善最具有代表性的印尼文學作品，[422]Pramoedya 本人是共產黨員，[423]相信他是讀過陳馬六甲的傳記。[424]而陳馬六甲的社會主義思想，日後感召了六十年代學生運動的領袖如 Soe Hok Gie 及 Arief Budiman，他們都是戰後第一代直接投身印尼改革運動的華裔。[425]而陳馬六甲的事跡在印尼本地，特別是在蘇門答臘，則有將其冒險事跡寫成小說等文學作品流傳的情況，因此陳馬六甲的文化接觸，具有可能的意義和影響，還有待未來進一步的探索。

如果將這兩種的文化接觸經驗的定義放寬來看，放在較長的歷史脈絡中，則兩者還有極為微妙的交錯關係，這些交錯關係卻也都和馬華文學有極為密切的關係。馬華文學形成比較清淅的意識，與四十年代馬來亞左翼文學的發展有關，也和馬來亞共產黨帶領馬來亞華青組織抗日的經驗息息相關，然而馬來亞共產黨的

---

[422] Pramoedya Ananta Toer, *Hoa Kiau di Indonesia.*［印尼的華僑］Jakarta: Bintang Press, 1962.

[423] Pramoedya 其作品在印尼國內多半都成為禁書，只有在海外比較容易購得，這是和 Pramoedya 是共產黨員，並且因此而成為政治犯有關。前述 *Hoa Kiau di Indonesia* 也是禁書，在印尼國內流傳十分有限。

[424] Pramoedya 在最近一篇文章談到英國在東南亞的殖民地和印尼的關係時，特別提到了陳馬六甲在英國屬地的華人社群的良好關係，他應該是熟知陳馬六甲的事蹟與作品。見 Pramoedya Ananta Toer, "G30S Tak Lain Metamorphosis Politik Anti-Konfrontasi Inggris." *Pengantar pada Buku Greg Poulgrain: The Genesis of Malaysia Konfrontasi: Brunei and Indonesia, 1945- 1965.* Crawford House Publishing, 1997.

[425] Soe Hok Gie 的漢名為史福義，Arief Budiman (Soe Hok Djien)的漢名為史福仁，兩兄弟都富有社會主義思想，成為六十年代印尼學生運動的知名領袖。見 Nanang Krisdinanto, 'Warisan Terakhir' Soe Hok Gie: Orang-orang di Persimpangan Kiri Jalan Penulis: Soe Hok Gie Penerbit Yayasan Bentang Budaya. *Surabaya Post,* Minggu, 07 September 1997.［史福義最後的軼事］

成立卻是由於印尼共產黨領袖途 Musso 經新加坡時接觸華裔青年而促成的。而戰後的馬來亞與新加坡有一段時期華人社會興起研究、介紹及翻譯馬來文學，這是後來促成南洋大學設立馬來文學研究的重要背景，出身印尼的學者李全壽於是應聘到新加坡，如果追溯華社這種對馬來文學的興趣的源頭，則正是當年這批有蘇門答臘經驗的作家在戰後開始即大力提倡的影響。馬華／馬來／印尼文學的交錯關係，緊緊地扣著四十年代的文化接觸經驗。

旅者在異域中面對陌生的語言

兩位旅者對於在異域中如何面對陌生的語言，都提供了令人激賞的事蹟。郁達夫學習得較快，郁達夫亂離雜詩第四首其中有「閑來蠻語從新學，嫩隅清池記鯉魚」的詩句，據鈴木正夫的考證，這首詩是在郁達夫從外島望嘉麗到對岸的蘇門答臘島的 Sungai Pakning 時所寫的，這是郁達夫剛剛踏上蘇門答臘本島時，由此我們知道他一開始流亡蘇門答臘時就開始學習印尼/馬來語。然而逼得他必須很快上手的原因，卻是他成為日本的通譯以後，當王任叔問他如何學習馬來語，他感慨地表示這涉及馬來人的皮肉之苦，他必須立刻學會，因為當其翻譯馬來語有所遲疑時，日軍即以為馬來人的言詞閃爍，隨之加以毒打一頓，逼得郁達夫不得不迅速進入情況，經過一段時間之後，郁達夫變得很有把握，以後替馬來人翻譯時，如果聽到馬來人說得不很合乎日本人性格的話，他便代為修改一下，免得他們受到皮肉之苦。後來郁達夫在蘇門答臘結婚，對象雖是華裔女子，卻無法和郁達夫用華語交談，他們彼此主要是用印尼/馬來語溝通，由此也可看出郁達夫此時的印尼/馬來語水平已經達到相當程度。

郁達夫在巴爺公務時也開始學習荷蘭語，也是為了擔任通譯工作的緣故。郁達夫所以能學習荷蘭語很快，因為郁達夫自中學起即會德文，然後到了蘇門答臘以後，郁達夫到處收集荷蘭文圖書，每天卷不釋手，以致於很快上手。他甚至因此和當地一位荷蘭女子談戀愛，談得熱烈時這名荷蘭女子甚至想嫁給他，他考慮到在日本統治下，荷蘭人仍是被視為敵國人，為了避免日本軍人懷疑，郁達夫沒有答應。在許多人的記述中都提到了郁達夫是學習外語的天才，每到一處就到處收集外語書籍，然後整天閱讀，就這樣郁達夫在蘇門答臘期間，很快地掌握到在印尼所使用的最主要的共同語言，馬來語與荷蘭語。[426]

郁達夫是在這一群流亡蘇門答臘的文人之中最早開始學習馬來語的，也是最快上手的，此一作風很快地影響其他一起逃難的文人，後來政論名筆胡愈之也學會了馬來語，並且開始閱讀馬來

---

[426] 當時的荷屬東印度應該是以荷蘭語與馬來語並列為共同語，其中荷蘭語是官僚與精英知識階層的語言，而馬來語則為大眾的語言。見 Kees Groeneboer, Weg tot het Westen. Het Nederlands voor Indie 1600-1950, Een taalpolitieke geschiedenis. [通往西方之路：荷蘭語在印尼，一個語言政策的歷史]Leiden: 1993.

語報紙，以便從中得知日軍的情勢，[427]也因而寫成了第一本以中文寫作的現代印度尼西亞語文法書，[428]他因此組織了讀書會，研讀資料，成員至少包括王任叔、邵宗漢、張楚琨、沈茲九及金丁等作家文人，這時候他們開始從馬來語的報紙上得知印度尼西亞革命的消息，他們也開始將馬來語的名稱改為印尼語，並且把研讀報紙研判時局的重點從日軍的動態，轉變到對印尼革命的關切上。這其中對王任叔的改變最大，他對印尼人民開始有強烈的同情，對印尼革命更是不留餘力地支持。後來成為獻身印尼革命，投身印尼史的研究工作，成為中國第一任駐印尼大使，都是在日本統治下的蘇島流亡經驗開始。[429]而這一段日後對華人和馬來亞／印尼關係有重大影響的流亡接觸經驗，這些在中國作家開始學習印尼/馬來語言及文化習慣，就是由郁達夫的通譯角色開始的。

　　陳馬六甲也是學習外語的天才，當 1927 年 8 月陳馬六甲在馬尼拉被出賣而被美國殖民政府逮捕時，當時的 Manila Daily Bulletin 報導，「陳馬六甲被捕，一個爪哇布爾什維克黨人，會說各種語言，荷蘭語、英語、德語、法語、沓加洛語、華語、馬來

---

[427] 張楚琨，〈胡愈之在南洋的七年〉。《胡愈之印象記》。北京：中國友誼出版社。1989 年，第 171 頁。

[428] 沙平，《印度尼西亞語語法研究》。北京：人民出版社，1951 年。

[429] 關於王任叔在流亡蘇門答臘期間對印尼人民的態度的轉變，主要參考巴人，《印尼散記》。湖南人民出版社，1984 年。

語....」[430]實際上在當時他的華語只是懂得一些。在他自己的記述中，他承認其實當時他的華語能力還十分有限。當陳馬六甲第一次隱居在華南時，剛開始即有鄰居婦人對他十分照顧，陳馬六甲叫她 tao-chi(大姐)，曾經去過菲律賓，然而因為陳馬六甲當時尚未學會福建話，他們之間很難真正有對話。[431]後來 tao-chi 因病過世，陳馬六甲也沒有記錄到他何時學會了福建話。但是在第二次隱居在華南時，他華語及福建話已經沒有問題了，甚至可以用以辦學校教授英語，參與村民生活，以及和學生討論思想問題。

陳馬六甲在其傳記中，不厭其煩地記錄中國的社會變遷與生活習俗，並且大量利用福建話的詞彙來說明，這種態度與成就，也是在印尼／馬來文學中很少見到的，類似的情況，可能只有如梁友蘭(Nio Joe Lan) 在六十年代專用印尼文寫作介紹中國語文和文化，來協助印尼民眾理解華人文化的著作可以相提並論。[432]陳馬六甲除了對語言本身有興趣以外，同時對於語言使用的社會情況也相當關心，例如解釋廣東話與福建話的使用群體不同，以及不同語族在社會中遭遇的情境。考察東南亞近現代史，不乏華人參與東南亞當地政治活動的例子，華人學習當地語言，介入當地生活，反過來說卻少有當地人學習華語，參與到華人的知識活動。

---

[430] Tan Malaka, *Dari Pendjara ke Pandjara*, 1948, Vol. I. pp. 158.
[431] Tan Malaka, *Dari Pendjara ke Pandjara*, 1948, Vol. I. pp. 183.
[432] Nio Joe Lan, *Peradaban Tionghoa Selajang Pandang*. [印尼華裔文化一瞥] Djakarta: Keng Po. 1961.

那麼陳馬六甲算是少數的例外，他不但中英文俱佳，還被中國左派人士根據其出版品認為是托派人物。以印尼本地人來說，陳馬六甲能夠深入到中國語言到這種程度，應該是絕無僅有的第一人。

由於印尼當局後來採取禁止華語華文的政策，造成印尼整整一代人對華語華文缺乏認識，以致於迄今印尼缺乏足夠人才通曉華語文，更談不上漢學研究的發展，這種情況對任何世界上重要國家而言都是罕見的，可以說在華人最多的地區，卻是漢學研究最薄弱的地區。[433]在馬來西亞語言仍然是重要而敏感的課題，執政當局對於華文教育仍是疑慮深重。東南亞國家普遍有這樣的情況，華人多半通曉當地語言，而本地民族卻少有人通曉華語華文，其中的原因之一，是當地人產生畏懼學華語文心態，這種情況到了最近始有所改善。回顧相關歷史，可以知道陳馬六甲的例子殊為不易，堪為文化交流的模範。歷來東南亞華人與本地人的文化交流都是單向交流，只有華人學習當地文化，卻少有當地人學習中華文化，如果東南亞當地的革命英雄，曾經出現能夠參與華人的知識活動者如陳馬六甲，也算是典型在夙昔，值得進一步發揚。

---

[433] 關於印尼禁華語文的前因後果，見楊聰榮，〈文化認同與文化資本：印度尼西亞華語文問題的新發展〉。《華文世界季刊》，5(5)，頁249-262，1997年12月。

跨界旅行的化身之旅

　　郁達夫和陳馬六甲的特殊旅程都涉及化身的問題，由於特殊的時空，他們都必須化身為另一個身份在異域中生存，陌生的身份與陌生的環境互動，都使得他們的旅程增添神秘的色彩。這個化身的角色也有文化史的意涵，兩個人都化身為華僑的身份。兩個人都不是一般傳統認定的華僑，但是如果考慮華僑的多樣性，則他們也都可以是華僑，像郁達夫這樣南來僑居，就當時出洋為僑，返國又恢復原來身份的第一代移民的一般情況來說，郁達夫當然可以是華僑。即使是像陳馬六甲這樣和華人血統毫無關係的米南加保人，在中國南方住上幾年，語言上可以溝通，又學習了不少華南文化，完全有能力在南洋華人社群中生活，也不會被華人社會排斥，華人本來即可以文化上來定義。最重要的是他們都發揮了南洋華人的特性。

　　戰後由於東南亞各國紛紛取得政治上的獨立，華人也在新的國家架構之內尋求新的認同位置，因此應以各個國家的脈絡來理解，但是除了國家的架構之外，南洋華人尚有一種超越政治與文化界限的特質，特別是和東南亞各民族做一比較，可以看出南洋華人具有多語多文化的特質，同時對於不同文化環境的適應能力特別強。[434]這是目前強調以民族國家為主要分類架構的東南亞華人研究較少去強調的特質。在郁達夫和陳馬六甲的化身中,卻正好突顯這種特質。如果缺乏南洋華人這種多語多文化,跨越政治疆界與文化障礙的能力的特質做為化身的中介角色,這個化身之旅是不會成功的。這種情況是任何東方人到西方或是西方人到東方,無法以同樣的中介角色來形成化身之旅的主要差別所在。這是郁達夫和陳馬六甲的越境之旅得以實踐的重要機制。

這個中介角色在陳馬六甲和郁達夫的跨越文化之旅變得和西方人對東方或是其他第三世界地區的旅程很不一樣。西方人到異域去旅行,他的身份對當地人來說註定是個異己,而他也是以異己的眼光來看待其所旅行的地方。這和郁達夫和陳馬六甲在中國與印尼之間的互訪很不相同,他們在到達之初也同樣是以異己者的身份到達,然而透過與華僑的交往,他們至少可以與當地人直接溝通接觸,而這種接觸是全面而且深入,而非一直停留在印象式的陌生感。因此華僑不只是他們介入當地時隱藏其異己性格而化身的中介性角色,也是他們接觸與學習當地語言與事務的機制。

華僑做為化身的中介角色,最後更成為他們變化身份融入當地社會的橋樑,郁達夫透過和當地土生華女結婚,象徵其變化其

---

[434] 許多對於華人的研究都喜歡強調華人在文化上的保守性,其實華人對異文化的接受程度是很高的,才得以在各地都可以適應生存,見可兒弘明、游仲勳編,〈華僑の異文化適應と受容力〉。《華僑華人》。東京:東方書局,1995年,頁 155-172.

化身身份而成為當地一個真實角色的決心，而陳馬六甲則以收養關係，歸化為中國國籍，透過這種結合，這使得他們得以改變原來異己者的身份而成為當地的一份子。郁達夫這段婚姻令很多人感到訝異，一個浪漫風流的大文豪，曾經為其愛情鬧得風風雨雨的郁達夫，最後竟肯與一位不識漢字，姿色不佳的土生女子成親，其實從這個角度來看，可以表示郁達夫在文化洗禮後的轉折。同樣地，陳馬六甲做為一個印尼鼓舞民族主義最重要角色的革命家，竟然願意在華南及華人社會久居，而成為當地的一份子，勢必不能為印尼民族主義情緒高張的印尼知識階層所理解，然而對照陳馬六甲在莫斯科為亞洲社會發言的情況，他做為一個民族主義者的胸襟，其實是跨越國界與種族界限的。

做為中介身份的華僑或是華人，其實也是同樣的命運，華僑華人的特質其實是跨越國界與種族界限的，其隨遇而安的人生態度，也和郁達夫或是陳馬六甲的旅程一樣，是以一種 rantau 的方式來面對土地，他們對異文化的容忍度很高，甚至對不同種族的朋友也很開放。不幸的是，華僑華人卻是被後來發展出來的民族主義兩面夾殺，中國民族主義者要求他們愛祖國，回歸中華文化，使得他們原來對異文化的開放態度成為被中原正統排斥的對象，要求捐輸時卻又不忘記加強聯繫，而後來土著民族主義興起之後，他們又因為其文化特質而被排斥，為了保持和各方聯絡而保持其語言能力反而被懷疑有二心。其實具有多語言能力及具有跨越國界能力的特質，正好是華僑華人成為今日肯定追求跨越邊界的佼佼者的主要原因。郁達夫和陳馬六甲的旅程正好彰顯出這樣的特質，知名如這兩位非凡人物，尚且因為介於兩個文化之間被忽視，而多數有能力進出兩種文化的華僑華人則很難逃脫註定被排斥在兩種主流文化之外的命運。

跨境旅行的文化交流

郁達夫與陳馬六甲的越境之旅，50 年後的今天來看仍有相當的意義。印尼和中國是兩個亞洲的大國，歷史上有很多的來往，而印尼是世界上海外華人人口最多的國家，理應成為中華文化和其他文明最重要的交流渠道之一，實際上卻相反，後來成為亞洲兩個缺乏互動交流，互相不瞭解的文化體系。印尼在獨立以後，曾經一度擁有世界上規模最大的海外華語教育，五十年代開始壓縮當地華人的文化空間，到了六十年代則全面禁止華語華文，對當地華人採行強迫性的同化政策。發展過程固然有其特殊的歷史背景，幾十年下來，卻使得華人世界和印尼人世界缺乏溝通瞭解，誤解一年一年地累積堆陳，積重難返。1998 年 5 月，當革命的火焰再度在印尼燃起，大學生為首集結群眾抗議政府而引發暴亂，推翻長期執政的蘇哈托政權，人稱五月人民革命，同時卻傳出在暴亂中出現集體強暴華裔婦女的慘劇，這可能有政治陰謀故意羞辱華人製造動亂，有可能是地方宵小趁法律假期作亂，不論是那一種情況，都顯示種族間隔閡深重，藩籬難以突破，至今還找不到出路。[435]馬來西亞的種族關係相對來說好很多，然而族群政治長期籠罩社會，形成許多不平衡的體制持續的最好藉口，長期以來有識之士都一再思考打破族群政治思考邏輯，至今仍然未能突破。思考東南亞現代歷史，的確缺乏能夠溝通華人世界與印尼/馬來世界的英雄類型，使得民眾在思考族群關係時，缺乏足夠的文化資源。

其實郁達夫和陳馬六甲的旅程，正是突破華人世界與印尼人世界的新範例。雖然郁達夫和陳馬六甲的事蹟早有記錄，在四十年代已經有足夠的記錄資料，雖然旅程引人入勝，人物十足風采，在當時即為人所津津樂道，但只是當做軼事來看待。後來卻長期為人所忽視，可能是由於其事蹟分別跨越出原有的文化體系所關照的知識範圍，因此湮沒不彰。然而正是由於其跨越出原有文化體系的範圍，在今日我們肯定跨越邊界，突破文化障礙的時候，郁達夫和陳馬六甲的旅程更顯得珍貴。

許多種族之間的誤解導源於政治關係，民眾與民眾之間則不須要用同樣思考模式。在民族主義盛行的時代，當國家與國家之間有衝突與違和，導致所有文化交流斷層。郁達夫和陳馬六甲的

---

[435] 關於印尼發生的反華暴動的歷史，詳見楊聰榮，《新秩序下的混亂─從印尼暴動看華人的政治社會關係》。台北：台灣國際研究學會，2007 年。

旅程可貴的地方卻是在他們的關係是屬於平民的，僅僅是普通平民百姓間的交往，但是放在兩個文化體系交流的立場，卻有開啟新局的意義。在近現代史中亞洲各國民眾頻繁交往，要找到類似於郁達夫和陳馬六甲的例子應該還有不少。我們應該致力於發掘更多這種民眾交流的例子，否則目前既有的學術研究集中在外交史或是國際關係，而二十世紀主要議題則集中在族群、宗教、民族主義與意識形態的對抗，窄化我們對亞洲各國之間關係的理解。

郁達夫與陳馬六甲的越境之旅，也觸發了文學活動，雖然文學活動的範圍涉及華南／星馬／印尼，卻尚無法在即有的文學架構中被理解，只能在馬華／馬來／印尼文學的周邊打轉。文學史的分類原來是為了協助理解文藝活動，然而文學史卻漸漸形成與國史同樣方式來界定邊界，而且如同國史一般，不斷溯及即往，即在地理界限上做出限制而在時間上做出延伸，無法在這種文學史分類架構下被適切理解的作者／文本／文類／形式，自然被排除在外。將郁達夫和陳馬六甲放回原來的時空，當時的馬來亞與印尼只是被殖民主義分割的地理名詞，當時馬來人／印尼人則共享 Orang Melayu 的自我認同，如同兩地華人共享南洋華人的意義一樣，如今分隔開來以後，跨越重重邊界的郁達夫與陳馬六甲，反而無以定位。

郁達夫與陳馬六甲所涉及的文學活動，卻正好和後來馬華文學／馬來文學／印尼文學的起源或發展直接相關，同時他們跨境之旅也開啟日後華文世界與馬來／印尼文世界互相交錯理解的契機，兩位都有清楚的亞洲意識，極願意與亞洲不同的民族文化打交道，同時他們都有來自歐洲文明深刻影響，並不打算以狹隘排他的方式來對待歐洲文化在這個區域的深刻影響。對照後來本區文化發展的情況，他們對往不同文化的態度更顯難得，往後民族主義甚至是族群民族主義成為文化上自我防衛的工具，也產生了對不同的異己缺乏理解興趣的文化氛圍。兩相對照，對於現在的文化情狀，不論是印尼、星馬、中港台，應該有啟發的作用。

　　此外，探求亞洲各國之間的關係，對於文化研究本身也將會有積極的意義。亞洲各地之間的關係，其文化溝通的障礙與困難度不亞於東西方的文化差距，而其重要性也不小於殖民關係或是東西方之間的關係，而歷史上的相互交往的具體實例也很多。如果看待文化交流或者文化接觸的眼光，只放在殖民宗主國與被殖民國家，或是第一世界與第三世界的關係，無法理解人類文化歷史的不同面貌，反而形成對文化課題思考上的侷限。而東西方之間的關係已經有很多的討論，幾乎各個不同層面都有很多人涉及，而亞洲各文化之間的關係則仍如處女地一般，尚待進一步的挖掘開墾。而且由於各文化體系之間具體的文化特質不同與歷史發展的差異，其關係的討論則足以豐富我們對於文化研究或文化史研究之不同層面的理解。

參考文獻：

Anderson, Benedict, Java in a Time of Revolution: Occupation and Resistance, 1944-1946. Ithaca: Cornell University Press, 1972.

Anderson, Benedict, The Pemuda Revolution: Indonesian Politics, 1945-1946. PhD. Thesis in Cornell University, 1967.

Banks, David J., From Class to Culture: Social Conscience in Malay Novels Since Indenpendence. New Haven: Yale University Southeast Asia Studies, 1987.

Faaffar, Johan, Mohd. Thani Ahmad and Safian Hussain, History of Modern Malay Literature. Luala Lumpur: Dewan Bahasa dan Pustaka, 1992.

Groeneboer, Kees, Weg tot het Westen. Het Nederlands voor Indie 1600-1950, Een taalpolitieke geschiedenis. Leiden: 1993.

Hiorth, Finngeir, "Indonesie: Geruchten van Atheisme." De Vrije Gedachte, 3, 1997.

Hooykaas, C., Over Maleische Literatuur. Leiden: E. J. Brill, 1937.

Jarvis, Helen, Introduction, In From Jail to Jail. Athens, Ohio: Ohio University Center for International Studies, 1991.

Johns, Anthony H., "Amir Hamzah: Malay Prince, Indonesian Poet" Cultural Options and the Role of Tradition: A Collection of Essays on Modern Indonesian and Malaysian Literature. Canberra: the Australian National University Press, 1979, pp. 124-140.

Johns, Anthony H., "Pramudya Ananta Tur: The Writer as Outsider: An Indonesian Example" Cultural Options and the Role of Tradition: A Collection of Essays on Modern Indonesian and Malaysian Literature. Canberra: the Australian National University Press, 1979, pp. 141-187.

Komunitas Bambu ed. Tan Malaka, Islam Dalam Tinjauan Madilog. Jakarta: Komunitas Bambu, 1999.

Li Chuan Siu, An Introduction to The Promotion and Development of Modern Malay Literature, 1942-1962. Yogyakarta: Penerbitan Yayasan Kanisius, 1975.

Li Chuan Siu, Ikhtisar Sejarah Pergerakan dan Kesusasteraan Melayu Moden, 1945-1965. Kuala Lumpur: Penerbitan Pustaka Antara, 1978. pp. 32-34.

Loeb, Edwin M., Sumatra: Its History and People. Singapore: Oxford University Press. 1990[1935].

Mangunwijaya, Y. B., "Sosialisme Indonesia." Kompas. Kamis, 14 November 1996.

Mrazek, Rodolf, Semesta Tan Malaka. Yogyakarta: Bigrah Publishing. 1994

Nio Joe Lan, Peradaban Tionghoa Selajang Pandang. Djakarta: Keng Po. 1961.

Nor, Arifin, Kumpulan Sastera Lama Melayu. Kuala Lumpur: H. M. Shah Enterprises, 1959.

Poeze, Harry, Tan Malaka: Strijder voor Indonesie's Vrijheid, Levensloop van 1896 tot 1945. Gravenhage: Martinus Nijhoff, 1976.

Reid, Anthony, Indonesian National Revolution, 1945-50. Hawthorn: Longman, 1974.

Sjahrazad, Indonesische Overpeinzingen. Amsterdam: Bezige Bij, 1945.

Soetomo, Kenang-kenangan Dokter Soetomo. Jakarta: Penerbit Sinar Harapan, 1984 (1938).

Susan Rodgers ed., Telling Lives, Telling History: Autobiography And Historical Imagination In Modern Indonesia. Berkeley: University of California Press. 1995.

Tan Kalaka, Madilog: Materialisme Dialektika Logika. Jakarta: Pusat Data Indikator, 1999[1950].

Tan Malaka, Dari Pendjara ke Pandjara. Djogjakarta: Pustaka Murba, 1948.

Toer, Pramoedya Ananta, "G30S Tak Lain Metamorphosis Politik Anti-Konfrontasi Inggris." Pengantar pada Buku Greg Poulgrain: The Genesis of Malaysia Konfrontasi: Brunei and Indonesia, 1945- 1965. Crawford House Publishing, 1997.

Toer, Pramoedya Ananta, Bumi Manusia. Kuala Lumpur: Wira Karya. 1990.

Toer, Pramoedya Ananta, Hoa Kiau di Indonesia. Jakarta: Bintang Press, 1962.

Virginia Matheson Hooker, Writing a New Society: Social Change Through the Novel in Malay. Sydney: Asian Studies Association of Australia, 2000.

Winstedt, R. O., A History of Malay Literature. London: Malayan Branch Royal Asiatic Society, 1939.

Yamin, Muhammad, Tan Malaka Bapak Pendiri Republik Indonesia. Djawa Timur: Murba Berjuang, 1946.

劉冰，〈胡愈之と南洋華僑--三重の身元みのとをもった人物と軌跡〉。《東南アジア華僑と中國----中國歸屬意識から華人意識へ》。東京：亞細亞經濟研究所。1993 年，頁 148。

劉心皇，《郁達夫與王映霞》。台北：傳記文學出版社，1978 年。

巴人，《印尼散記》。湖南人民出版社，1984 年。

張楚琨，〈胡愈之在南洋的七年〉。《胡愈之印象記》。北京：中國友誼出版社。1989 年。

方修，〈郁達夫留給本地的一批文學遺產〉。《郁達夫抗戰論文集》。林徐典編，新加坡：世界書局，1977 年。

方修編《郁達夫抗戰論文集》，新加坡：世界書局，1977 年。

方修與張笳編，《郁達夫研究資料》。新加坡：萬里書局，1977 年。

林萬菁，《中國作家在新加坡及其影響》。新加坡：萬里書局，1994 年，頁 175-185。

楊聰榮，〈文化認同與文化資本:印度尼西亞華語文問題的新發展〉。《華文世界季刊》，5(5)，頁 249-262，1997 年 12 月。

楊聰榮，《新秩序下的混亂—從印尼暴動看華人的政治社會關係》。
　　台北：台灣國際研究學會，2007年。

沙平，《印度尼西亞語語法研究》。北京：人民出版社，1951年。

洪北江編，《郁達夫全集》。香港：大眾出版社，1961年。

王任叔，《印度尼西亞近代史》。周南京整理。北京：北京大學出
　　版社，1995。

王紀元，《我與三聯》。香港：三聯書局，1978年。

胡愈之，《郁達夫的流亡和失蹤》。香港咫園出版社，1946年。

艾蕪，《南行記》。上海：生活書局，1935年。

莊惠泉編，《新馬華人抗日史料》。新加坡：文史出版有限公司，
　　1984年。

葉忘憂編，《郁達夫選集》。現代創作文庫。上海：中央書店，1937。

郁達夫，〈雪夜---日本國情的記述自傳之一章〉。《宇宙風》，第11
　　期，1936年。

郁達夫，〈馬六甲遊記〉。《郁達夫南遊記》。台北：大明書局。1968
　　年，頁81。

郁達夫，《南遷》。香港：智明書局，1958年。

郁達夫，《郁達夫日記》。香港：一知出版社，1961年。

郁風編，《郁達夫海外文集》。北京：三聯書店，1990年。

鄭子瑜，〈郁達夫的南遊詩〉。《南洋學報》，12(1)，1956年。

鄭遠安，〈郁達夫師在望嘉麗〉。陳子善、王自立編，《回憶郁達夫》。
　　湖南文藝出版社，1986年。

鈴木正夫(Suzuki Masao),《スマトラの郁達夫：太平洋戦争と中国作家》。東京：東方書店，1995 年。

陳嘉庚，《南僑回憶錄》。新加坡：南洋印刷社，1946 年。

陳子善、王自立編，《郁達夫研究資料》。花城出版社，1986 年。

陳崇智，《我與一三六部隊》。新加坡：海天書局，1994 年。

陳達，《浪跡十年》。上海：商務印書館，1946。

黃傲雲，《中國作家與南洋》。香港：科華圖書出版公司，1988 年。